Stephanie Zibell

Eine Villa in Wiesbaden

Nachbarschaftsgeschichten vom Kaiserreich bis in die Nachkriegszeit

Roland Reischl Verlag

Dieses Buch greift historische Ereignisse und überlieferte Begebenheiten auf, die mit der Wiesbadener Stadtgeschichte und insbesondere mit einer Villa in der Wilhelmstraße in Verbindung stehen. Weite Teile der Handlung und die meisten Personen sind jedoch frei erfunden.

Bibliografische Information der Deutschen Nationalbibliothek. Die Deutsche Nationalbibliothek verzeichnet diese Publikation in der Deutschen Nationalbibliografie; detaillierte bibliografische Daten sind im Internet über www.dnb.de abrufbar.

Alle Nutzungsrechte dieser Ausgabe:
Roland Reischl Verlag, Herthastr. 56, 50969 Köln, www.rr-verlag.de

Titelbild: Veröffentlichung mit freundlicher Genehmigung des Stadtarchivs Wiesbaden. Signatur der verwendeten Replik: StadtA WI, F00 Nr. 22025; zurückgehend auf F000 Nr. 3437 (mit folgender Beschriftung: Wiesbaden im Festschmuck zu Ehren der Anwesenheit Sr. Majestät des Kaisers Wilhelm II. Triumphbogen am Bahnhof. Bildinhalt: dto., ca. zwischen 1891–1897. Fotograf: unbekannt).

Satz, Layout und Umschlaggestaltung: Roland Reischl

Herstellung: BoD – Books on Demand, Norderstedt

Originalausgabe: Roland Reischl Verlag, Köln 2023

ISBN 978-3-943580-50-1

Eine Villa in Wiesbaden

Inhalt

Der Rundfunkverbrecher (1944/45)

Es muss kurz vor fünf Uhr morgens gewesen sein, als mich ein lautes Hämmern gegen die Wohnungstür, ein Dauerschrillen der Klingel und das ununterbrochene Brüllen aus dem Schlaf riss: „aufmachen!!!“ Ich schlüpfte in meine Pantoffeln, streifte mir den Morgenmantel über und ging – „Ja ja, ich komm’ doch schon!“ rufend – zur Wohnungstür. Mir schwante nichts Gutes. Und meine Ahnung wurde bestätigt, nachdem ich die Tür geöffnet hatte. Dort standen fünf Männer. Sie alle trugen lange, schwarze Ledermäntel. Oh Gott, Gestapo, dachte ich.

„Gestapo!“, schrien sie dann auch, schubsten mich zurück in den Flur, schlugen die Tür zu und stürmten in die Wohnung. Ich stand einfach nur da und sah zu, wie sie durch die Zimmer rannten, sämtliche Schränke und Schubladen aufrissen und durchwühlten. Einer schleppte den Radioapparat, der im Wohnzimmer gestanden hatte, in den Flur.

„Der ist beschlagnahmt“, fuhr mich der Gestapo-Beamte an. „Und Sie, Herr Octave Louis Petit ...“ – er sagte tatsächlich Petitt statt Peti – „... sind verhaftet!“

„Peti“, flüsterte ich, „das t am Ende spricht man nicht.“

„Wie bitte?!“ Er funkelte mich wütend an.

„Es ist ein französischer ...“ Name, hatte ich sagen wollen, unterließ es dann aber, weil es mir irgendwie unklug erschien, ihn belehren zu wollen. Stattdessen erkundigte ich mich: „Und weshalb?“

„Weshalb was?!“, fauchte er.

„Na ja, weshalb wollen Sie mich denn verhaften?“, fragte ich.

„Weil Sie ein gemeiner Rundfunkverbrecher sind! Sie hören ausländische Rundfunksender ab und verbreiten feindliche Propaganda, um dem Ansehen des nationalsozialistischen Staates zu schaden. Und das in Zeiten des Krieges! Sie sollten sich schämen, Sie hinterhältiger Hetzer, Nörgler und Miesmacher! Denn nichts anderes sind Sie! Und dafür werden Sie büßen! Wir sorgen dafür, dass Ihr schändliches Treiben ab sofort ein Ende hat!“, schrie er.

Dann packte er mich, legte mir Handschellen an und zerrte mich – sekundiert von einem seiner schwarz bemantelten Kollegen – aus der Wohnung. Am Treppenabsatz im Hausflur blieb ich einen Moment stehen. Schließlich bin ich kein junger Mann mehr, der federnden Schrittes die Stufen hinunter- oder hinaufeilen kann. Ich bin ein wenig unsicher beim Gehen, und daher halte ich mich – wenn ich Treppen steige – stets am Handlauf fest. Aber mit den Handschellen war das schwierig. Ich wusste einfach nicht, wie ich den Lauf packen sollte. Das versuchte ich, dem Beamten zu erklären, als er mich aufforderte, die Treppe hinabzugehen.

„Jetzt mal ein bisschen Tempo!“, verlangte er und verpasste mir einen Stoß in den Rücken, woraufhin ich prompt das Gleichgewicht verlor und die Stufen bis zum ersten Treppenabsatz hinunterstürzte. Bei dem Aufprall auf dem Podest ging meine Brille zu Bruch. Das war schlimm, denn ohne sie konnte ich kaum etwas sehen – weder in der Ferne noch in der Nähe. Was von meiner Brille übrig geblieben war, wurde durch einen der schweren Stiefel des Gestapo-Beamten endgültig zertrümmert. Ganz bewusst zertrat er sie.

„Bring ihn nach unten!“, forderte er seinen Kollegen auf, der offensichtlich sein Untergebener war.

„Los, hoch! Auf die Beine!“, rief der und zerrte mich auf die Füße.

Ich wunderte mich, dass ich überhaupt laufen konnte. Eigentlich hätte ich mir bei dem Sturz sämtliche Knochen brechen müssen. Aber das war – zum Glück! – nicht der Fall. Mit Hilfe des Beamten gelangte ich schließlich zur Haustür. Aber das war eine Tortur für mich. Mein ganzer Körper schmerzte und aus Mund und Nase lief Blut. Vor dem Haus stand – mit laufendem Motor – ein Auto. Während der eine Beamte auf dem Beifahrersitz Platz nahm, setzte sich der andere neben mich auf die Rückbank. Sodann fuhren wir zu dem Haus Paulinenstraße 9, in dem die Wiesbadener Gestapo-Dienststelle untergebracht war. Derweil durchsuchten die anderen Beamten weiterhin meine Wohnung. Als sie sie nach mehreren Stunden endlich verlassen hatten, war meine

Behausung weitgehend verwüstet. Da ich aber keine Gelegenheit mehr haben sollte, nach Hause zurückzukehren, konnte ich das Chaos, das dort herrschte, weder persönlich in Augenschein nehmen, noch dafür sorgen, dass es beseitigt wurde.

Ich muss übrigens zugeben, dass der Gestapo-Beamte bezüglich des mir vorgeworfenen Delikts tatsächlich recht hatte. Ich hörte wirklich regelmäßig ausländische Rundfunksender, zum Beispiel den in der Schweiz angesiedelten Landessender Beromünster, meistens aber den German Service der BBC, dessen Sendungen in deutscher Sprache früher mit Henry Purcells fröhlichem Trumpet Voluntary begonnen hatten, seit dem deutschen Überfall auf die Sowjetunion 1941 aber durch die inzwischen legendären vier dumpfen Trommelschläge, drei Mal kurz und einmal lang, und der Ansage „Hier ist England!" ersetzt worden waren. Dank der Sender in Beromünster und London wusste ich, wie es wirklich um die deutschen Kriegserfolge stand, von denen die nationalsozialistische Propaganda andauernd faselte. In Wahrheit gab es nämlich keine. Tatsächlich gab es bloß Rückschläge. Deutschland war eindeutig auf dem absteigenden Ast. Das Reich würde den Krieg früher oder später verlieren. Darüber hatte ich allerdings mit niemandem gesprochen, mit Ausnahme von Marga und Richard, einem befreundeten Ehepaar, das ebenfalls regelmäßig ausländische Rundfunksender abhörte.

Selbstverständlich wussten wir, dass das verboten war. Wir kannten ja die „Verordnung über außerordentliche Rundfunkmaßnahmen", die zwar erst ein paar Tage nach dem Ausbruch des Zweiten Weltkrieges ergangen, aber zweckmäßigerweise auf den 1. September 1939 zurückdatiert worden war. „Im modernen Krieg", hieß es da, „kämpft der Gegner nicht nur mit militärischen Waffen, sondern auch mit Mitteln, die das Volk seelisch beeinflussen und zermürben sollen. Eines dieser Mittel ist der Rundfunk. Jedes Wort, das der Gegner herübersendet, ist selbstverständlich verlogen und dazu bestimmt, dem deutschen Volke Schaden zuzufügen." Nun, niemand wusste das besser als Joseph Goebbels, der Reichspropagandaminister, der die Idee zu diesem Gesetz gehabt hatte. Indem er dafür sorgte, dass das Volk uninformiert und somit dumm blieb, konnte er die Menschen manipulieren und ihnen den Willen der Reichsführung aufzwingen. Darüber hatte ich oft mit Marga und Richard gesprochen, die meine Meinung selbstverständlich teilten, und die – wie ich – zutiefst bedauerten, dass es den Attentätern des 20. Juli 1944 nicht gelungen war, Hitler in die Luft zu sprengen. Dann wäre der Krieg nämlich früher zu Ende gewesen, und das hätte Tausenden das Leben gerettet. Und zwar nicht nur Soldaten und Zivilisten, sondern auch all jenen, die den Nationalsozialisten seit jeher ein Dorn im Auge gewesen waren, zum Beispiel Juden, politisch Andersdenkende oder Behinderte. Und außerdem hätte es mich davor bewahrt, in die Klauen des nationalsozialistischen Staates zu geraten.

Wobei ich bis heute nicht weiß, wer mich an die Gestapo verraten hat. Marga und Richard ganz bestimmt nicht. Die wurden nämlich am gleichen Tag wie ich verhaftet. Es muss jemand anderes gewesen sein. Vielleicht irgendwer aus Richards Bekanntenkreis, demgegenüber Marga oder er eine unvorsichtige Andeutung über ihre Einstellung zum NS-Staat und ihre Meinung zum angeblich unmittelbar bevorstehenden Endsieg gemacht hatten. Wenn Richard einen im Tee hatte, konnte es schon mal vorkommen, dass er aus dem Nähkästchen plauderte. Von daher denke ich, dass Richard sich verplappert hat.

Also muss der, der uns alle an die Gestapo verraten hat, ein anderer gewesen sein. Herauskriegen konnte ich das nicht mehr. Kurz vor dem bevorstehenden Zusammenbruch des Dritten Reiches haben die Nationalsozialisten so viele Akten und Unterlagen wie nur möglich verschwinden lassen. Meistens haben sie sie in eigens dafür angefertigten, besonders großen und leistungsstarken Öfen verbrannt. Schlau, kann ich da nur sagen. Die wussten nämlich ganz genau, was nach Kriegsende auf sie zukommen würde, wenn ihre Untaten detailliert nachgewiesen werden könnten. Sie wären zur Rechenschaft gezogen worden. Ganz klar. Übrigens auch von mir, denn seit meiner

Zeit im Gefängnis bin ich ein kranker Mann. Dafür hätte ich den Verräter, wenn es mir denn gelungen wäre, ihn ausfindig zu machen, büßen lassen. Definitiv.

Zunächst aber war ich mit büßen an der Reihe. Genau wie es mir der Gestapo-Beamte am Tag meiner Festnahme prophezeit hatte. Die nächsten Stunden im Gestapo-Gewahrsam, die mir wie eine Ewigkeit vorkamen, verbrachte ich in einem muffigen Büro, dessen Fenster mit schweren Vorhängen verschlossen waren. Kein Fitzelchen Licht drang durch sie hindurch. Man konnte in diesem Zimmer sitzen, ohne zu wissen, ob es Tag oder Nacht war. Der Beamte, der mich festgenommen und hierhergebracht hatte, drückte mich auf einen Stuhl, der vor einem mächtigen Schreibtisch stand. Zu meiner Überraschung schlug er dann ganz plötzlich die Hacken zusammen, reckte den rechten Arm in die Luft, rief „Heil Hitler!“ und eilte mit schnellen Schritten zur Tür. Nachdem die Tür hinter ihm ins Schloss gefallen war, nahm ich plötzlich eine Gestalt wahr, die irgendwo in der Finsternis gestanden und auf uns – oder eher auf mich – gewartet hatte. Jetzt bewegte sich die Gestalt, bei der es sich um einen ziemlich großen und ziemlich korpulenten Mann handelte, langsam auf mich zu. Bei jedem Schritt, den er tat, knarrte das Parkett unter seinen Füßen. Knarr ... knarr ... knarr ... Als er den Schreibtisch erreicht hatte, blieb er stehen. Er stand da, mit den Händen in den Hosentaschen, eingerahmt von Dunkelheit und Schweigen.

„Was ... was wollen Sie eigentlich von mir?“, presste ich schließlich hervor, weil ich die Stille, dieses unheimliche Schweigen, einfach nicht mehr aushielt.

Die Gestalt schwieg.

„Warum bin ich hier?“, krächzte ich. „Was werfen Sie mir denn konkret vor?“

Die Gestalt schwieg.

„Herrje, was genau soll ich getan haben, dass Sie mich hierher verfrachtet haben?“

Die Gestalt schwieg.

„Ich ... ich habe doch niemandem etwas zuleide ...“

In diesem Moment schoss die Gestalt nach vorne und knipste plötzlich die Schreibtischlampe an. Das grelle Licht, das sie verbreitete, blendete mich. Ich kniff instinktiv die Augen zusammen und hob abwehrend meine noch immer in den Handschellen steckenden Hände.

„Bitte“, sagte ich, „könnten Sie die Lampe etwas zur Seite drehen? Das Licht blendet arg.“ Aber ich ahnte natürlich, dass ihn meine Befindlichkeiten wohl kaum interessieren würden. Und so war es dann auch.

„Sie erbärmlicher Wurm!“, donnerte der Mann. „Sie nichtswürdiger Kretin!“

Er packte mich bei den Schultern, zerrte mich vom Stuhl, schüttelte mich und stieß mich dann so heftig wieder zurück auf den Sitz, dass ich beinahe umgekippt wäre. „Sie! Sie wissen ganz genau, weshalb Sie hier sind!“, brüllte er. „Sie gehören zu diesen ... diesen schäbigen und nichtswürdigen Gestalten, die ein neues Attentat auf den Führer planen!“ Sein Kopf schnellte vor, mit hasserfüllten Augen sah er mich an. „Sie und Ihre verfluchten Mitverschwörer ... Die Reichen und die Schönen aus Wiesbaden ... Die bei Champagner und Cognac ...“, er schnaubte und blies mir Spucketröpfchen ins Gesicht, „... die bei Champagner und Cognac und Kanapees überlegt haben, wer dem schäbigen Stauffenberg und seinen hinterhältigen Mitverschwörern als Attentäter auf den Führer nachfolgen soll! Aber – das schlagt euch aus dem Kopf! Daraus wird nichts, denn wir haben euch erwischt! Jawohl! Es ist aus und vorbei mit euch! Mit euch ist es aus, aber Deutschland erwartet eine wunderbare Zukunft! Und zwar unter der Führung unseres viel geliebten Adolf Hitler! Haben Sie das verstanden?!“ Sein Gesicht war wutverzerrt, seine Halsschlagadern quollen förmlich über den Kragen seiner Uniform. „Ob Sie das verstanden haben, habe ich Sie gefragt!“

Ich nickte.

„Sie sollen antworten!“, schrie er mit überschnappender Stimme.

„Ja, das habe ich verstanden“, flüsterte ich verwirrt und verstört. Das konnte doch wohl nicht wahr sein! Ich hatte doch nichts mit den Vorbereitungen für ein weiteres Attentat auf Hitler zu tun! Ja, sicher, ich wünschte dem sogenannten Führer den Tod an den Hals – und zwar so schnell wie möglich –, aber ich war ganz sicher nicht in irgendwelche Anschlagspläne eingebunden.

„Bitte“, sagte ich schließlich, „bitte, glauben Sie mir, ich habe damit wirklich nichts zu tun. Das schwöre ich Ihnen – bei allem, was mir lieb und teuer ist. Ich dachte, ich wäre hier, weil Sie mich verdächtigen, ausländische Rundfunksender abgehört zu haben. Das war jedenfalls der Grund, den mir der Beamte bei meiner Festnahme genannt hat.“

„Und? Haben Sie?“, zischte der Mann.

Ich schüttelte den Kopf und wisperte kaum hörbar: „Nein.“

„Nein?“, schrie der Mann. „Nein? Nein, Sie haben nie ausländische Rundfunksender abgehört? Wollen Sie das sagen?“

Ich wagte nicht, ihn anzusehen.

„Aber Sie kennen doch Richard Reger, oder?“

Ich zögerte. Also doch Richard. Hatte meine Festnahme tatsächlich etwas mit Richard zu tun? Oder war das eine Falle? Sollte ich zugeben, dass ich Richard kannte? Oder sollte ich es lieber lassen?

„Warum fragen Sie?“, versuchte ich mich um eine Antwort zu drücken. Aber das war natürlich vergebens.

„Sie haben hier keine Fragen zu stellen, sondern meine zu beantworten! Verstanden?“, brüllte er mich an und schlug dabei auf den Tisch.

„Also noch einmal: Sie sind ein Bekannter von Richard Reger?“

Ich schüttelte mit dem Kopf. „Nein“, sagte ich. „Eine Person dieses Namens ist mir nicht bekannt.“

Die Bekanntschaft mit Richard abzustreiten, war keine gute Idee, wie ich erfahren musste. Mein Gegenüber packte mich am Hals, zerrte mich hoch und drückte so fest zu, dass ich fürchtete, ersticken zu müssen. Dann ließ er mich zurück auf den Stuhl fallen.

„Also?“, fragte er.

„Ja“, krächzte ich schließlich, „Es stimmt. Ich kenne Richard Reger.“

„Na, also“, sagte er und klang dabei ziemlich zufrieden.

Ich kann das, was mir in den nächsten Stunden und Tagen widerfuhr, nicht mehr in der korrekten Reihenfolge wiedergeben. Am Schluss stand jedenfalls in den Akten, dass ich – wie Marga und Richard – in wirtschaftlich einflussreichen Kreisen Wiesbadens verkehrte. Bei den Abendgesellschaften, an denen ich angeblich permanent teilnahm, sprudelte nicht nur der Champagner in den Gläsern, sondern auch antinationalsozialistische Worte und Wünsche aus unseren Mündern. Wir alle hörten regelmäßig ausländische Rundfunksender ab und diskutierten die dabei gewonnen Informationen innerhalb des Freundeskreises. Dabei äußerten wir immer wieder, dass es an der Zeit sei, Hitler zu vernichten, um den Krieg, der ohnehin verloren sei, ganz schnell zu beenden. Man müsse einfach nur die richtigen Männer finden, die bereit und in der Lage seien, einen erneuten Anschlag auf den Führer durchzuführen, um endlich zu erreichen, was Stauffenberg am 20. Juli 1944 verpatzt hatte. Und wie es schien, waren Wiesbadens wackere Verschwörer fündig geworden. Es zirkulierten Namen von Wiesbadener Offizieren, die angeblich bereit waren, den Führer zu töten und damit Deutschlands strahlende, nationalsozialistische Zukunftsaussichten zu zerstören.

In Wahrheit – und das schwöre ich bei Gott – habe ich nie in den gehobenen Wiesbadener Kreisen verkehrt. Ich bin kein armer Mann, außerdem kann ich mich benehmen und mich ausdrücken, aber ich bin schon lange kein guter Gesellschafter mehr. Ich habe auch nur noch wenige Freunde und Bekannte. Und ich gehe ganz selten aus. Ich bin ein alter Mann, fast 75 Jahre alt, habe entsprechende Zipperlein und Beschwerden, und schon deshalb bevorzuge ich es, zu Hause zu sein, und zwar allein. Aber wenn man, wie ich, tagelang verhört wird, wenn man nicht mehr schlafen kann, weil man mitten in der Nacht geweckt und zum nächsten Verhör gebracht wird, wenn man Hunger und Durst leidet, weil man nur unregelmäßig zu essen und zu trinken bekommt, wenn man friert, weil es eiskalt ist, und man keine warme Kleidung anziehen darf, wenn man körperlich bedroht und einem außerdem angekündigt wird, dass man ins KZ gesteckt werde und dort verrecken könne ... dann ist man irgendwann mürbe. Ich jedenfalls war irgendwann mürbe. Und zwar so mürbe, dass ich alles zugegeben habe, was mir vorgeworfen worden ist, nur um endlich wieder einmal schlafen zu können, etwas zu essen zu bekommen, eine warme Jacke anziehen zu dürfen und – hoffentlich! – nicht ins KZ gesperrt zu werden.

Wenn das Verhör in der Paulinenstraße tatsächlich für ein paar Stunden unterbrochen wurde, brachte man mich in das Gefängnis, das im Innenhof des Wiesbadener Polizeipräsidiums lag. Später, nachdem ich gestanden hatte, wurde ich in das Gerichtsgefängnis in der Albrechtstraße verlegt. Die Zellen dort waren alles andere als wohnlich, aber immerhin gab es eine Pritsche, eine dünne Matratze, eine verfilzte Decke, einen wackeligen Tisch, einen klapprigen Stuhl und einen Abort-Eimer. Keine Sekunde hätte ich geglaubt, dass ich mich nach dem „Komfort" dieser Zelle einmal zurücksehnen würde. Aber genau das sollte ich tun.

Anfang Februar 1945 wurde ich, gemeinsam mit mehreren anderen Häftlingen, nach Potsdam verlegt. Ich hatte mich nämlich vor dem Volksgerichtshof zu verantworten, der in den Räumen des dortigen Landgerichts tagte, nachdem das berüchtigte Gebäude in der Berliner Bellevuestraße bei einem Luftangriff im November 1943 schwer beschädigt worden war.

Die Fahrt nach Potsdam war eine Qual. Tagelang hockten die anderen Gefangenen und ich mit gefesselten Händen auf harten Holzpritschen in einem vergitterten Bus, der uns von Wiesbaden nach Potsdam bringen sollte. Auf direktem Wege war das natürlich nicht mehr möglich, weil es stellenweise gar keine Straßen mehr gab. Nicht selten mussten wir über Feld- und Waldwege rumpeln, um Hindernisse zu umfahren. Ich denke, man kann sich vorstellen, wie wir durchgeschüttelt worden sind. Wir konnten uns mit den gefesselten Händen ja nur unzureichend abstützen oder festhalten, sodass wir immer wieder mit dem Nachbarn oder dem Vordermann oder einem Wagenteil kollidierten.

Der Bus war erfüllt von unseren Schreien. Wir haben aus Schmerz, aber auch aus Wut geschrien. Aus Wut auf den Fahrer und aus Wut auf den Nachbarn oder den Vordermann, mit dem man unentwegt zusammenstieß, was natürlich wehtat. Alle paar Stunden stoppte der Bus, damit wir uns erleichtern konnten. Aber nicht so, wie man sich das gemeinhin vorstellt. Aussteigen und irgendwo in den Büschen verschwinden, durften wir natürlich nicht. Man wollte ja nicht riskieren, dass wir flüchteten. Nein, man stellte uns einen Abort-Eimer in den Bus. Den mussten wir benutzen, wenn wir uns erleichtern wollten. Ich habe das als ungeheuer demütigend empfunden. Wie so ein Eimer aussieht, nachdem ihn ein gutes Dutzend Gefangene benutzt haben, kann man sich vorstellen. Allein das war schon ekelerregend. Hinzu kam dann, dass wir keinerlei Privatsphäre hatten. Vor aller Augen mussten wir die Hosen herunterlassen und uns erleichtern – und das auch noch mit gefesselten Händen! Wir fühlten uns allesamt erniedrigt, entwürdigt und beschämt.

Mitte Februar trafen wir endlich in Potsdam ein. Hier wurde ich in das Landgerichtsgefängnis eingeliefert. Anfang März musste ich mich dann – nur! – wegen des „Verstoßes gegen die Verordnung über außerordentliche Rundfunkmaßnahmen" vor dem Volksgerichtshof verantworten. Der anfangs außerdem gegen mich erhobene Vorwurf, ich hätte mich aktiv an der Vorbereitung eines neuerlichen Attentats auf den Führer beteiligt, war zum Glück fallen gelassen worden. Wegen der von mir begangenen Rundfunkverbrechen wurde ich sodann vom Volksgerichtshof zu einer Haftstrafe von drei Jahren verurteilt. Nach der Urteilsverkündung brachte man mich zurück in das Landgerichtsgefängnis Potsdam, wo ich meine Strafe – bis auf Weiteres – verbüßen sollte.

Im Landgerichtsgefängnis Potsdam (1945)

Die Zelle, in die ich gesteckt wurde, war eigentlich für maximal vier Personen ausgelegt. Da es aber viel mehr Häftlinge als Zellen gab, wurden die Gefangenen gnadenlos zusammengepfercht. Zu acht, manchmal auch zu zehnt, hockten wir in einer Zelle, in der es – schon aus Platzgründen – weder Betten noch Matratzen und erst recht keinen Tisch oder gar einen Stuhl gab. Außer einem Abort-Eimer und einer fadenscheinigen Decke gab es nichts. Aber wo und wie sollten wir schlafen? Der Länge nach auf dem eiskalten Steinboden oder zusammengekauert mit dem Rücken an der nicht minder eisigen Mauer?

Überhaupt war es bitterkalt in dem Raum, obwohl es tatsächlich einen Heizkörper darin gab. Doch der war entweder kaputt, oder es lag an der zentralen Heizungsanlage, dass der Heizkörper nicht warm wurde. Vielleicht hatte die Heizung einen Defekt. Eventuell gab es aber auch kein Brennmaterial mehr. Zumindest nicht für uns Häftlinge. Man kann sich vorstellen, dass mir altem Mann die Kälte fürchterlich zusetzte.

Ich bekam Blasen- und Nierenprobleme, Wasserlassen war – wenn es denn funktionierte – ausgesprochen schmerzhaft, und auch der Darm machte Schwierigkeiten. Hinzu kam der eklatante Mangel an Essen. Ich war ohnehin nie ein dicker Mann gewesen, nun aber glich ich einem Skelett. Die Verpflegung war schon in Wiesbaden und erst recht auf der Fahrt nach Potsdam mangelhaft gewesen, doch jetzt gab es fast gar nichts mehr zu essen. Irgendwann war ich dem Tode näher als dem Leben.

„Was ist denn eigentlich mit dem Opa dahinten?“, erkundigte sich eines Tages einer meiner Zellengenossen.

„Mit wem?“, wollte ein anderer wissen.

Der erste Zellengenosse deutete mit dem Finger auf mich, der ich zusammengekrümmt unter meiner dünnen Decke lag. „Mit dem da.“

„Was soll denn mit dem sein?“

„Der rührt und regt sich gar nicht mehr.“

„Vielleicht ist er tot?“

„Dreh ihn doch mal auf den Rücken. Wenn er tot ist, muss er hier raus. Wir können nicht neben einer Leiche sitzen.“

„Wenn wir nichts sagen, kriegen wir wenigstens noch seine Essensration.“

„Ach komm, die letzte hast du ihm doch sowieso schon weggefressen. Glaubst du, wir hätten das nicht gesehen?“

„Na und? Wer zuerst kommt, mahlt zuerst ... Ich muss sehen, wo ich bleibe. Der alte Knacker hat sein Leben gelebt. Ich habe noch ein paar Jährchen vor mir.“

„Jetzt dreh ihn halt mal um!“

„Ja ja ...“

Der Häftling neben mir packte mich an der Schulter und drehte mich auf den Rücken.

„Sieh mal an, der Alte schnauft noch. Aber lange macht der es nicht mehr. Noch ein paar Atemzüge, und dann ist er hin, wenn ihr mich fragt.“

In dem Moment wurde die Klappe in der Tür geöffnet. Einer der Wärter brüllte den Namen eines Gefangenen, der zum Verhör abgeholt werden sollte.

„Herr Wachtmeister“, sagte einer der Gefangenen und versuchte – so gut es ging – Haltung anzunehmen. „Herr Wachtmeister, einer der Gefangenen liegt im Sterben.“

„Wer denn?“, wollte der Wärter wissen.

Der Mitgefangene deutete auf mich. „Der alte Mann da.“

„Aha“, sagte der Wärter.

Dann schlug er die Klappe der Zellentür zu und begab sich zum Gefängnisarzt. Doch der war entweder überlastet oder einfach nur zu faul oder zu desinteressiert, jedenfalls lehnte er es ab, persönlich nach mir zu sehen. Aber immerhin schickte er seinen Adlatus. Bei dem handelte es sich um einen Gefangenen, der zwar approbierter Arzt war, dessen Tätigkeitsschwerpunkt allerdings auf der Behandlung Nervenkranker lag. Man hatte ihn, weil es nicht genügend Ärzte für all die vielen Gefangenen gab, quasi zwangsrekrutiert. Schon aufgrund seiner Spezialisierung konnte er nicht viel für mich tun. Aber auch deshalb, weil es keine Medikamente gab, die er mir hätte verabreichen können. Der Mann war im Übrigen kaum jünger und körperlich auch kaum besser in Schuss als ich.

Er sah aus wie ein von Gicht, Morbus Bechterew, Rheuma und tausend anderen Krankheiten gepeinigtes Geschöpf ... Er humpelte, sein Rücken war krumm, und den Kopf konnte er nur mit Mühe heben. Trotzdem war er ein netter Kerl, und er stammte – wie ich einige Zeit später erfahren sollte – ebenfalls aus Wiesbaden! Ich konnte es kaum glauben, aber es stimmte. Er wohnte im Vorort Sonnenberg, ich in der unweit davon entfernt gelegenen Sonnenberger Straße. Was für ein Zufall! Noch erstaunlicher war, dass man ihn – wie auch mich – wegen Rundfunkverbrechens verurteilt hatte. Er war am 16. Februar 1945 zu vier Jahren Zuchthaus verurteilt worden, ich ein paar Wochen später zu drei Jahren.

Der Arzt, dem ich übrigens – nach der Befreiung des Gerichtsgefängnisses Potsdam durch sowjetische Truppen – in einem Erholungsheim für Opfer der NS-Herrschaft wiederbegegnen sollte, hieß Dr. Friedrich Öhrchen. Ich habe ihn und seine Ehefrau nach unserer Rückkehr nach Wiesbaden hin und wieder in seinem Haus in Sonnenberg besucht.

Aber ich will nicht vorgreifen, sondern die Geschichte der Reihe nach erzählen. Mitte April 1945 wurde Potsdam plötzlich bombardiert. Mir ging es zu diesem Zeitpunkt zwar nach wie vor sehr schlecht, aber zum Glück nicht mehr abgrundtief schlecht. Ich war dem Tod sozusagen von der Schippe ... nun, sagen wir, gekrochen, denn von springen konnte wirklich und wahrhaftig nicht die Rede sein ...

„Oh Gott, Bomber!“, rief eines Tages einer meiner Mitgefangenen. „Hört ihr?“

Oh, ja, wir hörten es, das Brummen der Flugzeuge. Und dann schließlich das Zischen der abgeworfenen Bomben und das Donnern und Krachen bei ihrem Aufschlag. Die meisten Gefangenen schrien vor Angst. Drei standen an der Tür und hämmerten dagegen.

„Macht auf! Verdammt noch mal, macht auf!“, schrien sie. „Wir wollen nicht sterben! Aufmachen! Aufmachen! Hilfe!“

Aber niemand kam. Keiner öffnete uns die Tür, damit wir uns in irgendeinem Keller in Sicherheit bringen konnten.

„Ihr könnt uns doch nicht hier verrecken lassen, ihr Mistkerle!“, brüllte einer von denen, die an der Tür standen.

Doch, das konnten die Wärter-Mistkerle. Sie konnten uns hier verrecken lassen, während sie selbst sich im nächstbesten Luftschutzkeller in Sicherheit brachten.

„Mein Gott, mein Gott, warum hast du mich verlassen?“, jammerte einer.

„Halt die Klappe“, schrie ein anderer. „Dein lieber Gott hat uns vorher nicht geholfen, und jetzt hilft er uns auch nicht.“

„Ich will nicht sterben“, weinte ein Dritter. „Ich bin doch noch so jung. Ich hab' das ganze Leben noch vor mir ...“

Aber alles Jammern und Wehklagen half nichts. Wir mussten in unserer Zelle ausharren und darauf hoffen, dass uns die Bomben der Alliierten nicht trafen und töteten. Selbstverständlich hatten wir bis dahin jeden Tag um Befreiung gebetet und gehofft, dass die Alliierten bald einmarschieren würden, um das NS-Regime hinwegzufegen und unserem Elend ein Ende zu bereiten. Aber natürlich hatten wir nicht gewollt, dass die Alliierten Potsdam bombardierten. Die Luftangriffe auf Potsdam waren für uns völlig kontraproduktiv. Sie nutzten uns nichts, sie gefährdeten uns nur. Deshalb beteten wir, dass die Bomber – in diesem Fall die der Royal Air Force, was wir damals aber nicht wussten – alsbald abdrehten. Zu unserem Glück taten sie das auch. Am 15. April 1945 endeten die Luftangriffe der Engländer auf Potsdam.

Irgendwann tauchten dann auch unsere Wärter wieder auf.

„Ihr Schweine!“, schrie einer meiner Mitgefangenen, als sich der erste Wärter wieder an der Türluke blicken ließ.

„Wie war das?“, zischte der Aufseher, zückte seine Pistole und zielte auf den aufmüpfigen Häftling. „Noch ein Wort, und ich blase dir das Hirn aus dem Schädel!“

Der Gefangene, der – das sah man seinem Gesicht an – den Aufseher am liebsten am Schlafittchen gepackt, seinen Kopf durch die Luke gezerrt und ihm die Faust ins Gesicht gerammt hätte, zuckte zurück. Die Befreiung stand – so hofften wir zumindest alle – unmittelbar bevor. Sich jetzt aus Wut über die Wärter in Gefahr zu bringen, war nicht besonders klug.

„Zwei Tage Essensentzug!“, fauchte der Aufseher. „Für die ganze Zelle.“ Und dann knallte er die Luke zu.

Jetzt ging es in der Zelle hoch her.

„Du blöder Idiot“, schrie einer.

„Ich schlag dich tot!“, brüllte ein anderer.

Aber es half auch nichts, wenn die Männer jetzt übereinander herfielen und sich gegenseitig verprügelten.

„Durchhalten, Männer“, sagte ich deshalb. „Vergeudet nicht eure Kräfte. Die brauchen wir, um den Nahrungsentzug zu überstehen ...“

Den Nahrungsentzug überstanden wir mit Ach und Krach. Aber dann flammten plötzlich die Kämpfe wieder auf. Dieses Mal war es nicht die Royal Air Force, die Potsdam bombardierte, sondern die Russen, die die Stadt mit Kanonen und Panzern unter Beschuss nahmen. Natürlich versuchten die Deutschen, die Sowjets daran zu hindern, in die Stadt einzudringen und sie einzunehmen. Die Russen schossen, die Deutschen schossen zurück. Wieder krachte und zischte es, wieder hatten wir Angst, und wieder kümmerte es die Wärter nicht, was aus uns wurde. Wieder mussten wir bis zum Schluss in unseren Zellen ausharren. Wieder beteten wir, dass wir nicht getötet, sondern befreit würden. Am 27. April 1945 sollte das Gemetzel endlich ein Ende haben. Potsdam wurde von den Sowjets besetzt, und die ließen uns tatsächlich laufen.

Doch für mich war an laufen nicht zu denken. Das deutsche Wachpersonal hingegen hatte sehr wohl über das Laufen nachgedacht, und zwar über das Davonlaufen. Außer uns Gefangenen war an jenem 27. April 1945 nämlich kein Deutscher mehr im Landgerichtsgefängnis anzutreffen. Die Wärter hatten kurzerhand ihre Uniformen gegen Zivilkleidung eingetauscht und sich aus dem Staub gemacht. Gleiches galt für den Gefängnisdirektor und den gesamten Verwaltungsstab. Alle waren sie weg, ihre Arbeitsplätze verwaist.

Was aus uns wurde, interessierte sie nicht mehr. Das war mein Glück, denn ohne die sowjetischen Soldaten, die an diesem Freitag meine Zellentür aufgesperrt hatten, wäre ich wohl nicht mehr am Leben. Das hing damals nämlich wieder einmal an einem seidenen Faden. Mein elender Zustand entging den Befreiern nicht, was dazu führte, dass sie mich aus meiner Zelle trugen und mich in ein Krankenhaus fuhren. Dort, im St. Josefs-Krankenhaus in Sanssouci, lag ich geschlagene fünf Monate. Als man mich am 9. Juni 1945 entließ, war ich zwar längst nicht gesund, aber doch nicht mehr so krank, dass ich im Krankenhaus behandelt werden musste. Was mir jetzt weiterhelfen konnte, war eine Kur.

Nach der Befreiung – zur Erholung im Haus des Generalforstmeisters (1945)

Man verlegte mich in das eben eingerichtete „Heim für die Opfer der Nazi-Herrschaft“, das in Schloss Sacrow im gleichnamigen Potsdamer Stadtteil untergebracht war. Antifaschistische Gruppierungen hatten gleich nach Kriegsende dafür gesorgt, dass aus Schloss Sacrow, das seit 1938 als Amts- und Wohnsitz des preußischen Generalforstmeisters gedient hatte, der zugleich ständiger Vertreter des Reichsforstmeisters Hermann Göring gewesen war, ein Erholungsheim für NS-Verfolgte wurde. Hier sollte ich bis Anfang Oktober 1945 bleiben.

„Sehen Sie“, sagte die Krankenschwester, die mich zu dem Zimmer begleitete, das ich mir in den nächsten Wochen mit einem anderen von den Nationalsozialisten verfolgten und gequälten Mann teilen sollte, „der Generalforstmeister und seine Kumpane, allen voran der dicke Göring, der hier regelmäßig aufkreuzte, um auf die Jagd zu gehen, haben fette Beute gemacht.“

Sie deutete auf die unzähligen ausgestopften Tierköpfe und -körper, die an den Wänden hingen oder auf irgendwelchen Möbelstücken standen. „Hungern mussten die Herrschaften, die vor uns hier residiert haben, bestimmt nicht. Wahrscheinlich gab es jeden Abend Wildbraten mit Rotkohl und einem Berg Kartoffeln mit kiloweise guter Butter. Und wir? Wir haben gehungert“, sagte sie mit vor Verachtung triefender Stimme.

Ich nickte. „Weiß Gott, das haben wir. Aber sagen Sie, was ist denn aus dem eifrigen Trophäensammler geworden, der dieses Haus so eindrucksvoll – nun, sagen wir – geschmückt hat?“

„Der hat den Selbstmord seines geliebten Führers ebenso verpasst wie das Ende des großartigen Dritten Reiches“, giftete sie. „Er hat sich an die Front gemeldet, aber dummerweise das Schlachtengetümmel nicht überlebt. Ich kann nicht behaupten, dass mir das leidtut.“ Und dann deutete sie auf eine Tür.

„So, und das, lieber Herr Petit, ist für die nächste Zeit Ihr Zimmer. Leider ist es uns nicht möglich, jedem Gast ein eigenes Zimmer zur Verfügung zu stellen. Deshalb müssen Sie sich die Stube mit einem anderen Herrn teilen. Übrigens ein sehr freundlicher, älterer Herr."

„Oh", sagte ich, „das macht wirklich nichts. Ich bin einfach nur froh, hier sein zu können und mich erholen zu dürfen." Und dann öffnete ich die Tür und trat ein.

„Herr Petit", setzte die Krankenschwester zur Vorstellung meines Zimmernachbarn an, „das ist Herr Doktor ..."

„Das gibt es doch nicht!", schrie ich.

„Das ist ... das ist doch ganz und gar unglaublich!", rief der Mann, den die Krankenschwester mir gerade als Herrn Doktor ... Öhrchen vorstellen wollte!

Irritiert blickte die Krankenschwester erst zu mir und dann zu meinem Zimmernachbarn.

„Verzeihung, kennen Sie sich etwa?", erkundigte sie sich.

„Und ob!", rief ich. „Wir saßen beide in derselben Haftanstalt ein."

„Ja wenn das so ist", meinte die Schwester, „dann lasse ich Sie jetzt wohl besser allein. Herr Dr. Öhrchen ist schon seit ein paar Tagen bei uns. Er kann Sie mit den Gepflogenheiten hier im Hause vertraut machen. Bis später, meine Herren", rief sie und verließ das Zimmer.

„Ich freue mich sehr, Sie wiederzusehen!", rief ich. „Wie geht es Ihnen?"

„Wahrscheinlich so ähnlich wie Ihnen", erwiderte Dr. Öhrchen. „Sonst wären Sie und ich nicht in dieses Etablissement verlegt worden."

Ich nickte. „Das stimmt wohl. Im Krankenhaus in Potsdam haben sie mir gesagt, hier würde man versuchen, Leute wie mich – also uns – aufzupäppeln."

„Ganz recht", antwortete Dr. Öhrchen. „Uns stehen Lebensmittel nach der Lebensmittelkarten-Kategorie 1 zu. Wir bekommen also so viel Essen wie ein Schwerstarbeiter. Hinzu kommt, dass sie hier im Park das eine oder andere Gemüsebeet angelegt haben. Das stammt allerdings noch von dem vorherigen Bewohner, dem Herrn Generalforstmeister. Wie auch immer: Wir sind – im Vergleich zur restlichen Bevölkerung – ziemlich privilegiert."

Ich nickte. „Und medizinisch? Wie sieht es da aus?"

Dr. Öhrchen zuckte die Schultern. „Der Arzt gibt sich wirklich alle Mühe, aber ihm sind die Hände gebunden. Wie soll er mehr oder weniger chronische Leiden behandeln, wenn es an sämtlichen Therapiemöglichkeiten mangelt? Er kann zum Beispiel keine operativen Eingriffe vornehmen, selbst wenn sie indiziert wären, weil es hier keinen OP-Saal gibt. Und an Medikamenten fehlt es natürlich auch. Aber, ich wiederhole, der Arzt und die Krankenschwestern sowie das weitere Personal, das sich hier um uns kümmert, geben sich alle erdenkliche Mühe, uns zu helfen."

Wieder nickte ich. „Letzteres ist wirklich wunderbar. Aber Ersteres war leider nicht anders zu erwarten."

„Sie sagen es, Sie sagen es", bestätigte Dr. Öhrchen, der schon bald von einem zufälligen Mitgefangenen und Leidensgenossen zu einem guten Freund werden sollte. Fortan war Herr Dr. Öhrchen für mich der Fritz, und der Herr Petit für den Fritz der Octave.

Roermond – Sumatra – Wiesbaden (von der Jahrhundertwende bis 1924)

Eines schönen Tages, Fritz und ich hatten – weil das Wetter so angenehm war – gerade einen Spaziergang vom Schloss zu dem zum Anwesen gehörenden Sacrower See gemacht, erkundigte sich mein Freund, ob ich denn eigentlich ein gebürtiger Wiesbadener sei.

„Nein“, sagte ich nachdenklich, während mein Blick über den in der Sonne glitzernden See wanderte. „Ich stamme eigentlich aus Holland. Meinen französischen Namen verdanke ich meinem belgischen Großvater. Der hat eines schönen Tages sein Heimatdorf in der Wallonie verlassen, weil er glaubte, in Holland ließe es sich besser leben. Wie er auf die Idee kam? Keine Ahnung. Auf jeden Fall wollte er unbedingt nach Holland und dort nach Roermond. Vielleicht hat er da irgendjemanden gekannt. Wer weiß.

Auf jeden Fall war er zielstrebig, ehrgeizig und umtriebig, und binnen kürzester Zeit avancierte er zum Besitzer einer Papierfabrik, engagierte sich in der Kommunalpolitik und wurde schließlich sogar Bürgermeister in einem der heutigen Vororte Roermonds. Als ältester Sohn trat mein Vater dann in die Fußstapfen meines Großvaters. Er übernahm die Fabrik, sorgte dafür, dass sie noch mehr Gewinn abwarf, als das unter der Ägide meines Großvaters der Fall gewesen war, engagierte sich in der Kommunalpolitik und wurde schließlich, wie schon sein Vater, Bürgermeister. Wen wundert es da, dass von mir, als dem ältesten Sohn meines Vaters, erwartet wurde, dass ich die Fabrik übernehme, sie erfolgreich weiterführe, mich in der Kommunalpolitik betätige und schließlich irgendwo Bürgermeister werde.

Aber allein die Vorstellung, mein Leben im Zeichen von Zahlen und Bilanzen verbringen zu müssen, ließ mich schaudern. Ich wollte das nicht, aber mein Vater hatte kein Verständnis dafür, dass mir etwas anderes vorschwebte als das Leben eines wohlhabenden und angesehenen Kaufmanns, redlichen Bürgers und treu sorgenden Politikers. Deshalb nahm ich Reißaus. Eines Tages packte ich meine sieben Sachen, schlich mich des Nachts aus dem Haus, fuhr nach Amsterdam und bestieg dort ein Schiff, das mich nach Sumatra brachte."

„Das klingt abenteuerlich", warf Fritz ein.

„Das war abenteuerlich", bestätigte ich.

„Wie hast du denn die Schiffspassage bezahlt?", fragte Fritz.

„Nun ja", erwiderte ich etwas verlegen. „Ich könnte jetzt sagen, dass ich mir die Überfahrt verdienen musste, indem ich mich auf dem Schiff als Mädchen für alles verdingte. Für den Smutje Kartoffeln schälen, die schmutzige Wäsche der Mannschaft waschen, das Deck schrubben und so weiter ..."

„Aber?", erkundigte sich Fritz.

„Aber die Wahrheit ist: Ich habe es meinem Vater gestohlen. Ich kannte die Nummer des Tresors, habe das Ding geöffnet und alles Geld geklaut, das sich darin befand", antwortete ich. „Stolz darauf bin ich im Nachhinein nicht mehr. Aber damals sah ich es als die einzige Möglichkeit an, um mich – im wahrsten Sinne des Wortes – davonstehlen zu können. Bloß weg aus diesem Kaufmanns-Dasein, das ich so grässlich fand. Als mein Vater bemerkte, dass ich verschwunden war und ihn darüber hinaus auch noch bestohlen hatte, entschied er, dass ich nicht mehr sein Sohn und erst recht nicht sein Erbe sein sollte. Alles, was er besaß, vermachte er daraufhin seinem zweiten Sohn, also meinem Bruder, für den eigentlich eine Karriere als Pfarrer vorgesehen war. Nach dem Tod meines Vaters, der bereits mit Anfang fünfzig verstarb, führte mein Bruder die Papierfabrik weiter, heiratete, bekam zwei Töchter und einen Sohn, engagierte sich allerdings – entgegen der Familientradition – nicht in der Kommunalpolitik und wurde auch nirgendwo Bürgermeister."

Fritz lachte. „Und du? Was wurde aus dir? Erst Sumatra und dann weiter um die Welt?"

Ich schüttelte den Kopf. „Nein, nein. Sumatra und sonst nichts. Dort habe ich bis kurz vor meinem 54. Geburtstag, den ich im Jahr 1924 feierte, gelebt und zwar im nördlichen Teil der Insel, in der Nähe der Stadt Medan. Gearbeitet habe ich in einem Resort. Die Gäste, die dort abstiegen, waren überwiegend Holländer. Bei den meisten handelte es sich um Militärangehörige, die auf Sumatra stationiert waren. Mit ihnen unternahm ich zumeist Ausflüge in den Dschungel, dessen Erforschung gleich nach meiner Ankunft auf Sumatra zu meinem Steckenpferd geworden war.

In der Regel interessierten sich die Besucher des Resorts für die Orang-Utan-Population, die im nahe gelegenen Urwald lebte. Ich kannte die bevorzugten Aufenthaltsorte dieser Menschenaffen und wusste, wo und wie man sie am besten beobachten konnte. In dem Resort, das ich später dem Vorbesitzer abgekauft und weitergeführt habe, lernte ich auch meine Frau kennen. Sie war ebenfalls Holländerin. Als sie 1923 nach langer, schwerer Krankheit starb, entschloss ich mich, das Resort zu verkaufen und nach Europa zurückzukehren. Ich hielt es an dem Ort, an dem mich alles und jedes an meine geliebte Frau erinnerte, einfach nicht mehr aus."

„Oh", sagte Fritz. „Das tut mir wirklich sehr leid. Ich meine, das mit deiner Frau."

„Ja", antwortete ich, „ihr Tod hat mich tief getroffen. Wie damals als junger Mann wollte ich bloß noch weg. Weg von Sumatra, weg von allem, was mich an sie erinnerte. Die Frage war nur: Wohin sollte ich gehen? Vielleicht nach Amerika und dort noch einmal ganz von vorne anfangen? Ein neues Leben beginnen? Den Gedanken habe ich jedoch alsbald verworfen. Ich war 54 Jahre alt. Die Zeit für einen Neuanfang schien mir vorüber. Ich hatte keine Lust mehr, mich auf gänzlich Unbekanntes einzulassen.

Deshalb entschied ich mich, nach Europa zurückzukehren. Zurück nach Roermond zog es mich, ehrlich gesagt, nicht, obwohl ich mit meinem Bruder immer gut ausgekommen war. Ihm hatte ich, nachdem ich in Sumatra angekommen war, einen Brief geschrieben und berichtet, wo ich mich aufhielt. Wir haben dann – hinter dem Rücken meines verbitterten Vaters – regelmäßig korrespondiert. Nachdem er mir vom Tod unseres Vaters erzählt hatte, schrieb ich einen Brief an meine Mutter. Ich wollte sehen, ob es möglich war, den Kontakt zu ihr wiederherzustellen, oder ob sie mir, wegen meiner Entscheidung, Roermond heimlich und mit gestohlenem Geld in der Tasche zu verlassen, immer noch zürnte.

Das war glücklicherweise nicht der Fall. Im Gegenteil, sie freute sich, dass wir jetzt wieder in Verbindung standen. Eines Tages schrieb sie mir, dass sie sich entschlossen habe, Roermond – und überhaupt Holland – den Rücken zu kehren und nach Deutschland, konkret nach Wiesbaden, zu übersiedeln. In Wiesbaden, dem sogenannten Nizza des Nordens, hatte sie in der Vergangenheit schon mehrfach gekurt. Vor allem die dort angebotenen Bade- und die Trinkkuren taten ihr gut, und außerdem war das Klima in Wiesbaden wesentlich milder als in Roermond.

Nachdem der Entschluss gefasst war, erwarb sie ein elegantes und großzügig geschnittenes Mehrfamilienhaus an der Sonnenberger Straße und lud mich ein, fortan bei ihr zu wohnen. Ich stimmte mit Freuden zu, packte meine Koffer, reiste von Sumatra nach Wiesbaden und bezog dort die Wohnung, aus der mich die Gestapo am 30. Dezember 1944 herauszerren sollte.

Zu diesem Zeitpunkt war meine Mutter glücklicherweise längst tot. Das Haus gehört seitdem mir. Meine Mutter hatte es mir hinterlassen. Mein Bruder zeigte kein Interesse an der Immobilie, denn er lebte ja weiterhin in Roermond, und wollte sich auf keinen Fall um ein hunderte Kilometer weit entfernt liegendes Haus kümmern müssen. Insofern war er damit einverstanden, dass meine Mutter mich als Erben einsetzte.

So kam ich also nach Wiesbaden und dort sowohl in als auch an das Haus in der Sonnenberger Straße. Hier bewohnte ich eine Etage, während die beiden anderen an wohlhabende Rentiers vermietet waren, die es – trotz des wirtschaftlichen Niedergangs Wiesbadens nach dem Ersten Weltkrieg – tatsächlich noch gab."

„Das war also der Grund, weshalb du nach Wiesbaden gekommen bist", sagte Fritz. „Schon verrückt, oder?"

Ich lachte. „Ja, wirklich. Wenn mir jemand – kurz vor oder kurz nach meiner Flucht nach Sumatra – erzählt hätte, dass ich eines Tages ein ruhiges, beschauliches Pensionärs-Dasein in einer eleganten Villa in einer hübschen, aber nicht eben pulsierenden Großstadt führen würde, hätte ich das für kolossalen Humbug gehalten. Na, und du? Bist du denn ein gebürtiger Wiesbadener?“

Fritz schüttelte den Kopf. „Nein, ich bin auch nur ein Zugezogener“, erklärte er. „Aber das ist – wie die deine – auch eine etwas längere Geschichte. Die erzähle ich dir morgen, wenn wir uns am Nachmittag unserer Liegekur unterziehen müssen. Jetzt sollten wir uns langsam auf den Weg machen. Quark und Pellkartoffeln erwarten uns heute Abend, wenn ich den Speiseplan recht in Erinnerung habe.“

Die Geschichten des Dr. Fritz Öhrchen (vom Ende des 19. Jahrhunderts bis 1933)

Am nächsten Nachmittag lagen wir – bis zu den Nasen in Decken eingepackt – auf der Schlossterrasse. „Frische Luft, Ruhe und Entspannung“ nannte sich die Therapie, der wir uns, streng bewacht von der Krankenschwester, die mich am ersten Tag zu meinem Zimmer begleitet hatte, unterziehen mussten.

Er sei, so erzählte Fritz, acht Jahre jünger als ich und entstamme einer in einem kleinen Hunsrückdorf ansässigen Pfarrersfamilie. Da Fritz ein kluger Junge war, durfte er nach der Volksschule auf das Gymnasium wechseln. Weil sich die nächste höhere Bildungsanstalt für Knaben im 15 Kilometer entfernt gelegenen Moselstädtchen Traben-Trarbach befand, musste er zu einer verwitweten Tante ziehen, die dort ein Häuschen hatte. Es wäre einfach zu anstrengend und zu zeitraubend gewesen, wenn er jeden Tag insgesamt 30 Kilometer bergauf und bergab hätte laufen oder mit dem Fahrrad fahren müssen, um zur Schule und wieder nach Hause zu kommen.

Nachdem er die Hochschulreifeprüfung bestanden hatte, begann er, Medizin zu studieren. Den Schwerpunkt legte er auf die Nervenheilkunde. Nach Promotion und Approbation arbeitete er an verschiedenen Irrenanstalten, ehe er – inzwischen verheiratet und Vater eines Sohnes – an die private Anstalt Hohe Mark nach Oberursel in den Taunus kam. Das war eine ganz noble Einrichtung, nicht zu vergleichen mit den Anstalten für die gewöhnlichen Irren, die man mit Elektroschocks malträtierte oder in stundenlangen Wasserbädern quälte, in der Hoffnung, sie auf diese Weise kurieren zu können.

Solche Methoden gab es in der Hohe-Mark-Klinik nicht. Das hätten sich die Patienten, die dort untergebracht waren, auch nicht gefallen lassen. Bei ihnen handelte es sich nämlich überwiegend um Angehörige des europäischen Hochadels, die zumeist mitsamt ihrer Dienerschaft anreisten und dementsprechend untergebracht werden mussten.

Unter ihnen befand sich sogar ein Verwandter der englischen Königin, weshalb sich Queen Victoria eines Tages tatsächlich höchstselbst nach Oberursel begab, um den guten Mann dort zu besuchen. Der residierte übrigens in einer der diversen Villen, die der Gründer der Einrichtung auf dem weitläufigen, parkähnlichen Areal für seine Patienten, deren Familien sowie die sie begleitende Dienerschaft hatte erbauen lassen.

„Und dann", so erzählte Fritz, „gab es da noch einen anderen illustren Patienten, den ich behandelt habe." Er schmunzelte. „Franz Erasmus Erbgraf von Erbach-Erbach."

„Erbach-Erbach? Ja, der Name kommt mit bekannt vor", sagte ich. „alteingesessenes Adelsgeschlecht aus dem Odenwald, oder?"

„Ganz genau", bestätigte Fritz. „Jener Erasmus war ein junger, fescher und gewandter Mann, der – nach Ansicht seiner Familie – bedauerlicherweise einen Hang zum Personal hatte. Jedenfalls verliebte er sich unsterblich in die Tochter einer Wäscherin."

„Ach du lieber Gott", warf ich ein, „was für eine Mesalliance!"

„Du sagst es", bestätigte Fritz. „Aber es kommt noch schlimmer. Wenn er einfach nur ein Techtelmechtel mit der jungen Frau aus dem Volk gehabt hätte, dann wären alle amüsiert gewesen und hätten gesagt, der junge Mann müsse sich halt die Hörner abstoßen. Und das tut man, als Mann von Adel, doch besser bei den gemeinen Leuten als bei den Damen von Stand."

„Und was geschah dann?", erkundigte ich mich.

„Nun, die beiden Liebenden, die – vor allem nach Auffassung von Erasmus' Vater – nicht füreinander bestimmt waren, flohen heimlich nach London, wo sie sich am 1. September 1905 das Jawort gaben. Hernach kehrten sie nach Erbach zurück. Anscheinend glaubten sie, nun, da sie Nägel mit Köpfen gemacht hatten, also verheiratet waren, werde man – wenn auch wutschnaubend – den Status Quo akzeptieren."

„Ich ahne", sagte ich, „dass das nicht der Fall war."

„Ganz genau", antwortete Fritz. „Kaum, dass das jung verliebte Paar – 22 und 21 Jahre alt – daheim eingetroffen war und der gräflichen Familie verkündet hatte, was geschehen war, sorgte der höchst erzürnte Herr Papa dafür, dass sein Filius in die Privat-Nervenklinik Hohe Mark eingewiesen wurde.“

„Lass mich raten“, warf ich ein, „und du hattest die Ehre, zum behandelnden Arzt des aufmüpfigen Erbgrafen berufen zu werden.“

Fritz nickte. „Ganz richtig. Ich übernahm des Erbgrafen Behandlung. Selbstverständlich machte mir die Klinikleitung noch vor der ersten Begegnung mit Erasmus klar, dass meine Diagnose den Wünschen des erbgräflichen Vaters zu entsprechen habe. Und der verlangte natürlich, dass bei seinem Sohn eine Geisteskrankheit diagnostiziert wurde.“

„Und, war er tatsächlich verrückt?“

„Ein bisschen schon, aber nicht so irre, dass er nicht wusste, was er tat.“ Fritz zuckte die Achseln. „Am Ende habe ich mich der Anordnung des Klinikleiters – und damit Erasmus' Vater – gebeugt und bei dem jungen Erbgrafen eine geistige Störung festgestellt, die ihn angeblich bereits seit längerer Zeit plagte. Also längst vor September 1905. Daraufhin wurde der junge Mann von einem Gericht entmündigt. Die Vormundschaft übernahm, wie nicht anders zu erwarten, sein Vater. Der sorgte sodann dafür, dass der Sohn enterbt wurde. Daraus folgte, dass Erasmus keinen Zugriff mehr auf das Familien-Vermögen hatte. Folglich konnte er seiner Frau keine Apanage zahlen, ihr also kein Geld für ihren Lebensunterhalt zukommen lassen. Außerdem ermöglichte die Diagnose dem Herrn Papa, die Ehe zwischen Erasmus und Dora, also des Erbgrafen Ehefrau, annullieren zu lassen.“

„Damit waren die Erbach-Erbachs die unwillkommene Schwiegertochter ein für alle Mal los,“ stellte ich fest.

„Genau“, bestätigte Fritz. „Und den aufmüpfigen Sohn hatten sie unter Kontrolle. Dachten sie zumindest.“ Er lächelte.

„Aber“, fragte ich, „was konnte der junge Mann denn tun? Er hatte doch keinen Zugriff mehr auf sein Geld, und außerdem war er doch in der Klinik eingesperrt, oder?“

„Das ist schon richtig“, bestätigte Fritz, „aber dem Burschen gelang die Flucht aus der Hohe-Mark-Klinik.“

„Wie hat er das denn angestellt?“, erkundigte ich mich.

Wieder zuckte Fritz die Achseln. „Ich habe keinen blassen Schimmer“, sagte er. „Außerdem war ich zu diesem Zeitpunkt auch gar nicht mehr in Oberursel. Ich hatte damals schon meine neue Stellung in Ahrweiler angetreten. Auch dort gab es eine luxuriöse und ziemlich teure private Anstalt. Dabei handelte es sich um die Nervenklinik des Dr. Carl von Ehrenwall. Die Arbeitsbedingungen in Ahrweiler waren wirklich gut, die Bezahlung ebenfalls. Ich fühlte mich sehr wohl.“

„Aber?“, fragte ich. „Kommt jetzt das berühmte Aber?“

Er schüttelte den Kopf. „Nein, nein. Über die Ehrenwall'sche Klinik gibt es nichts Negatives zu sagen. Allerdings glaubte ich eines Tages, als ich mein Behandlungszimmer betrat, nicht richtig zu sehen, denn da saß kein anderer als der Erbgraf Franz Erasmus von Erbach-Erbach.“

„Was machte der denn in Ahrweiler?“

„Nach seiner Flucht aus der Hohe-Mark-Klinik hatte man ihn ja wieder eingefangen. Anschließend wurde er – auf Antrag der Familie – nach Ahrweiler verlegt. Aber von dort ist er auch abgehauen. Ich weiß nicht, wie es ihm gelungen ist, einen der Wärter auf seine Seite zu ziehen. Aber irgendwie hat er es geschafft. Auf jeden Fall sind die beiden eines schönen Tages, kurz vor Weihnachten 1907, aus der Klinik verschwunden.“

„Und, hat man sie wieder eingefangen?“

„Aber ja. Doch am Heiligen Abend ist Erasmus erneut getürmt.“

„Und?“

„Na ja, natürlich haben sie ihn wieder geschnappt.“

„Und dann?“

„Dann“, berichtete Fritz, „hat der Vater aufgegeben und dem Sohn erlaubt, außerhalb irgendwelcher Anstaltsmauern zu leben.“

„Wie großzügig“, stellte ich fest. „Was ist denn aus dem jungen Mann geworden? Hat er später etwa doch noch standesgemäß geheiratet?“

„Nicht, dass ich wüsste“, erwiderte Fritz. „Mir ist lediglich bekannt, dass Erasmus Anfang 1920 in Frankfurt am Main verstorben ist. Wo er dort gelebt hat, wovon er gelebt hat, oder gar mit wem er dort gelebt hat, entzieht sich meiner Kenntnis.“

„Schade“, meinte ich. „Hätte mich wirklich interessiert.“

Die nächste spannende Geschichte erzählte mir Fritz am nächsten Tag, der ganz im Zeichen der Hydrotherapie stand. Warme und kalte Bäder sowie ebensolche Umschläge standen auf dem Programm.

„Du wirst es kaum glauben, lieber Octave, aber in Ahrweiler bekam ich es mit einem richtigen Kriminalfall zu tun. Dagegen war das Geschehen rund um den Erbgrafen Franz Erasmus von Erbach-Erbach eher langweilig."

„Aha", entgegnete ich neugierig und erntete dafür einen strengen Blick von der Krankenschwester, die uns versorgte.

„Meine Herren", sagte sie streng, „Sie sollen hier nicht über Kriminalfälle plaudern, sondern sich entspannen und ausruhen, damit Sie schnell wieder zu Kräften und auf die Beine kommen."

„Oh", meinte Fritz beschwichtigend, „es ist tatsächlich nur eine kurze Geschichte. Die ist schnell erzählt. Und ich denke, es ist besser, wir sprechen über derartige Dinge tagsüber und nicht in der Nacht. Stellen Sie sich vor, wie es wäre, wenn wir uns des Nachts gruselige Geschichten erzählen würden! Das hielte uns ganz gewiss vom Schlafen und der damit verbundenen nächtlichen Erholung ab. Und das wäre dann wirklich schlecht für unsere Gesundheit ..." Fritz warf der Schwester einen so treuherzigen Blick zu, dass dieser nichts anderes übrig blieb, als zu lachen und uns geschwätzige alte Männer weiterreden zu lassen.

Bei dem Kriminalfall, von dem mir Fritz berichten wollte, handelte es sich um einen Mordfall, der unter der Bezeichnung „Allenstein-Affäre" in die Geschichtsbücher eingegangen ist. Im Jahr 1907, passenderweise zu Weihnachten, erschoss ein Hauptmann im Örtchen Allenstein den Ehemann seiner Geliebten. Sowohl der Mörder als auch die Geliebte galten – aus medizinischer Sicht – als unzurechnungsfähig und wurden zeitweise in einer Nervenklinik untergebracht.

Im März 1908 sollte sich der Hauptmann schließlich vor Gericht für sein Tun verantworten, doch wenige Tage vor Beginn des Prozesses nahm er sich das Leben. Seiner Geliebten wurde später – im Jahr

1910 – der Prozess gemacht, denn sie stand im Verdacht, den Hauptmann zu dem Mord angestiftet zu haben, wenn nicht sogar daran beteiligt gewesen zu sein. Zu einem Urteilsspruch gegen die Geliebte kam es jedoch nie, da die zeitweise entmündigte Frau als verhandlungsunfähig galt. Fritz, so erzählte er mir, gehörte zu jenen, die sie nervenärztlich begutachten mussten.

„Die Frau“, meinte Fritz, „war ernsthaft krank und wirklich nicht bei Trost. Es hätte keinen Sinn gemacht, sie vor Gericht zu stellen. Sie war gar nicht in der Lage, zu begreifen, was um sie herum geschah.“

„Und was ist aus ihr geworden?“, fragte ich.

„Nun, sie wurde entmündigt und unter Vormundschaft gestellt.“

„Und ist dann in irgendeiner Irrenanstalt gelandet“, mutmaßte ich.

„Das hätte ich durchaus begrüßt“, meinte Fritz, „Aber nein, sie wurde freigelassen. Nicht etwa freigesprochen, aber freigelassen, weil man gegen eine entmündigte Person nicht verhandeln durfte. Man hätte sie – meines Erachtens – trotzdem in die Psychiatrie sperren können. Aber darauf hat man, aus mir nicht nachvollziehbaren Gründen, verzichtet.“

„Und was“, so wollte ich am nächsten Tag wissen, den wir wieder einmal am Ufer des Sacrower Sees ausklingen ließen, „hat dich dann schließlich dazu veranlasst, Ahrweiler zu verlassen und nach Wiesbaden zu gehen?“

„Die Aussicht auf einen Karrieresprung“, gestand Fritz. „In Ahrweiler blieb es mir versagt, zum ärztlichen Leiter aufzusteigen. Der Posten war besetzt, nämlich von dem Gründer der Ehrenwall’schen Klinik. Insofern hatte ich keine Aussichten, in Ahrweiler noch einmal befördert zu werden. Und dann erfuhr ich, dass in Wiesbaden ein ärztlicher Leiter für ein Kurhaus für Nervenkranke gesucht wurde. Daraufhin habe ich mich dort beworben und wurde angenommen. Das hat mich hoch erfreut, denn in Wiesbaden konnte ich gleich zwei Fliegen mit einer Klappe schlagen: Erstens bekam ich eine Stelle, nach der ich schon lange gestrebt hatte, und zweitens konnte ich das doch eher langweilige Städtchen Ahrweiler hinter mir lassen, das weder kulturell noch gesellschaftlich viel zu bieten hatte – im Gegensatz zu der doch weltbekannten und berühmten Kurstadt Wiesbaden. Auch deshalb war der Umzug nach Wiesbaden für mich – und natürlich auch für meine Frau – eine veritable Freude.“

So kam es also, dass Fritz im Sommer 1914 mit seiner Frau und den beiden Söhnen – der zweite Knabe war in Ahrweiler zur Welt gekommen – nach Wiesbaden übersiedelte und hier die ärztliche Leitung des „Kurhauses für Nervenkranke“ an der Dietenmühle übernahm. Ich kannte die zwischen Wiesbaden und Sonnenberg gelegene Kuranstalt Dietenmühle. Ein malerischer, mehrere Backsteingebäude umfassender Komplex mitten im Grünen. Selbstverständlich hätte dort eine standesgemäße Wohnung für ihn bereitgestanden, aber Fritz zog es – wie schon in Oberursel und später in Ahrweiler – vor, berufliches und privates Leben möglichst nicht zu vermischen. Aus diesem Grund wollte er nicht auf dem Anstaltsgelände wohnen.

Auf der Suche nach einer angemessenen Unterkunft stieß er schließlich auf das elegante und dabei sowohl geräumige als auch komfortable Haus in der Schillerstraße 2 in Sonnenberg, das er käuflich erwarb, weil er davon ausging, dass Wiesbaden die letzte Station in seiner beruflichen Laufbahn sein würde. Von der Schillerstraße aus war es nicht weit bis zu seinem neuen Arbeitsplatz. Aber kaum, dass er die Stelle angetreten hatte, brach der Erste Weltkrieg aus, und Fritz, der Arzt, wurde eingezogen. Zunächst musste er die Verwundeten und Verletzten an der Westfront behandeln, dann wurde er Chefarzt im Kriegsgefangenenlager Griesheim bei Darmstadt und anschließend Chefarzt des Darmstädter Nervenlazaretts. Hier blieb er bis Kriegsende. Danach kehrte er nach Wiesbaden zurück. Dort arbeitete er weiterhin im Sanatorium Dietenmühle, ehe er sich 1933 dazu entschloss, seine eigene Praxis zu eröffnen.

Seit seiner Festnahme im Jahr 1944 war die Praxis geschlossen, aber gleich nach seiner Rückkehr wollte er sie wiedereröffnen. Daraus sollte allerdings nichts werden. Das wusste Fritz damals aber noch nicht, und ich hatte ebenfalls keine Ahnung, was mich in Wiesbaden erwartete.

Rückkehr nach Wiesbaden (1945)

Am 2. Oktober 1945 wussten wir mehr. An diesem Tag stiegen wir am Wiesbadener Hauptbahnhof aus dem Zug und kämpften uns durch die vom Qualm der Dampfloks völlig verräucherte Bahnhofshalle ins Freie.

„Schön, wieder hier zu sein“, seufzte ich.

„Ja“, bestätigte Fritz. „Während meiner Haftzeit hatte ich nicht selten die Befürchtung gehabt, dass ich Wiesbaden nie wiedersehen würde. Und jetzt stehe ich hier, vor diesem eleganten Bahnhofsgebäude aus Sandstein, das mich – nicht zuletzt dank seiner imposanten Türme und aparten Türmchen – schon 1914, bei meinem ersten Eintreffen in der Stadt, fasziniert hat.“

„Ja“, bekräftigte ich, „ein wirklich schöner und markanter Bahnhof. Ich mochte ihn auch gleich vom ersten Moment an.“

„Allerdings war unsere Reise dieses Mal eine schrecklich lange und ausgesprochen gefährliche – ganz im Gegensatz zu den von uns in der Vergangenheit unternommenen Touren.“

Damit hatte Fritz leider völlig recht. Unsere Heimreise war höchst abenteuerlich verlaufen. Alles begann mit unserer am Morgen des 29. September 1945 erfolgten Entlassung aus dem Kurheim. An jenem Samstag mussten wir uns im Büro der Heimleitung melden. Dort erhielten wir von der zwar gestrengen, aber deshalb nicht unfreundlichen Dame, die für die Geschäftsführung zuständig zeichnete, ein Hand- und Reisegeld in Höhe von 430 Reichsmark, außerdem ein Dokument, das uns als Verfolgte des Nazi-Regimes auswies, des Weiteren eine Bescheinigung über den mehrwöchigen Kuraufenthalt im Kurheim Schloss Sacrow zu Potsdam sowie eine Bahnfahrkarte nach Wiesbaden.

„Nun, meine Herren“, sagte die Heimleiterin, die Adele Burmeister hieß, „jetzt bleibt mir nichts weiter übrig, als Ihnen eine gute Heimreise und einen guten Start in eine antifaschistische Zukunft zu wünschen.“

„Vielen herzlichen Dank für alles, was Sie für uns getan haben. Wir sind Ihnen und Ihren Mitarbeitern wirklich sehr verbunden. Sie haben Großartiges geleistet“, sagte Fritz.

„Wir tun unser Bestes, um den Menschen zu helfen, die unter der Nazi-Herrschaft zu leiden hatten“, erklärte sie. „Draußen erwartet Sie übrigens ein Wagen, der Sie nach Berlin bringen wird. Unser hiesiger Bahnhof wurde ja, wie Sie wissen, durch die Kriegseinwirkungen vollständig zerstört und ist daher – bis auf Weiteres – nicht mehr nutzbar. Die nächste Möglichkeit, eine Bahnfahrt anzutreten, gibt es in Berlin. Der Chauffeur wird Sie zum Anhalter Bahnhof fahren. Der ist zwar auch noch weitgehend demoliert, aber der Zugverkehr läuft trotzdem wieder. Dort werden Sie sicher alsbald einen Zug finden, der Sie nach Wiesbaden bringt. Über welche Irr- und Umwege auch immer“, meinte sie achselzuckend, um dann aufzustehen und uns zum Abschied die Hand zu reichen. „Leben Sie wohl“, sagte sie.

„Sie auch“, sagte ich. „Und nochmals vielen Dank für alles.“

Sodann gingen wir zu einem reichlich demolierten Kastenwagen, der in der Auffahrt auf uns wartete. Eine angenehme Fahrt war es nicht. Zum einen, weil das Fahrzeug in wirklich schlechtem Zustand war und daher rumpelte, ruckelte, qualmte, stank und bei jedem der diversen Löcher in der Straße so hart aufsetzte, dass uns sämtliche Knochen schmerzten. Und zum anderen, weil sie unendlich lang war. Das lag natürlich daran, dass die Verkehrsinfrastruktur weitgehend zerstört war. Intakte Straßen gab es kaum. Oftmals mussten wir Umwege fahren, um unüberwindbare Krater zu umgehen, die die eine oder andere Straße, die wir hätten nutzen müssen, um zügig nach Berlin zu gelangen, entweder teilweise oder sogar komplett unpassierbar gemacht hatten. Aus diesem Grund trafen wir erst weit nach Mitternacht in Berlin ein.

„Da sind wir“, sagte der Fahrer im schönsten Berliner Dialekt. „Das ist der Anhalter Bahnhof.“

„Frau Burmeister hatte recht“, stellte Fritz fest, nachdem er einen Blick auf das Gerippe des Bahnhofsgebäudes geworfen hatte. „Ziemlich demoliert, das Bauwerk.“

„Ja“, berlinerte unser Chauffeur. „Am 3. Februar wurde das Bahnhofsgebäude durch einen Bombenangriff zerstört. Völlig ausgebrannt, die Bude. Aber die Leutchen haben sich gleich ans Werk gemacht und den Bahnhof zumindest notdürftig entrümpelt, damit der Zugverkehr weiterlaufen konnte. Haben die richtig gut gemacht.“

Dann reichte er uns unser Gepäck. „Gute Reise!“, rief uns unsere Berliner Schnauze nach, als wir vom Wagen weg in Richtung des Gebäude-Gerippes gingen.

„Ihnen allzeit gute Fahrt!“, rief Fritz zurück, ehe wir die Bahnhofshalle betraten, über der – statt eines elegant gewölbten Dachs – der nächtliche Sternenhimmel zu sehen war.

„Pittoresk“, stellte ich fest.

„In der Tat“, erwiderte Fritz. „Aber das ist wohl auch das einzig Pittoreske rund um dieses Gebäude. Alles im Eimer. Und außerdem“, er warf einen suchenden Blick in die Runde, „sehe ich hier keinen einzigen Eisenbahner. Nirgendwo jemand, den man fragen kann, wann der nächste Zug in Richtung Westen fährt.“

„Fahrpläne hängen auch nicht aus“, stellte ich fest. „Was sollen wir denn jetzt machen?“

„Warten“, entgegnete Fritz lakonisch. „Was anderes bleibt uns wohl nicht übrig.“

„Aber wo? Wo sollen wir warten?“, fragte ich und blickte umher, in der – leider vergeblichen – Hoffnung, einen Wartesaal oder wenigstens eine Bank zu erspähen, auf die wir uns setzen und auf den Morgen warten konnten.

Plötzlich tauchten aus dem Dunkel zwei uniformierte Gestalten mit Gewehren auf, die eiligen Schrittes auf uns zukamen.

„Was sind das denn für Kerle?“, flüsterte ich.

„Russische Soldaten“, wisperte Fritz zurück.

„Was zum Kuckuck wollen die denn hier? Wir sind hier in Kreuzberg! Der Stadtteil wird doch von den Westmächten kontrolliert!“

„Keine Ahnung“, flüsterte Fritz.

„Was machen Sie hier?“, fuhr uns der eine sowjetische Soldat auf Deutsch an.

„Nichts. Außer auf einen Zug nach Frankfurt am Main zu warten, der aber anscheinend erst morgen früh zu erwarten ist“, antwortete ich und versuchte, mir meine Angst vor den martialisch wirkenden Soldaten nicht anmerken zu lassen.

„Kein deutscher Nazi darf sich in der Nacht im Bahnhofsgebäude aufhalten“, führte der zweite sowjetische Soldat aus, der – wie auch sein Kamerad – Deutsch mit schwerem Akzent sprach.

„Wir sind keine Nazis“, entgegnete Fritz. „Sehen Sie hier.“ Er zeigte den Männern das Dokument, das ihn als Verfolgten des Nazi-Regimes auswies.

„Alle Deutschen sind Nazis!“, rief der Russe, riss Fritz das Papier aus der Hand, schleuderte es auf den Boden und trampelte mit den Stiefeln darauf herum.

„Was soll das!“, rief Fritz entrüstet. „Hören Sie sofort auf damit!“

Daraufhin richtete der andere Russe das Gewehr auf Fritz. „Soll ich dich erschießen, du deutscher Nazi?“, fragte er höhnisch. „Oder haust du freiwillig ab? Wir haben dir gesagt, dass deutsche Nazis nachts nicht im Bahnhof sein dürfen. Also, raus mit dir und deinem Kumpan!“

Was sollten wir anderes machen, als nachzugeben. Fritz bat noch, seinen durch den Stiefel des Soldaten ziemlich in Mitleidenschaft gezogenen Ausweis aufheben zu dürfen, was ihm dieser großmütig gestattete. Doch als Fritz nach dem Papier greifen wollte, trat ihm der Soldat mit aller Kraft auf die Finger.

„Au!“, schrie Fritz „Verdammt! Das tut doch weh!“

„Oh“, höhnte der Soldat, „dem deutschen Nazi tun die Finger weh. Wie traurig!“

Und dann „geleiteten“ sie uns zum Ausgang.

Die Nacht verbrachten wir auf einem Trümmergrundstück in der Nähe des Bahnhofs. Als der Morgen anbrach, kehrten wir zu dem Gebäude zurück. Die beiden russischen Soldaten, die uns als Nazis beschimpft hatten, waren inzwischen verschwunden.

„Entschuldigen Sie", wandte ich mich an einen Mann, der in Eisenbahneruniform hinter einem Schalter saß. „Wir wollten uns erkundigen, wann der nächste Zug nach Frankfurt am Main abgeht?"

„Laut Kursbuch", erwiderte der Eisenbahnbedienstete, „um zehn Uhr auf Gleis zwei. Wenn Sie Glück haben, kommt er, wenn Sie Pech haben, müssen Sie bis morgen warten."

„Ach, du lieber Gott", entfuhr es Fritz. „Noch eine Nacht warten ... dann treffen wir am Ende wieder auf die beiden Russen, die uns gestern aus dem Gebäude geworfen haben, mit der Begründung, nachts dürften sich deutsche Nazis hier nicht aufhalten."

„Nachts ist der Bahnhof tatsächlich geschlossen. Niemand darf sich hier aufhalten. Kein Deutscher und auch kein Ausländer, außer den sowjetischen Wachsoldaten."

„Aber wir sind doch hier in einem der West-Sektoren von Berlin?", erkundigte sich Fritz.

„Das stimmt", bestätigte der Eisenbahner. „Aber das gesamte Eisenbahnwesen Berlins, ganz gleich, ob nun im Osten oder den Westsektoren, untersteht – im Interesse der Sicherheit und der Aufrechterhaltung des Transportwesens, wie es offiziell so schön heißt – der sowjetischen Militäradministration. Das bedeutet: Die Russen können auch bestimmen, wann die Bahnhöfe betreten werden dürfen und wann nicht."

„Oh", erwiderte Fritz. „Das haben wir nicht gewusst. Danke für die Auskunft."

„Stets zu Diensten", antwortete der Eisenbahner und winkte den nächsten Passagier heran, um sich dessen Anliegen zu widmen.

Übrigens hatten wir Glück. Der Zug nach Frankfurt am Main lief tatsächlich kurz vor 10.00 Uhr ein und kurz nach 10.00 Uhr wieder aus.

Erwartungsgemäß war er restlos überfüllt. Aber dennoch gelang es uns, uns in eine Ecke zu quetschen, in der wir dann bis zu unserer Ankunft in Frankfurt am Main – knapp zwei Tage später – tapfer ausharrten.

In Frankfurt erfuhren wir, dass der nächste Zug nach Wiesbaden erst am Folgetag abfahren würde. Wir entschieden uns daher, die Nacht im Wartesaal zu verbringen, was in dem von den Amerikanern besetzten Frankfurt offensichtlich nicht verboten war.

Am nächsten Morgen wollten wir uns, vor der Abfahrt nach Wiesbaden, am Bahnhofskiosk ein wenig verpflegen, doch als wir nach unseren Geldbörsen griffen, mussten wir feststellen, dass wir in der Nacht, als wir, völlig erschöpft von der schier unendlichen Reise, im Wartesaal geschlafen hatten, anscheinend beklaut worden waren. In unseren Portemonnaies befand sich jedenfalls nichts mehr, außer ein paar Groschen ... und so kam es, dass wir an jenem 2. Oktober 1945 quasi ohne einen Pfennig in der Tasche in Wiesbaden eintrafen.

Gemeinsam verließen wir das Bahnhofsgebäude und begaben uns zu der nahegelegenen Bushaltestelle, um mit dem Omnibus nach Hause zu fahren. Immerhin dafür reichte die uns verbliebene Barschaft noch aus.

„Fahren Sie auch Richtung Sonnenberg?“, erkundigte sich ein älterer Mann, der – auf einen Stock gestützt – an der Haltestelle stand und ebenfalls auf das Ankommen des Omnibusses der Linie zwei zu warten schien.

Wir nickten.

„Fahren Sie direkt nach Sonnenberg?“, wollte der Mann wissen.

„Ja“, erwiderte Fritz. „Ich fahre bis zur Hofwiese.“

„Ich habe es nicht ganz so weit“, erklärte ich. „Ich steige in der Sonnenberger Straße aus.“

Der Mann nickte. „Zum Glück fahren die Omnibusse jetzt ja wieder“, meinte er.

„Ach", erkundigte sich Fritz, „ich wusste gar nicht, dass der Betrieb eingestellt worden war."

„Doch, und zwar nach dem Angriff der Tommys am 9. März 1945. Die haben den Omnibusbetriebshof in der Gartenfeldstraße und auch das Straßenbahndepot in der Bleichstraße in Grund und Boden gebombt. Danach ging nichts mehr. Schluss. Aus. Feierabend." Er seufzte. „Klar haben die Mitarbeiter anschließend alles versucht, um wenigstens den einen oder anderen Bus wieder flottzukriegen. Und das ist ihnen auch gelungen. Aber dann marschierten Ende März die Amis ein und haben alles, was überhaupt noch fahrbereit war, beschlagnahmt. Doch seit Anfang September", fuhr er fort, „kann man wieder vom Hauptbahnhof nach Sonnenberg fahren. Und umgekehrt."

„Oh", sagte ich, „da haben wir aber wirklich ganz großes Glück gehabt!"

„Ja", bestätigte er, „das kann man wohl so sagen. Wissen Sie, früher hätte es mir nichts ausgemacht, zu Fuß oder mit dem Fahrrad von A nach B zu gelangen. Aber jetzt ...," er seufzte, „jetzt bin ich um jeden Meter froh, den ich nicht selbst bewältigen muss."

„Wir auch", stimmte ich ihm zu. „Wir auch. Leider."

Zwar waren wir – dank unseres Kuraufenthalts in Sacrow – nicht mehr so schlecht dran wie bei unserer Befreiung Ende April, aber trotzdem alles andere als gesund und erst recht nicht körperlich leistungsfähig. Ein längerer Fußmarsch hätte uns sehr angestrengt und vielleicht sogar unsere Kräfte überfordert. Daran, uns ein Autotaxi zu nehmen, sofern überhaupt eines zur Verfügung gestanden hätte, brauchten wir gar nicht erst zu denken, denn dazu fehlte uns schlicht und ergreifend das Geld. Wir waren schon froh, dass wir genug in der Tasche hatten, um uns beim Schaffner einen Fahrschein kaufen zu können.

„Da kommt er ja", sagte der Mann, der ebenfalls auf den Omnibus wartete, und zeigte auf das fauchende Gefährt, das sich der Haltestelle näherte.

„Ach, hier fahren sie immer noch mit Holzvergaser", stellte Fritz fest.

„Ja ja", bestätigte der Mann, der mit uns auf den Omnibus wartete. „Im Moment noch. Aber sie planen die Umstellung auf Gas. Irgendwann – vielleicht im nächsten Jahr."

„Donnerwetter", meinte Fritz, „Sie sind ja richtig gut informiert!"

Der Mann nickte. „Mein Sohn arbeitet bei den Verkehrsbetrieben. Schon bevor sie ihn zum Kriegsdienst eingezogen haben, war er dort beschäftigt. Nachdem er dann ein Bein verloren hatte, und die Wehrmacht ihn daher nicht mehr gebrauchen konnte, haben sie ihn nach Hause geschickt. Tja, und nun arbeitet er eben wieder bei den Verkehrsbetrieben."

Der Bus stoppte an der Haltestelle. Die Türen öffneten sich. Wir stiegen ein.

„Na, dann", sagte der Mann, nachdem wir beim Schaffner unsere Fahrkarten erstanden hatten, „wünsche ich Ihnen eine gute Fahrt!"

„Danke, ebenso", antworteten Fritz und ich und nahmen auf einem Zweisitzer in der Nähe des Ausstiegs Platz. Kurz darauf rumpelte der Omnibus los. Auf einer Art Brett, unter das ein Rad montiert worden war, zog der Bus den Holzvergaser hinter sich her. Der sah aus wie ein riesiger Topf, der über ein Rohr mit dem Motorraum verbunden war. In den Topf musste der Fahrer von Zeit zu Zeit Brennholz schütten, das – wie in einem Kamin – mit Hilfe von Holzkohle erst zum Glimmen, dann zum Brennen gebracht wurde. Im Zuge des auf diese Weise in Gang gesetzten Verbrennungsprozesses bildete sich ein Gas, das dem Fahrzeug als Treibstoff diente.

Schon lange vor Kriegsausbruch hatte es Personen- und sogar Lastkraftwagen mit Holzvergasern gegeben, aber nach dem 1. September 1939 wurde der Holzvergaser – zunächst nur für Omnibusse und Lastkraftwagen, später dann auch für Personenwagen – zur Pflicht. Flüssige Brennstoffe blieben dem Militär vorbehalten. Ein Panzer mit Holzvergaser im Schlepptau wäre wohl auch etwas unpraktisch gewesen ...

„Nanu“, rief Fritz nach ein paar Minuten Fahrt plötzlich überrascht aus. „Seit wann fährt die Linie zwei denn nicht mehr durch die Innenstadt?“

„Seit die Amis hier sind und weite Teile des Stadtgebiets abgeriegelt haben“, sagte der Schaffner, der unmittelbar vor uns stand und Fritz' erstaunten Ausruf offensichtlich gehört hatte. „Deutsche dürfen die Sperrzone nicht betreten, es sei denn, sie verfügen über einen besonderen Berechtigungsschein.“

„Aha“, sagte Fritz.

„Deshalb verläuft die Fahrtstrecke der Linie zwei seither – und bis auf Weiteres – nicht mehr durch die Innenstadt, sondern über die Wilhelmstraße und die Sonnenberger Straße bis nach Sonnenberg“, führte der Schaffner aus.

„Mein Gott“, stieß ich aus, als wir die Wilhelmstraße entlangfuhren, „hier ist ja alles kaputt!“

„Tja“, sagte der Schaffner achselzuckend, „ist alles bei dem großen Bombenangriff vom 2. auf den 3. Februar 1945 in Schutt und Asche versunken.“

„Großer Gott!“, stieß ich aus und überlegte, was ich wohl daheim vorfinden würde. Einen Bombenkrater? Einen Schutthaufen? Fritz dachte wahrscheinlich das Gleiche, sagte aber nichts.

Schließlich näherten wir uns der Haltestelle, an der ich aussteigen musste. Nun war es an der Zeit, Lebewohl zu sagen. Fritz und ich umarmten einander kurz, wünschten uns jeweils alles Gute und dann stand ich, meinen Rucksack in der Hand, in dem sich meine sämtlichen Habseligkeiten befanden, auf der Straße, während der Bus – und mit ihm Fritz – an mir vorbeifuhr.

Ich war mir ziemlich sicher, dass ich Fritz eines Tages wiedersehen würde, allerdings hätte ich nicht gedacht, dass es schon so bald sein würde. Als ich nämlich vor der Einfahrt stand, die hinauf zu meinem Haus führte, versperrten mir ein Schlagbaum und zwei bis an die Zähne bewaffnete US-Soldaten den Weg.

Von Amts wegen – eingewiesen in die Wilhelmstraße 17 (1945)

„No entry!“, rief der eine, als ich – einigermaßen verdattert, wie man sich sicherlich vorstellen kann – vor dem Schlagbaum stehen blieb und verwirrt auf die Szenerie blickte, die sich mir bot.

„Aber“, stotterte ich, „das ... das ist doch mein Haus ... Ich wohne hier. Lassen Sie mich rein! Sofort!“

„Don't you understand?“, schaltete sich nun der zweite Soldat ein. „No entry! And now, Mister, go away!“ Er machte eine Handbewegung, als wolle er eine lästige Fliege verscheuchten.

„What's going on?“, mischte sich nun ein dritter Amerikaner ein, der sich bis dahin in dem Wachhäuschen aufgehalten hatte, das ein paar Meter hinter dem Schlagbaum aufgestellt worden war.

„Das ist mein Haus!“, schrie ich. „Ich wohne hier, und der Grund und Boden, auf dem Sie und Ihre Kameraden sich derzeit befinden, gehört ebenfalls mir! Und ich verlange, Zutritt zu meinem Haus und zu meiner Wohnung zu erhalten! Und zwar sofort! Außerdem haben Sie hier nichts, aber auch gar nichts zu suchen!“

Der Amerikaner machte eine beschwichtigende Geste. „Keep cool“, sagte er und fuhr dann auf Deutsch fort: „Dieses Haus wurde beschlagnahmt. Es beherbergt bis auf Weiteres eine amerikanische Dienststelle. Aus diesem Grund ist es Ihnen weder möglich, das Gebäude zu betreten, noch dessen Räumlichkeiten – erst recht nicht zu Wohnzwecken – zu nutzen. Sofern Sie – aufgrund der Beschlagnahme des Gebäudes – nun über keine Unterkunft mehr verfügen, eine solche aber benötigen, müssen Sie sich an die zuständige deutsche Behörde wenden. Die wird Ihnen dann entsprechende Räumlichkeiten zuweisen.“

Er verwies mich an ein Amt, von dem ich gar nicht wusste, dass es so was überhaupt gab. Dort, so sagte er, könne ich mein Anliegen vortragen. Und jetzt möge ich bitte weitergehen. Aber ich hatte keineswegs die Absicht, mich von dem Ami abwimmeln zu lassen. Wütend verlangte ich, seinen Vorgesetzten zu sprechen. Ich schrie und tobte, weil ich mir die Ungerechtigkeit nicht bieten lassen wollte. Doch damit erreichte ich nur, dass die beiden Soldaten ihre Waffen auf mich richteten und der Deutsch sprechende Amerikaner mir verkündete, dass er mich, wenn ich nicht endlich ginge, verhaften lassen werde.

„Das sind ja die reinsten Gestapo-Methoden!“, brüllte ich, aber auch das nützte mir nichts.

Da ich nicht riskieren wollte, festgenommen und eingesperrt zu werden, gab ich schließlich klein bei, warf mir meinen Rucksack über die Schulter und ging davon. Bei dem ominösen Amt, bei dem ich mich auf Anweisung des Amerikaners melden sollte, brauchte ich um diese Uhrzeit selbstverständlich nicht mehr zu erscheinen. Da war längst niemand mehr anzutreffen. Vor morgen würde ich mein Anliegen dort also nicht vortragen können. Aber was sollte ich bis dahin machen? Wohin sollte ich gehen? Vielleicht bei Richard und Marga anklopfen und fragen, ob ich bei ihnen unterschlüpfen könnte? Aber was war eigentlich mit den Regers? Und vor allem: Wo waren sie? Hatten sie das Dritte Reich überhaupt überlebt? Ganz offensichtlich waren doch auch sie in die Fänge der Gestapo geraten ... Nein, Richard und Marga stellten keine Option dar. Realistisch gesehen gab es nur eine Person, an die ich mich wenden konnte – und das war mein Freund Fritz, von dem ich wusste, dass er ein relativ großes Haus besaß. Vielleicht fand sich dort auch ein Plätzchen für mich ... sofern die Tommys, um es mit dem Mann von der Omnibushaltestelle zu sagen, Fritz' Haus nicht in einen Schutthaufen verwandelt oder die Amerikaner das Haus beschlagnahmt hatten ... Ich konnte nur hoffen, dass das nicht der Fall war, und vor allem, dass Fritz sich bereit erklären würde, mich vorübergehend zu beherbergen.

Nachdem der Entschluss, Fritz um Hilfe zu bitten, getroffen war, ging ich zurück zu der Bushaltestelle und wartete dort auf den nächsten Omnibus nach Sonnenberg. Als ich an der Endstation der Linie zwei, also an der Hofwiese, ausstieg, um von hier aus den leider relativ weiten und ziemlich anstrengenden Fußweg zu seinem Haus anzutreten, stellte ich fest, dass die Bombenangriffe auch den kleinen Ort Sonnenberg nicht verschont hatten. Den Bomben zum Opfer gefallen waren unter anderem das Rat- und das Feuerwehrgerätehaus. Auch die unweit davon gelegene Sonnenberger Burg wies Schäden auf. Das war natürlich kein gutes Omen. Wenn die britischen Bomben auch Fritz' Haus getroffen hatten, dann stand er, wie ich, ohne Bleibe da, und mit ihm seine Frau, von der er seit seiner Festnahme im Jahr 1944 übrigens nichts mehr gehört hatte.

Während seines Kuraufenthalts in Sacrow hatte er ihr zweimal geschrieben, aber nie eine Antwort erhalten. Warum, wusste er nicht. Es konnte sein, dass seiner Frau etwas zugestoßen war, es konnte aber ebenso gut sein, dass es bei der Postzustellung über die Besatzungszonen hinweg irgendwelche Schwierigkeiten gegeben hatte. Für Fritz bedeutete das, dass er nicht wusste, was ihn erwartete, wenn er nach Hause kam. Aber das hatte ich ja auch nicht gewusst.

Ich brauchte eine knappe Dreiviertelstunde, um zu erfahren, dass Fritz' Haus noch stand. So viel Zeit hatte es mich gekostet, um von der Hofwiese über die Verdunstraße, die vor 1933 noch Bierstadter Straße geheißen hatte, weil sie nämlich von Sonnenberg in die Nachbargemeinde Bierstadt führte, die Liebenau- und schließlich die Bingertstraße in die Schillerstraße zu gelangen. Als ich endlich vor der Haustür stand, war ich – von dem für mich sehr anstrengenden Bergauf- und Bergabwandern – vollkommen erschöpft. Dementsprechend muss ich ausgesehen haben, denn nachdem ich geklingelt und eine Frau mir die Tür geöffnet hatte, dirigierte sie mich – unter lauten „Ach du lieber Gott!"-Rufen – direkt zu einer Holzbank, die unmittelbar neben der Eingangstür stand. Es sollte nicht lange dauern, bis Fritz auftauchte, der natürlich wissen wollte, was hier draußen los war.

„Octave!", rief er aus. „Um Himmels Willen, wie siehst du denn aus? Mein Gott, Hedy, schnell, hol ein Glas Wasser!"

Hedy, das war zweifellos seine Ehefrau Hedwig. Nachdem sie mir ein Glas Wasser gebracht und ich es in einem Zug geleert hatte, fühlte ich mich gleich besser.

„Was ist passiert? Und was führt dich hierher?“, erkundigte sich Fritz.

„Ach, Fritz“, seufzte ich, „ich kann nicht zurück in mein Haus. Das ist von den Amerikanern beschlagnahmt. Morgen soll ich in irgendeinem neumodischen Amt vorsprechen, um mir eine neue Bleibe zu suchen. Aber heute Nacht ... da weiß ich einfach nicht, wohin ... Und Geld für ein Hotel, das habe ich nicht ...“

„Das weiß ich“, sagte Fritz und legte mir die Hand auf die Schulter. „Mach dir keine Sorgen. Bis dir das Wohnungsamt ...“

„Nein“, unterbrach ich ihn, „eben nicht das Wohnungsamt. Ich soll mich bei der Städtischen Betreuungsstelle melden.“

„Bei der Städtischen Betreuungsstelle?“, fragte Fritz. „Was soll denn das sein? Davon habe ich ja noch nie gehört!“

„Aber ich“, schaltete sich Hedy ein. „Die haben sie vor ein paar Monaten extra für die Menschen eingerichtet, die von den Nazis aus rassischen, religiösen oder politischen Gründen verfolgt worden sind. An diese Stelle können sich die Betroffenen wenden, um eine Unterkunft, Lebensmittel oder Heizmaterial zu erhalten.“

„Ach so“, sagte Fritz. „Sieh mal an. Da hatte ja jemand mal direkt eine gute Idee.“

„Wo ist die denn untergebracht, diese Betreuungsstelle?“, wollte ich wissen.

Hedy zuckte die Achseln. „Das weiß ich leider nicht auswendig, aber das finden wir heraus. Keine Sorge.“

„Genau“, ergänzte Fritz. „Und bis dir die geheimnisvolle Betreuungsstelle oder sonst irgendein Amt eine neue Unterkunft vermittelt hat, kannst du bei uns bleiben. Wir haben zwar nicht viel Platz, weil bei uns zwei Flüchtlingsfamilien mit jeweils vier Kindern einquartiert worden sind, aber irgendwo finden wir schon noch ein Eckchen für dich. So, und nun komm erst mal herein.“

Die Wohn- und Lebensverhältnisse im Hause Öhrchen waren zu jener Zeit wirklich mehr als beengt. Die beiden Flüchtlingsfamilien, bestehend aus zwei Müttern mit je zwei Mädchen und zwei Jungs im Alter zwischen zwei und zehn Jahren, stammten aus Ostpreußen und sprachen einen so harten Dialekt, dass ich sie kaum verstand. Die Familienväter waren noch nicht aus dem Krieg zurückgekehrt, und niemand wusste, was aus ihnen geworden war. Lebten sie noch – oder waren sie längst gefallen oder vielleicht in Kriegsgefangenschaft geraten? Auch Fritz und Hedy wussten nicht, was aus ihrem jüngeren Sohn geworden war. Offiziell galt er als vermisst. Es sollte bis 1948 dauern, ehe die beiden erfuhren, dass Otto bereits im September 1944 in – oder zumindest in der Nähe – des lothringischen Kleinstädtchens Remiremont ums Leben gekommen war. Bis zuletzt hatten sie gehofft, dass er eines Tages doch noch vor der Tür stehen werde.

Nachdem ich am nächsten Tag bei der „Städtischen Betreuungsstelle für rassisch und politisch Verfolgte" vorgesprochen hatte, die sich in der Lehrstraße, also im sogenannten Katzeloch befand, einem in Wiesbaden als Arme-Leute-Gegend geschmähten Viertel, wurde ich – da ich nicht obdachlos und von daher kein besonders dringlicher Fall war – zunächst auf die Warteliste gesetzt. Einige Zeit später erfuhr ich dann, wo ich fortan leben würde, nämlich in einem Zimmer im Haus Wilhelmstraße 17.

Bekanntschaft mit der Witwe Diehl (1945)

Das Haus kannte ich! Ich war schließlich oft genug an der Wilhelmstraße herumflaniert. Es lag direkt neben der eleganten Villa Clementine, die ein wohlhabender Fabrikant aus Mainz für seine Ehefrau Clementine hatte errichten lassen. Doch diese kam nicht mehr in den Genuss, in dem 1882 fertig gestellten Anwesen heimisch zu werden, weil sie kurz darauf verstarb. Schließlich zogen die Königin von Serbien und der elfjährige Kronprinz in die Villa ein, die 1888 als Schauplatz des „Wiesbadener Prinzenraubs“ weltweit für Schlagzeilen sorgte.*

Ja, und das Haus, das auf der anderen Seite des Anwesens Wilhelmstraße 17 lag, kannte ich natürlich auch. In der Wilhelmstraße 15 hatte jahrelang die NSDAP-Kreisleitung Wiesbaden residiert. Zum Glück war dieser Spuk nun vorbei. Und zu meinem noch größeren Glück hatte mir die Betreuungsstelle kein Zimmer im Haus Nummer 15 zugewiesen, in dem sich weiland die ranghöchsten Wiesbadener Nationalsozialisten getummelt hatten, um dafür Sorge zu tragen, dass sämtliche Maßnahmen und Ziele, die die NS-Führung beschlossen hatte, auch in Wiesbaden zur Geltung kamen.

Allerdings war das Haus Wilhelmstraße 17 ebenfalls nicht frei geblieben von nationalsozialistischem Ungeist, wie mir kurz darauf wieder einfiel. Das Gebäude hatte dereinst – zumindest für einige Jahre – das Verlagsbüro der NS-Zeitung „Nassauer Volksblatt“ beherbergt, das in Wiesbaden und Umgebung für die Verbreitung nationalsozialistischer „Weltanschauung“ und Propaganda zuständig gewesen war. Und wer sich weigerte, sich davon einwickeln zu lassen und deshalb auf ausländische Berichterstattung zurückgriff, musste damit rechnen, einige Jahre im Zuchthaus zu verbringen, so, wie es der Volksgerichtshof Fritz und mir zugedacht hatte. Ich betete, dass es nicht eines der früheren Büros des „Nassauer Volksblatts“ war, das mir fortan als Unterkunft dienen sollte ...

---

* siehe hierzu auch die Buch-Empfehlung „Villa Clementine“ auf Seite 345.

Doch auch dieses Mal war mir das Glück hold. Ich musste nicht in den einstigen Parteiräumlichkeiten wohnen. Die waren nämlich bereits vergeben, und zwar unter anderem an eine Frau meines Alters mit Namen Claire Harmsen. Über sie und von ihr wird später noch berichtet werden. Die Lebens- und Überlebensgeschichte dieser Frau ist ebenso spannend wie bizarr. Eines kann ich aber schon vorwegnehmen: Sie war weder eine überzeugte Nationalsozialistin noch eine Mitläuferin, sondern eine Jüdin, die es wie durch ein Wunder geschafft hatte, der nationalsozialistischen Verfolgungsmaschinerie zu entkommen. Und jetzt lebte die Ärmste ausgerechnet in Räumlichkeiten, in denen der Hass auf die jüdische Bevölkerung publikumswirksam geschürt worden war. Ich dagegen bekam ein Zimmer in der im zweiten Stock des Hauses gelegenen Wohnung der Witwe Diehl, in der – außer mir – ein durch Ausbombung obdachlos gewordenes Ehepaar und ein jüngerer Mann lebten. Auch Herr Rothermund, der Hauptmieter der gegenüberliegenden Wohnung, teilte sich diese mit Menschen, deren Bleibe nicht mehr existierte. In seinem Fall handelte sich allerdings nicht um Fremde, sondern um aus Mainz stammende Familienangehörige, die nach dem Angriff vom 27. Februar 1945, durch den der Großteil der Mainzer Innenstatt in Schutt und Asche gelegt worden war, Unterschlupf bei ihrem Wiesbadener Verwandten gesucht und gefunden hatten.

Im Gegensatz zu zahlreichen anderen Gebäuden im Bereich der Wilhelmstraße hatte die Nummer 17 den schweren Luftangriff vom 2. auf den 3. Februar 1945 verhältnismäßig gut überstanden. Außer im Bereich des Dachgeschosses, das man – wie unschwer zu erkennen war – notdürftig ausgebessert hatte, um die Bewohnbarkeit des Hauses wenigstens einigermaßen zu erhalten, waren keinerlei Schäden zu verzeichnen. Von daher eignete es sich hervorragend als Unterkunft für Kriegsheimkehrer, Ausgebombte, Flüchtlinge oder Vertriebene, die – wie ich – auf der Suche nach einer kurz- oder längerfristigen Bleibe waren.

Wie bei Hedy und Fritz hielt sich die Begeisterung der betroffenen Wohnungseigentümer über die von Amts wegen erfolgten Einquartierungen in engen Grenzen. Doch dagegen unternehmen konnten sie nichts. Wer die angeordnete Unterbringung einer oder mehrerer Personen verweigerte, bekam es mit der Behörde zu tun. Notfalls griffen die Besatzungssoldaten ein, und vor deren martialischem Auftreten und vor allem vor ihren Maschinenpistolen hatten alle Respekt. Eines Abends kamen die Witwe Diehl, meine unfreiwillige Quartiersgeberin, und ich in unserer – notgedrungen gemeinsamen – Küche ins Gespräch.

„In der Wohnung gegenüber", erzählte sie mir, „lebte viele Jahre lang die Familie Harmsen."

„Harmsen?", fragte ich. „Soweit ich weiß, heißt eine der hier im Hause ansässigen Damen Harmsen. Und wenn ich mich nicht irre, ist das die Frau, die in den früheren Räumlichkeiten der NS-Presse untergebracht ist. Ach, und die hat mal in der Wohnung hier gegenüber gewohnt?"

„Ganz richtig", bestätigte die Witwe Diehl, die – wie Fritz' „Quartiergäste" – aus Ostpreußen stammte, wie sie mir – ein ganz klein wenig vom ursprünglichen Thema abschweifend – berichtete: Geboren wurde Frau Diehl auf Gut Sodinehlen, etwa 30 Kilometer von der ostpreußischen Hauptstadt Königsberg entfernt. Ende der 1930er-Jahre entschieden sich irgendwelche politisch Verantwortlichen vor Ort, Sodinehlen in Jägersfreude umzubenennen, vielleicht, weil Sodinehlen ihnen zu russisch klang. Wer weiß. Aber zu dem Zeitpunkt lebte Frau Diehl schon lange nicht mehr dort. Das Gut gehörte ihren Eltern, die ein Gestüt besaßen. Pferdeliebhaber aus ganz Europa reisten regelmäßig nach Sodinehlen, um die edlen Pferde zu erstehen, die der Vater züchtete. Nach dessen Tod hatte Frau Diehls älterer Bruder das Gut übernommen und fortgeführt. Sie selbst hatte Sodinehlen bereits als junge Frau verlassen, um mit ihrem Mann, einem erfolgreichen und wohlhabenden Fabrikanten, in Berlin zu leben. Nachdem dieser jedoch Anfang der 1930er-Jahre verstorben war, entschloss sich die Witwe Diehl, nach Wiesbaden zu übersiedeln, das ihr Mann und sie in der Vergangenheit so gerne und regelmäßig besucht hatten, um hier zu kuren und das Flair zu genießen. Seither lebte die Witwe Diehl in der Wohnung im zweiten

Stock des Hauses Wilhelmstraße 17. Vis-à-vis wohnte Familie Harmsen, bestehend aus dem Ehepaar Claas und Claire sowie ihren zwei – inzwischen längst erwachsenen – Kindern Margaritta und Arnaud.

„Nachdem ich eingezogen war, wies ich eines morgens mein Hausmädchen an, bei Harmsens eine Grußkarte abzugeben. Allerdings wurde der Gruß nie erwidert. Gute Manieren und Anstand gehörten offensichtlich nicht zu den Eigenschaften, die im Hause Harmsen besonders geschätzt wurden. Das hat mich - zugegebenermaßen - sehr überrascht. Das gilt auch für das Betragen, das Herr und vor allem Frau Harmsen mir gegenüber an den Tag legten. Während Herr Harmsen sich zuweilen wenigstens noch zu einem Lüften des Hutes und einem - wenn auch gemurmelten Gruß hinreißen ließ, begnügte sich die feine Dame des Hauses damit, wortlos an mir vorbeizurauschen. Gerade so, als sei ich Luft oder ein Geschöpf minderer Gattung.

Schon bald stellte ich jedoch fest, dass ich nicht die Einzige war, die sie dermaßen unhöflich behandelte. Alle, die wir in diesem Haus lebten, waren in ihren Augen offensichtlich nichts weiter als Plebejer. Sie hingegen fühlte sich als Dame von Welt, als Grande Dame, die nur in den besten und angesehensten Familien und Kreisen Wiesbadens verkehrte, wozu ich – und die übrigen Nachbarn – ihrer Meinung nach nicht gehörten. Aber woher sollte die werte Dame auch wissen, dass mein Mann und ich im November 1928 zu der Handvoll Auserwählter gehört hatten, die zu dem Sektempfang geladen worden waren, den der damalige Reichsaußenminister Dr. Gustav Stresemann anlässlich seiner Feier zum 25. Hochzeitstag im hiesigen Hotel Rose veranstaltet hatte? Herrn und Frau Harmsen konnte ich bei diesem Ereignis jedenfalls beim besten Willen nicht entdecken.

Mit anderen Worten: Die Harmsens, insbesondere Frau Harmsen, haben sich selbst stets über- und die Menschen in ihrer Umgebung stets unterschätzt. Und dann, 1938, ging ihnen plötzlich das Geld aus. Und da war es dann vorbei mit der Überheblichkeit! Den Vermietern mussten sie eingestehen, dass sie sich die teure Wohnung nicht mehr leisten können. Angefleht haben sie die Besitzer, ob sie ihnen nicht eine andere, kostengünstigere Bleibe vermitteln könnten!

Das hat mir die Gemahlin des früheren Besitzers, die alte Frau Kühlstein, die im Sommer dieses Jahres verstorben ist, weiland höchstpersönlich berichtet, denn ihre Söhne, denen das Haus nach dem 1935 erfolgten Tod des Vaters übergeben worden war, hatten sie selbstverständlich unverzüglich von dem Ansinnen der Harmsens in Kenntnis gesetzt. Übrigens konnten die Kühlsteins den Harmsens tatsächlich helfen. Sie boten ihnen einen Teil der bis dahin ungenutzten Räumlichkeiten in der Mansarde an. Nicht besonders komfortabel und – im Vergleich zu der alten Wohnung – klein und bescheiden, aber immerhin bezahlbar. Natürlich glaubten die Harmsens, dass sie eines schönen Tages wieder zu Geld kommen würden. Dann wollten sie die Mansardenwohnung verlassen und zurück in ihre frühere Wohnung ziehen. Deshalb baten sie die Gebrüder Kühlstein, die exquisit und geschmackvoll eingerichteten Zimmer der alten Wohnung unangetastet zu lassen und ausschließlich im Zustand vollständiger Möblierung weiterzuvermieten."

„Und darauf", erkundigte ich mich, „haben sich die Vermieter eingelassen?"

„Ja, haben sie", bestätigte die Witwe Diehl, die – wie sie mir verriet – mit Vornamen übrigens Mariella hieß.

„Das ist aber doch eher ungewöhnlich", befand ich.

„Das stimmt", sagte die Witwe Diehl, „vor allem, wenn man bedenkt, dass die Wohnung ausgesprochen eigenwillig eingerichtet war. Claas Harmsen hat fast alles selbst gestaltet. Er war nämlich Künstler, müssen Sie wissen."

„Interessant", meinte ich. „Und wer zog – nach den Harmsens – in die Wohnung ein?"

„Der nächste Künstler", stellte die Witwe Diehl fest. „Aber keiner wie Claas Harmsen, also kein Maler, sondern ein Opernsänger. Übrigens ein Mann, der – wie Harmsen – einen Hang zur Exzentrik hatte und darüber hinaus genügend Geld verdiente, um sich eine so außergewöhnliche Unterkunft leisten zu können."

Die Leidenschaften des Dr. Blaschek (1938–1945)

„Dann ist der Herr Rothermund also Opernsänger? Interessant“, meinte ich. „Hätte ich ihm gar nicht zugetraut. Auf mich wirkt er gar nicht wie ein Künstler.“

„Nein, nein!“, rief die Witwe Diehl aus. „Den Rothermund meine ich nicht. Der ist wirklich und wahrhaftig kein Künstler. Der hat ein Geschäft, in dem er irgendwelche besonderen Reinigungsmittel verkauft. Nein, der Opernsänger, der weiland in die Wohnung der Harmsens einzog, war ein Herr Dr. Blaschek.“

„Ein Opernsänger mit Doktor-Titel?“, fragte ich ungläubig.

„Ja“, bestätigte die Witwe Diehl. „Der Mann führte tatsächlich einen Doktor-Titel. Ehe er sich auf das Singen verlegte, hatte er nämlich Medizin studiert. Bevor er umsattelte, arbeitete er auch wirklich als Arzt. Nervenarzt war er, glaube ich.“

Na, dachte ich, vielleicht sollte ich Fritz mal fragen, ob er einen Kollegen kennt, der ins Bühnenfach gewechselt hat. Irgendwie irre, wenn ich das so sagen darf ...

„Und wo ist dieser Herr Dr. Blaschek jetzt?“, erkundigte ich mich.

„Ihm ging es nicht besser als den Harmsens. Eines schönen Tages konnte auch er sich die elegante und teure Wohnung nicht mehr leisten.“

„Und woran lag das?“, wollte ich wissen.

„Nun, nachdem zum 1. September 1944 sämtliche Theater und sonstigen Spielstätten auf Anordnung von Joseph Goebbels – in seiner Eigenschaft als Bevollmächtigter für den totalen Kriegseinsatz – schließen mussten, stand auch Dr. Blaschek ohne Engagement da. Die hiesige, als Deutsches Theater bezeichnete Spielstätte wurde geschlossen, und mit dem Geld, das Blaschek für seine Tätigkeit in der kriegswichtigen Fabrik erhielt, in der er fortan arbeiten musste, konnte er die Wohnung nicht mehr bezahlen. Also zog der Herr Doktor notgedrungen aus und der Herr Rothermund frohgemut ein. Putz- und

Reinigungsmittel verkauften sich – und verkaufen sich immer noch – wie geschmiert, möchte ich mal sagen."

„Ach je", sagte ich. „Für Blaschek muss das doch ziemlich schlimm gewesen sein, oder?"

Es war nicht nur schlimm, sondern eine Katastrophe für Karl-Wilhelm – alias KaWe – Blaschek! Der Goebbels-Erlass hatte ihn um alles gebracht: Seinen Beruf, sein Einkommen, seinen Erfolg und seine Reputation! Aus dem bekannten und allseits geschätzten, seit 1938 am Deutschen Theater in Wiesbaden beschäftigten Tenor, der unter anderem als Don José in „Carmen" und als Fenton in „Die lustigen Weiber von Windsor" reüssiert hatte, war – von jetzt auf gleich – ein schlecht bezahlter Hilfsarbeiter geworden, der sich fortan jeden Tag bei einem kriegswichtigen Betrieb in der Dotzheimer Straße melden und dort von 8.00 bis 18.00 Uhr Flugzeugteile zusammenschrauben musste. Und anstelle in der überaus elegant ausgestatteten, ehemaligen Wohnung des Künstler-Ehepaars Harmsen zu leben, die nur wenige Minuten Fußmarsch von seinem (früheren) Arbeitsplatz, dem Theater, entfernt lag, hauste er nun in einem bescheiden ausgestatteten Mansardenzimmerchen im Elternhaus eines ehemaligen Kollegen, der ebenfalls seit dem 1. September in diesem kriegswichtigen Betrieb arbeiten musste. Es war wirklich ein Unding! Eine ganz und gar unmögliche, um nicht zu sagen unglaubliche Situation, in der er sich plötzlich wiederfand.

*

„Wie sieht es denn aus?", erkundigte sich der Kollege, übrigens ein Bassbariton. „Könntest du nicht einfach wieder in deinen ursprünglichen Beruf zurückkehren, also wieder als Nervenarzt tätig sein?"

„Nein", erwiderte KaWe und schüttelte den Kopf, „ich bin doch schon seit 1928 nicht mehr in dem Beruf tätig. Ich habe das Studium bis zur Promotion und Approbation durchgezogen, aber danach war Schluss."

„Aber wieso denn? Warum studiert jemand wie du Medizin, spezialisiert sich auf ein so anstrengendes Fach wie Nervenheilkunde, und wenn alle Hürden genommen sind und du endlich in deinem

Beruf arbeiten kannst, wirfst du einfach alles hin? Wie kommt das?“, erkundigte sich der Bassbariton erstaunt.

„Weil es eben nicht mein Beruf war“, entgegnete KaWe.

„Wie bitte?“

„Es war der Beruf meines Vaters. Mein Vater arbeitete als Nervenarzt, und er wollte, dass ich in seine Fußstapfen trete. Ich wollte das nie. Ich wollte immer schon auf der Bühne stehen. Bereits als Kind habe ich davon geträumt, eines Tages Opernsänger zu werden. Aber das war für meinen Vater völlig ausgeschlossen. Erst, so verlangte er, lernst du etwas Anständiges. Wenn du danach immer noch Opernsänger werden willst, werde ich dich selbstverständlich unterstützen. Das hat er natürlich ironisch gemeint, weil er der festen Meinung war, dass ich – nach einer so langen Ausbildungszeit – die Medizin niemals an den Nagel hängen würde.“ KaWe lachte. „Habe ich aber.“

„Und dein Vater?“, fragte der Bassbariton.

„Der hat getobt“, antwortete KaWe.

„Und dann?“, wollte der Bassbariton wissen.

„Dann habe ich ihn an sein Versprechen erinnert: Erst lerne ich etwas Anständiges, und anschließend finanziert er mir die Ausbildung zum Opernsänger.“

„Und?“

„Hat er gemacht.“

„Und jetzt? Hat er akzeptiert, was du tust?“

„Nein, das hat ihm nie gepasst. Für ihn war das, was ich jetzt mache, kein ordentlicher Beruf. Theater, das war für ihn Tingeltangel. Nichts weiter.“

„Du sagst, es war für ihn kein ordentlicher Beruf, sondern Tingeltangel. Das klingt für mich, als sei er nicht mehr am Leben. Oder willst du damit einfach zum Ausdruck bringen, dass er für dich gestorben ist?“, erkundigte sich der Bassbariton.

„Dass auch“, gestand KaWe, „aber tatsächlich ist er seit ein paar Jahren tot. Seinen Besitz hat er übrigens der Kirche vermacht.“

„Sehr freundlich“, meinte der Bassbariton.

„Kann man wohl sagen. Gut für dich – und für mich –, dass deine Eltern in diesen so desaströsen Zeiten bereit sind, mir zu helfen. Ich bin sehr dankbar, dass ich bei euch wohnen kann. Wirklich."

„Gern geschehen", antwortete der Bassbariton, der in dem Mehrfamilienhaus seiner Eltern mit Frau und zwei Kindern in einer geräumigen Wohnung im ersten Stock lebte und sich insgeheim wunderte, dass KaWe schon Mitte September 1944, also nur wenige Tage nach der Schließung des Theaters, gezwungen war, seine Wohnung aufzugeben. KaWe hatte in etwa so viel Gage erhalten wie er, aber weder eine Frau noch Kinder zu versorgen gehabt. Insofern, so dachte der Bassbariton, hätte er doch ein paar Mark auf die hohe Kante legen können. Für schlechte Zeiten, wie sie nun leider angebrochen waren ...

Aber für die hohe Kante hatte sich KaWe in der Vergangenheit herzlich wenig interessiert – für maßgefertigte Kleidung, exquisites Essen, edlen Champagner und offenherzige Damen hingegen sehr. Doch schon nach seinem ersten Bordell-Besuch in der Stadt wusste er, dass er seine Vorlieben-Liste um einen wesentlichen Punkt erweitern musste, und zwar um die Leidenschaft für Pervitin.

„Na, mein Freund", sagte die Mère Maquerelle, also die Puffmutter, zu KaWe, „kannst dich wohl für keine der vielen Hübschen in meinem Haus entscheiden, wie?"

„Stimmt", antwortete KaWe, „die sind alle fesch. Da fällt mir die Wahl schwer."

„Du musst dich nicht für eine entscheiden", sagte die Mère. „Du kannst sie alle haben. Erst die eine, dann die andere und dann die nächste und die übernächste und so weiter."

KaWe lachte. „Schön wär's. Aber leider mangelt es mir diesbezüglich an Durchhaltevermögen."

„Das lässt sich ändern, mein Süßer", sagte die Mère. „Und zwar hiermit."

Sie zog eine kleine, runde Pillenpackung aus einer der tausend Taschen ihres wallenden roten Gewands und hielt sie ihm vor die Nase.

Er nahm ihr die Packung aus der Hand und studierte die Aufschrift.

„Pervitin“, las er. „L-Phenyl-2-methylamino-propan. Aha. Methamphetamin. Ein Stimulans, also. Ist das neu?“

Sie nickte. „Ja, gerade erst auf den Markt gekommen. Ein ganz großer Coup. Probier' es aus, und du wirst sehen, dass ich dir nicht zu viel versprochen habe. Die Nacht gehört dir und den Mädels.“

Sie öffnete den Schraubverschluss des Pillendöschens und ließ eine der weißen Tabletten in ihre fleischige Hand rollen. „Bitte schön.“ Sie gab ihm die Pille und reichte ihm ein Glas Champagner. „Damit schluckt es sich leichter“, meinte sie.

Und tatsächlich hatte die Mère Maquerelle nicht zu viel versprochen. KaWe verbrachte eine Nacht wie noch nie. Er wurde überhaupt nicht müde. Keine Sekunde dachte er an Schlaf, und auch seine Libido ließ keinen Moment nach. Ihm gelang, was er nie für möglich gehalten hätte: Er amüsierte sich mit allen, ja wirklich mit allen Prostituierten, die sich in jener Nacht im Haus der Mère Maquerelle aufhielten. Seine Gier kannte keine Grenzen und sein Körper keine Müdigkeit. Eigentlich hätte er nach so vielen Stunden sexueller Aktivität vollkommen erschöpft sein müssen. Aber das war er nicht. Und deshalb grämte es ihn auch nicht, dass ihm die Mère, als er das Etablissement im Morgengrauen schließlich verließ, eine Rechnung vorlegte, die ihn normalerweise hätte in Ohnmacht fallen lassen, so hoch war sie. Doch an diesem Tag machte er sich nichts daraus. Er fühlte sich einfach nur glücklich und glaubte nicht, dass es jemals etwas geben konnte, das ihm seine gute Laune zu rauben vermochte ... jedenfalls nicht, wenn er Pervitin hatte. Gleich nachher, wenn die Geschäfte öffneten, würde er in die Stadt gehen und sich ein paar Döschen dieser Glückspillen in der Apotheke besorgen. Die Dinger seien, so hatte es die Mère berichtet, frei verkäuflich. Man benötige kein Rezept.

Seit jener fantastischen Nacht in Mère Maquerelles Etablissement gehörten Pervitin und KaWe zusammen wie Pech und Schwefel oder Erz und Eisen. Mit Pervitin im Blut fühlte er sich allem gewachsen.

Keine Rolle war ihm zu schwer, kein Publikum zu unangenehm. Sogar die ungeliebten Solo-Aufführungen vor nationalsozialistischen Würdenträgern bereiteten ihm jetzt kein größeres Unbehagen mehr. Wobei es nicht etwa die Nationalsozialisten als solche waren, die er unangenehm fand. Nein, nein, mit denen hatte er sich alsbald arrangiert und fand sogar viele ihrer Ideen und Maßnahmen ganz in Ordnung. Es war nur so, dass sich nicht wenige von denen eher uninteressiert an den Aufführungen zeigten. Für sie gehörte der Theaterbesuch zum Pflichtprogramm und mancher, unter ihnen auch der Gauleiter, also der führende Mann in der Region, schlummerte schon, ehe sich der Vorhang überhaupt gehoben hatte. Diese Ignoranz gegenüber seiner Person, seiner Leistung und seinem Können war KaWe bis dahin immer sauer aufgestoßen. Jetzt nicht mehr. Pervitin sei Dank. Je euphorischer das Publikum, desto euphorischer wurde auch er. Aber einem dysphorischen – also übellaunigen oder desinteressierten – Publikum gelang es nicht mehr, ihn aus seiner – der Einnahme eines Tablettchens Pervitin geschuldeten – Glückseligkeit zu reißen. Dank Pervitin war KaWes Leben ein einziger, wunderbarer Rausch ...

Dann aber kam der 1. Juli 1941. Ab diesem Tag galt Methamphetamin, also der in den Pervitin-Pillen enthaltene Wirkstoff, als Betäubungsmittel und fiel somit unter das Anfang 1930 erlassene „Gesetz über den Verkehr mit Betäubungsmitteln", das sogenannte Opiumgesetz. Fortan konnten zumindest Zivilpersonen das Präparat nicht mehr rezeptfrei in der Apotheke kaufen. Für KaWe stellte das kein Problem dar. In seiner Eigenschaft als Arzt war es ihm möglich, sich selbst ein Rezept auszustellen. Für die Mère Maquerelle hingegen, die ihren Kunden, sofern sie nicht dem Militär angehörten, nun keine der leistungssteigernden Muntermacher mehr in die Hand drücken konnte, war die neue Regelung höchst problematisch, denn statt drei oder vier Mädchen konnte der durchschnittliche Bordellbesucher jetzt nur noch ein Mädchen beglücken, ganz selten auch mal zwei. Somit verringerten sich die Einnahmen der Mère Maquerelle spürbar, was ihr selbstverständlich missfiel.

Eines Abends, KaWe hatte sich gerade an der Bar niedergelassen, um sich mit einem großzügig eingeschenkten Cognac auf die bevorstehenden sexuellen Ausschweifungen einzustimmen, trat die Mère auf ihn zu und bat ihn, ihr in ihr Büro zu folgen.

„Setz dich, mein Süßer", forderte sie ihn auf, nachdem sie das spartanisch eingerichtete Zimmerchen betreten hatten, in dem kein Gegenstand, kein Stück Stoff, kein Bild und erst recht kein Möbelstück darauf hindeutete, dass es sich bei dem Raum um das Büro einer Bordellbesitzerin handelte. Es wirkte eher wie irgendein Zimmer in irgendeiner Behörde. Vollkommen unpersönlich. KaWe nahm auf einem Stuhl Platz, der gegenüber von Mères Schreibtisch stand.

„Nun, meine Liebe, was kann ich für dich tun?", fragte er.

„Ich brauche Pervitin", antwortete sie. „Und du bist Arzt. Also kannst du entsprechende Rezepte ausstellen."

„Ich bin aber kein niedergelassener Arzt", entgegnete KaWe.

„Na und?"

„Mère, ich kann für mich ein Rezept ausstellen, aber nicht für andere Leute. Das bedeutet: Ich bekomme nicht mehr Pervitin, als man mir als Einzelperson zubilligt, also ein bis zwei Packungen im Monat. Und die brauche ich tatsächlich selbst. Die kann ich nicht zur Verfügung stellen. Wirklich nicht. Tut mir leid." Er zuckte mit den Schultern.

„Ach was, mein Lieber, ich bin sicher, dass du Mittel und Wege finden wirst, um an ein paar Röhrchen mehr zu kommen", sagte sie und schob ihm ein paar Fotografien über den Tisch. Sie zeigten KaWe. KaWe und die Frauen, die in Mères Bordell anschafften. Und zwar in sehr eindeutigen Positionen ...

„Nun", sagte sie, „wenn diese Aufnahmen in die richtigen Hände kommen, kannst du dir deine Künstler-UK-Stellung abschminken. Dann geht's ab an die Front!"

KaWe starrte sie an. „Willst du mich etwa erpressen?", fragte er.

„Aber nein", antwortete sie, „ich will dich nur ein wenig motivieren. Besorg' mir das Pervitin, und ich lasse die Aufnahmen verschwinden."

In den frühen Morgenstunden des 9. Juli 1941, einem Sonntag, machte ein Jäger in einem schwer zugänglichen Waldstück in der Nähe des Jagdschlosses Platte eine schauerliche Entdeckung. Bei dem Versuch, sich an eine Rotte Wildschweine heranzupirschen, stolperte er in einer Senke über einen Stein und fiel der Länge nach auf den Boden. Verdammter Mist, dachte er bei sich, denn durch den Lärm, den er bei dem Sturz verursacht hatte, war die Rotte auf ihn aufmerksam geworden und natürlich unverzüglich davongestoben. Verärgert über seine Ungeschicklichkeit rappelte er sich auf, griff nach seinem Gewehr, dass wenige Handbreit von ihm entfernt auf dem Boden lag, zog es zu sich – und erstarrte.

Unter dem Laub, das er durch das Heranziehen der Waffe aufgewirbelt hatte, lag eine Hand. Das gibt's doch nicht, dachte der Jäger, raffte sich auf, machte einen Schritt auf die Hand zu und begann, rund um den Fundort das Laub beiseitezuschieben. Es dauerte nicht lange, da hatte er den Körper einer toten Frau freigelegt. Sie war, wie er feststellen musste, weder einem Unglück zum Opfer gefallen noch handelte es sich bei ihr um eine Selbstmörderin, denn ihr Schädel war eindeutig eingeschlagen.

Zu diesem Schluss kam auch die eiligst benachrichtigte Polizei. Da die Tote jedoch keine Papiere bei sich trug, war zunächst nicht klar, um wen es sich handelte. Das Rätsel um ihre Identität ließ sich jedoch bald lösen. Einer der Kriminalbeamten, denen der Fall übertragen worden war, kannte die Frau. Sie hieß Erna Schmidt-Schachenberg, war aber besser bekannt unter ihrem Künstlernamen Mère Maquerelle. Die Mère Maquerelle betrieb seit mehreren Jahren ein offiziell genehmigtes und sehr gut gehendes Bordell in Wiesbaden. Ab und zu hatte die Puffmutter mit der örtlichen Polizei zu tun gehabt. Ärger mit Gästen oder Mitarbeiterinnen gab es halt immer mal wieder. Trotzdem konnte sich niemand vorstellen, wer der Mère Maquerelle nach dem Leben getrachtet haben sollte.

War sie vielleicht ein Zufallsopfer? Also, einfach zur falschen Zeit am falschen Ort spazieren gegangen? Dafür sprach, dass ihre Handtasche, die sie stets mit sich führte, wenn sie sich außer Haus begab, verschwunden war. Möglicherweise hatte jemand versucht, ihr die Tasche zu entreißen. Als die Mère nicht bereit gewesen war, ihre Tasche kampflos herauszurücken, hatte es eine Rangelei gegeben, in deren Verlauf der Räuber anscheinend so sehr in Rage geraten war, dass er – wahrscheinlich mit einem Hammer, den er bei sich getragen haben musste – so lange auf den Kopf seines Opfers eingeschlagen hatte, bis es keine Gegenwehr mehr leistete. Als der Täter dann feststellte, dass die Frau nicht einfach nur bewusstlos, sondern mausetot war, entschloss er sich, die Tote verschwinden zu lassen. Daraufhin schleppte er sie ins Unterholz. Anschließend machte er sich mit seiner Beute, nämlich ihrer Handtasche und der darin enthaltenen Barschaft, aus dem Staub. Das zumindest glaubte die Polizei. Und da es kein Indiz gab, das dagegensprach, wurden die polizeilichen Ermittlungen im Todesfall Erna Schmidt-Schachenberg kurzerhand eingestellt und die Akte ein für alle Mal geschlossen.

Tatsächlich war die Mère keineswegs ein zufälliges Opfer gewesen. Ganz im Gegenteil. Ihr Mörder hatte sie unter Vortäuschung falscher Tatsachen in den Wald gelockt, um sie dort mit einem Hammer hinterrücks zu erschlagen. Danach war er tatsächlich mit seiner Beute, der Handtasche, getürmt. Darin befand sich nämlich das Objekt seiner Begierde, und das war mitnichten das Portemonnaie.

Er hatte lange überlegt, wie er vorgehen sollte, und war dann zu dem Schluss gekommen, dass er sich die Erpresserin ein für alle Mal vom Hals schaffen musste. Er konnte nicht riskieren, dass sie ihn ans Messer lieferte. Aber genau das würde sie tun, wenn er nicht spurte. Er wusste, dass sie absolut skrupellos war, wenn es darum ging, ihre Vorstellungen durchzusetzen. Als Lotta, eines von Mères Animiermädchen, sich ein paar Mal geweigert hatte, einen hochrangigen Wiesbadener SS-Führer, der bekanntermaßen pervers veranlagt war und außerdem unglaublich brutal zu Werke ging, zu bedienen, sorgte die Mère umgehend dafür, dass die junge Frau ins KZ wanderte. Lotta war austauschbar und daher unwichtig, der SS-Führer jedoch unantastbar und schon deshalb sehr wichtig. Darüber hinaus gefiel es der Mère, an Lotta ein Exempel zu statuieren: Wer von den Mädchen nicht tat, was die Mère verlangte, musste – wie am Beispiel Lottas ablesbar – mit dem Schlimmsten rechnen. Im Falle Lottas war die Mère bei der Polizei vorstellig geworden und hatte die junge Frau als Straßendirne denunziert. Da Straßenprostitution seit dem 9. September 1939 strengstens verboten war, sah sich die Polizei unverzüglich zum Eingreifen genötigt. Und weil Lotta bei ihrer Festnahme dann auch noch frech und widersetzlich gewesen war, sorgte man dafür, dass sie ruckzuck im KZ verschwand, wo sie dann wahrscheinlich im lagereigenen Bordell tätig werden „durfte".

Im KZ würde er sicherlich nicht landen, wenn die Mère ihn denunzierte, wohl aber an der Front. Und darauf hatte er überhaupt keine Lust. Ihm stand der Sinn nicht danach, sich erschießen zu lassen – außer im Theater mit einer Pistolenattrappe ... Deshalb bestellte KaWe die Hurenmutter am späten Abend des 8. Juli auf den abgelegenen Weg unterhalb des Jagdschlosses. Er habe, so flüsterte er ihr zu, eine Lösung für ihr kleines gemeinsames Problem gefunden. Über einen befreundeten Apotheker sei er mit einem Medikamentengroßhändler in Kontakt gekommen. Der Mann habe sich bereit erklärt, ebenso dezent wie regelmäßig die notwendige Menge Pervitin direkt an Mères Etablissement zu liefern. Der Preis, den der Kerl verlange, sei natürlich erheblich, aber dafür gehe er ja auch ein nicht unerhebliches Risiko ein. Wenn herauskomme, dass er den Muntermacher nicht nur ans Militär liefere, sondern außerdem gewinnbringend an Huren und Freier abgebe, drohe ihm mindestens das Zuchthaus, wenn nicht sogar das Konzentrationslager. Deshalb habe er auch darauf bestanden, seine künftige Kundin vorab an einem neutralen Ort zu treffen, um im Anschluss an die Begegnung zu entscheiden, ob das Geschäft zustande kommen könne oder nicht.

„Er möchte auf keinen Fall", erklärte KaWe, „dass eine wie auch immer geartete Verbindung zwischen ihm und dir hergestellt werden kann.

Er will so diskret wie nur irgend möglich vorgehen. Deshalb auch der abgeschiedene Treffpunkt."

„Aha", sagte die Mère. „Also, meinetwegen. Treffen wir uns am Samstagabend auf der Platte."

„Famos", antwortete KaWe.

Damit war die Mère schon so gut wie tot. Ausgezeichnet, fand KaWe und gönnte sich – in Vorfreude auf das Kommende – ein Fläschchen Champagner. Natürlich auf Mères Kosten, denn die ließ es sich nicht nehmen, mit ihm auf das in Aussicht gestellte Geschäft anzustoßen.

Am späten Samstagabend holte KaWe die Mère mit einem futuristisch anmutenden, ziemlich neuen BMW 328 Roadster ab, den er von einem Freund, der ihm noch einen Gefallen schuldig war, geliehen hatte, denn KaWe selbst besaß kein Auto. Natürlich achteten die Mère und er darauf, dass niemand sah, wie sie zu ihm in das schicke Gefährt stieg. Schließlich waren sie in geheimer – und nicht ungefährlicher – Mission unterwegs. Da brauchte es keine Zeugen, die sich womöglich in Denunzianten verwandelten. In vorsichtigem Tempo fuhren sie dann – am 1877 eingeweihten Nordfriedhof sowie dem benachbarten, 1891 eingeweihten jüdischen Friedhof vorbei – über den gewundenen, ziemlich schmalen und rechts und links von Wald gesäumten Hellkundweg zum Jagdschloss Platte, das in einer Höhe von 500 Metern über dem im Stockdunklen daliegenden Wiesbaden thronte. KaWe parkte den Wagen in einem von der Straße aus nicht einsehbaren Waldweg.

„Wir treffen uns an dem Weg, der zum Schwarzbach-Weiher führt", flüsterte KaWe der Mère ins Ohr. „Da hält sich um diese Zeit garantiert niemand auf. Nicht einmal ein jugendliches Liebespaar."

„Schwarzbach-Weiher?", wisperte die Mère zurück. „Du meinst die Teichanlage unterhalb des Jagdschlosses? Ich kenne die nur unter der Bezeichnung Platter See. Ich wusste gar nicht, dass das Ding in Wirklichkeit Schwarzbach-Weiher heißt."

„Man lernt halt nie aus“, erwiderte KaWe mit leiser Stimme. „Moment, ich hole nur noch schnell meine Aktentasche aus dem Kofferraum, und dann kann es losgehen.“

„Was willst du denn mit der Aktentasche?“, erkundigte sich die Mère.

„Ich habe unseren zukünftigen Lieferanten gebeten, uns ein Probepaket mitzugeben. Ehe wir auf das Geschäft eingehen, sollten wir in Erfahrung bringen, ob der Stoff, den er uns liefern will, auch wirklich echt und wirksam ist. Im Grunde vertraue ich dem Mann, aber: ich will auf Nummer sicher gehen. Trau, schau, wem ...“

„Liebling, du bist wirklich ein Fuchs“, meinte die Mère.

Nicht so schlau, aber so stinkig, ergänzte KaWe im Stillen, während er – die Mère an seiner Seite – den Weg Richtung Schwarzbach-Weiher einschlug.

„Ein bisschen unheimlich ist es schon, nachts durch den finsteren Wald zu stapfen, findest du nicht?“, flüsterte die Mère.

„Stimmt. Aber wir sind gleich da. Unser potenzieller Geschäftspartner erwartet uns am unteren Teil des Weihers“, sagte KaWe.

„Aha“, sagte die Mère und klammerte sich an KaWe fest, weil der Weg zum Richtung Wehen gelegenen Teil des Weihers ziemlich uneben war. Das war wohl auch der Grund, weshalb KaWe plötzlich strauchelte, das Gleichgewicht verlor, zu Boden stürzte und die Mère mit sich riss.

„Ach, du lieber Gott“, japste KaWe, „Mère, hast du dir wehgetan? Warte, ich helfe dir gleich auf. Ich muss nur rasch meine Tasche suchen, und dann können wir uns aufrappeln.“

KaWe kroch auf dem Boden herum und tastete nach der Tasche. „Ach, Gott sei Dank, da ist sie ja. Alles in Ordnung. Gleich bin ich wieder auf den Beinen, und dann helfe ich dir, meine Liebe.“

In Wahrheit hatte KaWe keineswegs die Absicht, der Mère aufzuhelfen, und er war auch nicht zufällig gestürzt und hatte dabei die Mère versehentlich mit sich gerissen. Ganz im Gegenteil: Der Sturz war Teil seines Plans. Durch den Sturz schaffte er Verwirrung, konnte – ohne, dass die Mère misstrauisch wurde – seine Tasche öffnen, die darin verborgene Axt zücken, auf die Beine kommen und der arg- und wehrlosen Mère mit der Axt den Schädel zertrümmern. Mehrmals ließ er die Stahl-Schneide auf den Kopf der Frau niedersausen – so lange, bis er sicher sein konnte, dass das Miststück wirklich tot war. Gottverfluchte Erpresserin!

Nachdem KaWe die Mère erschlagen, ihre Leiche versteckt und sich in den Besitz ihrer Handtasche gebracht hatte, ging er zum Auto zurück, verstaute die Aktentasche mit der blutverschmierten Axt im Kofferraum und machte sich auf den Weg zurück nach Wiesbaden. Irgendwo auf der Strecke hielt er kurz an, um die Axt in den Wald zu werfen. Da würde sie – zumindest vorerst – niemand finden. Und wenn, dann wüsste niemand, dass er es gewesen war, der die Axt benutzt hatte, um das Mère-Miststück zu massakrieren.

Kaum in Wiesbaden eingetroffen, machte er sich auf den Weg zu ihrem Etablissement, das – wie er nur zu genau wusste – zwischen vier und fünf Uhr morgens ruhig und still dazuliegen pflegte. Die noch anwesenden Mitarbeiterinnen und Kunden schliefen um diese Zeit ihre – wie auch immer gearteten – Räusche aus. Folglich hatte er freie Bahn. Mit den Schlüsseln aus Mères Handtasche, um die es ihm in erster Linie gegangen war, verschaffte er sich Zutritt zum Büro der Puffmutter, nahm das Kästchen mit den verräterischen Fotos an sich, das die Mère in dem ihm wohlbekannten Geheimfach in ihrem Schreibtisch aufbewahrte, und verschwand in den Schluchten der Stadt. Niemand würde je auf die Idee kommen, dass der ehrenwerte Opernsänger Herr Dr. Karl-Wilhelm Blaschek der eher unehrenwerten Betreiberin eines Bordells, Frau Erna Schmidt-Schachenberg, das Lebenslicht ausgeblasen hatte.

Bis zum Sommer 1944 machte KaWe weiter wie bisher. Er lebte in seiner luxuriösen Wohnung in der Wilhelmstraße 17, ging seinem Engagement im Deutschen Theater nach, besuchte regelmäßig das inzwischen von einer anderen Frau geführte Bordell der ach-so-unglücklich ums Leben gekommenen Puffmutter Erna Schmidt-Schachenberg und schluckte weiterhin regelmäßig Pervitin. Allerdings hatte er festgestellt, dass die Wirkung der Pillen nicht mehr so überzeugend war wie in der ersten Zeit. Manchmal musste er fast eine viertel Schachtel schlucken, um das gewünschte Ergebnis zu erzielen. Außerdem vermutete er inzwischen, dass das Pervitin auch für seine Schlafstörungen und seine Albträume verantwortlich zeichnete. Ja, wirklich, an manchen Tagen konnte er nur ganz schlecht ein- oder durchschlafen – was er von sich eigentlich gar nicht kannte. Und wenn er dann endlich eingeschlafen war, dann plagten ihn grässliche Albträume. Unheimliche Wesen und schauerliche Gestalten suchten ihn in solchen Nächten heim, und zuweilen wusste er morgens nicht mehr, ob er diese Kreaturen wirklich gesehen hatte, oder ob sie ihm nur im Traum erschienen waren.

Und dann kam der 25. Juli 1944. An diesem Tag wurde Reichspropagandaminister Joseph Goebbels zusätzlich zum „Reichsbevollmächtigten für den totalen Kriegseinsatz" ernannt. Und als solcher hatte der Mann nichts Eiligeres zu tun, als sämtliche kriegsunwichtigen Betriebe schließen zu lassen und die Leute, die bisher dort gearbeitet hatten, zum Einsatz in kriegswichtigen Betrieben, wie zum Beispiel der Rüstungsindustrie, zu verpflichten.

Hatte man dem Theater bis dahin noch eine gewisse Bedeutung in Bezug auf das psychische Wohlbefinden von Bevölkerung und Truppe zugebilligt, war es damit nun vorbei. Jetzt ging es nur noch um den „Kampf um Sein oder Nichtsein", und da war es eindeutig sinnvoller, Schauspieler, Sänger oder Regisseure an die Drehbank oder das Fließband zu kommandieren, als sie auf der Bühne sinnlos singen und spielen zu lassen. Ausnahmen bestätigten natürlich die Regel, denn bestimmte Künstler galten Goebbels und Konsorten als unverzichtbar. Die landeten dann auf der Gottbegnadeten-Liste und durften weitermachen und weiterverdienen wie bisher.

KaWe stand bedauerlicherweise nicht auf dieser Liste. Deshalb durfte er nicht weiterarbeiten wie bisher und damit auch nicht mit derselben Gage wie bisher nach Hause gehen, die ihm seinen Lebensstandard gesichert hatte. Da er – aus bekannten Gründen – keine Rücklagen bilden konnte, musste er sein gewohntes und geliebtes Leben notgedrungen aufgeben, fortan in einer Mansarde hausen und in einer Fabrik schuften. An kostspielige Bordellbesuche war nicht mehr zu denken, teure Kleidung und edle Getränke konnte er sich ebenfalls nicht mehr leisten. Allein das Pervitin war ihm geblieben.

Am Freitag, dem 2. Februar 1945 gegen 22.45 Uhr saß KaWe vor dem Radio, ließ sich von seichter Musik berieseln und überlegte, ob er sich noch ein Pervitin gönnen sollte oder doch lieber nicht. Plötzlich unterbrach der Sender sein Programm. „Achtung, Achtung", hörte KaWe einen Sprecher sagen, „Bomberverbände haben Kurs auf das Rhein-Main-Gebiet genommen. Ich wiederhole. Achtung, Achtung. Bomberverbände mit Kurs auf das Rhein-Main-Gebiet. Wir melden uns wieder."

Das kann doch gar nicht sein, dachte KaWe. Gerade vor ein paar Stunden hatten der Bassbariton und er sich noch darüber gefreut, dass das Wetter in dieser Nacht eher schlecht sein sollte. Kein Sternlein war am Himmel zu sehen gewesen. Nur Wolken, Wolken und nochmals Wolken. Deshalb gingen die beiden Männer davon aus, dass es eine ruhige Nacht geben werde, denn welcher Flieger machte sich bei solch schlechtem Wetter auf den Weg, um eine Stadt zu bombardieren? Bei den diffusen Lichtverhältnissen konnten die ihr Ziel doch gar nicht richtig erkennen! KaWe erschien es daher völlig sinnlos, Flieger in einer solchen Nacht aufsteigen zu lassen. Aber dann begannen die Sirenen zu heulen. Aufschwellender, abschwellender Ton. Das bedeutete: Luftalarm! Verdammt! Denn das hieß: Ab in den Keller, und zwar schnell!

KaWe, der zum Glück noch nicht im Schlafanzug gewesen war, schnappte sich seine Jacke und die Notfall-Tasche, in der sich seine wichtigsten Papiere und Unterlagen befanden, und stürmte in Richtung

Keller, vorbei an dem Plakat, das der kleine Sohn des Bassbaritons entweder in der Schule oder in der Jungvolk-Stunde bekommen und zur allgemeinen Erinnerung an die Wand neben der Haustür geklebt hatte. Darauf stand: „Sei stets bereit und denke dran, daß heut der Tommy kommen kann!" Genau daran hatten an diesem Abend aber weder KaWe noch des Pimpfen Vater, also der Bassbariton, gedacht.

Die folgenden Stunden verbrachten KaWe, der Bassbariton, dessen Ehefrau, ihre beiden Söhne sowie die Eltern des Bassbaritons im Keller. Trotz der heftigen Detonationen, die die Wände des Hauses erzittern ließen, und trotz des ohrenbetäubenden Lärms, den die Bomber verursachten, war der jüngste Sohn des Bassbaritons eingeschlafen. Der ältere Sohn, der Pimpf, der das Luftschutzplakat mitgebracht hatte, das jetzt im Hausflur hing, sah aus, als würde er am liebsten heulen und sich an den Hals seiner Mama werfen, aber das war ein Verhalten, das Angehörige des Jungvolks natürlich nicht an den Tag legen durften! Pimpfe, so hatte man es ihm eingebläut, waren stets tapfer und mutig. Wer heulte und noch dazu nach seiner Mutter rief, war ein Weichei. Und ein Weichei wollte der Sohn des Bassbaritons auf gar keinen Fall sein. Aber Angst machte ihm das Dröhnen der Flugzeugmotoren und das Zischen und Krachen der niedergehenden und einschlagenden Bomben natürlich schon.

Da ging es ihm allerdings nicht anders als den Erwachsenen. KaWe saß auf einem Kissen auf dem kalten Kellerboden. Obwohl es alles andere als warm war in dem Keller, und er noch dazu fast unmittelbar auf dem kalten Boden saß, schwitzte er. Seine Hände, mit denen er seine Tasche umklammerte, waren beinahe weiß, so fest drückte er die Finger zusammen. Hoffentlich, hoffentlich, dachte er, geht der Kelch heute Nacht an uns vorüber. Bitte, lieber Gott – wenn es dich denn gibt – lass keine Bombe auf unser Haus fallen. Wir wollen nicht sterben. Wir wollen auch nicht verschüttet werden. Wir wollen leben!

Ganz offensichtlich hatte es dem lieben Gott – den es anscheinend gab – gefallen, KaWes Wünsche zu erhören. Das Haus, in dem KaWe und die Familie des Bassbaritons wohnten, blieb unbeschädigt. Niemand der Bewohner wurde verschüttet, und niemand musste sterben. Irgendwann – niemand hätte sagen können, wie viel Zeit seit dem Gang in den Keller vergangen war – heulten wieder die Sirenen. Ihr eintöniges, durchgängiges Heulen zeigte an, dass der Luftangriff vorbei war. Entwarnung also. Alle Schutzsuchenden konnten jetzt die Keller verlassen und in ihre Wohnungen – sofern es sie noch gab – zurückkehren.

Wie schlimm der Luftangriff gewesen war, den Wiesbaden in der Nacht vom 2. auf den 3. Februar 1945 hatte erleben müssen, zeigte sich KaWe und dem Bassbariton erst am nächsten Morgen, als sie sich auf den Weg zu ihrem Arbeitsplatz in dem Rüstungsbetrieb machen wollten. Normalerweise hätten die beiden Männer an jenem Morgen die Straßenbahnlinie 7 genutzt, um in die Dotzheimer Straße zu fahren, doch daran war nicht zu denken, denn große Teile der Innenstadt waren zerstört. Es gab keine Straßen mehr, keine Bahngleise – und viele der noblen, um die Jahrhundertwende errichteten Wohnhäuser und Hotels waren nur noch Ruinen. Sogar das Rathaus hatte einen satten Treffer abbekommen. Aber immerhin war der Schriftzug „Volk ans Gewehr", den irgendjemand in irgendjemandes Auftrag an den Sockel geschmiert hatte, noch gut lesbar.

Im Moment jedenfalls war es entschieden empfehlenswerter, wenn das Volk – statt zum Gewehr – tapfer zur Schubkarre griff, um den Schutt und die mannshohen Trümmer, die allüberall herumlagen, zu beseitigen. Zerstört war außerdem die in der Nähe des Rathauses gelegene Höhere Mädchenschule. Und das stolze Schloss, das einst von den nassauischen Herzögen errichtet und später vom letzten Deutschen Kaiser, Wilhelm Zwo, gern und regelmäßig genutzt worden war, hatte massive Schäden davongetragen.

Besonders schlimm aber traf KaWe und den Bassbariton die Nachricht, dass auch ihr einstiger Arbeitsplatz, das Deutsche Theater, massive Treffer abgekommen hatte. Selbst wenn Hitler, Goebbels und Konsorten Theateraufführungen nicht längst verboten hätten: An eine

Fortsetzung des Spielbetriebs in dem teilweise zerstörten Gebäude wäre jetzt nicht mehr zu denken gewesen.

Auf den Niedergang des Theaterbetriebs folgte Ende März 1945 der Niedergang des gesamten öffentlichen Lebens. Nichts ging mehr – und das veranlasste die, die den ganzen Schlamassel in erster Linie zu verantworten hatten, wie zum Beispiel den kommissarischen Oberbürgermeister Wiesbadens, Felix Piékarski, oder den Regierungspräsidenten des Regierungsbezirks Wiesbaden, Otto Schwebel, umgehend zu ihren extra für eine solche Notlage bereitstehenden Autos zu eilen, hineinzuspringen und davonzubrausen.

Zurück blieben eine teilweise zerstörte Stadt und eine Bevölkerung, die sich nicht einig war, ob das, was gerade geschah, gut oder schlecht war. Es gab die, die froh waren, dass das Dritte Reich dem Ende zuging, aber auch Leute, die unbedingt am Nationalsozialismus festhalten wollten und am liebsten all jene, die bereit waren, sich den erbarmungslos vorrückenden Alliierten kampflos zu ergeben, am nächsten Baum aufgeknüpft hätten.

Zu Letzteren gehörte KaWe nicht. Er war nie ein fanatischer Anhänger der Nationalsozialisten gewesen, aber er hatte sich mit ihnen arrangiert und war gut damit gefahren. Wenn er „Heil Hitler" schreien sollte, hatte er eben den rechten Arm ausgestreckt und „Heil Hitler" geschrien. Wenn er vor den NS-Bonzen auftreten sollte, trat er eben vor den NS-Bonzen auf. Wenn er in irgendwelchen Verbänden Mitglied werden sollte, wurde er eben in irgendwelchen Verbänden Mitglied. Alles nur Theater ... so oder so ...

Na, und wenn jetzt die Herrschaft der Alliierten beginnen sollte, dann würde er sich eben an deren Wünsche und Vorstellungen anpassen. Wichtig war nur, dass er wieder auf der Bühne stehen, eine vernünftige Gage einsacken, ein nettes Privatleben führen und nach Herzenslust Pervitin schlucken konnte.

Kalter Entzug (1945)

Und dann marschierten am 28. März 1945, einem Mittwoch, die Amerikaner in Wiesbaden ein. Mit dem Dritten Reich war es nun endgültig vorbei, aber leider auch mit KaWes Pervitin-Vorräten. Und Nachschub gab es keinen. Angeblich. KaWe vermutete insgeheim, dass der Apotheker, bei dem er Stammkunde war, Pervitin heimlich hortete. Wahrscheinlich hoffte er, die Pillen später gewinnbringend an die Besatzungstruppen verkaufen zu können. Er ging wohl davon aus, dass die Amis mehr Geld in der Tasche hatten als die Wiesbadener. Mit anderen Worten: Der Herr Apotheker witterte das ganz große Geschäft. Deshalb wollte er sich bis auf Weiteres auch nicht mit armen Schluckern wie KaWe abgeben.

Am liebsten wäre KaWe mit diesem hinterhältigen Burschen so – oder zumindest so ähnlich – verfahren wie einst mit der erpresserischen Mère, aber dazu hatte er keine Kraft mehr. Seit er kein Pervitin mehr einnahm, wurde er von Stunde zu Stunde schwächer, bis er schließlich – gepeinigt von den Folgen eines kalten Entzugs – ins Bett fiel und die folgenden Tage in einem Zustand aus Dauerschmerz in allen vorhandenen Gliedern und Gelenken, Schüttelfrost, Kopfschmerz, Übelkeit und Erbrechen, irrsinnigem Durst und ebenso irrsinnigen Schweißausbrüchen, kombiniert mit Angst- und Wahnvorstellungen, verbrachte.

Nachdem ihn die Familie des Bassbaritons über zwei Tage nicht zu Gesicht bekommen und er auch nicht auf ihr Klopfen an seiner Wohnungstür reagiert hatte, entschied der Vater des Bassbaritons, also KaWes Vermieter, am dritten Abend nach KaWes „Verschwinden" die Tür zu öffnen und nachzusehen, ob KaWe überhaupt noch lebte. Ja, tatsächlich, er lebte, aber anscheinend nur noch gerade so ... Sein Zustand war wahrhaftig erbarmungswürdig.

„Großer Gott, Herr Dr. Blaschek!", rief der Vermieter, als er den zu einem Häufchen Elend zusammengesunkenen Mieter im Bett entdeckte. „Was ist denn mit Ihnen los? Sind Sie krank?“ Was für eine dämliche Frage, schalt er sich selbst, kaum, dass er sie formuliert hatte. Natürlich war der Mann krank. Das sah nun wirklich jeder, der Augen im Kopf hatte.

„KaWe!“, schrie der Bassbariton, der inzwischen auch ins Zimmer gestürzt war. „Was zum Kuckuck fehlt dir?“

KaWe stöhnte. „Wasser ...“, flehte er mit kaum hörbarer Stimme. „Wasser.“

„Hol mal ein Glas“, befahl der Vermieter seinem Sohn.

Nachdem sie KaWe das Wasser Schlückchen für Schlückchen eingetrichtert hatten, ließen sie das zähneklappernde Gespenst in Menschengestalt zurück in die Kissen sinken.

„Was machen wir denn jetzt?“ Ratlos sah der Bassbariton seinen Vater an. Der zuckte mit den Schultern. „Nichts. Und im Moment schon gleich gar nichts. Es herrscht ja Ausgangssperre. Wenn wir jetzt auch nur einen Schritt vor die Tür tun, kann das schlimme Folgen für uns haben. Die Amis verstehen da keinen Spaß.“

Der Bassbariton nickte. „Vielleicht ist es das Beste, wenn ich heute Nacht bei ihm bleibe.“

„Mach das, Junge“, stimmte der Vater des Bassbaritons seinem Sohn zu. „Mehr können wir ohnehin nicht für ihn tun.“

Irgendwann im Laufe der Nacht fing KaWe an zu schreien. Nicht übermäßig laut, weil er vollkommen entkräftet war, aber doch vernehmlich. Der Bassbariton, der einen Augenblick geschlafen haben musste, schreckte hoch. KaWe saß senkrecht im Bett, starrte auf die dunkle Ecke hinter der Tür und rief immer wieder: „Nein, nein, nein! Nicht! Neeeiiin!“

Ja, sie war wieder da! Herausgekrochen aus dem kalten Grab, in dem sie seit jenem Sommerabend eingesperrt gewesen war. Die Zeit hatte ihre Spuren hinterlassen. Ihre Haut, ihre Haare, ihre Kleidung – alles ramponiert, zerschlissen, zerrissen. Aber er erkannte sie trotzdem wieder. Und er wusste, weshalb sie gekommen war: Weil sie sich rächen wollte! An ihm, dem Mann, der sie ins Grab gezwungen hatte ...

„M ...Mè ...re ...“, stammelte er.

„Wie bitte?“ Der Bassbariton folgte KaWes Blick, sah aber nichts als eine dunkle Zimmerecke.

„M ...Mè ...re ...“, stammelte KaWe noch einmal, ehe zurück auf sein Kissen sank und in einen Koma-ähnlichen Schlaf verfiel.

In den folgenden Tagen ging es KaWe nach wie vor schlecht, und auch seine Albträume hörten nicht auf, aber irgendwann ging es dann doch wieder aufwärts mit ihm.

„Scheiß Pervitin“, sagte KaWe zu dem Bassbariton, der ihm die ganze Zeit über zur Seite gestanden hatte.

„Pervitin?“, hakte der Bassbariton nach. „Hast du etwas dieses Dreckszeug genommen?“

KaWe nickte. „Jahrelang. Und dann war plötzlich nichts mehr da. Tja, da hat meinem Körper wohl etwas gefehlt.“

„Sieht ganz danach aus“, stimmte ihm der Bassbariton zu. „Und wer ist die geheimnisvolle Mère, von der du in den vergangenen Nächten immer wieder gesprochen und vor der du dich offensichtlich sehr gefürchtet hast?“

Verdammt! Er musste im Schlaf geredet haben, dachte KaWe. Aber hoffentlich nicht um Kopf und Kragen ... „Wenn ich das wüsste“, log er. „Keine Ahnung. Da war wohl irgendwas in meinem Kopf vollkommen durcheinander.“

Dem Bassbariton von seiner Pervitin-Sucht zu erzählen, erschien KaWe vernünftig und gerechtfertigt, zumal er wusste, dass er nicht der einzige mit diesem Problem war, aber die Sache mit der Mère ging ihn nun beim besten Willen nichts an.

Herr Bergmann sucht eine Spielstätte (1945)

In den folgenden Wochen schritt nicht nur KaWes Genesung voran, sondern auch der Wiederaufbau des Theaters. Hierfür mitverantwortlich zeichnete der bekannte Theaterwissenschaftler und Intendant Dr. Carl Heinrich Bergmann, der einige Jahre am Theater in Mannheim, dann in Hamburg und schließlich – in den 1920er-Jahren – in Wiesbaden tätig gewesen war. Nach seinem Engagement in Wiesbaden wechselte er an die Universität Berlin. Dort lehrte er am Fachbereich Theaterwissenschaften. Außerdem betätigte er sich als freiberuflicher Regisseur.

Im Jahr 1942 kehrte er schließlich nach Wiesbaden zurück. Und jetzt, nachdem der Krieg endlich zu Ende war, setzte er alles daran, das Wiesbadener Theater wieder zu beleben. Wahrlich kein leichtes Unterfangen – weder personell noch räumlich. Natürlich hatte Bergmann sich darum bemüht, wenigstens die gröbsten Schäden beseitigen zu lassen, die der Bombenangriff Anfang Februar an dem Wiesbadener Theatergebäude verursacht hatte. Doch kaum war das im Sommer 1945 einigermaßen geschafft, wurde das Theater von den Amerikanern kurzerhand beschlagnahmt.

„Die Amis haben uns rausgeschmissen", sagte Bergmann zu seinem Freund und Stellvertreter Richard Mutschler.

„Wie, rausgeschmissen?", wollte der wissen.

„Hier." Bergmann reichte Mutschler ein Blatt Papier.

„... teilen wir Ihnen mit", las dieser murmelnd, „dass das Theater Wiesbaden umgehend zu räumen ist." Mutschler starrte Bergmann an. „Was um Himmels Willen hat das zu bedeuten?", fragte er.

„Ganz einfach", erwiderte Bergmann. „Ab sofort steht das Haus der US-Truppenbetreuung zur Verfügung. Und zwar ausschließlich."

„Wie bitte?", schnaubte Mutschler.

„Tja", entgegnete Bergmann achselzuckend, „wir müssen hier raus. Es gilt Platz zu machen für Leute wie Charly Chaplin, Oliver

Hardy, Stan Laurel, Harold Lloyd und Buster Keaton. Und ganz sicher auch für die ehrenwerte Marlene Dietrich.“

Mutschler starrte ihn an. „Das kann doch wohl nicht wahr sein“, stöhnte er.

„Und ob das wahr ist“, antwortete Bergmann. „Jetzt, wo wir das Haus einigermaßen wieder instand gesetzt haben, schmeißen sie uns raus. Als das Gebäude noch ein Trümmerhaufen war, zeigten sie kein Interesse an dem Haus, aber jetzt, wo es wieder nutzbar ist, wollen sie es für sich haben. Und zwar für sich ganz allein.“

„Dagegen müssen wir protestieren!“, schrie Mutschler. „Das dürfen wir uns nicht gefallen lassen! Wir haben uns für den Wiederaufbau des Hauses und dessen Finanzierung krumm und buckelig gearbeitet, und als Dank dafür wirft man uns hinaus? Wo zum Henker sollen wir denn dann spielen? Wo zum Kuckuck sollen wir unsere Kunst in den Dienst des Friedens und der Wiedererrichtung der Demokratie stellen? Oder ist das alles plötzlich nicht mehr wichtig?“

„Ich weiß es nicht, Richard“, sagte Bergmann resigniert. „Ich habe alles versucht, um dieses Unglück, das – aus meiner Sicht – zugleich ein Unrecht ist, von uns abzuwenden, aber vergebens. Ich durfte nicht einmal bei dem Hauptverantwortlichen im US-Hauptquartier vorsprechen.“

„Und was machen wir jetzt?“, wollte Mutschler wissen.

„Wenn ich das bloß wüsste“, entgegnete Bergmann. „Auf jeden Fall müssen wir uns etwas einfallen lassen. Und zwar schnell.“

„Haben wir denn von den Amis überhaupt kein Entgegenkommen zu erwarten?“, fragte Mutschler.

Bergmann schüttelte den Kopf. „Überhaupt keines. Wir müssen sehen, wie wir alleine klarkommen.“

„Und die Stadtregierung?“, wollte Mutschler wissen. „Wie steht die dazu?“

„Die ist machtlos gegenüber den Amis“, antwortete Bergmann.

„Das ist eine Katastrophe“, stöhnte Mutschler.

„Ja“, bestätigte Bergmann, „Das ist es.“

Zwei Tage später war Bergmann in Sachen Ausweichquartier noch immer keinen Schritt weitergekommen. Doch dann traf er auf einen Mann, der ihn auf eine Idee brachte. Dabei handelte es sich um einen Schuhmacher, bei dem er vor einigen Tagen ein Paar Schuhe zum Besohlen abgegeben hatte.

„Ach, Herr Bergmann", sagte der Schuhmacher, als der Intendant die kleine Werkstatt betrat, die sich im dritten Hinterhof eines wie durch ein Wunder unzerstört gebliebenen Gebäudekomplexes im sogenannten Feldherrnviertel befand. „Ich bin fertig mit der Reparatur Ihrer Schuhe. Ich will sie nur noch rasch ein bisschen polieren. Das macht normalerweise meine Frau, aber die hat jetzt eine neue Arbeitsstelle gefunden und deshalb weniger Zeit, mir hier im Geschäft zu helfen."

„Ah, na dann – herzlichen Glückwunsch an Ihre Frau und natürlich auch an Sie", sagte Bergmann.

„Danke", entgegnete der Schuhmacher. „Leider sind wir ein bisschen knapp, was das Geld angeht. Wir können wirklich jeden Groschen gut gebrauchen. Da war es schon ein großes Glück, als wir neulich von einem Kunden erfuhren, dass er schon seit Längerem eine zuverlässige und tatkräftige Putzfrau sucht. Zuverlässig und tatkräftig ist meine Waltraud ganz bestimmt", erklärte der Schuhmacher, „und das stellt sie seit gestern auch außerhalb unseres Betriebs unter Beweis."

„Sehr schön", erwiderte Bergmann und erkundigte sich sodann – eher aus Höflichkeit als aus echtem Interesse –, wo die Gattin des Schuhmachers denn beschäftigt sei.

„Im Kolpinghaus", antwortete der. „In der Dotzheimer Straße. Da haben wir uns vor vielen, vielen Jahren kennengelernt. Ich war damals auf der Walz, und im Zuge dessen bin ich eines Tages in Wiesbaden gelandet. Im Kolpinghaus, das damals noch Katholisches Gesellenhaus hieß, bin ich für eine Weile untergekommen. Zufälligerweise war es gerade Faschingszeit, und da haben sie – in dem großen Saal, der zu dem Haus gehört – eine ganz famose Feierlichkeit abgehalten. An der Feier habe ich teilgenommen und meine Waltraud auch. Na, und so sind wir uns über den Weg gelaufen. Tja, und dann bin ich bei ihr und somit in Wiesbaden hängen geblieben. Eine paar Monate später haben wir geheiratet – und dann kamen auch schon die Kinder."

Das katholische Gesellenhaus ... der große Saal ... mein Gott, vielleicht war das die Lösung! Er musste unbedingt – und zwar jetzt gleich! – in die Dotzheimer Straße gehen und bei dem Direktor des Kolpinghauses vorsprechen!

„Herr Bergmann?", riss der Schuhmacher Bergmann aus seinen Gedanken.

„Äh, ja", stotterte er.

„Hier sind Ihre Schuhe. Neu besohlt und auf Hochglanz poliert."

„Ich danke Ihnen ganz herzlich!", rief Bergmann und drückte dem Schuhmacher – sehr zu dessen Überraschung – das Doppelte dessen in die Hand, was der Mann verlangt hatte.

„Danke!", rief der Schuhmacher. „Aber sind Sie auch wirklich sicher, dass ..." Doch da war Bergmann bereits auf dem Weg in die Dotzheimer Straße.

„Hm", sagte der Schuhmacher, der Bergmann nachdenklich nachblickte. „Wiedersehen macht Freude ..." Und dann warf er das eingenommene Geld in die Kasse. Seine Waltraud und mit ihr die Haushaltskasse würden sich über das üppige Trinkgeld zweifellos sehr freuen.

Im Übrigen sollte es Bergmann tatsächlich gelingen, die Betreiber des Kolpinghauses, nämlich den Katholischen Gesellenverein, davon zu überzeugen, dass es im allgemeinen Interesse lag, wenn sie ihm – und damit dem Ensemble des Wiesbadener Theaters – den großen Saal, den es in dem Gebäude gab, für Theateraufführungen zur Verfügung stellten. Aber leider gab es nicht nur in Bezug auf die Bühne, sondern auch in Bezug auf das Ensemble einige Schwierigkeiten. Etliche Darsteller mussten, da sie NS-belastet waren, die Truppe verlassen. Für die brauchte man selbstverständlich Ersatz. Und der war nicht unbedingt leicht zu finden. Zu jenen, die Bergmann damals nach Wiesbaden holen konnte, gehörte übrigens die Sopranistin Lilly Hofmann. In die sollte sich KaWe erst unsterblich verlieben und sie dann, etwas über ein Jahr später, Anfang 1947, heiraten. KaWe und der Bassbariton gehörten selbstverständlich auch zum Wiesbadener Ensemble. Kaum, dass Bergmann Sänger, Schauspieler und Tänzer öffentlich dazu aufgefordert hatte, sich bei ihm zu melden, um ein neues Ensemble aufzubauen, waren KaWe und der Bassbariton sogleich bei ihm vorstellig geworden. Und Bergmann hatte die beiden unverzüglich in das Ensemble aufgenommen, das offiziell als „Notgemeinschaft der Mitglieder des Deutschen Theaters" bezeichnet wurde.

In dem Jahr, in dem KaWe und Lilly heirateten, also 1947, wurde das weiland von den US-Truppen beschlagnahmte Theater, das inzwischen „Hessisches Staatstheater Wiesbaden" hieß, offiziell wieder an die Deutschen zurückgegeben. Am 17. September 1947 erfolgte die feierliche Wiedereröffnung des Hauses. Auf dem Programm stand die Oper Aida von Guiseppe Verdi. KaWe übernahm darin die Rolle des ägyptischen Feldherrn Radamès, Lilly schlüpfte in die der Oberpriesterin.

Bergmann durfte diese Entwicklung bedauerlicherweise nicht mehr erleben. Erst hatten ihm die Amerikaner – aus völlig unerfindlichen Gründen – die Lizenz zum Wiederaufbau des Wiesbadener Theaters entzogen, und dann war er, gänzlich unerwartet, auch noch am Heiligen Abend des Jahres 1945, also zum Auftakt der ersten Nachkriegsweihnacht, an den Folgen einer verschleppten Bronchitis, die schließlich zu einer Lungenentzündung führte, verstorben. Statt seiner amtierte nun der gebürtige Wiesbadener Otto Henning als künstlerisch verantwortlicher Leiter der Wiesbadener Bühnen.

Dr. Karl-Wilhelm und Lilly Blaschek lebten, mangels Alternative, weiterhin in KaWes Mansarde im Elternhaus des Bassbaritons.

Rückfall mit Folgen (1947)

Zwei Tage vor der Premiere saßen KaWe und weitere Ensemble-Mitglieder in der urig eingerichteten Gaststätte der Brauerei Felsenkeller – direkt gegenüber der Villa des legendären Automobil-Fabrikanten Wilhelm von Opel – bei Bier und Schnaps zusammen.

„Früher“, lachte KaWe, „hab’ ich mir über Lampenfieber keine Gedanken gemacht. Es gab ja Pervitin. Eine Tablette davon – und ich fühlte mich frei, entspannt und stark. Ich war der Größte, der Beste, der Stärkste. Und jetzt? Jetzt sitze ich hier und freue mich zwar einerseits auf die Premiere, aber andererseits hab’ ich die Hosen gestrichen voll. Es kann einem ja alles Mögliche passieren: von Text vergessen, den Ton nicht treffen bis hin zu stolpern und der Länge nach hinfallen. Eins so grauenvoll wie das andere.“

„Pervitin?“, fragte einer der Tischnachbarn. „Davon hatte der dicke Göring bei seiner Verhaftung damals angeblich über 20.000 Stück in seinem Köfferchen.“

„Und wahrscheinlich noch ein paar andere Pillchen zusätzlich“, meinte ein anderer.

Der vierte Mann im Bund griff in die Jackentasche seines Jacketts, zog ein rundes Pillendöschen heraus und legte es auf den Tisch. „Vielleicht ist das eine der Packungen, die man Göring weiland abgenommen hat. Wer weiß. Nein, also jetzt mal Spaß beiseite: Das Zeug wird heute wieder produziert.“

„Ach ...“, sagte KaWe. „Das ist ja interessant.“

„Also, meine Herren“, sagte der Besitzer des Pillendöschens, „allen, die sich gegen Lampenfieber wappnen und am Mittwoch, bei der Wiedereröffnung unseres Theaters, brillanter singen und grandioser spielen wollen als je zuvor, empfehle ich eines dieser netten, weißen Tablettchen!“ Dann ließ er das Döschen aufploppen, schüttete sich ein paar Pillen auf die Hand und verteilte sie dann an die Anwesenden.

„Weißt du“, wandte KaWe ein, „ich bin von dem Zeug abhängig gewesen. Und dann gab es plötzlich nichts mehr. Daraufhin ging es mir wochenlang hundsmiserabel. Also, ich denke, ich verzichte mal lieber auf das Tablettchen." Er schob die Pille zurück in Richtung des großzügigen Spenders.

„Stell dir vor, du wärst der Einzige, der ohne Pervitin auf der Bühne steht", meinte einer der Kollegen. „Du gibst dein Bestes, aber die anderen spielen dich locker an die Wand."

„Komm", meinte der Inhaber des Pillendöschens, „du musst das Zeug ja nicht nehmen. Aber wenn du dich, aus welchem Grund auch immer, anders entscheiden solltest, dann hast du die Tablette zur Hand. Steck sie vorsichtshalber ein. Nimm sie, wenn du sie brauchst oder willst, und lass es bleiben, wenn du dir sicher bist, dass es auch ohne sie geht."

„Hm", meinte KaWe, „das ist eigentlich eine ganz gute Idee. Also, her mit dem Zeug." Er schnappte sich die Pille und ließ sie vorsichtig in seine Jackentasche gleiten.

Am Mittwochnachmittag wurde KaWe klar, dass er die Vorstellung ohne Pervitin nicht überstehen würde. Der Gedanke, vor hochrangigem Publikum singen zu müssen, und dann auch noch aus diesem ganz besonderen Anlass, brachte ihn stündlich mehr aus der Fassung. Dabei war er früher oft genug vor handverlesenem Publikum aufgetreten. Natürlich kannte er – wie jeder Darsteller – Lampenfieber, aber das, was er jetzt fühlte, war kein Lampenfieber, sondern schlicht eine Mischung aus Versagensängsten und nackter Panik. Wenn er in diesem Zustand auf die Bühne trat, würde er alles falsch machen, was man falsch machen konnte. Also kramte er die Pervitin-Tablette aus seiner Jackentasche hervor und schluckte sie.

Die Eröffnungsvorstellung von Aida fiel phänomenal aus. KaWe und seine Kollegen lieferten Bestleistungen ab. Das Publikum jubelte, applaudierte im Stehen und ließ das Ensemble, den Dirigenten und die Musiker lauthals hochleben. In der lokalen, der regionalen und sogar der überregionalen Presse erschien eine Lobeshymne nach der anderen. Wenn er sich da auch nur den kleinsten Patzer geleistet hätte, dachte KaWe, wäre er bis ans Ende seiner Tage bis auf die Knochen blamiert gewesen. Aber nicht nur er, sondern auch Lilly hatte eine fantastische Leistung abgeliefert – ganz ohne Pervitin im Körper. Na ja, sie war ja auch noch jung und unverbraucht.

Irgendwann ließ der Rausch dann nach. Der des Pervitins, der des Adrenalins und der des Alkohols, der nach der Premiere natürlich in geradezu reißenden Strömen geflossen war. Als KaWe aus dem totenähnlichen Schlaf erwachte, der ihn schließlich übermannt hatte, wusste er nicht, wo er war. Die Umgebung kam ihm fremd vor – und seltsam. Ohne feste Konturen. Alles schien hier im Fluss zu sein. Gesichter tauchten auf und verschwanden wieder, Löcher bildeten sich und schlossen sich wieder. Nebelschwaden waberten umher ...

Was zum Teufel war das hier bloß? Oder besser: Wo war er? Er rieb sich die Augen. Aber auch das half nichts. Alles blieb verschwommen, verwaschen, unscharf. Und dann ... dann erschien – sie! KaWe traute seinen Augen nicht. Nein! Neeeiiin! Nicht!! Er schlug die Hände vor das Gesicht, und als er sie wieder wegnahm, stand sie direkt vor ihm, blickte ihn an – mit riesigen Augen, die in ihrem Gesicht herumrollten, und einem Mund, in dem die Zähne auf- und niederklappten. Und aus ihrem Kopf ... rann eine rote Flüssigkeit und tropfte ihr auf die Schulter ... ja, es war die Mère! Diese bösartige Hexe! Immer wieder hatte sie sich bei ihm eingeschlichen oder ihn zu sich gelockt, wie jetzt, denn wo sollte er anders sein als in ihrem Etablissement!

Wehr dich!, zischte eine Stimme in ihm. Wenn du dich jetzt nicht gegen sie zur Wehr setzt, dann wird sie dich vernichten. Beruflich, psychisch, physisch ... Mit einem Wutschrei auf den Lippen schnellte er hoch, krallte seine Finger um ihren Hals und drückte und würgte diese schreckliche Person, bis sie erschlaffte und schließlich zu Boden fiel. Geschafft! Er hatte die Mère besiegt! Endlich, endlich ... nie wieder würde sie ihn belästigen. KaWe seufzte tief, ließ sich zurück auf die Kissen sinken und gab sich einem tiefen, traumlosen Schlaf hin.
Als KaWe das nächste Mal erwachte, wusste er gleich, wo er sich befand. In seiner Mansarde. In seiner und Lillys Mansarde. Mit anderen

Worten: Er war daheim. Was für ein Glück! Vorsichtig setzte er sich auf und ließ seinen Blick durch das Zimmer schweifen. Alles war so wie immer. Nur das Lilly nicht neben ihm lag. Dann entdeckte er neben dem Bett einen Körper. Es war Lilly. Ach, du lieber Gott, dachte er, anscheinend hast du in der Nacht so unruhig geschlafen, dass die arme Lilly nicht neben dir liegen konnte oder wollte. Und deshalb hat sie sich neben dem Bett auf den Boden gelegt.

„Lilly“, sagte KaWe und strich ihr sanft über Kopf und Schultern, „Lilly, mein Schatz, komm steh auf, es ist viel zu kalt auf dem Boden. Du holst dir doch den Tod!“ Doch Lilly antwortete nicht. Merkwürdig, fand KaWe. Merkwürdig war außerdem, dass er überhaupt keine Atemzüge vernahm. „Lilly?“ Er schüttelte sie. Schließlich kippte sie von der Seite, auf der sie gelegen hatte, auf den Rücken. KaWe erstarrte. Lilly war tot. Jemand hatte sie – erwürgt! Sie hatte Würgemale am Hals, und die Zunge hing ihr aus dem Mund. „Lilly!“, schrie er verzweifelt. „Lilly!!“ Doch Lilly rührte und regte sich nicht. Sie war – weiterhin – tot. Und er hatte sie getötet. Jawohl, er! Es war nur eine dunkle Erinnerung, die langsam, ganz langsam in ihm aufstieg. Er war der Mère begegnet. Im Traum. Im Wahn. Nicht in der Realität. Aber das hatte er geglaubt. Ganz fest sogar. Aber es war nicht die Mère, die sich über ihn geneigt hatte. Es war Lilly! Seine Lilly, die nach ihm hatte schauen wollen. Und die er dann – anstelle der Mère, die er eigentlich hatte erwischen wollen, obwohl die doch schon seit Jahren in ihrem kalten Grab verrottete – erwürgt hatte ...

KaWe sprang aus dem Bett. Er musste hier weg. Weg. Ganz weit weg. Nur mit einem Schlafanzug bekleidet und einem Küchenmesser in der Hand, das er sich beim Hinauslaufen geschnappt hatte, rannte er aus dem Haus und hinein in den nahegelegenen Wald. Er rannte und rannte, bis er irgendwann nicht mehr konnte und auch nicht mehr wollte. „Lilly“, sagte er. „Lilly, ich komme. Ich komme zu dir! Ich bin gleich bei dir!“ Dann nahm er das Messer, setzte es an den Handgelenken an und schlitzte sich die Pulsadern auf. Erst am linken und dann am rechten Arm. Hauptsache, es ging schnell.

Am Freitag, dem 19. September 1947 entdeckten Pilzsucher in einem Waldgebiet eine mit getrocknetem Blut übersäte männliche Leiche, woraufhin sie die Polizei verständigten. Die identifizierte den Toten sehr schnell als den Opernsänger KaWe Blaschek. „Dr. Karl-Wilhelm Blaschek", hieß es auf seinem Totenschein, „wurde am Donnerstag, dem 18. September 1947 beim Verlassen seines Wohnhauses das letzte Mal lebend gesehen. Am Freitag, dem 19. September 1947 wurde er um 17.00 Uhr im Waldstück Unteres Bahnholz, Distrikt 7, tot aufgefunden. Todesursache: Selbstmord durch Öffnen der Pulsader im linken und rechten Arm (Verblutung)."

*

Von Herrn und Frau Blascheks tragischen Todesumständen erfuhren die Witwe Diehl und ich Ende September 1947 durch einen Artikel in der Lokalzeitung. Als wir an jenem Herbstabend 1945 in der Diehl'schen Küche über den Mann gesprochen hatten, konnten wir noch nichts ahnen von dem, was Blaschek in der Vergangenheit durchgemacht hatte, und erst recht wussten wir nicht, was aus ihm werden sollte. Ich war mir nicht sicher, ob ich Mitleid mit ihm empfinden oder ihn verabscheuen sollte. Wie aus dem Artikel, den wir nun über ihn gelesen hatten, hervorging, handelte es sich bei ihm um einen drogenabhängigen Lustmolch, der ihm Rausch seine Frau umgebracht hatte. Dass er sich zuvor auch schon die erpresserische Puffmutter vom Hals geschafft hatte, wussten weder wir noch irgendjemand anderes.

Im gleichen Jahr, 1947, verkaufte ich mein – inzwischen nicht mehr von den Amerikanern requiriertes – Haus in der Sonnenberger Straße und ging zurück nach Roermond. Das Alter und meine zunehmend schlechter werdende Gesundheit hatten mich davon überzeugt, dass es vielleicht besser wäre, die letzten Lebensjahre nicht allein, sondern in der Nähe meiner Familie zu verbringen.

Frau Harmsen kehrt zurück (1947/48)

Kurz vor Weihnachten 1948 bekam ich Post von der Witwe Diehl. Der Brief enthielt nicht nur die üblichen Weihnachtsgrüße, verbunden mit guten Wünschen für das Neue Jahr, sondern auch die Information, dass die Witwe des inzwischen von den Wiesbadenern sowie dem Rest der Welt weitgehend vergessenen Künstlers Claas Harmsen die Stadt verlassen hatte. Sie war im November nach Paris zurückgekehrt, wo sie bis zu ihrer Hochzeit gelebt hatte. Bis kurz vor ihrer Abreise war sie wegen ihres Gelenk-Rheumatismus' im Krankenhaus des Roten Kreuzes behandelt worden, das sich in der Straße An der Schönen Aussicht befand und seinen Patienten tatsächlich eine ziemlich schöne Aussicht auf die Stadt bot - sofern sie denn in der Lage waren, aus dem Fenster zu schauen.

Claire Harmsen jedenfalls hatte dazu ausgiebig Gelegenheit, denn sie befand sich insgesamt 18 Monate in der Obhut der dort wirkenden Diakonissen der Schwesternschaft Oranien des Roten Kreuzes sowie der Ärzte, die hier – neben ihrer Tätigkeit als niedergelassene Mediziner mit eigener Praxis in der Stadt – arbeiteten.

*

„Ach, Frau Harmsen!“, rief die Witwe Diehl, als sie die eben aus dem Krankenhaus entlassene Nachbarin vor der Tür ihrer Wohnung stehen und in ihrer Handtasche nach dem Schlüssel kramen sah. „Ich freue mich sehr, Sie zu sehen! Wie geht es Ihnen denn?“

Claire Harmsen blickte überrascht auf. „Frau Diehl“, sagte sie. „Ja, ich freue mich auch sehr, Sie wiederzusehen.“

„Und, wie geht es Ihnen?“, wiederholte die Witwe Diehl ihre Frage.

„Nun, es geht“, erwiderte Claire Harmsen müde.

„Sie waren aber lange weg“, stellte die Witwe Diehl fest.

„Ja“, nickte Frau Harmsen. „Fast anderthalb Jahre. Anderthalb Jahre, in denen es an allem gefehlt hat: an Medikamenten, Brennstoff und Lebensmitteln ...“ Sie seufzte. „Kein Wunder, dass man es so lange nicht geschafft hat, mich wenigstens einigermaßen wieder auf die Beine zu stellen."

„Das ging uns leider allen so", meinte die Witwe Diehl. „Es waren schlimme Zeiten. Wirklich schlimme Zeiten. Aber so langsam geht es bergauf. Vor allem jetzt, wo wir das neue Geld haben."

„Ach", sagte Claire Harmsen, „es wäre schön, wenn es jetzt wieder bergauf ginge."

„Doch, doch", bestätigte die Witwe Diehl. „Man muss nicht mehr klauen gehen, nicht auf dem Schwarzmarkt Zigaretten gegen Waren des täglichen Bedarfs eintauschen oder Brotaufstrich aus Zwiebeln herstellen, damit man – sofern denn genügend Brot da ist – wenigstens etwas zum Draufschmieren hat. Jetzt gibt es all die Sachen wieder im Geschäft." Sie lächelte.

„Bloß schade, dass es dort keine Gesundheit zu kaufen gibt", erwiderte Frau Harmsen.

„Das stimmt", bestätigte die Witwe Diehl. „Die ist dort leider nicht erhältlich. Ganz gleich, wie gut die Regale der Händler bestückt sind. Schade eigentlich."

Claire Harmsen nickte. „Wissen Sie", sagte sie dann, „ich werde Wiesbaden verlassen."

„Wohin wollen Sie denn gehen?", fragte die Witwe Diehl erstaunt.

„Nach Frankreich", erwiderte Frau Harmsen. „Ich gehe zurück nach Frankreich. Zu meiner Familie. Meine Tochter lebt in Paris, mein Sohn in der Provence. Dort, in der Provence, werde ich dann wohl dauerhaft leben."

„In der Provence", meinte die Witwe Diehl, „na, da ist es wenigstens warm. Das tut Ihnen sicherlich gut."

„Ich denke schon", sagte Claire Harmsen.

„Wenn Sie mögen", schlug die Witwe Diehl vor, „lade ich Sie zu mir auf einen köstlichen Muckefuck ein. Echten Bohnenkaffee habe ich leider nicht im Haus."

„Oh, das wäre sehr freundlich, vielen Dank", sagte Frau Harmsen erfreut und folgte der Witwe Diehl in deren Wohnung.

Bei einem Tässchen Ersatzkaffee aus gerösteten Zichorien berichtete Frau Harmsen zunächst von ihrem Krankenhausaufenthalt. Erst einmal mussten die Ärzte herausfinden, was die unerträglichen Schmerzen, unter denen sie litt, überhaupt verursachte. Sie fühlte sich permanent schlapp, hatte immer mal wieder Fieber, litt unter geschwollenen Gelenken und konnte sich kaum bewegen.

Nach einer Weile waren sich die Ärzte sicher, dass Claire Harmsen an Rheuma erkrankt war, einer Krankheit die ja bekanntlich in Schüben verläuft. Mal waren die Schmerzen für Frau Harmsen einigermaßen erträglich, dann wieder steigerten sie sich ins Unermessliche. Es war ein ewiges Auf und Ab, ein Wechsel aus akuten Schüben und Ruhephasen. Die Ärzte, die Schwestern und die Heilgymnasten taten, was in ihrer Macht stand, um Claire Harmsen zu helfen. Besonders viel war das allerdings nicht. Das lag hauptsächlich daran, dass es kein Medikament gab, das den Rheuma-Kranken die Schmerzen zu nehmen vermochte. Man konnte sie nur lindern, zum Beispiel mit den Schmerzmitteln Acetylsalicylsäure oder Phenacetin, aber die standen kaum zur Verfügung.

Es waren schlechte Zeiten. Schlecht für die Menschen, die nicht im Krankenhaus liegen mussten, und noch schlechter für die, die im Krankenhaus lagen und darauf hofften, Heilung oder wenigstens eine Besserung ihres Leidens zu erfahren. Das Einzige, was man Frau Harmsen anbieten konnte, waren Massagen, vor allem der betroffenen Gelenke, sowie Bäder, Wechselgüsse, Arnika-Wickel, Luftbäder und natürlich Bettruhe.

Dann berichtete Claire der Witwe Diehl von ihren Plänen, Wiesbaden zu verlassen. Sie sei, so gab sie zu, wirtschaftlich am Ende. Die Kunst ihres Mannes, die über viele Jahrzehnte hinweg ihren Lebensunterhalt gesichert hatte, fand jetzt überhaupt keine Abnehmer mehr – weder die Bilder ihres Mannes noch die von ihm gestalteten Möbel oder Glaskunstwerke. Überleben konnte Claire nur, weil ihre Tochter und ihr Sohn ihr finanziell unter die Arme griffen. Aber ewig konnte das natürlich nicht so weitergehen. Deshalb – und auch wegen ihres angegriffenen Gesundheitszustands – wollte sie nach Frankreich übersiedeln. Erst nach Paris, zu Margaritta, ihrer Tochter, und später dann zu Arnaud, ihrem Sohn, der – wie sein Vater – Künstler war. Seine Lebensgefährtin und er hatten sich bereit erklärt, im pittoresken Vaison-la-Romaine, wo die beiden lebten und arbeiteten, nach einem Häuschen Ausschau zu halten, das groß genug für das Paar, ihre zwei Kinder, ihren Hund, ihre beiden Ateliers und außerdem für Claire war.

Zwei Stunden und drei Tassen Ersatzkaffee später verließ Claire Harmsen die Diehl'sche Wohnung.

*

„Nochmals herzlichen Dank für Ihre Gastfreundschaft", sagte Claire.

„Nichts zu danken, gern geschehen", erwiderte die Witwe Diehl, ehe sie die Tür schloss, und Claire langsam in Richtung ihrer Wohnung humpelte.

Claas Harmsen auf dem absteigenden Ast (1933–1938)

Die Harmsen, dachte die Witwe Diehl bei sich, während sie die benutzten Tassen in die Küche brachte, ist auch nicht mehr das, was sie mal war. An die hochnäsige, kalte und abweisende Frau, die sich – wegen ihres berühmten Mannes und ihrer vornehmen Herkunft – immer als etwas Besseres empfunden hatte, die früher stets elegant gekleidet und mit reichlich Schmuck behängt durch das Haus geschwebt war, erinnerte jetzt gar nichts mehr.

Auch die jahrelang eingeforderte Anrede „Frau Professor" war inzwischen obsolet, denn an den Herrn Professor, also ihren Mann, der viele Jahre an der renommierten Wiesbadener Werkkunstschule gewirkt hatte, konnte sich inzwischen niemand mehr erinnern. Zumal er in den letzten Jahren ohnehin nicht mehr dort tätig gewesen war. Die Anstellung hatte er aufgegeben. Sie war ihm lästig geworden, weil sie ihn – angeblich – in seinem künstlerischen Wirken und in seiner künstlerischen Freiheit eingeengt hatte. Er war ja berühmt, die Welt lag ihm zu Füßen. Was brauchte er da eine Anstellung in einer so langweiligen Institution wie der Werkkunstschule?

Aber schon ein paar Jahre später hätte er sich die Finger nach einer solchen Aufgabe geleckt und wäre nur zu gerne wieder zurückgekehrt, weil die Kunstform Jugendstil zunehmend an Bedeutung verlor. Kaum jemand interessierte sich mehr für die jahrelang so gefragte Mischung aus Kunst und Handwerk. Das mussten – außer Claas Harmsen in Deutschland – auch seine Freunde und Künstlerkollegen in Frankreich erfahren. Die „Art Nouveau" war – mehr oder weniger – tot. Deshalb hätte er liebend gerne seine Lehrtätigkeit wieder aufgenommen.

Doch dieses Mal war es die Werkkunstschule, die ihn nicht haben wollte. Und dafür gab es gleich mehrere Gründe. Zum einen war er kein Mitglied der „Reichskammer der bildenden Künste", also der „Reichskunstkammer". Wenn ein Künstler sich entweder weigerte, der Reichskunstkammer beizutreten, oder die Reichskunstkammer ihm den Beitritt verwehrte, durfte der Betreffende im nationalsozialistischen Deutschland nicht mehr künstlerisch tätig werden.

Schon aus diesem Grund lehnte die Schulleitung eine Rückkehr von Claas Harmsen ab. Zum anderen hatte man absolut kein Interesse daran, einen Lehrauftrag an einen Mann zu vergeben, dessen künstlerisches Schaffen niemanden mehr interessierte. Noch schwerer aber wog der Umstand, dass Claas Harmsen mit einer Jüdin verheiratet war. Selbst wenn er Mitglied der Reichskunstkammer gewesen und seine Kunst derzeit en vogue, also nachgefragt gewesen wäre, hätte sich die Werkkunstschule wohl gegen ihn entschieden. „Judenfreunde“ waren im NS-Staat nicht gerne gesehen, schon gar nicht in Positionen mit einer gewissen Vorbildfunktion.

Doch anders als andere Künstler, die sich – nicht zuletzt der Karriere wegen – von ihren jüdischen Partnerinnen oder Partnern getrennt hatten, verweigerte sich Claas Harmsen einem solchen Ansinnen. „Ich lasse mich nicht scheiden!“ hatte er der Reichskunstkammer weiland trotzig beschieden.

Und eben dieser Entschluss beschleunigte das sich seit geraumer Zeit abzeichnende Ende des künstlerischen – und damit auch wirtschaftlichen – Erfolgs des einstmals gefeierten Jugendstilkünstlers Claas Harmsen, das mit dem Umzug von der eleganten Wohnung in die beiden schäbigen Mansardenzimmer im Jahr 1938 offensichtlich wurde. Was für eine Schmach! Sowohl für die hochnäsige Frau Gemahlin als auch für den großen Künstler selbst ... Was mochten die beiden wohl gedacht haben, als wenig später dieser doch eher unkonventionelle, etwas bohèmienhafte Opernsänger auftauchte und ihre frühere Wohnung in Beschlag nahm?

*

„Das ist keine Wohnung, das ist ein Kunstwerk!“, rief Dr. Blaschek, als die Vermieter, also die Gebrüder Kühlstein, ihm die Wohnung zeigten.

„Sie sagen es“, erwiderte der Kühlstein-Bruder, unter dessen Knollennase seit Anfang 1933 ein Hitler-Bärtchen klebte.

„Deshalb haben wir dem früheren Mieter auch zugesichert, dass sein Nachfolger nichts verändert. Das bedeutet für Sie: Wie gesehen, so gemietet", erklärte der zwar bartlose, deshalb aber nicht weniger knollennasige zweite Kühlstein-Bruder.

„Worüber sich allerdings reden ließe, wären die Bilder, die er von seiner Frau gemalt hat", warf das Hitler-Bärtchen ein. „Die können Sie ruhig abhängen und meinetwegen verbrennen. Wer will sich seine Tage schon mit dem Anblick einer Jüdin verderben!"

„Ach, der Künstler ist mit einer Jüdin verheiratet?", erkundigte sich KaWe Blaschek. „Ist er selbst denn auch ein Jude?"

„Nein, er nicht", erklärte der glatt rasierte Kühlstein-Bruder. „Nur sie. Schauen Sie, die da, die ist es."

Er deutete auf ein Gemälde, das eine schlanke, elegant gekleidete, junge Frau mit anmutigen Gesichtszügen zeigte. „Und das ... und das ... und das – ist sie auch", wies er KaWe auf weitere Bilder hin.

„Oh, dann war – oder ist – sie so etwas wie seine Muse!", rief der Opernsänger aus. „Nein, nein, lassen Sie nur, die Bilder stören mich nicht. Sollte ich der Frau überdrüssig werden, hänge ich sie einfach mit einem Handtuch zu." Er lachte laut und schallend. „Viel wichtiger ist doch, wie der Champagner aus diesen wunderschönen, hoch eleganten Gläsern schmeckt! Ich habe schon manches Fläschchen aus manchem feinen Gläschen geschlürft, aber dieses", er nahm eines aus dem Regal und drehte es vorsichtig herum, „dieses hier dürfte das eleganteste sein, das ich mir je zu Munde geführt habe! Jetzt muss ich nur noch den Tropfen finden, der zu diesen Gläsern passt!"

„In Bezug auf edle Tropfen sind Sie im Hause Kühlstein goldrichtig!", rief das Hitler-Bärtchen. „Wir führen nämlich die Weinhandlung fort, die unser Vater weiland gegründet hat. Da sollte sich wohl etwas finden, das zu Ihnen und zu Ihren feinen neuen Gläsern passt!"

„Ausgezeichnet, ausgezeichnet!", frohlockte KaWe. „Machen wir es doch so: Sie liefern mir jede Woche zwei Kisten Wein und zwei Kisten Champagner Ihrer Wahl. Und die fülle ich dann in die schicken Gläser, die hier in der Vitrine stehen. Wäre das machbar?"

Die Gebrüder Kühlstein strahlten. „Aber gerne! Und wie gesagt: wenn Sie die Judenfratze an den Wänden nicht mehr ertragen können – weg damit."

*

KaWe war die Judenfratze - ehrlich gesagt - ziemlich egal. Er hatte eine möblierte Wohnung gesucht und gefunden, und dazu noch eine, die ganz in der Nähe des Theaters lag. Besonders erfreut hatte ihn die Tatsache, dass seine Vermieter Weinhändler und Weinlieferanten waren. Besser hätte es sich kaum fügen können, denn, so hatte es mir die Witwe Diehl in einem unserer letzten Gespräche vor meinem Umzug nach Roermond erzählt, Blaschek war in der Zeit, in der er in der Wilhelmstraße 17 wohnte, mehr betrunken als nüchtern gewesen. Nach einer Probe und erst recht nach einer Vorstellung kehrte er meist erst in den frühen Morgenstunden heim. Und zwar alles andere als nüchtern ... Vollgepumpt mit Alkohol und Pervitin polterte er durch das Treppenhaus, stolperte, fiel hin, und manchmal blieb er dort auch liegen, entweder bis er von selbst wieder auf die Beine kam, oder bis ihm jemand unter die Arme griff. Und wenn er weder eine Probe noch eine Vorstellung zu absolvieren hatte, setzte er sich gerne mit einem von Claas Harmsens Jugendstil-Gläsern in der Hand auf den Balkon, beobachtete die Menschen, die die noble Wilhelmstraße auf und ab flanierten und trank den von Kühlstein in regelmäßigen Abständen gelieferten Wein oder Champagner.

Die Harmsens hassten Blaschek. Sie hassten ihn, weil sie ihn um sein scheinbar sorgloses Leben beneideten – das auch sie einstmals geführt hatten. Sie hassten ihn, weil er ein erfolgreicher und anerkannter Künstler war – wie dereinst Claas Harmsen. Sie hassten ihn, weil er in ihrer Wohnung lebte, die sie sich nicht mehr leisten konnten. Sie hassten ihn, weil sie sicher waren, dass er weder mit ihrem Mobiliar noch mit ihren Gläsern, Porzellan oder Besteck sorgfältig umging – wie die Harmsens es stets getan hatten. Und sie hassten ihn, weil er sich, vor allem nach dem gut riechbaren Genuss von Alkohol, nicht mehr im Griff hatte – und damit nicht nur sich selbst, sondern im Prinzip alle Künstler als haltlose und unzuverlässige Kreaturen desavouierte. Aber: Die Gebrüder Kühlstein hielten ihre schützende Hand über ihn, egal, wie sehr der polternde Zechbruder den Nachbarn auf die Nerven ging und wie oft sie sich deshalb über ihn bei den Hauseigentümern beklagten. Ja, auch Claas Harmsen hatte es gewagt, sich über Herrn Dr. Blaschek zu beschweren.

Zu diesem Zweck war Harmsen extra zur Kühlstein-Villa gefahren, wo die beiden Brüder mit ihren Familien sowohl lebten als auch ihr Geschäft betrieben.

*

„Herr Harmsen!", rief das Hitler-Bärtchen, als der Sekretär den nunmehr brotlosen Künstler in sein Büro führte. „Was verschafft mir die Ehre Ihres Besuchs? Falls Sie gekommen sind, um mich um eine noch preiswertere Unterkunft im Hause Wilhelmstraße 17 zu bitten, so muss ich Ihnen gleich sagen, dass ich damit nicht dienen kann. Es sei denn, Sie wollten in einem der kalten, dunklen Kellerräume wohnen. Von denen wäre einer noch frei." Das Hitler-Bärtchen schenkte Claas Harmsen, der mit Hut und Mantel vor seinem Schreibtisch stand, ein maliziöses Lächeln. „Vielleicht", meinte er dann, nachdem er den älteren Herrn von Kopf bis Fuß gemustert hatte, „möchten Sie sich ja setzen?"

„Danke, gern", antwortete Claas Harmsen.

„Nun, dann nehmen Sie bitte Platz." Harmsen setzte sich.

„Also, Herr Harmsen", gab sich das Hitler-Bärtchen jovial. „Schießen Sie los. Was haben Sie denn auf dem Herzen?"

„Es geht um Herrn Dr. Blaschek", antwortete der in Vergessenheit geratene Künstler.

„Was ist denn mit Herrn Dr. Blaschek?", erkundigte sich das Hitler-Bärtchen.

„Er kommt häufig betrunken nach Hause, verursacht erheblichen Lärm, stört die Nachbarschaft und ... also, ich fürchte, er geht nicht sehr pfleglich mit der Einrichtung in seiner Wohnung um. Wir wohnen ja direkt über ihm, und da hören wir es oftmals rumpeln und klirren."

„Aha", sagte das Hitler-Bärtchen. „Interessant." Dann stand er auf, umrundete seinen Schreibtisch, blieb direkt neben Harmsen stehen, beugte sich zu ihm hinunter und zischte ihm zu: „Der größte Feind in diesem Land ist und bleibt der Denunziant."

Harmsen blickte das Hitler-Bärtchen mit großen Augen an. „Aber ...", sagte er, doch Kühlstein unterbrach ihn: „Jetzt hören Sie mir mal gut zu, Herr Harmsen. Sie sind weiland zu mir gekommen, weil Sie kein Geld mehr hatten, um Ihre Miete zu bezahlen und deshalb eine günstigere Wohnung brauchten. Gut, ich habe Ihnen eine preiswertere Wohnung gegeben. Und ich habe Ihrem Wunsch entsprochen und die Wohnung vollständig möbliert und komplett mit Hausrat ausgestattet vermietet, weil Sie die – aus meiner Sicht völlig unbegründete – Hoffnung hegen, dass sich Ihre finanzielle Situation in absehbarer Zeit wieder verbessert.

Wie dem auch sei: Es ist mir gelungen, einen solventen Mieter zu finden, der bereit war, auf diese Konditionen einzugehen. Nun mag es sein, dass der Mieter Ihrer früheren Wohnung, also der Herr Dr. Blaschek, seine Schwächen hat. Aber da unterscheidet er sich in nichts von Ihnen, mein hochverehrter Herr Harmsen. Sie haben nämlich auch Schwächen. Und eine Ihrer größten Schwächen, werter Herr, ist diese Jüdin, mit der Sie verheiratet sind. Anstatt diese Eheschließung – egal, wie lange sie her sein mag – als einen Fehler zu erkennen und sich sofort und unverzüglich von dieser Unperson zu trennen, sind Sie bei ihr geblieben. Für dieses rassisch wertlose Geschöpf, diesen Untermenschen, haben Sie Ihren Beruf aufgegeben. Vor allem deshalb sind Sie in Not geraten.

So, und jetzt trauen Sie sich allen Ernstes, zu mir zu kommen, und Herrn Dr. Blaschek zu denunzieren, indem Sie ihn mir als randalierenden Säufer schildern, den man am besten aus dem Haus wirft? Ausgerechnet Sie, ein in Not geratener Judenfreund, der seine Miete nicht mehr zahlen kann? Das wäre fürwahr ein Grund gewesen, Sie und Ihre Juden-Mamsell aus dem Haus zu werfen! Aber das habe ich nicht getan, und das werde ich bei Herrn Dr. Blaschek auch nicht tun – und wenn er noch so viel randaliert. Aber wenn Sie es wagen, noch einmal bei mir aufzutauchen, um jemanden anzuschwärzen, dann, mein lieber Herr Harmsen, werfe ich Sie und ihre Jüdin achtkant aus dem Haus. Darauf können Sie sich verlassen! Und dann können Sie sehen, wo Sie mit Ihrem jüdischen Anhängsel Unterschlupf finden!“

Harmsen schluckte. „Ich ...“, stammelte er.

„Nichts da!“, brüllte das Hitler-Bärtchen. „Verschwinden Sie! Und zwar schnell!“

Harmsen, am ganzen Körper zitternd, erhob sich.

„Pohlmann!“, schrie das Hitler-Bärtchen, und prompt öffnete sich die Bürotür und der Sekretär schaute herein. „Der Herr möchte gehen. Wenn Sie so freundlich wären, ihn zur Tür zu begleiten.“

Der Sekretär deutete eine Verbeugung an. „Aber selbstverständlich.“ Und dann sagte er zu Claas Harmsen: „Bitte, mein Herr, wenn Sie mir folgen wollen.“

Gedemütigt kehrte Claas nach Hause zurück.

„Und?“, fragte Claire. „Hast du etwas erreicht?“

„Nein, rein gar nichts. Ganz im Gegenteil. Kühlstein hat mich als Denunzianten beschimpft. Er glaubt, ich wollte Blaschek bloß schlecht machen.“

„Aber wieso solltest du das denn tun?“, fragte Claire stirnrunzelnd.

Ihr Mann zuckte mit den Schultern. „Ich kann es dir beim besten Willen nicht sagen. Fest steht: Blaschek hat bei Kühlstein Narrenfreiheit. Der kann machen, wozu er Lust hat.“

„Und das müssen wir hinnehmen?“, hakte Claire nach.

„Ich fürchte, ja.“

Claire seufzte.

„Natürlich hat er vor allem dich auf dem Zug“, sagte Claas.

„Mich? Wieso das denn?“, fragte Claire ehrlich überrascht. „Ich habe den Kühlsteins nie etwas getan. Ich war auch immer freundlich zu dem unlängst verstorbenen, alten Herrn Kühlstein und ebenso zu seiner Frau. Sie habe ich sogar einmal auf einen Likör zu uns eingeladen."

„Das ändert nichts an der Tatsache, dass unser Vermieter weiß, dass du eine Jüdin bist, und er Juden nicht leiden kann. Er ist der Meinung, es wäre vernünftig gewesen, mich von dir scheiden zu lassen."

„Das ist ja wohl der Gipfel der Unverschämtheit!", fauchte Claire.

„Das stimmt", bestätigte Claas. „Aber er sitzt potenziell am längeren Hebel und tut außerdem das, was die Regierung von ihm will. Deshalb müssen wir vorsichtig sein. Sehr vorsichtig sogar." Und ich, dachte er bei sich, ich muss mir irgendetwas einfallen lassen, um dich, Claire, mon amour, vor diesen gottverdammten Nazis zu schützen. Wenn mir das nicht gelingt, wird es dir, so fürchte ich, schlecht ergehen. Es fragt sich nur, was ich tun soll oder tun kann ... Er seufzte.

„Was ist?"

Claas schüttelte den Kopf. „Nichts, ma chérie, nichts, ich war nur in Gedanken ..."

Claas und Claire in Paris (1897–1900)

In Gedanken kehrte Claas zurück nach Paris, wo er Claire – diese wunderschöne, anmutige Frau – vor vielen, vielen Jahren kennen- und lieben gelernt hatte. Schon bald nach ihrer ersten Begegnung stand sowohl für Claas als auch für Claire fest, dass sie zusammenbleiben wollten. Beide hatten das Gefühl, ein unverzichtbarer Teil des anderen zu sein. Deshalb entschlossen sie sich, zu heiraten – genau sechs Wochen, nachdem sie sich in der Galerie des berühmten Pariser Kunsthändlers und Verlegers Ambrose Vollard das erste Mal begegnet waren.

Claires Vater, der ursprünglich aus Deutschland stammende, aus geschäftlichen Gründen nach Frankreich verzogene jüdische Kaufmann Salomon Oppenheimer und seine Ehefrau Alice fielen aus allen Wolken, als ihre Tochter ihnen erklärte, dass sie einen deutschen „Universalkünstler" heiraten wolle. Einen Mann, der sowohl male als auch Möbel entwerfe, als Gebrauchsgraphiker tätig sei, Kunstverglasungen entwerfe, mit Keramik und Leder arbeite sowie Buchschmuck kreiere.

*

„Das klingt nach allem und nichts", schimpfte der Vater. „Heute pinselt er auf einer Leinwand herum, morgen hämmert er aus irgendwelchen Brettern eine Sitzbank zusammen! Hauptsache, ein bisschen Geld verdient! Egal womit! Das hat doch mit Kunst nichts zu tun! Der Kerl ist aus meiner Sicht nichts anderes als ein Gelegenheitsarbeiter!"

„Herr Vater ...", warf Claire ein, aber der aufgebrachte Vater ließ sie nicht zu Wort kommen.

„Ich sage dir, mein Kind, warum der Bursche ausgerechnet dich heiraten will: Weil er weiß, dass bei dir etwas zu holen ist! Der pokert auf eine hohe Mitgift, die er dann verprassen kann!" Oppenheimer schnaubte. „Und ausgerechnet du fällst auf so einen herein! Als ob wir dir in der Vergangenheit nicht genügend standesgemäße Kandidaten vorgestellt hätten! Denk mal an den Sohn des Bankiers Jourdain de Rouelle! Ein wirklich feiner und gebildeter junger Mann adeliger

Herkunft, der genügend Geld im Rücken hat und außerdem vor einer glänzenden Karriere steht! Wieso heiratest du nicht ihn?“ Wütend schlug Oppenheimer mit beiden Händen auf die Lehnen des eleganten Sessels, in dem er saß.

„Weil er ein entsetzlicher Langweiler ist“, flüsterte Claire.

„Wie bitte?“, brüllte Oppenheimer. „Wieso ist denn jemand, der den ganzen Tag brav erst seinen Studien und dann einer geregelten und einträglichen Beschäftigung nachgeht, ein Langweiler?“

„Claas ist bunt, der Sohn des Bankiers Jourdain de Rouelle ist schwarz-weiß“, erwiderte Claire mit gesenkter Stimme.

„Oh ja“, schrie Oppenheimer, „ich glaube sehr wohl, dass dieser Claas ein bunter Hund ist. Ein brotloser Künstler, der es sich auf deine – und vor allem auf meine Kosten! – bequem machen will!“

„Du irrst dich“, wagte Claire einzuwerfen.

„Ach ja?“, zeterte der Vater. „Ich irre mich? Worin irre ich mich denn, wenn ich fragen darf?“

„Claas ist kein brotloser Künstler. Er ist vielseitig begabt und setzt sein umfassendes Talent entsprechend ein. Auf diese Weise verdient er sein Geld. Und Ihr dürft mir glauben, Herr Vater und Frau Mutter, Claas ist alles andere als ein brotloser Künstler. Er hat Kunden in Deutschland, in Belgien und in Frankreich. Er braucht Euer Geld nicht. Er kann mir ein angenehmes und auskömmliches Leben bieten.“

„Dass ich nicht lache!“, fauchte der Vater. „Das glaube ich erst, wenn er mir entweder eine Schatztruhe voller Gold und Diamanten präsentiert oder eine Bescheinigung seines Bankiers über ein wohlgefülltes Konto vorgelegt hat, das auf seinen Namen läuft!“

*

Nachdem Claas dem Wunsch seines künftigen Schwiegervaters entsprochen und ihm mit Hilfe eines Schreibens seines Bankiers bewiesen hatte, dass er Claire nicht wegen der zu erwartenden Mitgift heiraten wollte, gab Salomon Oppenheimer der Verbindung seinen Segen. Übermäßig glücklich über Claires Wahl waren zwar weder er noch seine Frau, aber immerhin handelte es sich bei diesem dubiosen „Universalkünstler“ Claas Harmsen zumindest nicht um einen Mann, der außerstande war, den Lebensunterhalt für sich und seine künftige Familie bestreiten zu können.

Am 1. November 1897, einem Montag, heirateten Claire und Claas standesamtlich. Die Zeremonie fand in der Bürgermeisterei statt, die für das Pariser Arrondissement zuständig war, in dem Claire bis zu ihrer Hochzeit zusammen mit ihren Eltern gelebt hatte. Am Tag der Eheschließung schüttete es wie aus Eimern.

*

„Das kommt davon, wenn man einen Goj heiratet“, murmelte Salomon Oppenheimer, während er – sich und seine Frau mit einem großen Schirm vor dem strömenden Regen schützend – zu der wartenden Kutsche schritt.

„Unken Sie nicht, Salomon“, sagte Alice, nachdem ihr Mann und sie in der Kutsche Platz genommen hatten und diese schließlich losgefahren war. „Unken Sie nicht!“

„Ich sagte es Ihnen bereits, liebe Alice“, erklärte Salomon, „ich fürchte, Claas Harmsen ist nicht der richtige Mann für unsere Tochter. Ja, es stimmt, er ist kein armer Mann. Und er ist tatsächlich ein erfolgreicher Künstler und als solcher im Moment international gefragt.“

„Aber?“, erkundigte sich Alice.

„Er ist davon überzeugt, dass das immer so bleibt. Er kann sich nicht vorstellen, dass sich das Blatt eines Tages wendet. Dass der Erfolg ihn verlässt, weil seine Kunst, diese Verbindung aus Kunst, Kunstgewerbe und Gebrauchsgraphik, also das, was er als Universalkunst bezeichnet, irgendwann aus der Mode kommt. Und dann steht er mit leeren Händen da. Und mit leeren Taschen, denn im Geldausgeben ist er ein Meister. Gewiss, im Moment kann er es sich aufgrund seines Erfolgs und seiner internationalen Popularität leisten, aber ich befürchte, dass das nicht so bleibt. Irgendwann wird er in Schwierigkeiten geraten. Spätestens dann, wenn seine Kunst aus der Mode kommt. Und – glauben Sie mir, liebe Alice – das wird der Fall sein. Denn jede Kunstform kommt eines Tages aus der Mode.“

„Dann muss er sich eben umorientieren“, stellte Alice fest. „Sich auf Neues einstellen und einlassen.“

„Dazu müsste er flexibel sein“, meinte Salomon. „Aber gerade das ist er nicht. Gestern Abend, als ich ihn die Ketuba habe unterzeichnen lassen, hatten wir Gelegenheit, ein Weilchen miteinander zu plaudern. Zunächst war er natürlich erstaunt über den Ehevertrag, den ich ihm vorgelegt habe. Er liebe unsere Tochter, hat er erklärt, und er habe doch bewiesen, dass er sie nicht aus finanziellen Gründen heirate. Gewiss, habe ich erwidert, aber eine Ketuba, also ein Ehevertrag, ist traditioneller Bestandteil einer jüdischen Hochzeit. Unsere Tochter entstammt einer jüdischen Familie, und deshalb werden wir als Eltern dafür sorgen, dass unser Kind im Fall einer Scheidung oder dem Tod des Ehemanns nicht mittellos dasteht, sondern über einen festen finanziellen Betrag verfügt, der ihr Eigentum ist und bleibt. Ob geschieden oder verwitwet. Ich habe ihm unmissverständlich klargemacht, dass ich an diesem Ritus festhalte, auch wenn er ein Christ ist. Er hat dann nachgegeben und unterzeichnet, wie Sie wissen, liebe Alice.

Im Zuge dieses Gesprächs kamen wir dann auch auf ihn als Universalkünstler zu sprechen. Er erklärte mir, dass er nicht glaube, dass seine sehr viele Bereiche umfassende Kunstform jemals aus der Mode kommen könne. Er sei sich sicher, dass er aufgrund seiner Vielfältigkeit immer genügend Aufträge und ausreichend Abnehmer für seine Kunstwerke haben werde. Was er auf gar keinen Fall wolle, sei, sich von Leuten kujonieren zu lassen, die – weil sie reich seien – glaubten, ihn in seinem Wirken beeinflussen zu können. Diese Leute, so erklärte er mir, seien zwar extrem wohlhabend und bildeten sich ein, kunstsinnig zu sein, seien es aber in Wahrheit nicht. Sie wollten nur ihre tradierten oder überholten oder langweiligen Vorstellungen von Kunst umgesetzt sehen. Diesen Leuten werde er sich niemals unterordnen. Er wolle frei und unabhängig bleiben, und ganz gewiss werde er niemals irgendwelche historisierenden Wandgemälde anfertigen, nur weil ein Geldsack das von ihm verlange und ihm – um ihn zu ködern – einen Beutel Goldstücke vor die Nase halte."

„Salomon", sagte Alice und legte ihrem Mann begütigend die Hand auf das Knie, „wir sind gleich da. Lassen Sie uns – zumindest heute – nicht weiter über das leidige Thema sprechen, sondern lieber fröhlich und ausgelassen feiern."

„Selbstverständlich", erwiderte Salomon. „Am heutigen Tag wird kein kritisches Wort über meine Lippen kommen, darauf können Sie sich verlassen." Er drückte Alices Hände, dann hielt die Kutsche auch schon, ein Bediensteter öffnete den Wagenschlag, reichte erst Alice und dann Salomon die Hand, um ihnen jeweils beim Aussteigen behilflich zu sein, und dann gingen die beiden – gemessenen Schrittes – in das vornehme Restaurant, in dem die Hochzeitsfeierlichkeit stattfinden sollte.

*

Mit seiner Einschätzung, dass sein Schwiegersohn, der Universalkünstler, zum einen unflexibel, zum anderen etwas zu hochnäsig und zum dritten langfristig auf das falsche künstlerische Pferd gesetzt hatte, sollte Salomon Oppenheimer ins Schwarze treffen. Gleiches galt für die Prognose, dass Claas Harmsen das Geld, das er einnahm, gerne, schnell und nicht eben überlegt wieder ausgab. Falsch lag er hingegen mit der Ansicht, dass der Künstler der falsche Mann für seine Tochter sei.

Das genaue Gegenteil war der Fall. Bei Claas Harmsen handelte es sich – trotz aller Schwächen und Fehler, die er zweifellos aufzuweisen hatte – um den richtigen Mann für Claire. Sogar um den goldrichtigen, denn der Universalkünstler tat alles, damit es ihr gut ging und sie – vor allem nach dem 30. Januar 1933 – nicht in Gefahr geriet. Das alles sollten jedoch weder Salomon noch Alice Oppenheimer erleben, denn beide – die zum Zeitpunkt der Hochzeit von Claire und Claas um die 70 Jahre alt waren – starben im Laufe des ersten Jahrzehnts des neuen, also des 20. Jahrhunderts.

Darmstadt, Künstlerkolonie „Mathildenhöhe" (1900–1911)

Rund zehn Monate nach der Hochzeit kam das erste Kind des Ehepaars Harmsen, die Tochter Margaritta, zur Welt. Zum gleichen Zeitpunkt erhielt die junge Familie Besuch von einem deutschen Großherzog. Der war auf Harmsen aufmerksam geworden, nachdem dieser im Jahr 1898 auf der ersten Kunst- und Kunstgewerbeausstellung vertreten gewesen war, die der Großherzog Ernst Ludwig von Hessen in Darmstadt hatte veranstalten lassen. Die dort von Claas Harmsen präsentierten Werke faszinierten die Ausstellungsbesucher und Kunsthändler ebenso wie den Großherzog, der – in erster Linie zum Zweck der Förderung von Handwerk, Kunst und Kunstgewerbe sowie ganz allgemein der Wirtschaft seines Landes – eine Künstlerkolonie auf einem Gelände etwas außerhalb der Hauptstadt erbauen lassen wollte. Er vertrat die Auffassung, dass Claas Harmsen der absolut richtige Mann sei, um an dem Aufbau der Künstlerkolonie mitzuwirken. Nachdem er herausgefunden hatte, dass der begnadete Künstler in Paris lebte, war er sofort dorthin gefahren, hatte Claas Harmsen in seiner Wohnung aufgesucht und sich bemüht, ihn von seiner Idee zu überzeugen.

*

„Hören Sie, Herr Harmsen", sagte der Großherzog – übrigens ein durchaus attraktiver und sehr charmanter Mann, wie Claire fand, die bei der Unterredung ebenfalls zugegen war. „Sie sind ein wunderbarer Künstler. Ein unendlich kreativer Kopf. So einen brauchen wir bei uns. Schauen Sie, hier, in Paris, dieser zwar wunderschönen, aber auch extrem teuren Stadt können Sie sich nicht mehr leisten als ein kleines Atelier und diese bescheidene Drei-Zimmer-Wohnung, die Ihnen – wenn Ihre Familie noch wachsen sollte – bald viel zu klein sein wird. Außerdem ist hier schon alles mit Ihren Kunstwerken vollgestellt. Es gibt keinen Platz mehr, um weitere Arbeiten von Ihnen aufzustellen. Aber bei uns sieht das ganz anders aus. Bei uns werden Sie mit Ihrer

Familie in einem geräumigen Haus leben, das Sie – nach Ihren Wünschen und Vorstellungen – einrichten und ausstatten können."

„Verzeihen Sie, Eure Hoheit", unterbrach Claas, „habe ich das richtig verstanden? Sie wollen meiner Familie und mir ein Haus zur Verfügung stellen?"

„Nun ja, lassen Sie es mich so formulieren, Herr Harmsen: Wir stellen Ihnen – zu wirklich günstigen Konditionen, darauf können Sie sich verlassen – ein Grundstück auf dem Gelände zur Verfügung, das die Künstlerkolonie fortan beherbergen soll. Weiterhin erhalten Sie günstige Kredite, damit Sie sich auf dem von Ihnen erworbenen Grundstück ein Haus errichten lassen können, dass sowohl architektonisch als auch von der Innenausstattung her voll und ganz Ihren Wünschen entspricht.

Es kann ein rundes Haus sein, ein rechteckiges oder ein viereckiges. Es kann ein Spitz-, ein Walm- oder ein Flachdach haben. Es kann aus Holz, Ziegeln oder Sandstein bestehen. Ganz wie Sie wollen. Sobald das Haus errichtet ist, gestalten Sie die Inneneinrichtung. Von der Treppe über die Geländer bis hin zum Mobiliar, die Tapeten, die Bilder, die Vasen, das Service und so weiter. An Ihnen liegt es auch, wie die sanitären Einrichtungen gestaltet sind und wie Sie das Haus beheizen, ob mit Kaminen, Öfen oder zentral. Wichtig ist, das Haus als Gesamtkunstwerk zu präsentieren."

„Eure Hoheit wünschen demnach, dass sowohl dem Bewohner als auch dem Betrachter – also dem Besucher – des Hauses auf den ersten Blick klar wird, dass es eine enge Verbindung zwischen Kunst, Kunstgewerbe und Handwerk gibt, in diesem Fall dargestellt am Beispiel eines Hauses und seiner Einrichtung?"

Der Großherzog nickte vergnügt. „Herr Harmsen, Sie nehmen mir das Wort aus dem Mund!"

„Eure Hoheit – das ist genau das, was ich mit meiner Kunst zeigen möchte. Kunst ist mehr als ein Ölgemälde an der Wand im Wohnzimmer. Kunst ist Leben. Der Mensch lebt in und mit der Kunst!", rief Claas aus.

„Das ist mir bekannt“, erwiderte der Großherzog. „Eben deshalb habe ich keine Kosten und Mühen gescheut, um Sie persönlich aufzusuchen und für das Vorhaben zu gewinnen.“

„Eure Hoheit, Sie haben mich gewonnen! Ich bin dabei!“

„Ich danke Ihnen, Herr Harmsen! Ich danke Ihnen sehr!“ Ehrlich begeistert ergriff der Großherzog Claas’ Hände und schüttelte sie herzlich.

*

Dann ließ er den Künstler und seine Gattin wissen, dass sein Sekretär sie über sämtliche Rechte und Pflichten in Kenntnis setzen würde, die mit der Annahme des großherzoglichen Angebots verbunden waren. Dazu gehörte die Verleihung des Professorentitels – ohne die üblicherweise damit einhergehende Verpflichtung zur Unterrichtung mehr oder weniger begabter Schüler –, der Bezug einer jährlichen Apanage in Höhe von 3.600 Mark auf drei Jahre, Ankauf des Grundstücks sowie Errichtung und Einrichtung des Hauses binnen eines Jahres, Teilnahme an der von April und bis Oktober 1901 stattfindenden Ausstellung „Kunst und Handwerk“, die dazu dienen sollte, das ebenso ehrgeizige wie anspruchsvolle Projekt des Großherzogs Besuchern aus aller Welt vorzustellen.

Konkret hieß das: Nachdem die Künstler und Handwerker ihre Häuser fertiggestellt hatten, durften sie diese bis zum Ende der Ausstellung weder nutzen noch bewohnen. Bis Oktober 1901 waren sie ausschließlich den Ausstellungsbesuchern vorbehalten, die die jeweiligen Gebäude vom Keller bis zum Dachgeschoss nach Herzenslust erkunden durften. Der Großherzog sowie die beteiligten Handwerker und Künstler gingen davon aus, dass die Ausstellung ein großer Erfolg werden, den Ruhm der Beteiligten mehren und ihnen weitere, außerordentlich lukrative Aufträge aus dem In- und Ausland einbringen würde.

Davon überzeugt war selbstverständlich auch der Universalkünstler Claas Harmsen. Aber ihm ging es bei der Teilnahme an dem Vorhaben nicht nur um Geld und Ehre, sondern auch um die Erfüllung seines künstlerischen Traums, nämlich dem von der Akzeptanz der engen Verbindung zwischen Kunst, Kunstgewerbe und Handwerk. In erster Linie deshalb war er bereit, Frau und Tochter vorerst in Paris – in der Obhut der Familie Oppenheimer – zurückzulassen, um die nächsten eineinhalb Jahre in der Hauptstadt des Großherzogtums in einem provisorisch hergerichteten Atelier mehr zu hausen als zu wohnen und vom Morgengrauen bis Mitternacht an dem Projekt zu arbeiten.

So entstand, in enger Kooperation mit dem Architekten Ludwig Schwalm, der für die Gestaltung und Konstruktion der Außenmauern und des Walmdachs verantwortlich zeichnete, für das sich Claas letztlich entschieden hatte, das zweigeschossige „Gelbe Haus“, so genannt nach der grellgelben Farbe des Putzes. Der Aufgang zur Haustür und die asymmetrisch gestalteten Fenster waren knallrot umrandet, sodass sie dem Betrachter sofort ins Auge fielen und ihn daran erinnerten, dass ein Haus nicht einfach nur als ummauerter Raum verstanden werden durfte, sondern als ein Konstrukt, das dem Bewohner zwar Unterschlupf bot, ihn aber keineswegs von der Außenwelt abschottete. Über die Fenster und Türen stellten die Bewohner den Kontakt zur Außenwelt her – und natürlich umgekehrt. Deshalb musste man diese Öffnungen unbedingt sofort sehen. Und welche Farbe wäre dafür besser geeignet gewesen als ein kräftiger Rotton, der sich eindrucksvoll vom Gelb der Fassade abhob? Das Walmdach hingegen erstrahlte in schreiendem Grün, das die Natur und das Grün des Gartens symbolisieren sollte, die das „Gelbe Haus“ umgab. Abgesehen davon waren Teile der Fassade mit allerlei floralen Motiven und der Erker mit tanzenden Figuren versehen, die das Leben als solches verkörpern sollten: das Leben im Haus und um das Haus herum.

Als die Ausstellung Ende Oktober 1901 schließlich vorüber war und die Häuser ab sofort den Künstlern und ihren Familien zur Verfügung standen, reisten Claire und Margaritta – begleitet von Alice und Salomon – in die großherzogliche Hauptstadt. Alle waren neugierig auf das Ergebnis von Claas’ Arbeit.

„Das darf ja wohl nicht wahr sein!“, entfuhr es Salomon Oppenheimer, als er aus der Droschke stieg, die ihn und seine Familie vom Bahnhof zur Künstlerkolonie gebracht hatte.

„Das ist ja wunderbar!“, jubilierte Claire, die ihrem Vater – mit Töchterchen Margaritta auf dem Arm – nach draußen gefolgt war. „So eine Farbenpracht! So fröhlich und so freundlich! Und so einladend! Sehen Sie nur, Maman!“

Salomon, der seiner Frau galant die Hand reichte, um ihr beim Aussteigen aus der Kutsche zu helfen, schüttelte den Kopf, als sie ihn – ob seiner kritischen Reaktion, im Gegensatz zu der hoch erfreuten der Tochter – verwundert ansah. Als dann ihr Blick auf das „Gelbe Haus“ fiel, entschlüpfte ihr ein wenig begeistertes „Oh!“.

In dem Moment, in dem die Droschke vorgefahren war, hatte sich Claas die beiden Rosensträuße geschnappt, die er für seine Frau und seine Schwiegermutter vorbereitet hatte, und war hinaus auf die Straße geeilt, um die Ankömmlinge zu begrüßen.

„Frau Alice! Herr Salomon! Und meine viel geliebte, zutiefst vermisste Claire! Seid auf das Herzlichste willkommen!“ Er überreichte den beiden Damen die Blumen und wollte sich dann dem Töchterchen widmen, das Claire noch immer im Arm hielt, aber statt ihm in die Arme zu fliegen, drehte das kleine Mädchen abrupt den Kopf weg, presste ihren schmalen Körper ganz fest an den ihrer Mutter und weigerte sich, den für sie völlig fremden Mann auch nur anzusehen.

„Margaritta, mein Schatz“, sagte er und streichelte ihr über den Rücken, aber das führte lediglich dazu, dass das Mädchen jetzt auch noch zu weinen begann.

„Ist ja gut, ist ja gut“, meinte Claas beschwichtigend. „Kommt, lasst uns erst einmal eintreten. Und dann: Schaut es euch an, unser ‚Gelbes Haus‘! Es hat alles, was das Herz begehrt: genügend Platz, Zentralheizung, Strom, ein Badezimmer mit Wanne, Handwaschbecken sowie Wasserklosett – und sogar einen Telefonanschluss! Luxus pur!“

Während der Kutscher sich um das Gepäck kümmerte, führte Claas seine Familie durch das Haus. Stolz wies er – zum wiederholten Male – daraufhin, dass er sämtliche Möbel selbst gestaltet, sämtlichen Wandschmuck, ganz gleich, ob Gemälde oder Wand- und Deckenmalereien, persönlich angefertigt und außerdem alles Geschirr, Besteck und sogar die Gläser selbst entworfen hatte. Claire war ehrlich begeistert und unendlich stolz auf ihren Claas. Was für ein wunderbares Haus! So einmalig! So individuell! So persönlich! Ganz besonders angetan war sie von Margarittas künftigem Kinderzimmer, dessen Mobiliar aus einem zierlichen Schrank, kindgerechten Stühlchen, einem Tischchen und einem Kinderbettchen – alles ganz in Weiß gehalten – bestand.

Alice und Salomon hingegen fanden nicht nur die Farbgebung des Hauses entsetzlich, sondern auch die Inneneinrichtung. Die mit dunklem Holz getäfelten Wände, die grobschlächtigen Türen, die derben Schränke und Kommoden, die - aus ihrer Sicht - völlig unpassende, inhaltsfreie Wand- und Deckenbemalung sowie die plumpen Treppenstufen, die in die verschiedenen Stockwerke führten, erinnerte die beiden nicht an ein Künstlerhaus in einer Künstlerkolonie, sondern eher an eine Kutscherschänke auf dem Lande. Und zwar dort, wo sich Fuchs und Hase Gute Nacht sagten.

„Immerhin gibt es ein ganz hübsches Badezimmer und eine Zentralheizung", wisperte Alice. „Das ist wirklich sehr komfortabel und sehr fortschrittlich."

„Das gilt auch für Strom und Telefon", entgegnete Salomon leise. „Aber davon abgesehen ist diese Behausung aus meiner Sicht völlig inakzeptabel. Hier möchte ich auf keinen Fall wohnen."

„Ich auch nicht", bestätigte Alice. „Glauben Sie, Salomon, dass Claire hier glücklich werden kann?"

„Sie scheint ehrlich begeistert", erwiderte Salomon. „Ich vermute, sie findet alles wundervoll, was ihr Universalkünstler macht und tut.

Was er anfasst, wird in ihren Augen zu Gold. Und wenn es in Wahrheit noch so geschmacklos ist."

*

Was weder Alice noch Salomon wussten: Das „Gelbe Haus" hatte während der Ausstellung „Kunst und Handwerk" keineswegs nur Bewunderung geerntet. Natürlich zeigten sich viele Besucher begeistert vom „Gelben Haus", weil es tatsächlich eine – mehr oder weniger – gelungene Kombination aus Kunst und Handwerk darstellte. Andere aber – unter ihnen auch einflussreiche Kunstkenner, Mäzene, Galeristen und angesehene Vertreter des Handwerks – kritisierten das „Gelbe Haus", und zwar aus ähnlichen Gründen wie die Oppenheimers. Es war ihnen zu bunt und zu wenig stilvoll, dafür aber – was die technische Ausgestaltung anging – nahezu pompös. Das schicke Badezimmer, die Zentralheizung sowie Strom im ganzen Haus und noch dazu ein Telefon, das konnte sich kaum jemand leisten. Aber Harmsen und seine Kollegen konnten es. Und zwar deshalb, weil ihre Projekte von der großherzoglichen Staatskasse großzügig gefördert worden waren. Die Künstler bezogen eine nicht eben geringe Apanage, die sie jedoch zu nichts verpflichtete, außer sich um die Errichtung und die Ausgestaltung ihres jeweiligen Hauses zu kümmern.

Da zweifellos die allermeisten Bauherrn – von einigen sehr wohlhabenden Ausnahmen einmal abgesehen – nicht über ein solches Privileg verfügten, führte das zu einer bald vielerorts geführten Diskussion über Sinn und Zweck der großherzoglichen Maßnahme. Hätte das Geld nicht in andere, gesellschaftlich wichtigere Projekte gesteckt werden können als in von Künstlern gestaltete und – nach dem Ende der offiziellen Ausstellungszeit – von ihnen und ihren Familien bewohnte Gebäude?

Weder der Staat noch die einzelnen Bürger des Großherzogtums hatten nach dem Ende der Ausstellung im November 1901 auch nur einen ansatzweisen Nutzen von dieser mit öffentlichen Geldern finanzierten Baumaßnahme, wenn man davon absah, dass der neu gestaltete

Stadtteil den Bürgern natürlich zum Zweck des Flanierens und Bewunderns der neuen Straßen, Gärten und Häuser zur Verfügung stand.

Eine Zeit lang verteidigte der Großherzog sein einstiges Vorzeige- und Lieblingsprojekt. Es habe einen enormen Besucherstrom gegeben, erklärte er. Es seien Menschen aus ganz Deutschland und weiten Teilen Europas nach Darmstadt gekommen, um die Künstlerkolonie zu besuchen und zu besichtigen. Das habe sich positiv auf die Besucherzahlen ausgewirkt. Die Fremdenlisten seien in den Ausstellungsmonaten lang und länger geworden. Man habe – beinahe weltweit – auf das Großherzogtum geschaut. Das sei für das Land eine Werbemaßnahme ohnegleichen gewesen.

Doch irgendwann begriff auch der Großherzog, dass es den Kritikern darum nicht ging. Sie hatten die Künstlerprivilegien im Auge, die ihnen überzogen erschienen. Und so blieb dem Landesvater irgendwann nichts anderes übrig, als zurückzurudern. Daraufhin ordnete er zunächst die Streichung der bedingungslosen Künstler-Apanage an. Sodann verlangte er, dass die Kunstschaffenden als Dank für die ihnen gewährten Privilegien rund um das Wohnen in der Kolonie eine Gegenleistung zu erbringen hatten, und zwar in Form der Abhaltung von Mal-, Werk- oder Zeichenkursen. Des Weiteren mussten die Künstler fortan Rechenschaft ablegen über die von ihnen eingenommenen Honorare.

*

Als Claas eines Tages erfuhr, was der Großherzog plante, platzte ihm der Kragen.

„Dieser Kobold“, wütete er, „glaubt doch wohl nicht ernsthaft, dass ich mein geliebtes, buntes Paris verlassen habe, um hier, in dieser Möchtegern-Hauptstadt, die in Wahrheit nichts anderes ist als ein heruntergekommenes, restlos piefiges Kleinstadtnest, desinteressierte und untalentierte Schüler in Malen, Basteln und Werken zu unterrichten!“

„Claas!“ Claire, inzwischen mit dem zweiten Kind schwanger, legte ihrem Mann beruhigend eine Hand aufs Knie. „Du hast gehofft, dass dir der Großherzog die Erfüllung deines Lebenstraums ermöglicht: Kunst, Kunstgewerbe und Handwerk zu einem Gesamtkunstwerk zu verbinden und dabei mit anderen Künstlern sowohl eng zusammenzuarbeiten als auch sich konstruktiv und regelmäßig mit ihnen auszutauschen. Und anfangs sah es doch tatsächlich so aus, als würde dieser Wunsch in Erfüllung gehen.“

Claas schnaubte. „Tja, und jetzt ist es damit aus und vorbei. Der bourgeoise Kleingeist hat gesiegt.“ Claas schenkte sich ein großes Glas Wein ein und trank es in einem Zug aus. „Aber“, sagte er, während er sich mit dem Handrücken den Mund abwischte, „wenn dieser Popanz, dieser Épouvantail“, dieses Wort spuckte er förmlich aus, „sich einbildet, dass ich mich ihm unterwerfe, dann hat er sich geschnitten! Dann trete ich aus dieser ... dieser armseligen Kolonie aus! Schluss, aus, Ende!“

Er schlug mit der Faust so fest auf den Tisch, dass das Weinglas, aus dem er eben noch getrunken hatte, zu Boden fiel und zerbarst. Was schade war, weil es sich um eines der edlen Stücke handelte, die er selbst kreiert hatte.

„Claas“, warf Claire ein, „weißt du denn, ob das überhaupt geht? Ich meine, wir haben es so schön hier. Und du hast dir so unendlich viel Mühe vor allem mit der Inneneinrichtung gegeben. Da wäre es doch schade, wenn wir das alles aufgeben und ausziehen müssten. Insbesondere im Moment.“ Sie strich sich mit der Hand über ihren gewölbten Bauch.

„Wir werden sehen“, sagte Claas.

Nachdem Claire zunächst Margaritta ins Bett gebracht und sich kurze Zeit später selbst schlafen gelegt hatte, weil sie sich ein wenig unwohl fühlte, holte er einen einer Seerose nachempfundenen Cognac-Schwenker aus dem Schrank, setzte sich mit einer frisch geöffneten Flasche Hennessy an den Küchentisch, und fragte sich, ob es nicht ein gravierender Fehler gewesen war, sein geliebtes Paris gegen die großherzogliche Hauptstadt einzutauschen.

Ich fürchte, dachte er, ich war schrecklich naiv, als ich das Angebot des Großherzogs für bare Münze genommen und akzeptiert habe! Die Hoffnung, dank der Protektion des Großherzogs in dessen Heimatstadt ein Künstlerdasein nach meinen Vorstellungen führen zu können, hat mich vollkommen blind gemacht. Schon immer habe ich unkomplizierten Austausch sowie rege und möglichst konstante Kooperation mit den anderen Künstlern geschätzt, um nicht zu sagen: geliebt. Und genau das sollte in der Künstlerkolonie, die der Großherzog schaffen wollte, problemlos möglich sein, weil es nämlich ein großes Atelierhaus gab, das der Großherzog extra auf dem Gelände hatte errichten lassen. Darin waren die Ateliers der Künstler untergebracht.

Wir sollten alle unter einem Dach arbeiten, miteinander kommunizieren, einander inspirieren und voneinander lernen! Ach, wie wunderbar, wie verlockend, wie unwiderstehlich klang dieses Versprechen in meinen Ohren! Zumal weder ich noch meine Kollegen irgendwelche Verpflichtungen gegenüber dem großherzoglichen Staat oder dem Großherzog selbst haben sollten. Wir mussten nichts anderes tun, als kreativ zu sein, an der Ausstellung „Kunst und Handwerk“ teilzunehmen sowie unsere großzügige Apanage als Honorar für unsere erbrachten Leistungen entgegenzunehmen.

Hinzu kam ja noch die Ankündigung, dass wir auf dem Gelände der künftigen Künstlerkolonie Bauland zu äußerst günstigen Konditionen erwerben konnten, um dort unsere Häuser zu errichten, die den Ausstellungsbesuchern dann beweisen sollten, wie eng Kunst, Kunstgewerbe und Handwerk miteinander verbunden sind. Damit wollte der Großherzog zum einen für das Handwerk im Großherzogtum werben und zum anderen dafür sorgen, dass wir Künstler und unser Schaffen als unverzichtbar für das alltägliche Leben wahrgenommen werden. Das sollte uns und den großherzoglichen Handwerksbetrieben wirtschaftlichen Aufschwung bescheren. Deshalb durften wir – ja, wir sollten sogar! – modernste technische Errungenschaften wie

Badezimmer, Zentralheizung oder Telefonanschlüsse in unseren Häusern einbauen lassen. Gewiss, billig war das nicht, aber es sollte den Besuchern zeigen, was in modernen Zeiten alles möglich ist, und sie natürlich dazu verführen, es uns gleichzutun und sich daheim ein bisschen mehr Komfort zu gönnen.

Und soweit er wusste, hatten die im Großherzogtum ansässigen Handwerksbetriebe seit der Ausstellung tatsächlich viele neue Aufträge erhalten. Er selbst konnte ebenfalls nicht klagen. Auch er war gefragter denn je. Nicht, dass es ihm vor seiner Teilnahme an der Ausstellung an Arbeit und Erfolg gemangelt hätte – aber seither sprudelten die Aufträge nur so herein.

Daran hatte auch die Kritik nichts geändert, die über ihn, die Ausstellung an sich und nicht zuletzt den Großherzog hereingebrochen war. Ihm persönlich konnte die Meinung der Nörgler und Neider, die sich zu Wort gemeldet hatten, gleichgültig sein. Was kümmerte es ihn, wenn irgendwelchen fantasielosen Dummköpfen die Farbgebung des „Gelben Hauses" nicht gefiel? Das waren dieselben, die sich niemals eines der wundervollen, farbenprächtigen Bilder Vincent van Goghs an die Wand hängen würden. Das waren Menschen, die gar nicht verstanden, was Farbe bedeutete, und welche Ideen, welche Assoziationen damit verbunden waren. Diese Ignoranten verachtete er zutiefst.

Und dann gab es noch die, die ihm vorgeworfen hatten, die Inneneinrichtung des „Gelben Hauses" sei – vor allem in Bezug auf die verwendeten Materialien und natürlich die Technik – viel zu extravagant und viel zu luxuriös. Er, Claas Harmsen, so hatte sich einer der Miesmacher geäußert, sei in Wirklichkeit doch nichts weiter als ein armseliger Pinseler, der sich im wahren Leben bestenfalls eine mit Kerzen illuminierte und eine von einem schäbigen Ofen beheizte Keller-Wohnung mit Kofferklo leisten könne. Den Luxus, über den er in seinem Haus in der Künstlerkolonie verfüge, verdanke er einzig und allein der Großzügigkeit des großherzoglichen Staates, den er nach bestem Wissen und Gewissen ausplündere.

Diese Behauptung hatte Claas nicht nur tief getroffen, sondern auch fuchsteufelswild gemacht. Was glaubten diese Kleingeister eigentlich, wen sie vor sich hatten? Einen, der wie Spitzwegs „Armer Poet“, halb verhungert mit einem Schirm in der Hand unter einem kaputten Dach kauerte? Nein, oh nein, so einer war er nicht! Claas Harmsen hatte sich längst vor seinem Wirken im Großherzogtum einen Namen gemacht. Selbst sein mehr als skeptischer Schwiegervater hatte eingestehen müssen, dass sein Schwiegersohn kein armer Tropf war, sondern ein international bekannter und anerkannter Universalkünstler, der es weiß Gott nicht nötig hatte, um eine Apanage zu betteln oder gar um die anderen Zuwendungen, die der Großherzog ihm – und seinen Künstlerkollegen – hatte angedeihen lassen.

Regelrecht aufgedrängt worden waren sie ihm, wie auch dieser alberne Professorentitel, der allerdings – das musste er zugeben – Claire sehr gut gefiel, denn fortan wurde sie überall mit Frau Professor angesprochen. Dem Großherzog waren alle Mittel recht gewesen, um ihn in seine Hauptstadt zu locken.

Nicht Claas war seinerzeit der Bittsteller gewesen, sondern der Großherzog! Aber schon beim ersten Anflug von Kritik ließ der ihn und seine Kollegen fallen wie eine heiße Kartoffel! Gott, wie er diesen Kerl deswegen verachtete! Ach was, verachtete – hasste! Jawohl, er hasste ihn regelrecht. Der ganze Unrat, der über ihm ausgeschüttet worden war, das verdankte er doch alles diesem Schwächling von Großherzog, der vor irgendwelchen dahergelaufenen Meckerbolzen einknickte, anstatt seine Ideen und Ziele konsequent zu vertreten und sich damit schützend vor die Künstler zu stellen, die er angeworben hatte.

Claas seufzte, schenkte sich noch einmal großzügig nach, um das Seerosenglas sodann auf einen Zug zu leeren. Wenn du so weitersäufst, dachte er, und starrte auf die inzwischen zu Dreivierteln geleerte Cognac-Flasche, die er nach der zuvor geleerten Weinflasche in Angriff genommen hatte, endest du wie Toulouse-Lautrec ... im Delirium tremens, was nun wirklich nicht erstrebenswert war ... Und dann kehrte er in Gedanken einmal mehr nach Paris zurück ... Paris ... sein Paris ... das er nie hätte verlassen sollen ... und schon gar nicht für dieses ... dieses fürchterlich petit-bourgeoise Provinznest ... Wie rücksichtslos er gewesen war, wie egoistisch ... Er hatte nur an sich gedacht, als er auf den Vorschlag des Großherzogs eingegangen war, und keinen Gedanken daran verschwendet, dass er Claire mit seinem einsam gefassten Entschluss aus ihrer vertrauten Umgebung reißen würde.

Gewiss, sie war gebürtige Deutsche, aber an Deutschland hatte sie keine Erinnerung mehr. Als Kleinkind war sie nach Paris gekommen und dort groß geworden. Sie kannte nichts anderes als die französische Lebensart. Frankreich – und ganz besonders Paris – war ihre Heimat, ihr Zuhause. Glücklicherweise sprach sie, dank ihrer Eltern, außer Französisch auch fließend und akzentfrei Deutsch. Sonst wäre sie nicht nur in der großherzoglichen Hauptstadt, sondern auch in der Künstlerkolonie mehr oder weniger isoliert gewesen ... Dann hätte sie nur ihn gehabt, ihren Mann, und natürlich Margaritta, ihr Töchterchen ... aber die war ja auch entwurzelt, wenn man es so wollte. Die Kleine war eine Parisienne, also eine gebürtige Pariserin. Und jetzt musste sie hier leben, in der schrecklich hässlichen Hauptstadt des Großherzogtums, ohne ihre geliebten Großeltern und ihre ehedem vertraute Umgebung ...

L'Association des Huits Artistes de l'Art Nouveau à Paris (Ende des 19. Jahrhunderts)

Claas schlug die Hände über dem Kopf zusammen und begann, hemmungslos zu weinen, weil er so schrecklich verzweifelt, so unglücklich und unzufrieden mit sich selbst war. Und dann fiel ihm ein, was ihm Toulouse-Lautrec, sein kleinwüchsiger Maler-Freund, einmal erzählt hatte, als sie – gemeinsam mit dem schwindsüchtigen Illustrator und Karikaturisten Beardsley – in der legendären Kneipe „Au Lapin Agile" am Montmartre gesessen und bis zum Umfallen „Fée Verte", also Absinth, getrunken hatten.

„Könnt ...", lallte Toulouse-Lautrec, „könnt ihr euch noch an diesen ... diesen van Gogh erinnern?"

Beardsley schüttelte den Kopf. „Nee, wer soll das sein?"

„Also, den kenne ich", erklärte Claas. „Nicht persönlich. Das nicht. Aber ich habe seine Bilder in Siegfried Bings L'Art Nouveau-Galerie gesehen. Ich erinnere mich vor allem an die diversen Sonnenblumen-Bilder."

„Nie gehört", presste Beardsley zwischen zwei Hustenanfällen hervor.

„Den ... den van ... äh ... Dingsda ... also van Gogh .... Also, den hab' ich mal gemalt. Der hat ... hat auch immer Grüne Fee getrunken ... Deshalb hab' ich ihn ... mit einem ganz großen Absinth-Glas vor der Nase ... gemalt ... Herr Wirt!! Monsieur! Noch eine Fée Verte, wenn's recht ist!"

„Aha", sagte Beardsley, während er sich mit einem überdimensionalen Taschentuch den Mund abwischte. Er hatte mal wieder Blut gehustet. Das war kein gutes Zeichen. Gar kein gutes. Er seufzte. „Also, was ist denn jetzt mit diesem van Gogh, oder wie der heißt? Mal abgesehen davon, dass er ebenfalls ein Freund des Absinths war."

„Ja, der van Gogh ... also ... der hat ... ganz viele ... du hast es gesagt, Claas, Sonnen ... Sonnenblumenbilder gemalt. Für den ... den Gauguin

... seinen Malerkumpel. Die wollten ... also die wollten sich ... gegenseitig befruchten ... also, nicht so, wie ihr jetzt denkt ... nee, künstlerisch war das gemeint ... die ... nun, die wollten zusammen in einem Atelier arbeiten ... Und als der ... also der Gauguin beim van Gogh ... eingetroffen ... eingetroffen ist, wollte der van Gogh den Gauguin mit Blumen ... Blumen empfangen. Weil er aber keine Lust hatte, echte zu ... zu pflücken und kein Geld ... um welche zu kaufen ... hat er jede Menge Sonnenblumenbilder gemalt ... und dem Gauguin ins Zimmer gestellt."

„Aha", sagte Claas. „Das ist ja interessant!"

„Dem Wirt hier ...", lallte Toulouse-Lautrec und warf dem Mann hinter der Theke einen bösen Blick zu, „dem kann man ja im Gehen die Schuhe besohlen! Wo bleibt mein Absinth?" Um seiner Forderung Nachdruck zu verleihen, schlug er mit der Faust auf den Tisch. „Ich ... ich warte schon seit Stunden ... bin schon ganz ... ganz ausgetrocknet!"

„Bin schon da, Monsieur", sagte der Wirt und servierte Toulouse-Lautrec einen weiteren Absinth. Wahrscheinlich den zehnten oder elften. Das wusste, außer dem Wirt, der eine Strichliste führte, niemand so genau – schon gar nicht Toulouse-Lautrec.

„Ja, also ... also ... ich trink' jetzt erst mal ein Schlückchen", sagte Toulouse-Lautrec, setzte das Glas an und trank es bis zur Hälfte leer. „Also, die Sache zwischen dem van Gogh und dem Gauguin ... das lief ... schlecht." Toulouse-Lautrec räusperte sich.

„Inwiefern?", erkundigte sich Beardsley.

„Sie stritten sich. Immer und immer wieder ... schlimm ... und irgendwann ... irgendwann ... da war ... war der van Gogh so ... so frustriert .... da ... da hat ... er sich ein Messer geschnappt ... erst dem Gauguin damit vor der Nase herumgewedelt ... und dann ... dann hat er sich das halbe Ohr ... Ohr abgeschnitten ... Vielleicht hat ihm auch der Gauguin das Ohr abgeschnitten, wer weiß. Is' ja auch ... egal. Jedenfalls hat der van Gogh ... geblutet wie'n Schwein ... Und mit dem blutverschmierten Kopf und der besudelten Kleidung ist er dann ... also, dann ist er zu dem Puff ... also, dem Puff gegangen, in dem er Stammgast war ... und hat das halbe ... Ohr ... seiner Lieblingsnutte in die Hand ... gedrückt. Total verrückte Geschichte", sagte Toulouse-Lautrec. „Total verrückt." Und dann schrie er: „Noch eine Fée Verte!" in Richtung Wirt.

Ja, das war wirklich eine verrückte Geschichte, dachte Claas. Van Gogh war einige Zeit nach dem Verlust seines Ohrs unter nie geklärten Umständen gestorben. Auch Henri de Toulouse-Lautrec war nicht mehr am Leben. Er hatte sich zu Tode gesoffen, wenngleich seine Familie hartnäckig behauptete, dass er an den Folgen eines Lähmungsanfalls verstorben sei – was immer das sein mochte. So stand es jedenfalls in dem Brief, den er kürzlich von Toulouse-Lautrecs Mutter erhalten hatte, die dabei gewesen war, als Henri, der begnadete Säufer, Maler und Grafiker, sein noch recht junges Leben ausgehaucht hatte. Auch Aubrey Beardsley weilte nicht mehr unter den Lebenden. Er war von der Schwindsucht dahingerafft worden. Und die anderen Künstlerkollegen, mit denen er in Paris regelmäßig in Kontakt gestanden hatte, wie zum Beispiel René Lalique, Alphonse Mucha, Eugène Grasset oder Jules Chéret? Soweit Claas wusste, beschäftigte sich Lalique mit der Herstellung von Schmuckstücken und Theaterkulissen, wenn er nicht gerade mit irgendwelchen Frauen irgendwelche Kinder zeugte. Mucha war zu einem international bekannten und sehr gefragten Plakatkünstler und Illustrator avanciert, der die wenigen freien Minuten, die ihm nach der Arbeit blieben, in den Dienst der Freimaurer-Loge stellte, der er seit Kurzem angehörte. Grasset entwarf Möbel und gestaltete Hausfassaden. Daneben unterrichtete er seit Jahren an mehreren Pariser Kunstakademien. Und Chéret hatte sich zu einem sehr erfolgreichen und ausgesprochen wohlhabenden Grafiker und Lithografen entwickelt, der auf nahezu jeder Weltausstellung vertreten war und haufenweise Preise und Ehrungen einheimste. Wenn Claas es sich also recht überlegte, war von der Pariser Künstlergruppe, der er damals angehört hatte, nicht mehr viel übrig. Drei der Mitglieder waren tot, die vier anderen mit sich, ihrer künstlerischen Karriere und ihrem wirtschaftlichen Erfolg beschäftigt.

Das Pariser Künstlerdasein, das er einst gekannt hatte, gab es folglich nicht mehr. Selbst wenn er sich jetzt entscheiden sollte, nach Paris zurückzugehen, war das nicht gleichbedeutend mit einer Rückkehr in sein altes Leben. Nichts würde mehr so sein wie früher, denn die „L'Association des Huit Artistes de L'Art Nouveau" gab es nicht mehr. Sie war – ein für alle Mal – Geschichte.

Claas erklärt dem Großherzog den Krieg (um 1911)

Nach diesem Eingeständnis entschied sich Claas gegen eine Rückkehr nach Paris und für einen Verbleib im Großherzogtum. Nicht etwa wegen des Landes und erst recht nicht wegen seiner Hauptstadt, sondern vor allem deshalb, weil er das „Gelbe Haus" behalten wollte. Es war sein Haus. Er hatte es gekauft, gebaut und innen wie außen gestaltet und deshalb auch nicht ansatzweise die Absicht, es sich von diesem Großherzog und seinen piefigen Vasallen abnehmen zu lassen. Oh nein, er würde um dieses Haus kämpfen, und zwar mit allen ihm zur Verfügung stehenden Mitteln! Von diesem – wieder einmal einsam gefällten – Entschluss setzte er am nächsten Morgen Claire in Kenntnis. Die erklärte sich einverstanden. Der Großherzog und seine Beamten hingegen waren mit Claas' Ankündigung, mit sofortiger Wirkung als Kunstschaffender aus der Künstlerkolonie austreten zu wollen, ohne deshalb seinen Wohnsitz auf der Mathildenhöhe aufzugeben, keineswegs einverstanden. Stattdessen setzte der großherzogliche Regierungsapparat sofort alle Hebel in Bewegung, um dem aufmüpfigen Claas Harmsen das „Gelbe Haus" zu entziehen.

Doch das Unterfangen verlief, sehr zum Ärger des Großherzogs, im Sande. Claas war der rechtmäßige Eigentümer des Hauses. Dagegen konnte man seitens der großherzoglichen Regierung nichts machen. Aber selbstverständlich war es möglich, ihm die Nutzung des Ateliers im Künstler-Gemeinschaftshaus zu verbieten, in dem er bis dahin regelmäßig gearbeitet hatte. Nachdem ihm ein entsprechendes Schreiben ins Haus geflattert war, ließ Claas in seinem Garten einen rechteckigen, komplett schnörkellosen Flachdachbau errichten, der ihm fortan als Atelier diente. Der Großherzog und seine Vasallen, aber auch Claas‘ ehemalige Kollegen und Nachbarn, spuckten Gift und Galle, denn das Gebäude war wirklich ziemlich hässlich und passte überhaupt nicht zum „Gelben Haus“ und seiner Umgebung. Aber zumindest war es funktional.

Haus und Atelier standen übrigens bis Herbst 1944. Dann fielen die Gebäude einem Luftangriff der Royal Air Force zum Opfer. Doch zu diesem Zeitpunkt lebten Claas und Claire schon 33 Jahre nicht mehr in der Künstlerkolonie. Im Sommer 1911 hatte sich das Ehepaar Harmsen nämlich doch noch entschlossen, die großherzogliche Hauptstadt zu verlassen. Der Schritt fiel ihnen wirklich schwer, aber nicht etwa, weil ihnen die Stadt ans Herz gewachsen war, sondern weil sie sich nur ungern vom „Gelben Haus“ trennten.

Doch die geschäftliche Lage des Universalkünstlers Harmsen sprach unbedingt für eine Verlegung des Wohnsitzes von der – aus seiner Sicht – nach wie vor petit-bourgeoisen großherzoglichen Hauptstadt in die mondäne Weltkurstadt Wiesbaden, bis 1866 Hauptstadt des Herzogtums Nassau, seither Sitz des Regierungspräsidenten des preußischen Regierungsbezirks Wiesbaden. Für den Regierungspräsidenten hatte Claas Harmsen das Treppenhaus und die Fenster in dessen Privatvilla im „L’Art Nouveau-Stil“ gestaltet, und der mit Claas’ Werk vollauf zufriedene Kunde hatte ihm weitere lukrative Aufträge in Aussicht gestellt. Auch eine vom „Nassauischen Kunstverein“ in Wiesbaden vor einiger Zeit organisierte Ausstellung mit seinen Werken hatte ihm manchen Auftrag beschert.

Deshalb verkaufte er schließlich das „Gelbe Haus“, und die inzwischen vierköpfige Familie übersiedelte nach Wiesbaden. Hier bezogen sie eine schöne, große und lichtdurchflutete Wohnung in einem an der Wilhelmstraße gelegenen Haus mit Villencharakter. Die Wilhelmstraße gehörte – mit ihren sehr eleganten Gebäuden sowie der großzügigen Grünfläche entlang des Warmen Damms – zu den Prachtstraßen Wiesbadens. Auch das Haus, das bei dem Einzug der Harmsens noch nicht die Hausnummer 17, sondern damals noch die Nummer 15 trug, war – sowohl von innen als auch von außen – ebenso nobel wie repräsentativ.

Johannes von Schellmann, der es im Stil der italienischen Renaissance entworfen und hat bauen lassen, war ein bekannter Wiesbadener Architekt. Ein paar Jahre hatte ihm das Haus auch gehört, aber im Laufe der Zeit war ihm bewusst geworden, dass er weder Zeit noch Lust hatte, sich in gebührendem Maße um das Haus, die Hausverwaltung, die Vermietung der darin befindlichen Wohnungen sowie um dic Wünsche und Ansprüche der Mieter zu kümmern. Daraufhin verkaufte er das Haus an seine mit einem ausgesprochen wohlhabenden Privatier verheiratete Schwiegermutter, die sich fortan um alles kümmerte, was mit dem Haus – einschließlich des darin untergebrachten Büros des Architekten – und seinen Mietern zu tun hatte.

Vom „Gelben Haus“ nach Wiesbaden (1911 und davor)

Wie Claas Harmsen war auch von Schellmann mit dem Wiesbadener Regierungspräsidenten bekannt und hatte von diesem erfahren, dass die Familie des Künstlers Claas Harmsen sich in Wiesbaden niederlassen wollte und nun auf der Suche nach einer passenden Wohnung war.

„Da könnte ich eventuell behilflich sein“, sagte der Architekt, als der Regierungspräsident ihn bei einem Zusammentreffen in den eleganten Räumlichkeiten des Kurhaus-Weinsalons auf Claas’ Wohnungssuche ansprach.

„Das hatte ich gehofft“, entgegnete der Regierungspräsident und tupfte sich, nachdem er ein Schälchen Schildkrötensuppe ausgelöffelt hatte, mit der Serviette den Mund ab.

Johannes von Schellmann, der Architekt, lächelte und zündete sich eine Zigarre an. „Nun“, sagte er, „in der zweiten Etage des Hauses Wilhelmstraße 15, also in dem Haus, in dem sich auch mein Bureau befindet, ist eine Wohnung frei geworden. Sie ist hell, geräumig und natürlich mit allen Annehmlichkeiten ausgestattet, die der moderne Mensch heutzutage braucht. Darüber hinaus verfügt sie über einen Balkon mit Blick auf die Wilhelmstraße.“

„Das hört sich gut an“, entgegnete der Regierungspräsident und griff seinerseits zu einer Zigarre.

„Die Wohnung ist erst kürzlich freigeworden“, ergänzte von Schellmann. „Leider auf ziemlich tragische Weise.“

„Und das heißt?“, erkundigte sich der Regierungspräsident.

„Dort lebte eine alte Dame, die Witwe des bereits vor einiger Zeit verschiedenen Arztes Dr. Hermann Hess. Frau Dr. Hess war schon sehr alt, über 90 Jahre. Eines Tages rief sie – noch im Bett liegend – nach ihrer Zofe, aber die hörte sie entweder nicht oder kam nicht schnell genug herbeigelaufen.

Nun ja, wie auch immer. Jedenfalls stand die alte Dame, die schon sehr wackelig auf den Beinen war, unvernünftigerweise allein auf und schleppte sich zur Zimmertür, wahrscheinlich um noch einmal nach der Zofe zu rufen. Unterwegs ist sie entweder gestolpert oder ihr wurde schwindelig – auf jeden Fall stürzte sie so unglücklich gegen ihren Spiegelschrank, dass der Spiegel dabei zu Bruch ging und sie sich im Fallen ein Stück des Spiegelglases in den Hals stieß. Dadurch wurde offenbar ihre Halsschlagader durchtrennt. Jedenfalls schoss das Blut in Strömen aus ihr heraus – und damit auch das Leben, denn als die Zofe, aufgeschreckt von dem Lärm, wenige Minuten später herbeigeeilt war, weilte die alte Dame schon nicht mehr unter den Lebenden.“

„Ach, du lieber Gott“, entgegnete der Regierungspräsident. „Das klingt wirklich dramatisch.“

„Das war es auch“, bestätigte von Schellmann. „Ich war an jenem Tag zufällig in meinem Bureau und eilte, als ich die Hilferufe der Zofe vernahm, sogleich hinauf in den zweiten Stock. Doch für die alte

Dame kam jede Hilfe zu spät. Sie war schon tot und der Anblick, das dürfen Sie mir glauben, schauerlich. Überall war Blut – an den Möbeln und auf den Wänden – und dann der grauenhafte Anblick der toten Frau mit der Spiegelscherbe im Hals."

Der Regierungspräsident nickte. „Das ist ja wirklich schrecklich ... Oh, Herr von Schellmann, schauen Sie, da kommt der Kellner mit dem nächsten Gang. Poularde fermière avec Artichauts à la Duchesse. Was für ein Gaumenschmaus!"

Die Ablenkung kam dem Regierungspräsidenten mehr als gelegen, denn das Unglück, das der Arztwitwe widerfahren war, erinnerte ihn an das unsägliche Geschehen in seinem eigenen Haus vor vielen Jahren. An jenem unglückseligen Abend im Spätherbst 1897 beabsichtigen seine Gemahlin und er den Besuch einer Soirée bei dem langjährigen Bürgermeister des Städtchens Kronberg im Taunus. Während er, der Gemahl, der damals noch nicht das Amt des Regierungspräsidenten in Wiesbaden innegehabt hatte, in seinem Umkleidezimmer damit beschäftigt war, seinen Querbinder herzurichten, ließ sich seine Frau in ihrem Umkleidezimmer von ihrer Zofe in das neue Kleid helfen, das sie sich – extra für diesen Abend – von einem Schneider hatte anfertigen lassen. Derweil die Zofe damit beschäftigt war, den passenden Halsschmuck für die Gattin des Nochnichtregierunsgpräsidenten aus den Etuis im Schrank auszuwählen, trat selbige vor den großen Spiegel, der in der Nähe des Kamins aufgestellt war, in dem ein wärmendes Feuer fröhlich vor sich hin knisterte.

„Sie sehen wundervoll aus, Madame", sagte die Zofe. „Wie wäre es, wenn Sie die Kette mit dem Anhänger aus Gold und Almandin tragen würden? Ich meine, dass würde optimal zu Ihrem zauberhaften Kleid passen."

Die Zofe nahm das Schmuckstück aus der Schachtel und reichte es ihrer Herrin.

„Vielen Dank", sagte die Gattin des Nochnichtregierungspräsidenten, trat erneut vor den Spiegel und hielt sich prüfend die Kette an den Hals. „Sehr elegant“, meinte sie schließlich. „Dieses Schmuckstück würde ich unbedingt ins Auge fassen. Aber alternativ käme vielleicht auch der Anhänger mit den blauen Blumen in Betracht? Der aus guillochiertem Silber und Emaille?“

„Ja, der könnte ebenfalls gut passen“, meinte die Zofe und eilte zurück zum Schrank, um den gewünschten Anhänger zu finden.

Die beiden Frauen waren in diesem Moment so sehr mit der Schmuckauswahl beschäftigt, dass sie nicht bemerkten, dass ein winzig kleiner Funke vom Feuer auf das bodenlange Kleid der Nochnichtregierungspräsidentengattin übergesprungen war. Erst, als es unangenehm zu riechen begann, wurden die Frauen aufmerksam. Aber selbst dann dauerte es eine Weile, bis sie die Ursache des unangenehmen Geruchs identifiziert hatten.

„Großer Gott, Madame!“, schrie die Zofe. „Sehen Sie nur, Ihr Kleid! Ihr Kleid hat Feuer gefangen!“

Und tatsächlich: Dort, wo der Feuerfunke den Stoff getroffen hatte, züngelten jetzt kleine Flämmchen empor. „Ziehen Sie das Kleid aus! Schnell! Ich versuche, die Flammen zu löschen!“

Doch die Versuche der Zofe, das Feuer zu löschen, führten nicht zum erhofften Erfolg. Im Gegenteil, es schien, als würde alles, was das Mädchen tat, den Brand nur noch weiter anheizen, anstatt ihn zu löschen. Auch die Versuche der Nochnichtregierungspräsidentengattin, das Kleid abzustreifen, um ihren Körper vor den Flammen zu schützen, scheiterten kläglich, denn allein schaffte sie es nicht, sich das Kleidungsstück auszuziehen, in das sie ja ohne Hilfe ihrer Zofe auch nicht hineingekommen war. Am Ende brannte das Kleid lichterloh.

Die Zofe und die Nochnichtregierungspräsidentengattin schrien gellend um Hilfe, doch als diese – in Gestalt des Dieners und des Nochnichtregierungspräsidenten persönlich – eintraf, war es bereits zu spät. Zwar gelang es den beiden Männern schließlich, den Brand zu löschen und somit zu verhindern, dass das Feuer auf das Zimmer und schließlich auf das ganze Haus übergriff, aber das Leben der Gemahlin des Nochnichtregierungspräsidenten vermochten sie nicht zu retten. Ein letztes leises Stöhnen – und dann war die arme Frau tot.

Nie würde er diese schrecklichen Bilder vergessen. Nie. Gewiss, im Laufe der Jahre gelang es ihm, sie zu verdrängen, aber wenn durch Zufall die Rede auf ein anderes schreckliches Unglück kam, wie gerade eben in Bezug auf den tragischen Tod der Witwe des Herrn Dr. Hess, hatte der Regierungspräsident die schrecklichen Bilder von damals wieder vor Augen.

„Ist Ihnen nicht wohl, Herr Regierungspräsident? Sie sehen ein wenig blass aus. Soll ich Ihnen einen Cognac kommen lassen?“ Von Schellmann winkte den Kellner herbei. „Herr Ober, bringen Sie bitte einen Cognac für den Herrn Regierungspräsidenten.“

„Sehr wohl.“ Der Ober verneigte sich und eilte davon, um den Cognac zu holen.

„Nun“, sagte der Regierungspräsident, nachdem er den Cognac getrunken hatte, „kommen wir noch einmal auf unser Ausgangsthema zurück: die Wohnung für die Familie Harmsen.“

„Aber lieber Herr Regierungspräsident!“, rief der Architekt aus. „Dass die Harmsens die Wohnung bekommen, steht doch völlig außer Frage! Die Familie kann jederzeit einziehen.“

Der Regierungspräsident lächelte. „Wunderbar. Ich werde Claas Harmsen sogleich anrufen lassen.“

„Tun Sie das, Herr Regierungspräsident, tun Sie das. Aber lassen Sie uns zuvor noch ein Dessert bestellen. Wie wäre es mit Aachener Quarktörtchen? Oder wären Ihnen Lütticher Waffeln lieber?“

Der Regierungspräsident hob abwehrend die Hände. „Eines so köstlich und so verlockend wie das andere“, erklärte er, „aber einfach zu mächtig. Ich nehme nur einen Kaffee und dazu einen belgischen Schokoladentrüffel.“

„Wie bescheiden Sie sind, Herr Regierungspräsident“, lächelte von Schellmann. „Ich gönne mir diese delikat karamellisierten Waffeln aus der Wallonie. Und dazu einen köstlichen Kirschkompott.“

Im Keller (1945)

„So also kam Claas Harmsen zu der Wohnung in diesem Haus“, sagte die Witwe Diehl eines Abends im Jahr 1945 zu mir, als wir gemeinsam in ihrer Küche saßen und fast die ganze Nacht über plauderten.

„Interessant“, sagte ich. „Sehr interessant sogar. Sie werden es nicht glauben, aber von dem Vormieter der Wohnung, in die später die Familie Harmsen eingezogen ist, habe ich schon gehört. Nicht von seiner auf so tragische Weise verschiedenen Gattin, wohl aber von ihm, diesem Herrn Dr. Hess.“

„Tatsächlich?“ Die Witwe Diehl sah mich erstaunt an.

„Ja“, erwiderte ich. „Dr. Hermann Hess war früher Nervenarzt und damit ein Kollege meines Freundes Dr. Friedrich Öhrchen. Eines Tages, während unseres Aufenthalts auf Schloss Sacrow, berichtete mir Dr. Öhrchen von einem pikanten Fall, in dem Herr Dr. Hess weiland als Gutachter gewirkt hatte. Aber das ist eine andere Geschichte, die ich Ihnen zu einem späteren Zeitpunkt gerne erzählen werde. Einstweilen sollten wir bei den Harmsens bleiben. Sonst verzetteln wir uns nur.“

„Da bin ich aber mal gespannt“, erwiderte die Witwe Diehl. „Wenngleich ich Ihnen Recht geben muss: Wir sollten uns nicht verzetteln. Bleiben wir also erst einmal bei den Harmsens. Als Claas Harmsen die Wohnung anmietete, war er noch ziemlich wohlhabend, obwohl es sich damals schon abzeichnete, dass die Jugendstil-Kunst ihren Zenit bereits überschritten hatte. Trotzdem liefen die Geschäfte für Harmsen im Großen und Ganzen noch gut.“

„Wollen Sie damit andeuten“, fasste ich zusammen, „Claas Harmsen hätte sich damals so langsam vom Jugendstil ab- und einer vom Publikum gefragten Stilrichtung zuwenden sollen?“

„Ja“, bestätigte die Witwe Diehl, „genau das denke ich. Wissen Sie, als mein Mann noch lebte, haben wir in unserem Haus in Berlin regelmäßig Soiréen veranstaltet, zu denen natürlich auch Künstler geladen waren. Unabhängig von dem Genre, das die Damen und Herren vertraten, also ob sie nun Theater- oder Filmschauspieler waren, komponierten oder sangen, Prosa oder Verse schrieben oder als Maler oder Bildhauer ihr Geld verdienten – nie luden wir Menschen ein, deren Wirken und deren Werke nicht – oder nicht mehr – dem Zeitgeist entsprachen. Wenn man als Künstler erfolgreich sein und bleiben will, muss man – ob es einem gefällt oder nicht – mit der Zeit gehen. Sonst ist man für das Publikum irgendwann uninteressant. So zumindest sehe ich das.“

Ich nickte zustimmend. „Wann ist Claas Harmsen denn eigentlich verstorben?“, wollte ich dann wissen.

„Nun“, sagte die Witwe Diehl, „das war Anfang dieses Jahres. Er starb oben in seiner Mansardenwohnung.“

„War er krank?“, erkundigte ich mich.

„Na ja, wenn man älter wird oder gar alt, hat man halt so seine Zipperlein“, erwiderte sie achselzuckend. „Da kann man nichts machen, schon gar nicht, wenn vor der Tür ein Krieg tobt. Es gab ja nichts. Weder die Möglichkeit, sich gesund oder gar ausgewogen zu ernähren, noch hatte man Zugriff auf möglicherweise dringend benötigte Medikamente. Aber damit erzähle ich Ihnen ja nun wirklich nichts Neues“, seufzte sie.

„Nein,“ erwiderte ich. „Wahrhaftig nicht.“

„Ich denke“, sagte die Witwe Diehl, „es war die Altersschwäche, die Claas Harmsen dahingerafft hat. Ehe er die Augen schloss, hat er noch zu seiner Frau gesagt: ‚Ma chère, was soll jetzt bloß aus dir werden?‘ Das hat ma chère uns, also dem Herrn Rothermund und mir, zumindest erzählt, nachdem sie an jenem Abend jeweils bei uns geschellt und uns über das Ableben ihres Mannes informiert hat. Rothermund übernahm es daraufhin, sowohl einen Bestatter als auch die Behörden über Harmsens Tod in Kenntnis zu setzen, während ich versuchte, der trauernden Witwe zumindest ein bisschen Trost zu spenden.“

„Ich befürchte, Harmsens Ausspruch bezog sich darauf, dass er und seine Frau in einer sogenannten privilegierten Mischehe lebten, wodurch sie, die Jüdin, durch ihn, den Arier, wenigstens so lange vor nationalsozialistischer Verfolgung geschützt war, wie er unter den Lebenden weilte.“

Die Witwe Diehl nickte. „Ganz recht.“

„Und?“, erkundigte ich mich, „wie ging es weiter?“

„Zwei Tage nach dem Tod ihres Mannes bekam sie Post“, fuhr die Witwe Diehl fort.

„Oh je“, unterbrach ich sie, „ich ahne, von wem.“

Die Witwe Diehl nickte erneut. „Genau. Der Brief kam von der Gestapo. Sie sollte sich melden. Am Montag, dem 5. Februar 1945 um 10.00 Uhr auf der Dienststelle in der Paulinenstraße.“ Sie seufzte.

„Und dann?“, wollte ich wissen.

„Und dann“, sagte die Witwe Diehl, „wurde Wiesbaden in der Nacht vom 2. auf den 3. Februar bombardiert. Und dieses verhängnivolle Ereignis, das so viele Leben kostete, hat das der Claire Harmsen wahrscheinlich gerettet.“

„Das müssen Sie mir genauer erzählen“, bat ich.

„Ja“, meinte die Witwe Diehl, „das werde ich tun.“

Am Abend jenes 2. Februar 1945, es war ein Freitag, heulten plötzlich die Sirenen. Herrje, schon wieder, dachte die Witwe Diehl. Schon wieder sollte sie sich aufraffen, ihre Handtasche und ihr Köfferchen packen und sich durch das dunkle Treppenhaus in den finsteren, ziemlich feuchten und außerdem schrecklich kalten Keller schleppen, immer darauf bedacht, nicht die steilen Stufen hinunterzufallen. Davor hatte sie die meiste Angst. Was, wenn sie stürzte, sich sämtliche Knochen brach, und niemand ihr zu Hilfe eilen konnte, weil alle im Keller saßen und hofften, dass das Haus nicht getroffen und sie nicht verschüttet oder von den Trümmern erschlagen wurden. Das Treppensteigen fiel ihr schon im Hellen schwer. Sie war eben nicht mehr jung und dynamisch, sondern alt und etwas angeschlagen. Und jetzt heulten die Sirenen und verlangten, dass sie sich auf den Weg in den Keller machte ... Nein, dachte sie, nein, nicht heute. Heute gehe ich nicht. Ich bleibe hier sitzen. Und wenn das Haus getroffen wird und zusammenstürzt, dann kann ich es auch nicht ändern. Das nennt man dann wohl Schicksal ... Und so blieb sie in ihrem Sessel sitzen, lauschte auf das Heulen der Sirenen, wartete auf das Brummen der Flugzeugmotoren und das Zischen und Krachen der abgeworfenen Bomben. Dann vernahm sie plötzlich ein Geräusch. Es war, als kratze etwas an ihrer Tür. Was war denn das? Erst wollte sie nicht reagieren, aber dann siegte doch die Neugier. Schließlich stemmte sie sich aus dem Sessel, schlurfte zur Tür, öffnete sie einen Spaltbreit und spähte hinaus auf den stockdunklen Flur.

*

„Hallo?", flüsterte sie in die Finsternis hinein. „Ist da jemand?"

„Frau Diehl, ich bin es, die Frau Harmsen", hörte sie eine Stimme wispern.

„Frau Harmsen", sagte die Witwe Diehl überrascht. „Was machen Sie denn hier? Wieso sind Sie nicht im Keller?"

„Es ist so dunkel hier im Treppenhaus, und die Stufen sind so steil. Und ich hatte doch im letzten Jahr den schlimmen Oberschenkelhalsbruch, weshalb ich monatelang im Krankenhaus liegen musste. Seither traue ich mich schon im Hellen kaum mehr die Treppe hinunter, geschweige denn im Dunklen. Trotzdem habe ich mich vorhin, als der Alarm losging, aufgerafft und mich auf den Weg zum Keller gemacht. Buchstäblich auf allen vieren bin ich die Stufen hinuntergekrochen. Aber jetzt kann ich nicht mehr. Ich schaffe es nicht bis in den Keller", jammerte sie.

„Kommen Sie herein, Frau Harmsen", sagte die Witwe Diehl. „Auch mir fällt das Treppensteigen nicht leicht, erst recht nicht, wenn es im Stiegenhaus vollkommen finster ist.

Aus diesem Grund habe ich mich vorhin entschieden, heute nicht in den Keller zu gehen. Ich werde hier ausharren, bis der Angriff vorbei ist. Wenn Sie möchten, dürfen Sie gerne hereinkommen. Wir können dann gemeinsam auf das Ende warten. Ganz gleich, wie es aussehen wird."

„Oh, danke", wisperte Frau Harmsen, die vor der Diehl'schen Tür auf dem Boden kauerte. „Das ist wirklich sehr freundlich von Ihnen."

„Kommen Sie, ich helfe Ihnen auf. Halten Sie sich mit der einen Hand am Türrahmen und mit der anderen an mir fest. Wir schaffen es schon, Sie in die Wohnung zu bugsieren. Gemeinsam sind wir stark."

Die folgenden Stunden verbrachten die beiden Frauen damit, darauf zu lauschen, wie sämtliche Gebäude in der näheren und ferneren Umgebung von Bomben getroffen wurden und zusammenstürzten. Der Boden unter ihren Füßen ächzte und vibrierte, von der Decke rieselten Putz- und Gesteinsstückchen herab. Und dann gab es einen so fürchterlichen Knall und ein so schlimmes Beben, das sämtliche Bilder von den Wänden fielen, Gläser in den Schränken zu Bruch gingen und sogar manches Möbelstück umfiel.

„Herr im Himmel, steh' uns bei", flehte die Witwe Diehl.

„Es hat uns erwischt", stellte Frau Harmsen fest. „Eine dieser schrecklichen Bomben hat unser Haus getroffen!"

„Ja", antwortete die Witwe Diehl, „das steht zu befürchten! Hoffentlich stürzt es jetzt nicht ein und begräbt uns unter seinen Trümmern!"

Und dann war es irgendwann vorbei. Kein Brummen mehr, kein Zischen, kein Krachen ... Stattdessen der Lärm der Sirene, deren Dauerton die Menschen darüber informierte, dass der Angriff für heute beendet war.

„Wir sind am Leben!", stellte die Witwe Diehl fest.

„Ja, das sind wir", bestätigte Frau Harmsen. „Und das Haus scheint im Großen und Ganzen auch noch zu stehen. Was für ein Glück!"

Ja, es stimmte. Beide Frauen waren am Leben. Und das Haus stand auch noch – anders als viele andere Gebäude in der näheren und weiteren Umgebung. Aber ganz ungeschoren war das Gebäude nicht davongekommen. Das Dach hatte es erwischt. Nicht vollständig, aber doch teilweise. Das war zwar schlimm, ganz besonders für Frau Harmsen, deren Wohnung in der Mansarde dadurch bis auf Weiteres nicht mehr genutzt werden konnte, doch war das nichts im Vergleich zu den Schäden, die der Angriff in weiten Teilen der Stadt verursacht hatte. Ganze Straßenzüge lagen in Schutt und Asche. Tausende Wiesbadener waren obdachlos, hatten nicht mehr retten können als das nackte Leben. Und mehreren hundert Menschen war nicht einmal das gelungen. Wie zum Beispiel jenen, die im Keller der in der Nähe des Rathauses gelegenen Höheren Mädchenschule Schutz vor dem Bombardement gesucht hatten. Sie waren, nach einem Volltreffer, den das Gebäude abbekommen hatte, in dem als öffentlichen Schutzraum ausgewiesenen Keller verschüttet worden. Niemand hatte überlebt.

Als die Sirene die Wiesbadener davon in Kenntnis setzte, dass der Luftangriff nun vorbei sei, blickten sich die Hausbewohner, die im Keller der Wilhelmstraße 17 Zuflucht gesucht hatten, ratlos an. Das Bombardement war zum Glück beendet. Aber wie sah es eine Treppe höher aus? Stand das Haus noch? Vollständig oder wenigstens teilweise? Existierte die eigene Wohnung noch? Konnte man sie – zumindest einigermaßen – gefahrlos über das Treppenhaus erreichen? Alle hatten Angst vor dem, was sie außerhalb des Kellers erwartete.

„Nun“, sagte schließlich der Kaufmann Rothermund, „einer muss es wagen, und im Haus nach dem Rechten sehen. Ich stelle mich zur Verfügung. Möchte mich jemand begleiten?“ Er blickte in die Runde. Niemand antwortete. „Also gut, dann mache ich mich jetzt auf den Weg.“

„Wenn es recht ist, begleite ich Sie“, meldete sich plötzlich ein Mann zu Wort, von dem Rothermund nicht viel mehr wusste, als dass er Schneider hieß, ebenfalls Kaufmann von Beruf war und im Erdgeschoss wohnte.

Gemeinsam stiegen die beiden Männer die Kellertreppe hinauf, öffneten die Tür, die zu der sehr eleganten Eingangshalle führte und überlegten, ob sie die Treppenhausbeleuchtung einschalten oder den Rundgang im Licht ihrer Taschenlampen durchführen sollten. Am Ende entschieden sie sich, das Treppenhauslicht einzuschalten – sofern es überhaupt noch funktionierte. Man wusste ja nie, ob die Bomben womöglich die Stromversorgung lahmgelegt hatten.

„Ich versuche mal mein Glück", meinte Rothermund und drehte den Schalter, mit dem die Treppenhausbeleuchtung eingeschaltet werden konnte, doch nichts geschah. Es blieb finster.

„Vermutlich hat es auch die Stadtwerke erwischt", murmelte Schneider.

„Tja, und ob die es schaffen, das Problem schnell in den Griff zu kriegen, ist mehr als fraglich", seufzte Rothermund. „Ich fürchte, wir werden eine ganze Weile ohne Strom und wahrscheinlich auch ohne Gas auskommen müssen."

„Das ist anzunehmen", bestätigte Schneider.

„Dann bleibt uns zumindest heute nichts anderes übrig, als unseren Hausrundgang im Schein unserer Taschenlampen durchzuführen", stellte Rothermund fest.

Und so gingen sie durch das Haus, das jedoch weitgehend unbeschädigt geblieben war – bis auf den Einschlag in der Mansarde. Ein Teil des Dachs war weggerissen worden, sodass man Mond und Sterne am Himmel hätte sehen können, wenn es in dieser Nacht nicht so nebelig-trüb gewesen wäre. Folglich sahen die beiden Männer nichts als Nebelschwaden, als sie in der Mansarde standen und durch das kaputte Dach gen Himmel blickten.

„Hier kann bis auf Weiteres niemand mehr wohnen", stellte Rothermund fest. „Selbst wenn es in den nächsten Tagen gelingt, das Dach zumindest provisorisch abzudichten, wird es nicht richtig dicht sein und keinesfalls vor Nässe und Kälte schützen."

„Na ja, und auch sonst hat die Bombe, die das Dach erwischt hat, hier oben allerhand Schaden angerichtet. Es ist ja fast alles demoliert", bestätigte Schneider.

„Wer wohnt denn eigentlich hier oben?“, erkundigte sich Rothermund.

„Unter anderem die Frau Plaaschke. Eine ganz arme Frau, die unter einer sehr seltenen Erkrankung leidet, die Strahlenpilzkrankheit heißt. Irgendeine Infektion im Bereich des Darms, die nicht in den Griff zu kriegen ist. Jedenfalls nicht in Zeiten des Krieges“, antwortete Schneider.

„Ach, ist das die klapperdürre Person, die im Keller ganz hinten auf der Bank gesessen hat und in mindestens drei Decken eingehüllt war?“, fragte Rothermund.

„Richtig“, bestätigte Schneider. „Das ist die Frau Plaaschke. Und dann wohnt noch die Frau Harmsen hier oben in der Mansarde.“

„Ach ja, richtig“, winkte Rothermund ab. „Ich wohne ja jetzt in ihrer früheren Wohnung.“

„Ich glaube“, sagte Schneider, nachdem er sich in dem Zimmerchen etwas genauer umgesehen hatte, „das hier ist der Bereich der Mansarde, der von Frau Harmsen bewohnt wird. Ich befürchte, dass sie jetzt ein Problem hat.“

„Wo ist die Frau denn überhaupt?“, fragte Rothermund. „Im Keller habe ich sie, wenn ich mich recht entsinne, nicht gesehen.“

„Stimmt“, erwiderte Schneider. „Die war nicht da. Und wissen Sie was, die Frau Diehl ebenfalls nicht.“

„Oh je, es wird doch nichts passiert sein? Kommen Sie, wir schauen mal, ob sich die Frau Diehl vielleicht in ihrer Wohnung aufhält. Ich wollte noch bei ihr klopfen, als vorhin die Sirene geheult hat, aber dann bin ich irgendwie davon abgekommen“, sagte Rothermund.

Und tatsächlich trafen die Herren Schneider und Rothermund die Witwe Diehl in ihrer Wohnung an.

„Guten Abend, Frau Diehl“, sagte Rothermund, nachdem ihm die Witwe Diehl, auf sein Klopfen hin, die Tür geöffnet hatte. „Geht es Ihnen gut?“

„Es geht“, erwiderte die alte Frau. „Es geht.“

„Herr Schneider und ich“, erklärte Rothermund, „haben vorhin einen Rundgang durchs Haus gemacht, um zu schauen, was beschädigt worden ist und was nicht. So weit ist alles in Ordnung, wenn man von einem Schaden am Dach absieht. Davon sind wir natürlich alle betroffen, weil es ohne Dach irgendwann bis in den Keller durchregnet, aber für Frau Harmsen, die ja in der Mansarde lebt, sieht es ganz, ganz schlecht aus.“

„Weshalb?“, wollte die Witwe Diehl wissen.

„Genau über ihren Zimmern ist der Bombensplitter eingeschlagen und hat – außer dem Dach – auch die Wände, den Boden und natürlich das Mobiliar weitgehend zerstört. Wohnen kann dort niemand mehr.“

„Frau Harmsen ist momentan übrigens bei mir“, berichtete die Witwe Diehl.

„Ach, tatsächlich?“, sagte Rothermund überrascht. „Nun, wir haben sie im Keller schon vermisst. Sie übrigens auch.“

Die Witwe Diehl sah den Kaufmann mit betrübtem Blick an. „Der Weg in den Keller war sowohl der Frau Harmsen als auch mir heute einfach zu beschwerlich.“

„Das tut mir aufrichtig leid“, sagte Rothermund. „Aber sagen Sie, wenn Frau Harmsen bei Ihnen ist, dann sollte ich ihr vielleicht berichten, wie es in ihrer Wohnung gegenwärtig aussieht.“

Die Witwe Diehl nickte. „Ja, tun Sie das. Bitte, treten Sie ein.“

Sodann führte sie die beiden Männer in ihr Wohnzimmer. Dort saß Claire Harmsen und sah ihnen besorgt entgegen.

„Was soll ich denn jetzt bloß machen?“, jammerte sie, nachdem Rothermund und Schneider ihr von dem Schaden in ihrer Wohnung erzählt hatten. „Wo soll ich denn nur hin?“

Rothermund zuckte die Achseln. „Tja, da kann ich Ihnen jetzt auch nicht helfen. Ich werde mich mit den Hauseigentümern in Verbindung setzen, und dann werden wir sehen, wie schnell der Schaden an unserem Dach behoben werden kann. Ich fürchte, dass es so schnell nicht gehen wird. Es ist allerhand zerstört worden in dieser Nacht, und manches Gebäude hat es weitaus schlimmer erwischt als uns. Ich fürchte, dass wir aus diesem Grund nicht eben oberste Priorität bei der Vergabe von Handwerksleistungen haben. Sie werden sich also ein bisschen gedulden müssen, Frau Harmsen."

„Meine Herren, kann ich Sie einen Moment unter vier Augen sprechen?", mischte sich plötzlich die Witwe Diehl in das Gespräch ein.

Rothermund blickte sie überrascht an. „Aber gewiss."

„Gut", entgegnete die Witwe Diehl, „bitte lassen Sie uns in die Küche gehen. Frau Harmsen, bitte seien Sie so freundlich und entschuldigen Sie uns für einen Moment."

Claire Harmsen war in dem Augenblick so sehr mit sich und ihrem Kummer beschäftigt, dass sie gar nicht großartig darauf achtete, was sich in ihrer Umgebung abspielte.

„Herr Rothermund, Herr Schneider", begann die Witwe Diehl, „Sie wissen, dass Frau Harmsen Jüdin ist?"

„Aber natürlich", erwiderte Rothermund, und Schneider nickte zustimmend.

„Wie Sie ebenfalls wissen, ist erst vor wenigen Tagen ihr arischer Ehemann verstorben. Und damit ist es mit ihrem Schutz vor Verfolgung vorbei. Demnächst soll sie sich bei der Gestapo melden. Wo das hinführt, können Sie sich denken."

Das konnten sich die beiden Männer in der Tat denken, aber sie fragten sich, was sie für ihre jüdische Nachbarin tun konnten. Was sollten sie machen, wenn die Gestapo vor der Tür stand, um Claire Harmsen abzuholen? Wenn die Herren in ihren langen schwarzen Ledermänteln auch nur ansatzweise den Verdacht hegten, jemand wolle eine ihrer Aktionen ver- oder zumindest behindern, ging es demjenigen gleich mit an den Kragen. Und daran hatte keiner der beiden Männer Interesse. Niemand wollte im Gefängnis oder gar im KZ landen und schon gar nicht auf der Stelle erschossen werden. Der Willkür war in diesen Zeiten doch Tür und Tor geöffnet ... Deshalb galt es, vorsichtig zu sein. Sehr vorsichtig sogar!

„Frau Diehl", erkundigte sich Rothermund, „was denken Sie, was sollen oder können wir in diesem Fall tun, ohne uns selbst zu gefährden?"

„Wir sollten nichts riskieren", warf Schneider ein. „Vor allem, weil ich davon überzeugt bin, dass sich der Krieg in seiner Endphase befindet. Und ich kann Ihnen verbindlich sagen, dass ich das Kriegsende ganz gerne erleben würde."

Rothermund nickte zustimmend. „Natürlich wissen wir, was die Nazis den Juden angetan haben und immer noch antun. Ich erinnere mich nur zu gut an die brennende Synagoge auf dem Michelsberg Anfang November 1938. Ich sehe noch heute den Mob, der in jener Nacht durch die Straßen Wiesbadens tobte, jüdische Geschäfte und Wohnungen plünderte und deren Besitzer oder Bewohner verprügelte.

Ich gestehe, dass ich in jener Nacht ebenfalls unterwegs war. Nicht, um mich an den Ausschreitungen zu beteiligen, sondern aus purer Neugier. Rund um die Synagoge herrschte damals der Ausnahmezustand. Männer, manche uniformiert, manche in Zivil, stürmten unter anderem das am Michelsberg gelegene Haushaltswarengeschäft der Familie Kahn. Mit Äxten, Hämmern und Steinen schlugen sie zunächst die Glastür und dann sämtliche Schaufensterscheiben ein. Hernach stürmten sie in das Innere des Ladens und begannen, die darin befindlichen Waren aus den Regalen zu reißen und durch die Gegend zu werfen.

‚Jetzt zeigen wir es der Judensau!' hörte ich einen der Kerle schreien. Und die anderen stimmten ein. ‚Verdammter Drecksjude, jetzt geht es dir an den Kragen!' Das und Schlimmeres gaben die Burschen von sich. Und dann sah ich, wie ein paar der Randalierer sich die Taschen mit Haushaltswaren vollstopften. Und damit meine ich nicht nur die Jackentaschen, nein, nein, einige hatten richtig große Taschen dabei. Das heißt, die hatten sich auf die Aktion wirklich gut vorbereitet. Na ja, und dann sah ich, wie sich einer der Randalierer an der Kasse zu schaffen machte. Ich weiß nicht, ob sich darin Geld befand, weil ein vernünftiger Kaufmann eigentlich abends das Geld aus der Kasse nimmt, es zählt, in den Tresor legt oder zur Bank bringt. Aber auf jeden Fall hat einer der Kerle die Kasse geknackt.

Andere wiederum warfen sämtliche Regale und die Schränke um, die sich in dem Geschäft befanden, und schlugen dann mit ihren Äxten und Hämmern so lange auf die Einrichtungsgegenstände ein, bis außer Splittern nichts mehr übrig war. Dann stürmten sie die Treppe hinauf zu der im ersten Stock gelegenen Wohnung der Familie. Auch hier blieb nichts unzerstört – außer den Dingen, die dem Pöbel stehlenswert erschienen. Ich habe beobachtet, wie Teppiche, Kleidungsstücke und sogar Möbel aus dem Haus geschleppt wurden.

Was nicht verwendbar erschien, wurde entweder demoliert oder aus dem Fenster geworfen. Dazu gehörte zum Beispiel eine Schreibmaschine. Ich werde die Szene nie vergessen: Einer der Krawallmacher erschien am Fenster, in der Hand eben jene Schreibmaschine. Dann schrie er der Menge zu, die vor dem Haus stand und – wie ich – gaffte: ‚Jetzt hört mal, wie schön das Ding klingelt, wenn es geflogen kommt!' Und dann warf er die Schreibmaschine auf die Straße, wo sie – übrigens tatsächlich unter einer Art Geklingel – zerbarst.

Natürlich blieben auch die Mitglieder der Familie Kahn nicht verschont. Herr Kahn zum Beispiel wurde übel zusammengeschlagen. Ich sah, wie ihn zwei Männer festhielten, während zwei andere abwechselnd auf ihn einprügelten. Sie schlugen ihm auf und gegen den Kopf, ins Gesicht und traten ihm in den Unterleib. Irgendwann ließen die, die ihn festgehalten hatten los, und dann stürzte er zu Boden. Ich habe nicht gesehen, ob er sich wieder aufraffen konnte. Seiner Frau stülpte einer einen Blecheimer über den Kopf und trommelte mit einem Kochlöffel auf dem Ding herum. Es war furchtbar."

Herr Schneider nickte. „Ich weiß noch, wie man – es muss im Laufe des Jahres 1942 gewesen sein – Juden von der Friedrichstraße zum Bahnhof hat marschieren lassen. Männer, Frauen, Kinder, Greise – alle mussten zum Bahnhof laufen, wo dann der Zug auf sie wartete, der sie in irgendein Lager brachte. Insofern weiß ich nur zu gut, was Frau Harmsen erwartet, wenn sie sich demnächst bei der Gestapo melden muss. Man wird sie – über kurz oder lang – ebenfalls abtransportieren."

„Ja", sagte die Witwe Diehl. „Das ist wohl das, was ihr blüht."

„Und Sie möchten sie gerne vor diesem Schicksal bewahren", resümierte Rothermund.

„Das dürfte schwierig werden", ergänzte Herr Schneider. „Dank ihrer Ehe mit ihrem arischen Ehemann brauchte sie zwar keinen Judenstern zu tragen, sodass sie auf der Straße nicht gleich als Jüdin erkannt werden konnte. Aber in den Unterlagen der zuständigen Behörden ist sie selbstverständlich als Jüdin registriert. Sonst hätte sie ja keine Post von der Gestapo bekommen. Folglich weiß man dort über sie Bescheid. Wie also soll es uns – oder Ihnen, werte Frau Diehl – möglich sein, Frau Harmsen vor dem ihr staatlicherseits verordneten Schicksal zu bewahren?"

„Nun", erwiderte die Witwe Diehl, „das Dach unseres Hauses wurde bei dem heutigen Bombenangriff erheblich beschädigt. Seither können die dort befindlichen Räumlichkeiten nicht mehr genutzt werden. Hiervon betroffen sind auch die von Frau Harmsen bewohnten Zimmer. Da sie sich dort nicht mehr aufhalten kann, musste sie sich notgedrungen nach einer anderen Unterkunft umsehen. Sie hat daraufhin das Haus verlassen und hält sich an einem für uns unbekannten Ort auf. Da Frau Harmsen keinen Judenstern trägt, ist sie für niemanden auf den ersten Blick als Jüdin erkennbar. Infolgedessen hat sie sich unbehelligt an einen anderen Ort begeben und dort Unterschlupf finden können, ohne dass jemand weiß, dass es sich bei der neuen Untermieterin um eine Jüdin, konkret die Jüdin Claire Harmsen, handelt."

Rothermund nickte bedächtig. „Ja, so könnte sich das Verschwinden der Claire Harmsen theoretisch zugetragen haben. Sie war schließlich nicht verpflichtet, uns über ihren künftigen Aufenthaltsort zu informieren. Und wir waren nicht dazu verpflichtet, sie hierzu zu befragen."

„Gute Idee“, bemerkte Herr Schneider. „Und wo wollen Sie die werte Frau Harmsen nun tatsächlich unterbringen, um sie vor den Hitler-Schergen in Sicherheit zu bringen?“

„Im Keller“, entgegnete die Witwe Diehl.

„Im Keller?“, echote Herr Schneider.

„Zu der Mansardenwohnung, die sie mit ihrem Mann bewohnt hat, gehört ein kleiner Keller. Er liegt etwas abseits. Auf dem Weg vom und zum Luftschutzkeller muss man das Räumchen nicht passieren. Folglich könnte sie sich dort verstecken, bis der Krieg zu Ende ist.“

„Na, ob das der feinen Dame genehm ist? Ein kaltes, feuchtes Kellergelass, in dem sie auf unbestimmte Zeit ausharren muss?“, wandte Herr Schneider ein.

„Ich weiß“, sagte die Witwe Diehl, „Frau Harmsen hat es uns in der Vergangenheit wirklich und wahrhaft nicht leicht gemacht, sie zu mögen. Sie war – und ist es vielleicht im Grunde ihres Herzens immer noch – eine eingebildete und überhebliche, um nicht zu sagen arrogante Person. Ich mochte sie früher nicht, und ich kann nicht behaupten, dass sie mir inzwischen ans Herz gewachsen wäre. Aber zuzusehen, wie sie von der Gestapo abgeholt, mit einem dieser aus Viehwaggons bestehenden Züge in irgendein Lager gebracht und dort vermutlich ermordet wird, widerstrebt mir, wie ich zugeben muss.“

„Ihre Menschlichkeit in allen Ehren, Frau Diehl“, warf Rothermund ein. „Aber wie sollen wir die Frau über die Runden bringen? Sie hat ja, wenn sie im Versteck lebt, keinen Anspruch auf Lebensmittelkarten. Wo also sollen wir die Nahrung für sie auftreiben? So üppig sind die uns zugebilligten Rationen nun auch nicht, dass wir bequem davon abzweigen könnten.“

„Das ist in der Tat ein – um nicht zu sagen – das Problem“, bestätigte die Witwe Diehl. „Und für das gibt es vermutlich auch keine Lösung“, ergänzte sie resigniert. „Ein Aufenthalt im Keller wäre möglich, aber die Lebensmittelversorgung äußerst schwierig.“

„Um ihr ein Überleben im Keller zu sichern, könnte ich ihr ein paar Gegenstände aus ihrem früheren Besitz zur Verfügung stellen.

In der Wohnung, die ich ja – wie auch schon mein Vorgänger – vollständig möbliert übernommen habe, gibt es durchaus den einen oder anderen Gegenstand, den ich nicht brauche, der ihr aber bei ihrem Kelleraufenthalt zweifellos von Nutzen sein könnte. Das fängt bei einem kleinen Feldbett an und geht weiter über einen Nachttopf bis hin zu Geschirr, Besteck und Decken", sagte Rothermund.

„Bleibt immer noch das Versorgungsproblem", stellte Herr Schneider fest.

„Das wird sich nicht abschließend lösen lassen", meinte die Witwe Diehl. „Wenn Frau Harmsen der Kellerlösung zustimmt, muss sie in Kauf nehmen, dass ihre Lebensmittelversorgung ungenügend ausfallen wird. Aber das ist nicht zu ändern. Entweder sie will überleben, dann muss sie sich auf unseren Vorschlag einlassen, oder sie steigt in einen dieser Viehwaggons. Dass es ihr dort besser gehen wird als bei uns im Keller, möchte ich bezweifeln. Aber das muss sie selbst entscheiden."

*

„Und wie hat sie sich entschieden?", erkundigte ich mich.

„Sie hat selbstverständlich zugestimmt", erwiderte die Witwe Diehl. „Ich habe ihr deutlich gemacht, was sie im Keller zu erwarten hat: nichts außer Feuchtigkeit, Kälte und lediglich sporadische Versorgung mit Lebensmitteln."

„Zweifellos alles andere als eine angenehme Situation für Frau Harmsen", konstatierte ich, „aber für Sie potenziell auch nicht. Eigentlich haben Sie und die Herren Schneider und Rothermund ihr Leben für Frau Harmsen riskiert. Wenn die Gestapo die Frau in ihrem Versteck entdeckt hätte, wären Sie – als ihre Helfershelfer – in großer Gefahr gewesen, wahrscheinlich sogar in Lebensgefahr!"

Die Witwe Diehl nickte. „Das hat Herr Schneider auch gesagt. Und er hat noch einmal darauf hingewiesen, dass er das alles nicht aus Sympathie für Frau Harmsen auf sich nimmt."

„Sondern?", fragte ich.

„Weil er Skrupel hatte, sie der Gestapo auszuliefern. Hochnäsig hin oder her."

„Und der Herr Rothermund?"

„Natürlich hatte auch er in gewisser Weise Skrupel, aber ich glaube, er beteiligte sich vor allem deshalb an der Hilfsaktion, weil sie ihm später, wenn der Krieg zu Ende und das Dritte Reich hinweggefegt sein würde, eventuell von Nutzen sein könnte."

„Aha", sagte ich, „und inwiefern?"

„Nun, sagen wir mal so: Herr Rothermund hat sehr, sehr gute Geschäfte mit den Nationalsozialisten gemacht und dabei einen Batzen Geld verdient. Selbstverständlich war er auch Parteimitglied. Wie gesagt, er hat von den Nazis profitiert und fürchtete, dass ihn das nach dem Zusammenbruch in Schwierigkeiten bringen könnte. Und da dachte er sich: Wenn er darauf verweisen könnte, dass er – trotz bester Verbindungen zum NS-Staat – ein guter Mensch und darüber hinaus ein Judenretter gewesen sei, bestünde die Möglichkeit, dass man ihm seine Beziehungen zu den Nazis – quasi – verzeiht, wenn Sie wissen, was ich meine."

„Schlau von ihm", meinte ich. „Und berechnend. Aber trotzdem ist auch er ein hohes Risiko eingegangen, als er sich weiland auf die Sache mit Frau Harmsen eingelassen hat."

„So ist es", bestätigte die Witwe Diehl.

„Und?", erkundigte ich mich, „ist seine Rechnung später aufgegangen?"

„Er hat jedenfalls bisher keine Scherereien gehabt. Weder mit den deutschen Behörden noch mit den Amis. Und auch sein Geschäft kann er weiterführen."

„So gesehen", meinte ich, „hat er dann wohl alles richtig gemacht."

Die Witwe Diehl nickte.

„Aber erzählen Sie mir doch noch, wie es weiterging mit Frau Harmsen in ihrem Keller-Versteck", bat ich.

„Nun", berichtete die Witwe Diehl, „Herr Rothermund hat Frau Harmsen tatsächlich die von ihm versprochenen Gegenstände zur Verfügung gestellt, die er und Herr Schneider sodann in ihrem Kellerverschlag aufgebaut haben. Den Verschlag selbst haben sie, so gut es eben ging, blickdicht verschlossen. Und dort musste Frau Harmsen dann bis zum Einmarsch der Amerikaner Ende März ausharren. Wie erwartet, war es in dem Kabuff nass und kalt, und es gab kaum etwas zu essen für sie. Wir hatten ja selbst nichts.

Trotzdem zeigte sich Frau Harmsen dankbar für alles, was wir für sie taten. Vor allem, nachdem wir ihr berichtet hatten, dass sich am 18. Februar sämtliche Wiesbadener Juden, auch die, die bis dahin durch ihre Ehe mit einem Arier vor der Deportation bewahrt worden waren, auf Transport hatten begeben müssen. Diese etwa 25 Wiesbadener, so erfuhren wir, mussten sich an jenem Sonntag auf den Weg nach Theresienstadt machen. Um es auf den Punkt zu bringen: Selbst wenn Claas Harmsen zu diesem Zeitpunkt noch am Leben gewesen wäre, hätte die Ehe mit ihm Claire nicht mehr vor der Deportation in ein KZ bewahrt. Man hätte sie aus ihrer Wohnung gezerrt, sie – ausstaffiert mit einem Handkoffer, den man ihr im Lager dann gestohlen hätte – zum Bahnhof laufen lassen, in einen der obligatorischen Viehwaggons ohne Wasser und Nahrung gesperrt, und dann nach Theresienstadt gekarrt.

Insofern war es eindeutig die bessere Entscheidung gewesen, einfach sang- und klanglos von der Bildfläche zu verschwinden, auch wenn die Begleitumstände alles andere als angenehm waren. Denn gelitten hat sie wirklich. Man darf nicht vergessen: Sie war keine junge Frau mehr und noch dazu gesundheitlich angeschlagen. Die Feuchtigkeit und die Kälte in dem Kellergelass, das sie seit ihrem Untertauchen am 3. Februar nicht mehr hatte verlassen dürfen, die chronische Mangelernährung und die fehlende medizinische Versorgung haben ihr gesundheitlich massiv zugesetzt.

Sie war völlig abgemagert, leichenblass und kaum in der Lage, sich zu bewegen, als sie ihr Versteck Ende März endlich verlassen konnte. Noch dazu litt sie ja unter ihrem Rheuma, von dem sie bis dahin nicht einmal wusste, dass sie daran erkrankt war. Sämtliche Gelenke – von den Fingern bis zu den Zehen – waren rot und entzündet. Sie befand sich in einem wirklich bemitleidenswerten Zustand. Aber sie hat, zumindest Rothermund, Schneider und mir gegenüber, nie gejammert."

„Und dann hat sie sich vermutlich bei den für NS-Verfolgte zuständigen Behörden gemeldet und die eine oder andere Hilfeleistung sowohl beantragt als auch erhalten", vermutete ich.

„Genau", bestätigte die Witwe Diehl. „Sie bekam unter anderem Kleidung, Lebensmittel, Heizmaterial und schließlich – als Ersatz für die Zimmer in der Mansarde, die übrigens noch immer nicht bewohnbar sind – einen Raum in der Wohnung, in der sie bis heute lebt."

„Wenn ich mich nicht irre", wandte ich ein, „hatte dort mal das ‚Nassauer Volksbatt', dieses grässliche NS-Organ, seine Räumlichkeiten. Wie geht Frau Harmsen denn damit um, dass ausgerechnet sie dort eingewiesen wurde?"

„Das ‚Nassauer Volksblatt' war ja schon einige Jahre vor Kriegsausbruch mit seinen Redaktionsräumen in die Bahnhofstraße umgezogen, weil die Wohnung in der Wilhelmstraße zu wenig Platz bot. Daraufhin vermieteten sie die Kühlsteins an ein wohlhabendes älteres Ehepaar. Der Mann ist früher Bankier gewesen, befindet sich inzwischen aber im Ruhestand, und seine Gattin hat – wie in solchen Ehen in jener Zeit üblich – dafür gesorgt, dass der Haushalt funktioniert, also das Kommando über die Bediensteten geführt und, wie dereinst ich, Soiréen organisiert.

Die beiden stammen ursprünglich aus Hamburg, doch wegen des deutlich besseren Klimas hier in Wiesbaden beschlossen sie, ihren Altersruhesitz hierhin zu verlegen. Auf Anweisung des Herrn Bankiers und seiner Gemahlin wurden sodann die zuvor von dem Nazi-Blatt genutzten Büroräumlichkeiten gründlich umgestaltet. Und so präsentierte sich die Wohnung, als Frau Harmsen einzog, nicht mehr im braunem Büromief, sondern in hanseatischer Eleganz.

Ich denke schon, dass man sich in einem der Zimmer dort wohlfühlen kann, auch und gerade als Zwangseingewiesener. Was der Frau Harmsen dagegen zu schaffen macht, ist der Verlust ihrer ehemaligen

Wohnung und der darin befindlichen Gegenstände mit – zumindest – Erinnerungswert. Eigentlich wollte sie erreichen, dass man ihr ihre alte Wohnung zurückgibt, also die, in der der Herr Rothermund lebt."

„Das hat aber offensichtlich nicht geklappt", stellte ich fest.

„Nein, hat es nicht", bestätigte die Witwe Diehl.

„Und warum nicht?", erkundigte ich mich.

„Das hatte vor allem praktische Gründe, denn Herr Rothermund hatte Verwandte in seine Wohnung aufgenommen, die bei dem großen Luftangriff auf Mainz am 27. Februar ihr Dach über dem Kopf verloren hatten. Wäre Claire Harmsen wieder in diese Wohnung eingezogen, hätten sie – und auch Herr Rothermund, der ja schließlich der Hauptmieter war – auf der Straße gestanden.

Hinzu kommt, dass die Hausbesitzer, die Gebrüder Kühlstein, von denen der eine sein apartes Hitler-Bärtchen übrigens schon bald nach dem Tod seines geliebten Führers entfernt und auch umgehend dessen Bild von der Wand genommen hat, zu berichten wussten, dass die Harmsens die Miete für die elegante Wohnung weiland nicht mehr bezahlen konnten und sie daher um die Überlassung einer preiswerteren Unterkunft ersucht hatten.

Dieser Bitte waren die Kühlsteins bekanntlich nachgekommen. Dem Ehepaar Harmsen sei demnach nichts unrechtmäßig entzogen worden, weshalb es Frau Harmsen folglich nicht zustehe, auf der Rückgabe ihrer früheren Wohnung zu bestehen. Im Gegenteil, man habe noch – auf Bitten des Ehepaars Harmsen – dafür gesorgt, dass die Innenausstattung vollständig erhalten geblieben sei.

Das habe man als Vermieter fürwahr nicht tun müssen. Es wäre durchaus legitim gewesen, wenn die Kühlsteins darauf bestanden hätten, dem Nachmieter der Harmsens eine leer geräumte Wohnung zu übergeben. Insofern sei man dem Ehepaar Harmsen in jeder Hinsicht entgegengekommen, ganz besonders aber hinsichtlich des Umgangs mit Frau Harmsen. Man habe gewusst, dass sie jüdischer Herkunft sei, habe aber dennoch ihren fortgesetzten Aufenthalt im Hause Wilhelmstraße 17 geduldet, während andere Vermieter ihre jüdischen

Mieter, selbst wenn sie mit einem arischen Ehepartner verheiratet waren, gnadenlos vor die Tür gesetzt hätten.

Von daher sehe man seitens der Vermieter keinen Grund, Frau Harmsen ihre frühere Wohnung zu überlassen. Selbstverständlich bleibe es ihr unbenommen, sich mit Herrn Rothermund in Verbindung zu setzen und ihn um die Herausgabe sämtlicher – oder zumindest einiger ausgewählter – Möbelstücke zu bitten."

„Ein kluger Schachzug seitens der Vermieter", konstatierte ich.

„Ja", bestätigte die Witwe Diehl, „und da die Kühlstein'sche Argumentation bei der Behörde verfing, beschied man Frau Harmsen amtlicherseits, dass sie keinen Anspruch darauf habe, in ihre alte Wohnung zurückzukehren."

„Und ihre Möbel? Hat sie Herrn Rothermund um die Herausgabe gebeten?"

Die Witwe Diehl schüttelte den Kopf. „Nein. Wo hätte sie die Sachen auch unterbringen sollen?"

„Das ist wohl wahr", pflichtete ich ihr bei. „In ihrem Zimmerchen wohl kaum und im Keller schon gleich gar nicht. Da würden die Sachen bestenfalls verschimmeln."

Tod durch Strahlenpilzkrankheit (1947)

Als ich Wiesbaden gegen Ende des Jahres 1947 verließ, lag Claire Harmsen wegen ihrer rheumatischen Beschwerden, die sich während ihres wochenlangen Aufenthalts im Keller des Hauses Wilhelmstraße 17 natürlich verschlimmert hatten, bereits seit fast einem Jahr im Krankenhaus des Roten Kreuzes An der Schönen Aussicht. Wenige Monate später wurde auch Marie Plaaschke, Claires Nachbarin aus der Mansarde, dort aufgenommen. Doch anders als Claire Harmsen sollte die Frau, die ihren Lebensunterhalt ihren Angaben zufolge als Stenotypistin bestritten hatte, das Krankenhaus nicht mehr lebend verlassen. Sie war der Strahlenpilzkrankheit erlegen, die sie seit Jahren peinigte.

Wie sie sich das Leiden tatsächlich zugezogen hatte, blieb unklar. Böse Zungen behaupteten, sie habe sich ihren Lebensunterhalt keineswegs mit Büroarbeit verdient, sondern einige Zeit als Prostituierte in einem Wiesbadener Bordell gearbeitet, das viele Jahre lang einer stadtbekannten Puffmutter gehört hatte, die Anfang der 1940er-Jahre unter etwas dubiosen Umständen ums Leben gekommen und sodann durch eine andere, nicht minder bekannte Größe in diesem Gewerbe ersetzt worden war. Frau Plaaschke habe sich die durch Bakterien ausgelöste Strahlenpilzkrankheit durch ein unprofessionell eingesetztes Pessar eingefangen, das sie sich besorgt habe, um nicht ungewollt von einem ihrer Freier schwanger zu werden.

Dabei sei es anscheinend zu einer leichten Verletzung der Gebärmutter gekommen, die es bestimmten Bakterien ermöglicht habe, in tiefere Gewebsschichten einzudringen, um von dort aus ihren gemeinen Infektionsfeldzug zunächst gegen Maries Gebärmutter und dann gegen ihren Darm zu starten. Dort sorgten sie für eine ausgedehnte Fistelbildung, schufen außerdem lange sowie tiefe Kanäle und ließen Abszesse entstehen, die Marie Plaaschke schreckliche Qualen bereiteten. Jahrelang litt sie unter immer schlimmer werdenden Bauchschmerzen und permanentem Erbrechen, begleitet mal von Verstopfung, dann wieder von Durchfall und außerdem von unangenehmen Fieberattacken.

Am Ende bestand sie nur noch aus Haut und Knochen, weil sie in den letzten Tagen und Wochen vor ihrem Tod im Grunde keinerlei Nahrung mehr hatte zu sich nehmen können. Am 8. Mai 1947, dem zweiten Jahrestag der bedingungslosen Kapitulation des Deutschen Reichs, starb Marie Plaaschke im Krankenhaus An der Schönen Aussicht im Alter von 36 Jahren an einem durch die Strahlenpilzkrankheit verursachten Darmverschluss. Einige Tage vor ihrem Ableben war sie von einer ihrer Pflegerinnen gefragt worden, weshalb sie sich ein Pessar habe einsetzen lassen.

„Wissen Sie", sagte die Schwester, „ich dachte immer, Pessare benutzen nur Huren oder Frauen, die dem Führer kein Kind schenken wollten. Zu welcher Sorte gehörten Sie?"

Marie starrte sie verblüfft an. „Weder noch", entgegnete sie – so entrüstet, wie es ihr in ihrem Zustand überhaupt möglich war. „Wenn Sie es genau wissen wollen, dann ging es mir darum, meinem gewalttätigen Ehemann kein Kind zu schenken. Er war ein brutales Schwein und ich alles andere als traurig, als ich hörte, dass er – unmittelbar vor Kriegsende – gefallen ist. Da waren wir allerdings schon geschieden. Aber ich gebe zu, dass ich Angst davor hatte, dass er nach dem Krieg trotzdem wiederkommt; dass er mich einfach nicht in Ruhe lässt."

„So so", entgegnete die Schwester spitz. „Sie sind also das bedauernswerte Opfer häuslicher Gewalt. Auf keinen Fall eine Hure, und erst recht niemand, der sich weigerte, dem deutschen Volk einen wackeren Soldaten zu schenken. Na, da bin ich aber froh. Da wundert es mich nur, dass Sie keinen Arzt gefunden haben, der Ihnen Ihre Geschichte geglaubt, Sie bedauert und Ihnen das Pessar professionell eingesetzt hat. Der, dem Sie in die Hände gefallen sind, war jedenfalls ein ziemlicher Stümper. Insofern hege ich einige Zweifel an Ihrer Geschichte. Aber was soll's. Mit Ihnen ist es ohnehin bald vorbei."

Und dann rauschte sie aus dem Zimmer, in dem Marie Plaaschke wenig später sterben und die Wahrheit über den Grund für ihre Nutzung eines Pessars mit ins Grab nehmen sollte.

In Marie Plaaschkes Zimmer in der Mansarde des Hauses Wilhelmstraße 17 sollte einige Jahre später ein Ehepaar einziehen, dessen Enkel Angst und Schrecken nicht nur in Wiesbaden, sondern im ganzen Bundesgebiet verbreiten sollte. Doch davon werde ich später ausführlich berichten.

Nichts gegen den Gauleiter (1944)

„Waren die Kühlsteins eigentlich schon die Hauseigentümer, als Sie hier eingezogen sind?", wollte ich im Zuge unseres Küchengesprächs im Jahr 1945 von der Witwe Diehl wissen.

„Als ich Anfang der 1930er-Jahre nach Wiesbaden kam", erzählte sie, „gehörte das Haus noch dem Vater der Gebrüder Kühlstein. Ein älterer Herr, der mit seinem Weinhandel – Weine und Champagner en gros et en détail – ein ansehnliches Vermögen erwirtschaftet hatte. Ihm gehörten seinerzeit mehrere Häuser hier in Wiesbaden. Eines davon war die Wilhelmstraße 17. Er selbst lebte in der Humboldtstraße. Dort besaß er ein wirklich immens großes Grundstück. Darauf standen sowohl die von ihm und seiner Gattin bewohnte elegante und sehr kostbar ausgestaltete Villa, die er nach seiner Gemahlin benannt hatte, nämlich Villa Helene, als auch ein nicht eben kleines Gebäude, das die Geschäfts- und Lagerräume der Firma ‚Kühlstein und Söhne' beherbergte.

Louis Kühlstein starb nur wenige Jahre nach meinem Einzug in dieses Haus, nämlich im Frühjahr 1935. Danach ging sein gesamter Besitz an seine Söhne über. Bei dem einen handelte es sich um Ortwin Kühlstein, der mit dem Hitler-Bärtchen, und bei dem anderen um Alfred Kühlstein, der bartlose. Auch wenn man es Alfred – anders als Ortwin – nicht gleich ansah: Er war, wie sein älterer Bruder, ein überzeugter Nationalsozialist. Jedenfalls so lange, bis klar war, dass es keinen Endsieg geben und das Dritte Reich unweigerlich untergehen würde. Als Parteimitglieder hatten sie natürlich nichts dagegen, dass sich die Redaktion des ‚Nassauer Volksblatts' für einige Jahre in der Wilhelmstraße 17 einmietete. Soweit ich gehört habe, gab es sogar Sonderkonditionen für die Vertreter der braunen Presse. Da wusch wohl eine Hand die andere, denn die Kühlsteins machten, wie übrigens auch der uns sattsam bekannte Kaufmann Rothermund, gute Geschäfte mit den Nazis. Unter anderem haben sie die Gauleitung in Frankfurt am Main mit Wein und Sekt beliefert. Der Gauleiter, ein Mann namens Jakob Sprenger, war allgemein als trinkfreudig bekannt. Man könnte auch sagen, er war ein Trunkenbold. Jedenfalls ist er immer wieder durch Alkoholexzesse aufgefallen. Wenn er durch die Lande reiste und ihm jemand ein Glas Wein anbot, so trank er es in einem Zug aus, anstatt nur daran zu nippen. Sehen Sie, bei den Soiréen, die mein Mann und ich damals in Berlin gaben, da flossen Wein und Champagner selbstverständlich auch in rauen Mengen. Aber weder mein Mann noch ich wären je auf die Idee gekommen, uns in der Öffentlichkeit zu betrinken. Den Gästen verziehen wir es natürlich, wenn sie das ein oder andere Gläschen zu viel intus hatten, aber als Gastgeber oder Person, die – aus welchem Grund auch immer – im Mittelpunkt einer Veranstaltung steht, muss man Contenance wahren, und das bedeutet: nüchtern bleiben und niemals aus der Rolle fallen. Aber dieser Herr Sprenger konnte das nicht. Und jeder Bewohner seines Gaus wusste das. Aber wer es sich erlaubte, sich öffentlich darüber zu mokieren, der musste mit strenger Bestrafung rechnen."

Das bekam auch einer der Hausbewohner der Wilhelmstraße 17, nämlich der Kaufmann Schneider, zu spüren. Er hatte an einem Tag im Oktober 1944 mit seinem Mitarbeiter einen Ausflug in dessen Geburtsort Sonnenberg gemacht. Dort waren sie in einer Gaststätte in der Langgasse eingekehrt. Das Gasthaus war in einem winzig kleinen Gebäude untergebracht, das über dem Rambach errichtet worden war, der – von der gleichnamigen Ortschaft kommend – durch Sonnenberg und von dort in Richtung Innenstadt floss. Wer den Gastraum betrat, hatte – so gesehen – keinen festen Boden mehr unter den Füßen, sondern saß auf nichts weiter als ein paar Holzbohlen, die die Schankstube vom Wasser trennten. Bei Schneiders Mitarbeiter handelte es sich um einen Mann Mitte zwanzig, der – nach einem Lungendurchschuss – aus dem Kriegsdienst entlassen worden war. Daraufhin hatte er seine – aufgrund der Einberufung unterbrochene – Tätigkeit in Schneiders Fotogeschäft wieder aufgenommen.

An jenem Oktobertag kehrten Schneider und der Mitarbeiter also in der genannten Gaststätte in Sonnenberg ein. Die Wirtschaft wurde von einer älteren Frau und ihrer Tochter betrieben. Letztere war mit der Verlobten von Schneiders Mitarbeiter befreundet. Weil an jenem Tag keine weiteren Gäste die Wirtschaft aufsuchten, setzte sich die Wirtin schließlich zu ihrer Tochter, deren Freundin, dem Kaufmann Schneider sowie dessen Mitarbeiter an den Tisch.

*

An hausgekeltertem Apfelwein mangelte es nicht, ebenso wenig wie an selbst gebranntem Schnaps. Mit zunehmendem Alkoholkonsum lockerte sich bei – fast – allen, die am Tisch saßen, die Zunge. Man lästerte über dieses und jenes, und dann sagte – oder besser: lallte – Schneiders Mitarbeiter: „Beim Gauleiter gibt's bestimmt nicht nur Apfelwein und schwarzgebrannten Fusel ... Beim dicken Sprenger stehen feinste Weine, edle Sekte und süffige Edelbrände auf dem Tisch ... Hoch die Tassen! Tag und Nacht! Und dann wird auch noch ordentlich gefressen! Wild, Fleisch und Geflügel – bis der Fettwanst platzt. Und anschließend stopft er sich mit beiden Händen noch belgische Pralinen ins Maul, damit sein widerlicher Schwellkopf noch mehr anschwillt! Von den Lebensmittelrationen, die uns zugebilligt werden, ist der Kerl jedenfalls nicht so fett geworden! Der platzt doch aus allen Nähten, der Fettsack, der elende! Genau wie sein Kumpel, der restlos zugefressene Göring! Bah!! Widerlich, der Kerl! Und bei uns? Na, bei uns ist bekanntlich niemand anders als Schmalhans Küchenmeister! Ich schwöre, ich kann gar nicht so viel fressen und saufen, wie ich kotzen könnte!“

„Jetzt ist es aber wirklich gut", meinte Schneider und legte seinem Mitarbeiter beruhigend eine Hand auf den Unterarm.

„Komm, Hubert", sagte die Verlobte des Mitarbeiters, „ich glaube, du hast genug. Lass uns gehen."

„Ich hab' noch lange nicht genug!", schrie der Mitarbeiter. „Ich saufe, solange ich will! Erst, wenn ich – wie der dicke Sprenger – umfalle und mit der Nase im Dreck liege, hör' ich auf!" Und dann rülpste er laut und vernehmlich.

„Los", forderte Hubert von Edeltraud, der Freundin seiner Verlobten, „jetzt geh' du mal los, und hol' uns noch eine Flasche von eurem wirklich beschissenen Schnaps!"

„Hubert", sagte der Kaufmann Schneider mit Nachdruck, „bitte, es reicht jetzt. Du hast wirklich genug getrunken. Komm, lass uns gehen." Dann packte er ihn unter dem Arm und bemühte sich redlich, ihn zum Aufstehen zu bewegen.

„Lass mich doch!", lallte der Mitarbeiter und versuchte noch, Schneiders Arm wegzuschlagen, ehe es ihm plötzlich grottenschlecht wurde, und er sich – quer über den Tisch – erbrach.

„Das alles tut mir wirklich furchtbar leid", wandte sich Herr Schneider an die Wirtin, die mit verkniffenem Mund den Tiraden des Mitarbeiters gelauscht hatte.

„Mir auch", flüsterte dessen Verlobte. „Edeltraud, bitte entschuldige", sagte sie zu ihrer Freundin. „Das habe ich nicht gewollt. Komm, ich helfe dir, das Erbrochene zu beseitigen. Das ist mir alles so schrecklich peinlich ..."

„Verschwinden Sie", ließ sich plötzlich die Wirtin vernehmen. „Sehen Sie zu, dass Sie uns unverzüglich von diesem Defätisten befreien! Raus mit dem Kerl! Um den Rest kümmere ich mich schon!"

*

Herr Schneider und die Verlobte bezogen den letzten Satz der Wirtin auf die – für sie zweifellos sehr unangenehme – Pflicht zur Beseitigung von Huberts Kotze, doch das sollte sich als Irrtum herausstellen. Die

Wirtin „kümmerte“ sich auf eine ganz andere Weise um Schneiders Mitarbeiter, als von allen Beteiligten erwartet. Während Edeltraud auf Anweisung ihrer Mutter den Gastraum von Huberts Hinterlassenschaften befreien musste, eilte die Wirtin schnurstracks zum Ortsgruppenleiter und erstattete ihm Meldung über den Vorfall. Der wiederum verständigte die Gestapo, die am nächsten Morgen bei Herrn Schneiders Mitarbeiter auftauchte, um den Mann, der am Vorabend den ehrenwerten Herrn Gauleiter auf das Übelste beleidigt hatte, festzunehmen. Daraufhin musste sich Hubert vor dem Sondergericht Frankfurt am Main wegen „Vergehens gegen das Gesetz gegen heimtückische Angriffe auf Staat und Partei und zum Schutz der Parteiuniform“ verantworten, das es der nationalsozialistischen Justiz ermöglichte, jede Form der Kritik an der NS-Herrschaft sowie dessen Vertretern und Repräsentanten strafrechtlich zu verfolgen. Für seine defätistischen – also herabsetzenden – Äußerungen wurde der Mitarbeiter des Kaufmanns Schneider von dem Frankfurter Sondergericht zu neun Monaten Haft verurteilt. Die verbüßte er – zumindest teilweise – im Strafgefängnis Frankfurt-Preungesheim.

So wie dereinst mein Freund Fritz und ich wurde auch Herrn Schneiders Mitarbeiter nach dem Zusammenbruch des Dritten Reiches vorzeitig aus der Haft entlassen. Doch aufgrund der in der Haftanstalt Preungesheim ebenfalls vorherrschenden katastrophalen Zustände hatte sich Huberts Lungenschwäche, die eine Folge des im Krieg erlittenen Lungendurchschusses war, zu einer veritablen Lungenerkrankung ausgewachsen. Von der sollte er sich nicht wieder erholen. Er starb im Mai 1946 in dem Zimmer, das ihm nach seiner Entlassung von der zuständigen Behörde zugewiesen worden war. Da er aus gesundheitlichen Gründen nicht mehr arbeiten konnte und sich auch sonst von allem und allen zurückgezogen hatte, dauerte es mehrere Wochen, bis seine Leiche entdeckt wurde. Es gab ja auch niemanden, der ihn vermisst hätte. Da er arbeitsunfähig war, hatte ein anderer seine Stelle im Geschäft des Kaufmanns Schneider übernommen, weshalb ihn im Laden niemand vermisste. Die Verlobte hatte – gleich nach Huberts Verhaftung – die Verlobung gelöst, weil ihr ein Leben mit ihm auf keinen Fall erstrebenswert erschien. Und den Behördenmitarbeitern war es grundsätzlich egal, ob Hubert seine Lebensmittelkarten abholte oder nicht. So kam es, dass niemandem das Verschwinden des früheren Mitarbeiters von Herrn Schneider auffiel. Erst, als die Nachbarn den anhaltenden Gestank, der aus Huberts Zimmer drang, nicht mehr ertragen konnten und deshalb die Tür zu seiner Bude aufbrachen, wurde der Tote endlich entdeckt.

Der Ausflug in die Sonnenberger Gaststätte in der Langgasse blieb übrigens auch für den Kaufmann Schneider nicht ganz folgenlos. Als er – vielleicht drei oder vier Tage nach dem Vorfall in Sonnenberg – des morgens sein Geschäft, wie immer durch den Hintereingang, betreten wollte, tauchten plötzlich drei pickelige Milchbubis in HJ-Uniform auf und umringten ihn.

*

„Was soll das?“, fragte Schneider.

„Über den Herrn Gauleiter Sprenger wird nicht gelacht“, fauchte der eine.

„Und über den Herrn Reichsmarschall Göring werden keine Witze gerissen“, zischte der zweite.

„Und wer mit Defätisten an einem Tisch sitzt, mit ihnen säuft und lacht, kriegt anschließend gewaltig eins auf die Fresse!“, verkündete der dritte.

Und dann prügelten sie alle drei auf den völlig überraschten Kaufmann ein, bis dieser schließlich blutüberströmt zusammensackte und ohnmächtig liegen blieb, bis ihn der Besitzer des benachbarten Ladens, der einige Zeit später eintraf, schließlich entdeckte.

„Um Himmels willen!“, rief der Nachbar. „Herr Schneider!“

Dann kniete er sich neben den am Bodenliegenden, um zu prüfen, ob der Mann überhaupt noch lebte.

„Herr Heimann ...“, stöhnte der Kaufmann Schneider. „Ich bin zusammengeschlagen worden ...“

„Das sehe ich“, antwortete der Nachbar, ein freundlicher älterer Herr um die 60. „Wurden Sie beraubt?“

„Nein“, ächzte Herr Schneider. „Es ging nicht um Geld oder irgendwelche Wertsachen.“

„Sondern?“, erkundigte sich Herr Heimann, der sich unterdessen bemühte, Herrn Schneider mit einem Taschentuch das Blut aus dem Gesicht zu wischen.

„Das war ... ein Racheakt“, stieß Schneider mühevoll hervor.

„Ein Racheakt?“, wiederholte Herr Heimann überrascht.

Der Kaufmann Schneider nickte. „Ja.“

„Können Sie denn aufstehen?“, fragte der Nachbar. „Dann können wir vielleicht in den Laden gehen. Oder soll ich einen Arzt rufen?“

„Nein“, entgegnete Herr Schneider. „Ich glaube, ich schaffe es, aufzustehen.“

„Kommen Sie, ich helfe Ihnen.“

Überrascht nahm Schneider zur Kenntnis, dass sein Nachbar, den er als eher schwächlich eingeschätzt hatte, ihm ohne besondere Kraftanstrengung aufzuhelfen vermochte. Wenn er gedacht hatte, es werde ihnen beiden nur unter viel Ächzen und Stöhnen gelingen, ihn wieder auf die Beine zu stellen, hatte er sich getäuscht. Der Einzige, der ächzte und stöhnte, war er.

Herr Heimann lächelte. „So, das zumindest wäre geschafft. Kommen Sie, gehen wir hinein, und dann setzen Sie sich erst einmal auf einen Stuhl. Ich hole Ihnen ein Glas Wasser.“

„Danke“, sagte Herr Schneider. „Ohne Sie läge ich noch immer auf der Türschwelle.“

„Also, nun schießen Sie mal los. Wer wollte ich an Ihnen rächen? Und vor allem: weshalb?“

Sodann erzählte ihm Herr Schneider die ganze Geschichte. Im Zuge seines Berichts gestand er ein, dass er ebenfalls das eine oder andere lästerliche Wort habe verlauten lassen und außerdem über Huberts spöttische Bemerkungen über den Gauleiter sowie den Reichsmarschall gelacht habe, bis die Sache dann aus dem Ruder gelaufen und sein Mitarbeiter gegen die Herren ausfallend geworden sei. Als er begonnen habe, Sprenger und Göring massiv zu beleidigen, habe er beruhigend auf Hubert einwirken wollen, aber das habe nicht mehr funktioniert, weil der Mitarbeiter inzwischen viel zu betrunken gewesen sei. Statt endlich den Mund zu halten, habe er immer weiter gepöbelt.

„Unmittelbar darauf muss der Hubert dann denunziert worden sein", stellte der Kaufmann Schneider fest. „Bereits am nächsten Morgen erschien nämlich die Gestapo bei ihm und nahm ihn fest. Die werden ihn vor das Sondergericht stellen. Davon bin ich überzeugt."

„Denken Sie, dass man auch gegen Sie Anklage erheben wird?"

Schneider schüttelte den Kopf. „Glaube ich nicht. Sonst wäre die Gestapo längst bei mir gewesen."

„Aha", schlussfolgerte Herr Heimann, „weil es in Ihrem Fall anscheinend nicht zu einer Anklage reicht, man Sie aber trotzdem für Ihre Missetat bestrafen wollte, hat man Ihnen, von welcher Seite auch immer, einen Schlägertrupp auf den Hals gehetzt."

Schneider nickte. „Das ist meine Vermutung."

„Was waren denn das für Kerle?", erkundigte sich Herr Heimann.

„Hitler-Jungs", entgegnete Schneider. „Im vollen Ornat."

„Also junge Quecken", stellte Heimann fest.

„Richtig", bestätigte Schneider.

„Die hat dann aber nicht der Gauleiter geschickt", resümierte Heimann. „Und der Göring schon gar nicht."

„Das glaube ich auch nicht", sagte der Kaufmann Schneider. „Das sieht mir eher nach einem Trupp aus, den mir wohl diese Sonnenberger Gastwirtin oder einer ihrer Verbündeten auf den Hals geschickt hat."

Heimann nickte nachdenklich. „Das könnte stimmen. Also, lieber Herr Schneider, ich an Ihrer Stelle würde mich in dieser Gaststätte nicht mehr blicken lassen."

„Das hatte ich auch nicht vor", erklärte Schneider.

Herr Schneider sollte übrigens Glück haben: Weder tauchte bei ihm die Gestapo auf, noch musste er sich vor irgendeinem Gericht verantworten. Offensichtlich genügte es seinen nationalsozialistischen Gegenspielern, dass die drei HJ-Mitglieder ihm eine ordentliche Abreibung verpasst hatten.

Die Familie des Sektfabrikanten (von der Jahrhundertwende bis in die 1980er)

„Wussten Sie übrigens", erkundigte sich die Witwe Diehl bei einem unserer Gespräche, „dass hier – also in diesem Haus – dereinst ein bekannter Wiesbadener Sektfabrikant gewohnt hat?"

Ich schüttelte bedauernd den Kopf. „Davon weiß ich nichts", gestand ich.

„Und zwar in genau der Wohnung, in die später die Familie Harmsen eingezogen ist!", verkündete die Witwe Diehl. „Aber ich gebe zu – das war vor meiner Zeit. Als ich hierhergekommen bin, war der Sektfabrikant längst nicht mehr da."

„Spannen Sie mich nicht auf die Folter!", bat ich die Witwe Diehl. „Um welchen der berühmten Sektfabrikanten Wiesbadens handelt es sich?"

„Um Bornholm!", rief sie aus.

„Bornholm?", wiederholte ich überrascht. „Der soll hier gewohnt haben?"

„Genau", bestätigte die Witwe Diehl. „Die alte Frau Nettelblad, ihres Zeichens Witwe eines Generalmajors, hat es mir weiland berichtet."

„Nein", entgegnete ich, „liebe Frau Diehl, ich fürchte, da liegt eine Verwechslung vor."

Zufälligerweise wusste ich von den Regers, die – anders als meine Wenigkeit – tatsächlich in den „höheren Kreisen" Wiesbadens verkehrt hatten, dass der Sektfabrikant Robert Bornholm in der Paulinenstraße ansässig gewesen war. Zuvor hatte er, zumindest soweit es mir erinnerlich war, in Schierstein gewohnt. Dieser Mann, davon war ich felsenfest überzeugt, hatte nie und nimmer in der Wilhelmstraße 17, damals noch als Nummer 15 geführt, gelebt.

Und ich, dachte ich bei mir, hätte an Robert Bornholms Stelle nur höchst ungern die Gestapo in meiner unmittelbaren Nachbarschaft gehabt ... allerdings hatte zum Zeitpunkt der Errichtung der neuen Residenz Robert Bornholms, die um 1906 bezugsfertig geworden war, zugegebenermaßen noch niemand geahnt, dass es eines Tages so etwas wie die Gestapo überhaupt geben und dass die dann ausgerechnet das Haus neben Bornholms eleganter Heimstatt beziehen würde ... Und ich hatte mir nicht träumen lassen, dass ich einmal in die Fänge eben dieser Gestapo geraten könnte ...

Ich erinnerte mich mit Schrecken an das Haus in der Paulinenstraße, in der das Schicksal, dass mich an den Rand des Todes katapultieren sollte, seinen Lauf nahm. Natürlich dachte ich in diesem Zusammenhang auch an das Schicksal der Regers. Ich hatte nach wie vor keine Ahnung, was aus den beiden geworden war. Und ich sollte es auch nie in Erfahrung bringen. Das Einzige, was ich über sie erfuhr, war, dass Tochter Elisabeth die beiden eines schönen Tages für tot hatte erklären lassen. Die Witwe Diehl war so freundlich, mir die Ausgabe des „Staats-Anzeigers für das Land Hessen" vom 21. November 1948 zu übersenden.

Darin waren – konkret auf der Seite fünf – die Todeserklärungen aufgeführt, die die zuständigen Amtsgerichte in den letzten Tagen und Wochen ausgesprochen hatten. In einer davon hieß es: „Auf Antrag der Frau Elisabeth Handlauf, geborene Reger, in Siegburg, Bonner Straße 52, wird der am 3. Januar 1869 in Königsberg/Ostpreußen geborene, zuletzt in Wiesbaden, Hindenburg-Allee 3, wohnhaft gewesene Richard Gustav Reger für tot erklärt. Als Zeitpunkt des Todes wird der 8. Mai 1945, 24 Uhr, festgestellt. Wiesbaden, 18. Oktober 1948." Auch Marga wurde mit Datum vom 8. Mai 1945 für tot erklärt.

Ich gebe zu, dass ich – nachdem die beiden weder in Wiesbaden noch in Siegburg, also bei ihrer Tochter, aufgetaucht waren – mehr oder weniger davon ausging, dass sie das Dritte Reich nicht überlebt hatten. Trotzdem war ich tief betroffen, als ich schließlich ihre Todeserklärung in den Händen hielt. Jetzt waren sie also – ganz offiziell – endgültig tot.

„Frau Diehl", sagte ich, „ich hatte einmal gute Freunde, die mit Robert Bornholm in Kontakt standen. Aber davon, dass er in der Wilhelmstraße 15 – später dann 17 – residiert hätte, hörte ich nie."

„Robert Bornholm?", echote die Witwe Diehl. „Aber nein, den meine ich doch gar nicht! Es geht vielmehr um Albert, seinen Bruder!"

„Ach so", erwiderte ich. „Also, von dem weiß ich wirklich gar nichts. Mir war nicht einmal bekannt, dass der Sektfabrikant Bornholm überhaupt einen Bruder hat."

„Sogar zwei!", rief die Witwe Diehl triumphierend. „Aber ich habe mich eben vielleicht auch etwas missverständlich ausgedrückt. Nach dem Tod Bertram Bornholms, des Vaters der drei Knaben, der die inzwischen weltweit bekannte Sektfabrik in der zweiten Hälfte des 19. Jahrhunderts nicht nur aus der Taufe gehoben, sondern auch – in jeder Hinsicht! – erfolgreich geführt hatte, wurde sein Besitz unter seinen drei Söhnen aufgeteilt. Fortan firmierte Albert, genauso wie seine Brüder Herfried und Robert, offiziell als Sektfabrikant.

Tatsächlich aber haben er und Herfried sich herzlich wenig für Sekt interessiert. Nur Robert fühlte sich zur Sektherstellung berufen. Naja, und so kam es, dass er zum alleinigen Direktor der ‚Bornholm-Sect-Manufactur' ernannt wurde. Herfried und Albert hatten volles Vertrauen in Roberts Fähigkeiten. Darüber hinaus hielten sie ihn für integer. Deshalb konnte er schalten und walten, wie er wollte.

Und man kann wohl sagen, dass Roberts Schalten und Walten mindestens so erfolgreich war wie das seines Vaters. Jedenfalls liefen die Geschäfte fantastisch. Und obwohl der größte Teil des Gewinns in Roberts Taschen floss, nagten weder Herfried noch Albert am Hungertuch. Die nicht eben geringe Geldsumme, die den beiden Brüdern dank des väterlichen Erbes und der Beteiligung an dem Gewinn, den die Sektfabrik aufgrund Roberts Engagement abwarf, zur Verfügung stand, ermöglichte es ihnen, ein Leben nach ihren Wünschen und Vorstellungen zu führen, ohne dabei an Gewinn oder Verlust zu denken."

„Sehr vorteilhaft", stellte ich fest. „Und, was haben die beiden Herren so mit ihrem Leben angestellt? Ich würde vermuten, dass sie die personifizierten Müßiggänger waren."

„Nein, ganz und gar nicht", entgegnete die Witwe Diehl. „Die beiden waren von Beruf Ingenieure, und ihre Leidenschaft galt irgendwelchen Motoren. Mit solchen Dingen kenne ich mich nun wirklich nicht aus. Aber das spielt ja auch keine Rolle. Wichtig ist nur, dass sie ihren beruflichen Interessen nachgehen konnten, ohne Angst haben zu müssen, dass ihre Pläne mangels finanzieller Masse scheitern."

*

Bertram Bornholms allerletzten Gang begleiteten einzig seine Söhne Robert, Herfried und Albert. Am vorangegangenen Tag hatte es für den unlängst verstorbenen Gründer der Sektfabrik Bornholm eine große Aussegnungsfeier in der St. Bonifatius-Kirche gegeben, an der Honoratioren aus aller Welt und sogar einige gekrönte Häupter teilgenommen hatten.

Bertrams Tod war plötzlich und unerwartet gekommen. Zwei Tage vor Silvester hatte er mit seiner Gattin Elisabeth in einem Gemach seiner Villa zu Abend gespeist, das er als kleines Speisezimmer zu bezeichnen pflegte. In dem als groß apostrophierten, nebenan gelegenen Speisesaal wollten die Bornholms zwei Tage später mit einer Vielzahl in- und ausländischer Gäste das neue Jahrhundert begrüßen. Deshalb waren beinahe sämtliche Bedienstete der Familie schon seit Tagen damit beschäftigt, den Salon für die große Feier vorzubereiten. Stühle, Tische, Teppiche, Musikinstrumente, Gläser, Teller, Tassen, Löffel und Deko-Material aller Art musste herbeigeschafft und arrangiert werden.

Auch in der Küche liefen die Vorbereitungen auf Hochtouren. Unterstützt wurden die beiden Köche, die zwei Beiköche und die Küchenhelfer der Bornholms von zusätzlich engagiertem Personal, denn sonst hätten sie das umfängliche Pensum niemals bewältigen können.

Die Tische, so hatte es der Gastgeber verlangt, sollten sich unter all den köstlichen Speisen, die man an diesem besonderen Tag auftragen wollte, biegen. Dazu gehörte unter anderem Dorsch in Austern-Sauce, Puter in Aspik, farcierte Fasanen in Trüffel-Sauce, Rehkeule mit Kompott von Apfelsinen, Birnen, Quitten und Mandeln, gefüllte Spanferkel mit Rotkohl, Rebhuhn in Weintrauben-Melonen-Gelee, Froschschenkel in Champignon-Sauce, Schnepfen mit Äpfeln im Schlafrock, Hummersalat und zum Abschluss entweder Rheinwein-Gelee mit Schlagsahne, Wiener Torte mit Makronen, Eistorte oder verschiedene frische Früchte.

Doch Bertram Bornholm sollte nicht mehr dazu kommen, die von ihm georderten Köstlichkeiten im Kreise seiner illustren Gäste zu genießen. An jenem Abend, an dem er mit seiner Gattin im kleinen Speisezimmer dinierte, sackte er – völlig ohne Vorwarnung – in sich zusammen, um sodann – im Zeitlupentempo – mit Kopf und Oberkörper auf den Tisch zu fallen. Selbstverständlich eilten sowohl seine Gemahlin als auch seine Bediensteten sofort herbei, um ihm zu helfen, doch da gab es nichts mehr zu helfen. Bertram Bornholm war in dem Moment gestorben, indem er zusammengesunken war. Das bestätigte auch der wenig später eingetroffene Arzt. Daraufhin wurden die Gäste für den Silvesterabend aus- und stattdessen zu der Anfang Januar 1900 abgehaltenen Aussegnungsfeier inklusive Leichenschmaus eingeladen.

Am Tag nach dem Gottesdienst geleiteten Bertrams Söhne den toten Vater zu dem auf dem Nordfriedhof gelegenen Familienmausoleum. Nachdem der Sarg in der Gruft beigesetzt worden war, die sich im Untergeschoss des Mausoleums befand, begaben sich die Gebrüder Bornholm – über eine elegant geschwungene Treppe – hinauf ins Erdgeschoss und dort in den Salon. Spähte ein neugieriger Friedhofsbesucher – aus welchem Grund auch immer – durch die Fenster, die im Eingangsbereich des Mausoleums eingelassen waren, so sahen sie nicht mehr als einen kleinen Raum mit einer in eine Wand eingelassene Tür, die vermuten ließ, dass sie den Zugang zur Gruft darstellte.

Tatsächlich aber befand sich dahinter ein zwar fensterloser, aber sehr elegant eingerichteter Salon. Die Wände waren holzvertäfelt und mit Gemälden geschmückt, auf denen die Vorfahren der Bornholms verewigt waren. In einer Ecke stand ein mit aufwendigen Schnitzereien versehener Schrank, der die Bar beherbergte. Wer wollte, konnte nach einer Stippvisite in der Gruft entweder einen Cognac, einen Sherry oder einen Portwein zu sich nehmen.

Sowohl die Getränke als auch die entsprechenden Gläser und Schwenker standen im Schrank bereit. Sodann konnte man es sich in einem der großen Ledersessel bequem machen, die um einen niedrigen Tisch herum gruppiert waren. Nicht einmal frieren musste der Besucher des Bornholm'schen Mausoleum-Salons. Nach dem Anheizen des schmiedeeisernen Ofens, der sich in der Ecke gegenüber der Bar befand, durchdrang wohlige Wärme den Raum.

„Tja“, sagte Robert, nachdem er sich ein nicht eben kleines Glas Cognac eingeschenkt hatte, „jetzt ist er also tot.“

„In der Tat“, stellte Herfried fest. „Ich hatte nicht damit gerechnet, dass es so schnell geht.“

„Das hat wohl niemand“, meinte Albert.

„Und jetzt?“, fragte Robert. „Was machen wir jetzt?“

„Was sollen wir schon machen“, meinte Herfried. „Vater hat doch in seinem Testament alles geregelt. Du, Robert, erbst fünfzig Prozent seines Vermögens und sollst die Sect-Manufactur als alleiniger Geschäftsführer fortführen. Mutter erhält 25 Prozent des Vermögens, und Albert und ich teilen uns die verbliebenen 25 Prozent. Das heißt, jeder von uns bekommt 12,5 Prozent des Vermögens.“

„Das ist richtig“, erwiderte Robert. „Aber jetzt geht es darum, ob ihr vollständig ausgezahlt oder ob ihr – zu jeweils zwölfeinhalb Prozent – Anteilseigner der Sektfabrik werden wollt, was bedeutet, dass ihr an dem Gewinn, den das Unternehmen jährlich abwirft – und hoffentlich auch weiterhin abwerfen wird – beteiligt seid."

„Ich würde gerne beteiligt bleiben", meinte Herfried. „Dann kann ich, ohne in wirtschaftliche Not zu geraten, meine Interessen verfolgen."

„Das gleiche gilt für mich", erklärte Albert.

Robert nickte. „In Ordnung. Dann machen wir das so. Und was mich angeht, so dürft ihr versichert sein, dass ich mich bezüglich der Gewinnerwirtschaftung ins Zeug legen werde. Parole d'honneur!", sagte er und hob die Hand zum Schwur.

Dass er Herfried und Albert zumindest teilweise zu enterben plante, daraus hatte Bertram nie einen Hehl gemacht. Die Leidenschaft der beiden für Technik war ihm stets suspekt gewesen. Selbstverständlich gab es in seiner Fabrik jede Menge Technik, aber für die interessierten sich die Knaben eher wenig. Ihr Herz brannte für Dinge, die Bertram fremd waren. Grundsätzlich war ihm alles fremd, was nicht mit der Herstellung und dem Verkauf von Sekt zu tun hatte. Für ihn gab es definitiv nichts Wichtigeres als die Sektfabrik. Er war mit Leib und Seele Sektfabrikant und Kaufmann und Robert der einzige seiner Söhne, der – zumindest fast – so fühlte und dachte wie der Vater.

Deshalb sollte er nach Bertrams Tod auch den Löwenanteil des väterlichen Vermögens erben. Das würde es ihm ermöglichen, das Unternehmen – im Sinne seines Gründers – fortzuführen. Jede andere Entscheidung würde, davon zeigte sich Bertram überzeugt, den Fortbestand der Sect-Manufactur gefährden.

Im Gegensatz zu seinem Vater konnte Robert – obwohl auch sein Herz für den Kaufmannsberuf und die Sektfabrik schlug – akzeptieren, dass es Menschen gab, die sowohl andere Interessen als auch andere Talente hatten.

Dazu gehörte insbesondere die von Robert stets bewunderte technische Begabung seines jüngeren Bruders Herfried. Der war von klein auf ein Tüftler gewesen, weshalb er sich nach Beendigung der Schule

– sehr zum Entsetzen des Vaters – zur Aufnahme eines Diplom-Ingenieur-Studiums entschlossen hatte. Und Albert, Bertrams jüngster Sohn, sprang in die gleiche Bresche. Auch er war technisch interessiert und wurde ebenfalls Ingenieur.

Doch handelte es sich bei Albert, anders als bei Herfried, nicht um einen kreativen Geist, sondern um einen kreuzbraven Handwerker mit Diplom. Er entwickelte nie etwas selbst, sondern arbeitete stets streng nach Anweisung. Was zum Kuckuck sollte man von so jemandem halten, fragte sich Bertram Bornholm. Herfried hatte wenigstens Ideen, die er auch in die Praxis umzusetzen vermochte. Leider war es das dann auch! Der Junge schaffte es einfach nicht, aus seinem Können, seinem Sachverstand, seinen Erfindungen und seinen Entwicklungen Kapital zu schlagen. Für Bertram war das vollkommen unverständlich. Für Robert übrigens auch. Herfrieds Talent beeindruckte ihn mächtig, aber die vollkommene Unfähigkeit des Bruders, seine genialen Ideen zu Geld zu machen, enttäuschte ihn sehr.

„Ich habe gehört", sagte Bertram Bornholm eines Tages resigniert zu seiner Frau, „dass Herfried schon wieder eines seiner merkwürdigen, technischen Konstrukte zum Patent angemeldet hat."

„Ach herrje", erwiderte Elisabeth, ohne von ihrer Klöppelarbeit aufzusehen. „Worum handelt es sich denn dieses Mal?"

„Um ein Automobil", sagte Bertram.

„Ein Automobil?", echote Elisabeth und blickte nun doch von ihrer Klöppelarbeit auf. „Etwa so ein Ding, mit dem vor einigen Jahren diese Frau ... mein Gott, wie hieß sie doch gleich ..."

„Bertha Benz", warf Bertram ein.

„Ja, also, so ein klappriges Ding, mit dem vor einiger Zeit diese Frau Benz durch die Gegend gefahren ist?", fragte Elisabeth.

„So ähnlich", beschied Bertram. „Allerdings fand Herfried, dass das Vehikel, das der Gemahl jener Frau Benz konstruiert hat, im Grunde überflüssig ist. Es handelt sich, so meinte er, um nichts anderes als eine Droschke, der man einfach nur die Pferde ausgespannt hat. Mit diesem Gefährt kommt man keinen Deut schneller voran als mit einer Pferdedroschke. Deshalb fragte er sich: Wieso soll man eine teure Motordroschke kaufen, wenn man gegenüber der klassischen Kutsche keinen Vorteil hat? Was die Welt wirklich braucht, meinte Herfried, sind motorgetriebene Fahrzeuge, die sehr viel schneller vorankommen als herkömmliche Kutschen. Deshalb hat er ein Tricycle konstruiert, also ein dreirädriges Fahrzeug, mit dem man mindestens doppelt so schnell von einem Ort zum anderen gelangen kann wie mit einer Motordroschke."

Elisabeth starrte ihren Mann ungläubig an. „Willst du damit sagen, dass Herfried ein rasendes Dreirad entwickelt hat?"

Bertram nickte. „Er hat sich das Ding sogar patentieren lassen."

„Dann will er jetzt also in die Tricycle-Produktion einsteigen?", fragte Elisabeth.

„Wir werden sehen. Aber glauben tue ich es eigentlich nicht. Herfried ist weder ein Unternehmer noch ein Kaufmann. Ihn interessiert nichts, außer seiner Technik. Nicht einmal nach Frauen schaut er ...", seufzte Bertram.

Und tatsächlich: Herfried stieg nicht in die Dreirad-Produktion ein. Stattdessen begab er sich in sein Konstruktions-Bureau und grübelte darüber nach, wie er den Antriebsmotor seines Tricycles verbessern könnte. Da gab es in jedem Fall noch Luft nach oben, glaubte Herfried. Als er einige Zeit später davon überzeugt war, einen nach seiner Ansicht optimalen Zweitaktmotor entwickelt zu haben, kehrte er mit einem neuen Patent in der Hand vom Patentamt zurück.

„Stell dir vor, liebste Elisabeth", sagte Bertram Bornholm einige Monate später zu seiner Frau, die auch diesmal mit ihrer geliebten Klöppelei beschäftigt war. „Herfried hat schon wieder eines seiner Konstrukte zum Patent angemeldet."

„Interessant", erwiderte Elisabeth, ohne von ihrer Klöppelarbeit aufzusehen, „worum handelt es sich denn dieses Mal?"

„Er hat gesagt, es sei ihm gelungen, einen optimal funktionierenden Zweitaktmotor zu entwickeln“, berichtete Bertram.

„Und wozu dient ein solcher Zweitaktmotor?“, fragte Elisabeth, derweil sie einen Blick auf ihre Mustervorgabe warf, um bei ihrer Klöppelei nur ja nichts falsch zu machen.

„Unter anderem als Antrieb für rasende Dreiräder“, meinte Bertram.

Elisabeth blickte ihn erstaunt an. „Aber so ein Ding hat er doch schon vor einiger Zeit entwickelt.“

„Ja, aber jetzt hat er den Motor, der das rasende Dreirad antreiben soll, grundlegend überarbeitet und so weit verbessert, dass er in die Serienproduktion gehen kann“, sagte Bertram. „Das klingt nach einem veritablen Geniestreich.“

„Wie schön für unseren Herfried“, entgegnete Elisabeth, der inzwischen schwante, was ihr Mann gleich sagen würde. Und tatsächlich schimpfte Bertram, wie eigentlich immer, über Herfrieds fehlende Motivation, sich und sein Können zu einem guten Preis zu verkaufen.

„Wenn der Junge nur ein Fünkchen wirtschaftlichen Sachverstand hätte, dann würde er sich spätestens jetzt nach einem Investor umsehen und Kapital aus seiner Erfindung schlagen. Aber, meine liebste Elisabeth, ich ahne schon, was Herfried als nächstes macht. Er legt das neue Patent auf den Stapel zu den anderen Patenten, die er besitzt, verschwindet dann in seinem Konstruktions-Bureau und fängt an, am nächsten Projekt zu tüfteln.“

Und tatsächlich sollte Vater Bornholm Recht behalten. Nachdem Herfried sein Patent auf den verbesserten Zweitaktmotor beim Patentamt eingereicht und erhalten hatte, verlor er – wie immer – jegliches Interesse an dem Projekt, ging in sein Konstruktions-Bureau und überlegte, womit er sich in der nächsten Zeit beschäftigen sollte.

An jenem Nachmittag, den die Gebrüder Bornholm im Salon des Familienmausoleums verbrachten, kam Albert plötzlich auf Herfrieds Zweitaktmotoren-Patent zu sprechen.

„Herfried“, sagte er, „jetzt, wo ich ein bisschen Geld geerbt habe und außerdem damit rechnen darf, dank meines Anteils an der Sektfabrik regelmäßig sichere Einkünfte zu erzielen, wäre es mir möglich, eine kleine Fabrik aufzubauen, in der ich deinen Zweitaktmotor herstellen könnte. Deine Idee ist wirklich genial, und es wäre gar zu schade, sie einfach in einer Schublade verstauben zu lassen.“

Herfried und Robert sahen Albert überrascht an.

„Du willst eine Fabrik gründen?“, fragte Robert ungläubig. Dass Albert in der Lage sein würde, Herfrieds Entwicklung nachzubauen, war ihm natürlich klar. Aber er hätte nie vermutet, dass der sonst eher zurückhaltende, nicht eben durch Eigeninitiative und Risikofreude und erst recht nicht durch kaufmännische Sachkenntnis aufgefallene Albert plötzlich Fabrikant werden wollte.

„Herfrieds Entwicklung ist perfekt“, wiederholte Albert. „Man kann nicht nur Fahrzeuge damit antreiben, sondern auch Maschinen.“

Herfried nickte. „Das stimmt.“

„Was denn für Maschinen?“, wollte Robert wissen.

„Na ja“, entgegnete Albert, „ich denke da unter anderem an die Rheinschifffahrt. Da kommen sogenannte Spills zum Einsatz, zum Beispiel zum Heben der Ankerkette. Das funktioniert momentan noch über Muskelkraft. Aber das könnte man ändern. Stellt euch vor, wie dankbar die Männer an Bord sein werden, wenn sie einfach nur einen Schalter umlegen müssen, um das schwere Ankerspill zu heben, anstatt sich körperlich einbringen zu müssen.“

„Keine schlechte Idee“, sagte Herfried anerkennend. „Das könnte was werden.“

„Also?“, fragte Albert. „Darf ich Dein Patent nutzen?“

Herfried nickte. „Ich bin einverstanden.“

„Danke!“, sagte Albert ehrlich erfreut. „Ich beteilige dich selbstverständlich am Umsatz!“

Herfried winkte ab. „Ich brauche kein Geld. Du kannst meine Idee umsonst nutzen.“

Im Geiste schlug Robert die Hände über dem Kopf zusammen.

Sein Vater hatte wirklich recht gehabt. Herfried besaß keinen Funken Ehrgeiz, wenn es um Geld oder Geschäftliches ging.

Einige Zeit später verkündete Herfried, dass er sich in Norddeutschland ein Häuschen gekauft habe. Er sei die Großstadt leid. In Zukunft wolle er auf dem Land leben. Dort könne er sich dann in aller Ruhe seinen technischen Studien widmen. Und wirklich übersiedelte Herfried einige Zeit später in ein Dorf, in dem sich Fuchs und Hase Gute Nacht sagten. Dort blieb der ewige Junggeselle bis zu seinem Tod im Frühsommer 1942 ansässig, und dort wurde er – auf eigenen Wunsch hin – auch begraben. Ein Patent hat er nach seinem Umzug übrigens nie wieder angemeldet.

*

Albert starb ebenfalls 1942. Die letzten Jahre seines Lebens verbrachte er in einem in der Platter Straße untergebrachten christlichen Hospiz und Kurheim. Seine Beisetzung erfolgte im Mausoleum der Familie Bornholm auf dem Nordfriedhof. Zu diesem Zeitpunkt war die von ihm unmittelbar nach dem Tod seines Vaters ins Leben gerufene „Albo-Motorenfabrik" längst Geschichte. Das galt jedoch nicht für Herfrieds geniale Motorenkonstruktion. Mochte auch die Firma „Albo" untergegangen sein und sich später außerdem niemand mehr daran erinnern, dass es ein Mitglied aus der Familie Bornholm gewesen war, der diesen besonderen Zweitaktmotor konstruiert hatte – auf jeden Fall sollte Herfrieds Idee die folgenden die Jahre und Jahrzehnte überdauern und sogar bis ins 21. Jahrhundert Anwendung finden.

Albert Bornholm hatte übrigens schon kurz nach dem Tod seines Vaters – und dem damit verbundenen Geldsegen – seine Wohnung in der Wilhelmstraße 17, damals noch Nummer 15, aufgegeben und war mit seiner Frau und seinen zwei Kindern in eine Villa in der Frankfurter Straße umgezogen. Beide Kinder waren noch hier im Haus zur Welt gekommen. Der Knabe – Clemens – recht bald nach dem Anfang der 1880er-Jahre erfolgten Bezug der Wohnung, und die Tochter –

Ariane – unmittelbar vor dem zu Beginn des neuen Jahrhunderts erfolgten Auszug.

Und auf meine diesbezügliche Nachfrage wusste die Witwe Diehl auch noch zu berichten, was aus den beiden Kindern wurde.

*

„Der Junge", sagte Albert eines Tages vorwurfsvoll zu Martha, seiner Gemahlin, „ist völlig aus der Art geschlagen!"

„Was meinst du", wollte sie wissen.

„Er hat überhaupt kein Interesse an Technik und auch keinerlei technisches Verständnis", klagte er. „Dabei könnte er, wenn er nach Beendigung der Schule ein Studium der Ingenieurswissenschaften aufnehmen würde, eines Tages die Albo übernehmen. Dann wäre er ein gemachter Mann. Aber der Betrieb ist ihm vollkommen gleichgültig! Stattdessen tut er so, als sei er Rembrandt und verbringt den Tag damit, Ölfarbe auf irgendwelche Leinwände zu schmieren! Oder er bastelt irgendwelche komischen Zimmerchen aus Pappmaché! Das ist doch nicht normal! Das macht doch kein vernünftiger Mensch!"

„Albert", erwiderte Martha, „kannst du dich noch an das erinnern, was du mir über deinen Vater erzählt hast? Dass er Herfrieds und deine Leidenschaft für Technik zutiefst verachtet hat, weil er der Meinung war, dass nur eines zählt – nämlich der Erfolg seiner Sektfabrik?"

„Das sind aber doch zwei Paar Schuhe, liebe Martha", entgegnete Albert. „Herfried und ich haben uns doch nicht mit Weiberkram beschäftigt! Aber genau das tut Clemens!"

„Albert, der Junge möchte Künstler werden. Er will beim Theater arbeiten und dort die Kulissen gestalten", erklärte Martha. „Deshalb übt er sich im Malen und im Gestalten von Räumen."

„Künstler! Das ich nicht lache!", schrie Albert. „Am Theater arbeiten! Da treiben sich doch nur Übergeschnappte und Sodomisten herum! Was zum Henker will der Bursche da? Ist er vielleicht sodomistisch veranlagt und möchte den Rest seines Lebens unter seinesgleichen sein?"

„Albert, bitte", versuchte Martha ihren aufgebrachten Ehemann zu beruhigen. „Nur weil es den Jungen in einen künstlerischen Beruf drängt, ist er doch nicht gleich ein Päderast."

„Jetzt hör' mir mal gut zu, Martha", fauchte Albert. „Ich werde nicht erlauben, dass Clemens nach der Schule zum Theater geht. Ich werde dafür sorgen, dass er etwas Ordentliches lernt. Etwas, was ihm nützt, wenn er eines Tages die Albo-Motorenwerke übernimmt!"

„Albert", sagte Martha, doch ihr Mann schnitt ihr das Wort ab.

„Papperlapapp!", schrie Albert. „Wenn der Bursche zu Ostern die Schule verlässt, wird er zunächst eine Banklehre antreten. Darauf folgt dann eine technische Ausbildung! Dafür werde ich sorgen. Die Sache mit dem Theater kann er sich aus dem Kopf schlagen! Solange er nicht volljährig ist und außerdem seine Füße unter meinen Tisch streckt, macht er, was ich von ihm verlange! Und du, Martha, du wirst mir nicht in den Rücken fallen! Lass dir das gesagt sein!"

*

Tatsächlich sorgte Albert dafür, dass Clemens nach dem Bestehen der Hochschulreife zu Ostern 1913 eine Stelle als Lehrling bei dem ebenso bekannten wie renommierten Wiesbadener Bankhaus Berlé antreten konnte. Die Eltern des gegenwärtigen Direktors des Bankhauses hatten, wie Albert und Martha, im Haus Wilhelmstraße 17, damals noch Nummer 15, gewohnt. Selbstverständlich waren der Sohn und die Schwiegertochter der beiden alten Berlés regelmäßig bei den Eltern zu Besuch gewesen, was dazu geführt hatte, dass die jungen Berlés und die Bornholms sich ab und zu im Hausflur begegnet waren. Und weil sie einander recht sympathisch fanden, hatten sie zuweilen auch ein Gläschen Wein oder Sekt miteinander getrunken und durchaus angeregt geplaudert.

Zwischen den beiden Ehepaaren bestand zwar keine enge Freundschaft, wohl aber eine Bekanntschaft, die es Albert erlaubte, bei dem Bankier vorstellig zu werden, um ihn darum zu bitten, seinen Sohn als Lehrling einzustellen. Berlé hatte nichts dagegen, Albert den

Wunsch zu erfüllen. So kam es, dass Clemens Bornholm nach der Reifeprüfung, die er am Humanistischen Gymnasium zu Wiesbaden mit gutem Erfolg abgelegt hatte, eine Banklehre im Bankhaus Berlé antreten konnte – oder besser gesagt: antreten musste.

Clemens hasste diesen Beruf. Und noch viel mehr hasste er seinen Vater, weil der ihn gezwungen hatte, diesen verhassten Beruf zu erlernen. Jeden Morgen, wenn er aufstand, graute es ihm vor einem neuen Tag in der Bank. In dem Augenblick, in dem er das – zugegebenermaßen – imposante Gebäude betrat, hatte er das Gefühl, eingesperrt zu sein ... am liebsten wäre er davongelaufen ... aber er lief nicht davon. Noch nicht ... Doch eineinhalb Jahre später – im Sommer 1914 – war es schließlich so weit. Clemens meldete sich zum Kriegsdienst. Bloß weg aus Wiesbaden! Weg von seinem Vater! Weg von dieser Banklehre! Da ließ er sich doch lieber totschießen, als weiterzuleben wie bisher.

Clemens sollte Glück haben. Er wurde nicht totgeschossen, nicht mit Gas vergiftet, nicht von Granaten in die Luft gesprengt, nicht von Panzern überrollt, nicht unter Trümmern begraben – er überlebte den Krieg und kehrte, mit zwei Händen und zehn Fingern, zwei Armen, zwei Füßen und zehn Zehen sowie zwei intakten Beinen, im Jahr 1918 in die Heimat zurück. Allerdings nicht nach Wiesbaden, denn dort gab es nichts, was auf ihn wartete. Ariane, seine kleine Schwester, war – im Hungerjahr 1916 – an den Folgen irgendeiner geheimnisvollen Krankheit gestorben. Der Arzt tippte auf einer Maserninfektion, die sich zu einer Gehirnentzündung ausgeweitet hatte. Aber vielleicht war es auch irgendetwas anderes gewesen, was sie dahingerafft hatte. Wer konnte das damals schon so genau sagen.

Albert, sein Vater, war bankrott. Die Albo-Motorenwerke hatten ihre Pforten 1917 vor allem aufgrund eklatanten Mangels an Material und Personal schließen müssen. Die Männer, die Albert beschäftigt hatte, standen fast alle im Feld, und das Material, das er für die Herstellung seiner Motoren benötigte, bekam er nicht, weil es kriegswichtig war, was wiederum das Todesurteil für die Albo-Motorenwerke bedeutete. Bliebe noch Martha, seine Mutter, als letzter Grund, um nach Wiesbaden zurückzukehren. Doch die hatte sich 1918 von ihrem Mann scheiden lassen und war nach München gegangen, wo ihre Geschwister lebten. Martha Bornholm hatte die Nase von ihrem Mann, der mit zunehmendem Alter immer rechthaberischer und patriarchalischer wurde, gründlich voll gehabt, und da es keine – kleinen – Kinder mehr gab, die sie zum Ausharren bei ihm hätten veranlassen können, beschloss sie, sich von ihm zu trennen.

Daraufhin entschied Clemens, nach seiner Demobilisierung nicht nach Wiesbaden zu gehen, sondern zu seiner Mutter nach München. Dort absolvierte er schließlich die langersehnte Ausbildung zum Bühnenbildner, und als solcher sollte er Zeit seines langen Lebens deutschlandweit erfolgreich sein. Clemens Bornholm starb in den 1980er-Jahren während eines Italien-Aufenthalts an einem Herzinfarkt. An ihn, den bekannten Künstler, sollte sich die Nachwelt noch lange erinnern, genauso wie an seinen Onkel Herfried, den begnadeten Techniker und Tüftler, sowie an dessen Bruder, den erfolgreichen Sektfabrikanten Robert Bornholm.

Nur an Albert erinnerte sich, kaum, dass er verstorben war, niemand mehr. Er verschwand irgendwo im Nebel der (Familien-)Geschichte und tauchte nur zufällig wieder auf, weil die Witwe Diehl und ich uns an jenem Abend im Jahr 1945 in ihrer Küche über die ehemaligen und gegenwärtigen Bewohner sowie Eigentümer des Hauses Wilhelmstraße 17 unterhielten. Und wie vielen Zeitgenossen und Nachgeborenen fiel auch mir, bei der Erwähnung des Namens Bornholm, zuallererst der legendäre Sektfabrikant ein. Von Roberts Bruder Albert hingegen hatte ich bis zu diesem Tag noch nie gehört.

Die Wilhelmstraße 17 im Ersten Weltkrieg (1914–1918)

„Sie sagen", erkundigte ich mich bei der Witwe Diehl, „Clemens Bornholm habe sich 1914 sofort und unverzüglich zum Militärdienst gemeldet. Wissen Sie denn, ob er zu denen gehört hat, die den Krieg damals begrüßt, um nicht zu sagen: bejubelt haben?"

„Aus eigenem Wissen kann ich hierzu natürlich nichts sagen", erklärte die Witwe Diehl. „Damals lebte ich ja noch nicht in Wiesbaden. Aber aus den Erzählungen der Frau Harmsen geht hervor, dass er den Krieg vor allem deshalb begrüßt hat, weil er ihn als Chance sah, von seinem ungeliebten Vater wegzukommen."

„Und die Harmsens? Wie standen denn die zum Krieg?"

„Frau Harmsen war hin- und hergerissen. Sie hatte ja ihre Jugend in Frankreich verbracht. Sie liebte das Land, sie liebte die Sprache, und sie liebte die französische Lebensart. Aber sie mochte natürlich auch Deutschland und die Deutschen. Zumal sie – durch ihre Hochzeit mit Claas – selbst Deutsche geworden war. Da konnte sie sich nun schlecht abfällig über Deutschland äußern."

„Und ihr Mann?", wollte ich wissen. „Der hatte doch seinerseits viele Jahre in Frankreich verbracht. Wie stand er denn dazu, dass sich die beiden ‚Erbfeinde' erneut in einem Krieg bekämpften?"

*

„Ach", sagte Claas Harmsen am Nachmittag des 1. August 1914 – einem Samstag – zu seiner Frau, „hör auf zu jammern und zu lamentieren. Du bist doch gar keine echte Französin. Gewiss, du bist in Frankreich aufgewachsen, aber deine Wurzeln liegen in Deutschland. Bis zu ihrer Auswanderung nach Paris lebten deine Eltern schließlich in Deutschland. Und dort bist du ja auch geboren worden. Also bist du Deutsche, selbst wenn du vorübergehend mal als Französin in Erscheinung getreten bist. Und als Deutsche haben wir – also du und ich und unsere Kinder – die heilige Pflicht, unserem Vaterland treu zu dienen."

„Ist das dein letztes Wort in dieser Sache?", wollte Claire wissen.

Claas nickte. „Mein allerletztes. Wir sind Deutsche, und wir stehen zu Deutschland. Und zwar ohne Wenn und Aber. So, und jetzt gehe ich mit Arnaud mal zum Telegraphenamt in der Rheinstraße. Irgendwann muss der Kaiser ja mal entscheiden, ob wir jetzt zu den Waffen greifen oder nicht. Aber ganz gleich, wie die Entscheidung ausfällt: Die Nachricht wird durch das Reichstelegraphenamt verbreitet. Also postieren wir uns vor dem hiesigen Telegraphenamt und warten dort auf den kaiserlichen Beschluss."

„Glaubst du, es besteht die Möglichkeit, dass sich der Kaiser gegen den Krieg ausspricht?", erkundigte sich Claire hoffnungsvoll.

„Nein", erwiderte Claas. „Ich bin ganz sicher, dass es Krieg geben wird."

„Papa", fragte Arnaud, nachdem Claas das Zimmer seines Sohnes betreten hatte, um ihn dazu aufzufordern, mit ihm zum Telegraphenamt zu gehen, „wenn es Krieg gibt, darf ich dann auch Soldat werden und für Volk und Vaterland kämpfen?"

„Nein, Arnaud", antwortete Claas, „du bist noch viel zu jung, um Soldat zu werden."

„Aber ich bin doch schon zwölf!", rief Arnaud aus. „Schau, ich kann auch schon marschieren und das Gewehr präsentieren! Das haben wir in der Schule gelernt!" Und dann marschierte er im Stechschritt durch sein Zimmer, um anschließend ein imaginäres Gewehr zu präsentieren.

„Sehr schön, Arnaud", lobte ihn Claas, „aber niemand, der jünger ist als 17 Jahre, darf zum Militär gehen. So sieht es das Gesetz vor," erklärte er.

„Aber das sind ja noch fünf Jahre!", jammerte Arnaud.

„Ja, und bis dahin ist der Krieg längst aus. Ich bin sicher, dass unsere Truppen zu Weihnachten wieder zu Hause sind. Bis dahin haben wir unsere Feinde locker in die Knie gezwungen", erläuterte Claas.

„Und du, Papa", fragte Arnaud, „wirst du denn Soldat, wenn es Krieg gibt?"

Claas schüttelte den Kopf. „Nein, mein Junge. Ich bin viel zu alt, um noch Soldat zu werden. Soldaten müssen nämlich flink und gewandt sein, und nicht alt und schwerfällig. Mit Männern wie mir gewinnt man keine Kriege. Ich diene unserem Kaiser, unserem Volk und unserem Vaterland viel besser hier an der Heimatfront. Da gibt es nämlich auch genug zu tun."

„Und was machst du dann hier, also an der Heimatfront?", fragte Arnaud.

„Ich werde dafür sorgen", erklärte Claas, „dass sich die deutschen Soldaten, wenn sie die Gelegenheit haben, sich von den Strapazen des Kampfes zu erholen, an die Schönheit ihrer Heimat erinnern können. Dann wissen sie zum einen, wofür sie kämpfen, nämlich für ihre wunderschöne Heimat, und zum anderen können sie ihre Gedanken in die Heimat schweifen lassen und sich an ihr zu Hause und die schönen Zeiten dort erinnern."

„Und wie machst du das genau?", fragte Arnaud neugierig.

„Indem ich zum Beispiel ein großes Bild von Wiesbaden male. Dieses Bild wird dann in einem Schiff aufgehängt, das genauso heißt wie unsere Stadt."

„Ein Schiff, das Wiesbaden heißt?", hakte Arnaud nach. „Gibt es das wirklich?"

„Noch nicht", erwiderte Claas. „Im Augenblick befindet es sich noch im Bau. Aber bald wird es fertig sein. Und dann ist auch mein Bild fertig und schmückt einen der Räume in diesem Schiff. Da können die Matrosen – so heißen nämlich die Männer, die auf einem Schiff dienen – dann hingehen und sich das schöne Wiesbaden anschauen."

„Das ist aber wirklich nett von dir", stellte Arnaud fest.

„Ja, das ist tatsächlich nett, aber nicht nur von mir, sondern vor allem von unserem Oberbürgermeister, der die Idee zu diesem Projekt hatte. Er war der Meinung, dass ein Schiff, das wie unsere Stadt heißt, auch ein Bild von eben dieser Stadt an Bord haben muss. Und deshalb hat er mich beauftragt, ein solches Bild zu malen."

„Kann ich das Bild mal sehen?“, erkundigte sich Arnaud.

Claas schüttelte den Kopf. „Leider nicht. Ich bin noch am überlegen, wie ich das Bild gestalte. Es soll ja Wiesbaden von seiner besten Seite zeigen. Aber wenn es so weit ist, mein lieber Junge, dann werde ich es dir auf jeden Fall präsentieren. Versprochen.“

„Danke, Papa“, entgegnete Arnaud, und dann machten sich die beiden auf den Weg in die unweit der Wilhelmstraße gelegene Rheinstraße, in der sich das Telegraphenamt befand.

Claas und Arnaud waren übrigens nicht die Einzigen, die auf die Idee gekommen waren, vor dem Telegraphenamt auf die Entscheidung des Kaisers zu warten. Außer ihnen standen mehrere hundert, wenn nicht sogar mehrere tausend Menschen vor dem imposanten Gebäude, das seit 1905 das Telegraphenamt des Deutschen Reiches beherbergte. Bis ins Jahr 1900 hatte auf dem Grundstück ein Palais gestanden, das ein nassauischer Staatsminister für sich und seine Familie hatte errichten lassen. Doch dann musste das alte Gemäuer, das die Reichspost 1876 erworben hatte, einem Neubau weichen, weil die unaufhaltsam fortschreitende technische Entwicklung rund um Telegraphie und Telephonie schlicht und ergreifend mehr Platz benötigte, als das Palais zu bieten hatte. Kurz nach 18.00 Uhr traf schließlich die langersehnte Depesche des Kaisers ein: „Mobilmachung befohlen“, hieß es dort. „Erster Mobilmachungstag ist der 2. August. Dieser Befehl ist sofort ortsüblich bekannt zu machen. Reichspostamt.“ Daraufhin eilte ein Mitarbeiter des Telegraphenamts vor das Gebäude, um den Wartenden mitzuteilen, wie der Beschluss des Kaisers lautete: „Deutsches Volk, steh' auf!“, schrie er. „Die allgemeine Mobilmachung der Deutschen Heeres und der Deutschen Flotte ist soeben verfügt worden! Der Mobilmachungstag ist der morgige Sonntag, 2. August!“ Und dann hängte er einen Zettel mit dem Wortlaut der kaiserlichen Verfügung neben dem Eingangsportal des Telegraphenamts aus.

„Hurra, es ist Krieg!“, schrie einer.

„Ja, und wir werden die Sieger sein!“, schrie ein anderer.

Und dann stimmte jemand „Deutschland, Deutschland, über alles“ an, und alle – oder fast alle – sangen mit. Es folgten weitere Hochrufe sowie diverse weitere patriotische Lieder, wie zum Beispiel die „Wacht am Rhein“, bis schließlich die Glocken sämtlicher Kirchen Wiesbadens zu läuten begannen und die Gesänge – wenigstens beinahe – übertönten.

Karl Lustmann, seines Zeichens Besitzer einer Bootswerft und – seit dem Auszug der Familie Bornholm – der neue Mitbewohner des Hauses Wilhelmstraße 17, hatte sich, anders als die Harmsens, vor dem Haus postiert, in dem die Redaktion des „Wiesbadener Tagblatts“ untergebracht war. Auch hier wurde den Wartenden kurz nach 18.00 Uhr bekannt gegeben, dass es Krieg geben würde. Tief beeindruckt von der Reaktion der Anwesenden schrieb ein Reporter später: „Die Aufnahme dieser Meldung war, wie nicht anders zu erwarten, außerordentlich begeistert. Die Masse der Wartenden rief laut ‚Hurra!‘ und sang dann entblößten Hauptes Deutschland, Deutschland über alles!“ Wie die übrigen Anwesenden war auch Lustmann hellauf begeistert, dass es nun endlich Krieg geben würde. Nicht zuletzt deshalb, weil er – der nicht nur Boote, sondern auch Bootsmotoren baute – sich dadurch ein erhebliches Absatzplus und somit beträchtlichen geschäftlichen Gewinn erhoffte.

„Agathe“, rief Karl, als er endlich wieder daheim war, „du hast es sicher längst gehört: Es ist Krieg!“

Agathe, Lustmanns Gemahlin, nickte. „Das war nicht zu überhören. Überall Jubelschreie und dann das Geläut der Kirchenglocken. Die Stimmung da draußen muss fantastisch sein.“

„Ja“, bestätigte Karl, „wirklich, ganz großartig. Die Menschen waren regelrecht berauscht. Man hat einander feierlich die Hände geschüttelt, und es gab auch die eine oder andere Umarmung. Im wahrsten Sinne des Wortes: sehr berührend.“

Und dann griff er in die Hosentasche, in der er seine Börse aufzubewahren pflegte, um sie – wie jeden Abend – in der untersten Schublade seines Sekretärs zu deponieren. Doch dieses Mal griff Karls Hand ins Leere. In seiner Tasche war keine Börse ...

„Das gibt es doch nicht!“, rief Karl.

„Was gibt es nicht?“, wollte Agathe wissen.

„Meine Börse ist weg!“ Und dann: „Und meine Uhr samt Kette ebenfalls! Das darf doch wohl nicht wahr sein!“

„Du bist bestohlen worden?“, fragte Agathe.

„Jawohl, das bin ich!“, rief Karl empört aus. „Und das an einem solchen Tag! Das ist doch ganz und gar ungeheuerlich!“

Karls Uhr samt Kette sowie seine Börse waren beileibe nicht die einzigen Wertgegenstände, die an diesem Abend den Besitzer wechselten. Ein dreister Ganove hatte die Gunst der von Patriotismus und Freudentaumel erfüllten Stunde genutzt, um an jenem Abend auf dem Platz vor dem Tagblatt-Haus insgesamt zehn Börsen, fünf Taschenuhren sowie drei goldene Damenarmbänder an sich zu bringen. Karl – und mit ihm die übrigen Bestohlenen – waren außer sich. Und die Presse, die am nächsten Tag über den dreisten Diebstahl berichtete, bezeichnete den Täter als vaterlandslosen Gesellen übelster Art.

Auch die Eigentümerin des Hauses Wilhelmstraße 17, Frau Hermine Preis, ihres Zeichens die Schwiegermutter des Architekten und früheren Hausbesitzers von Schellmann, sah sich am ersten Tag der Mobilmachung mit einem vaterlandslosen Gesellen konfrontiert. Sie hatte für jenen Tag – also Sonntag, dem 2. August – Karten für ein Konzert erstanden, das die Kurkapelle in der Rotunde der Kochbrunnenwandelhalle abhielt. Am Ende der Darbietung, die Frau Preis im Übrigen als sehr gelungen empfunden hatte, stimmte die Kurkapelle „Deutschland, Deutschland über alles“ an. Als die ersten Takte der Nationalhymne erklangen, erhob sich – fast – das gesamte Publikum von seinen Stühlen, um mitzusingen. Nur ein Konzertbesucher, ein älterer Mann, blieb sitzen und streckte demonstrativ die Beine von sich. Damit machte er unmissverständlich klar, dass es sich bei ihm nicht um einen Menschen handelte, der aufgrund seines Alters oder einer irgendwie gearteten Erkrankung nicht aufzustehen vermochte. Vielmehr gab er eindeutig zu erkennen, dass er sich nicht erheben wollte. Und das war natürlich unerhört.

„Mein Herr, wenn Sie sich bitte erheben wollen!“, forderte ihn sein Sitznachbar, ein jüngerer Mann, auf.

„Ich denke gar nicht daran!“, erwiderte der Ältere patzig.

„Sind Sie vielleicht Ausländer?“, erkundigte sich der Jüngere. „Dann dürfen Sie sich nicht mehr hier in Wiesbaden aufhalten! Das ist streng verboten, weil unsere Stadt zum Bereich der Festung Mainz gehört! Das stand so auch in der Zeitung! Also, wenn Sie Ausländer sind, sehen Sie zu, dass Sie so schnell wie möglich die Stadt verlassen!“

„Nein“, erklärte der Ältere. „Ich bin kein Ausländer. Ich bin Pazifist.“

„Was!“, schrie der Jüngere. „Pazifist sind Sie? Pfui Teufel! So ein vaterlandsloses Gesindel brauchen wir hier nicht!“ Dann packte er den Älteren am Kragen, zerrte ihn hoch und spuckte ihm mitten ins Gesicht.

„Sie gottloser Vaterlandsverräter!“, schrie ein anderer Konzertbesucher, baute sich – wie des Pazifisten Sitznachbar – vor dem bekennenden Kriegsgegner auf und versetzte ihm mehrere schallende Ohrfeigen.

„Und jetzt“, schrie der Jüngere, „verschwinden Sie, Sie Pazifistenschwein!“

Einige Sekunden lang überlegte der Pazifist, was er jetzt tun sollte. Bleiben oder doch lieber gehen? Nachdem sich jedoch ein weiterer Konzertbesucher mit dem Vorschlag, ihn an seinem pazifistischen Hals gleich hier in der Rotunde aufzuknüpfen, zu Wort gemeldet hatte, entschied sich der Pazifist zum Gehen.

„Spektakuläres Ende eines Konzertbesuchs“, meinte Frau Preis’ Tochter – ihres Zeichens die Gattin des Architekten von Schellmann –, als die Mutter ihr ein paar Tage später von dem Geschehen berichtete.

„Zweifellos hat sich der angebliche Pazifist alles andere als gut benommen. Aber ihm öffentlich in Gesicht zu spucken, ihn coram publico

– also in aller Öffentlichkeit – zu ohrfeigen und ihm mit Aufknüpfen zu drohen, zeugt auch nicht eben von guten Manieren. Es hätte genügt, ihn hinauszukomplimentieren.“ Frau Preis schüttelte den Kopf. „Von Besuchern eines Konzerts der Kurkapelle hätte ich anderes erwartet.“

„Mit Fug und Recht“, entgegnete Sophie von Schellmann. „Aber im Moment sieht es leider so aus, als würden die Wiesbadener mehr und mehr die Contenance verlieren. Stell dir vor, einer deiner Mieter, genau genommen der Werftbesitzer Lustmann, ist am Tag der Ausrufung der Mobilmachung auf dem Platz vor dem Tagblatthaus bestohlen worden. Das hätte ich an einem solchen Tag ebenfalls nicht unbedingt erwartet. Herr Lustmann übrigens auch nicht. Er war ganz aus dem Häuschen und ist gleich zur Polizei gelaufen. Aber die konnte natürlich kaum etwas machen, außer die Anzeige aufzunehmen.“

„Ja, nach wem sollten die Beamten denn auch suchen?“, stellte Frau Preis resigniert fest.

„Eben“, sagte Sophie. „Nach wem sollten sie suchen. In der Menschenmenge, die an diesem Tag mehr oder weniger berauscht durch die Straßen der Stadt gezogen ist, konnte der Dieb wunderbar untertauchen. Völlig unmöglich, ihn ausfindig zu machen. Aber es kommt noch schlimmer! Viel schlimmer!“

Und dann berichtete Sophie ihrer Mutter, was ihr ihr Dienstmädchen Elsbeth an diesem Morgen – unter Tränen – erzählt hatte:

Am Montag nach der Mobilmachung war es losgegangen, das Lebensmittelhamstern. Die Wiesbadener fielen in den örtlichen Lebensmittelgeschäften ein und kauften sämtliche Regale und Lagerräume leer. Ganz besonders begehrt waren natürlich Konserven. Aber auch Lebensmittel, die aus anderen Gründen länger als nur kurze Zeit aufbewahrt werden konnten, wurden eifrig gekauft. Jeder sah zu, dass er sich – mindestens für ein paar Tage, am liebsten aber für ein paar Wochen (bis Weihnachten, wenn der Feldzug siegreich beendet sein würde) – Vorräte anlegte. Im „Wiesbadener Tagblatt“ hieß es deshalb anklagend: „Diese läppische Kaufsucht vieler Frauen bewirkt nämlich gar nichts anderes als eine ganz unnötige Preissteigerung auf dem Lebensmittelmarkt.“

Elsbeths Freundin Anni betrieb an der Ecke Römerberg/Röderstraße – also im sogenannten Katzeloch, einem Viertel, in dem bekanntlich die „kleinen“ Leute wohnten – eine Obst-, Gemüse- und Milchwarenhandlung. Als Anni am frühen Morgen die Ladentür aufschloss, standen bereits jede Menge Frauen davor.

„Das wird aber auch Zeit!“, rief eine der Frauen und stürmte – dicht gefolgt von einer ganhzen Horde – an Anni vorbei in den Laden. Im Nu war das kleine Geschäft voller Frauen, die einander schubsten, zerrten und zu überschreien versuchten, denn jede wollte von Annis Mitarbeiterin Hella, die hinter der Ladentheke stand, zuerst bedient werden.

„Meine Damen! Meine Damen!“, versuchte Anni, sich Gehör zu verschaffen. „Ich bitte Sie! Eine nach der anderen! Nicht alle auf einmal!“

„Fassen Sie mich nicht an!“, brüllte eine Frau eine andere an, die versuchte, sich vorzudrängeln.

„Ach, seien Sie doch still, Sie dummes Stück!“, schrie die Dränglerin zurück. „Mein Mann und meine Söhne stehen für das Vaterland an vorderster Front. Da ist es nur gerecht, wenn ich wenigstens ein paar Konserven kriege, die ich den tapferen Männern als kleines Verpflegungs-Extra zukommen lassen kann!“

„Ich habe daheim drei kleine Kinder, die vor Hunger schreien!“, gab eine andere zurück. „Ihre Burschen an der Front kriegen doch jeden Tag ihre Mahlzeiten. Aber wir nicht! Deshalb muss ich zuerst bedient werden!“

„Mein Mann hat auch Hunger!“, brüllte eine weitere Frau. „Er hat 1870/71 für das Vaterland gekämpft! Jeder, der seinen Dienst für König, Kaiser, Vaterland erfüllt hat, hat ein Anrecht auf genügend zu essen. Also her mit dem Fraß!“

„Halt die Klappe, du alte Kuh!“, schrie eine junge Frau, die neben der älteren stand. „Wenn du abkratzt und dein alter Sack mit dir, dann bleibt mehr für uns Junge übrig! Wir haben das Leben noch vor uns! Du hast es längst hinter dir, du gammeliges Friedhofsgemüse!“

Daraufhin schlug das „gammelige Friedhofsgemüse“ der jüngeren Frau mit ihrer Einkaufstasche auf den Kopf. Die packte sodann die ältere an den Haaren und hört nicht auf, daran zu reißen, bis sie ein paar Haarbüschel in den Händen hielt und die ältere vor Schmerz und Wut laut aufheulte.

„Meine Damen!“, rief Anni und versuchte, zu den Streithähnen vorzudringen. Doch das war unmöglich. Die Frauen standen viel zu dicht. Und jetzt weitete sich der Streit auch noch aus! Alle beschimpften sich nun gegenseitig, und jede Frau stieß oder schlug auf eine andere ein.

Anni wusste sich nicht anders zu helfen, als aus dem Laden zu laufen, um nach einem Schutzmann Ausschau zu halten, den sie bitten wollte, die Prügelei in ihrem Geschäft ganz schnell zu beenden. Tatsächlich schaffte sie es, die Tür einen spaltbreit zu öffnen und sich hindurchzuzwängen. Doch dann geschah das Unglück! Anni verlor auf der obersten der drei Treppenstufen, die sie und die Kunden bewältigen mussten, um von der Straße in den Laden – und zurück – zu gelangen, plötzlich das Gleichgewicht. Sie versuchte noch, nach dem Geländer zu greifen, um einen Sturz zu verhindern, doch vergeblich. Ihre Hand griff ins Leere. Anni stürzte auf das schmale Trottoir, das seit Ausbruch des Krieges übrigens nur noch als Bürgersteig bezeichnet werden durfte, und kullerte von dort auf die Straße, wo sie von einer zufällig des Weges kommenden Droschke erfasst und so schwer verletzt wurde, dass sie noch vor dem Eintreffen des sofort alarmierten Arztes, dessen Praxis ganz in der Nähe lag, verstarb.

Hella war selbstverständlich sofort durch die Hintertür ins Freie geeilt, um ihrer Arbeitgeberin zu helfen. Doch mehr als ihre Hand zu halten und ihr über das blutige Gesicht zu streichen, konnte sie nicht für sie tun. Die Zeit, in der der Laden aufgrund Hellas Abwesenheit unbeaufsichtigt war, nutzten die dort versammelten „Kundinnen“, um den kompletten Warenbestand – einschließlich bestimmter Teile des Inventars – zu plündern. Als nach einer gefühlten Ewigkeit endlich ein Wachtmeister am Ort des Geschehens eintraf, war der Laden leer und die „Kundinnen“ verschwunden.

„Das gibt es doch wohl nicht!“, rief Frau Preis entsetzt aus, nachdem Sophie geendet hatte.

„Leider doch“, erwiderte die Tochter. „Es gibt wirklich nichts, was es nicht gibt – vor allem, wenn Menschen außer Rand und Band geraten, wie das in diesem Fall offensichtlich passiert ist.“

Am gleichen Tag stattete Claas Harmsen dem Gymnasium, das sein Sohn Arnaud besuchte, einen Besuch ab. Er hatte sich einen Termin bei dem Direktor der Lehranstalt geben lassen.

„Herr Professor“, sagte Claas, nachdem der Direktor und er sich die Hände geschüttelt und beide Platz genommen hatten – der Direktor im Sessel hinter dem Schreibtisch und Claas auf einem Stuhl davor. „Wie Sie wissen, haben die – übrigens aus Deutschland stammenden – Eltern meiner Frau eine Weile in Paris gelebt. Auch meine Frau ist gebürtige Deutsche. Das heißt, ihre Familie ist erst einige Zeit nach ihrer Geburt nach Frankreich verzogen. Bis zu unserer Eheschließung war sie dort ansässig.“

„Sehr interessant“, erwiderte der Direktor. „Ich vermute, verehrter Herr Professor Harmsen, dass Sie nicht nur deshalb gekommen sind, weil Sie mir die Lebensgeschichte Ihrer Familie nahebringen möchten.“

Claas schüttelte den Kopf. „Nein, gewiss nicht. Genau genommen geht es um meinen Sohn Arnaud, Pennäler der Quinta an Ihrer Lehranstalt.“

„Und was ist mit dem Knaben?“, fragte der Direktor.

„Aus alter Verbundenheit mit Paris, der Stadt, in der meine Frau ihre Jugend verbracht hat, bat sie mich, als unser Sohn zur Welt kam, ihm einen französischen Vornamen geben zu dürfen. Da ich meine Frau nicht verletzten wollte, habe ich dem Ansinnen zugestimmt, obwohl das aus patriotischen Gründen eigentlich nicht vertretbar war. Schließlich ist der Knabe in Deutschland geboren und aufgewachsen. Mit Frankreich hat er nichts zu tun und auch nichts im Sinn. Aber nun trägt er diesen französischen Vornamen. Und das könnte sowohl seine

Lehrer als auch seine Schulkameraden auf die Idee bringen, dass es sich bei ihm um einen Freund Frankreichs handelt, was er aber tatsächlich nicht ist. Frankreich ist unser Feind, und wir bekämpfen die Franzosen und natürlich alles, wofür diese Nation steht."

„Das ist wohl wahr", erwiderte der Direktor.

„Und weil das so ist, bitte ich Sie, Ihr Kollegium darüber zu informieren, dass mein Sohn fortan nicht mehr mit seinem eigentlichen Taufnamen, also Arnaud, angesprochen werden soll, sondern mit der eingedeutschten Variante, nämlich Arno."

Der Direktor nickte. „Ich denke, das ist eine gute Idee. Für die Mitglieder meines Kollegiums dürfte das keine Schwierigkeit darstellen. Schon deshalb, weil sich die Zusammensetzung des Kollegiums seit Kriegsausbruch grundlegend geändert hat. Alle jüngeren Kollegen, die den Knaben als Arnaud gekannt haben, sind inzwischen zum Kriegsdienst eingezogen und durch ältere, ursprünglich bereits im Ruhestand befindliche Kollegen ersetzt worden. Diese Herren lernen ganz einfach einen Schüler kennen, der mit Vornamen Arno heißt. Kein Problem. Und die Mitschüler werde ich entsprechend instruieren lassen. Sie werden sehen, dass es auch in dieser Hinsicht keine Probleme gibt. Die Knaben sind durchwegs diszipliniert und gutwillig. Andernfalls werde ich sie Mores lehren. Seien Sie also unbesorgt, Herr Professor. Ihr Anliegen ist bei mir in guten Händen."

„Ich danke Ihnen", erwiderte Claas. „Ich stehe tief in Ihrer Schuld."

„Was tut man nicht alles für Kaiser und Vaterland", entgegnete der Direktor, ehe er Claas zur Tür geleitete, wo die beiden Herren einander noch einmal ausgiebig die Hände schüttelten.

„Auf Wiedersehen", sagte Claas.

„Leben Sie wohl", entgegnete der Direktor.

*

Weil der Krieg nicht, wie allgemein angenommen, zu Weihnachten 1914 mit einem Sieg Deutschlands zu Ende gegangen war, hoffte Arnaud, der jetzt offiziell Arno hieß, demnächst doch noch in die Schlacht ziehen zu können. Er war fest davon überzeugt, dass er der Mann sein würde, der das Ruder für Deutschland herumriss. Wenn er mit dem Bajonett in der Hand die Schlachtfelder Europas erstürmte, hatte der Feind keine Chance. Er würde den gegnerischen Militärs zeigen, was ein deutscher Held war, und was er zu leisten vermochte. Seine Kameraden und natürlich die kommandierenden Offiziere würden ihn für seine Leistungen bewundern und ihn rasch in höchste Ränge befördern – und eines Tages würde er eine Audienz beim Kaiser bekommen, der ihm persönlich die höchsten Orden, die das Reich zu vergeben hatte, an die Uniform stecken würde. Eventuell belohnte ihn der Kaiser für seine Heldentaten sogar mit einer Erhebung in den Adelsstand. Arno von Harmsen. Das klang doch wirklich gut! Seine Eltern würden stolz auf ihn sein! Diesem Traum gab sich Arnaud nahezu Tag und Nacht hin. Wenn er doch nur endlich alt genug wäre, um in die Schlacht zu ziehen ...

Tatsächlich aber musste er sich, wie viele andere Schüler auch, auf Anordnung der Schulleitung mit dem Anbau von Gemüse auf dem neben der Lehranstalt gelegenen, noch unbebauten Grundstück beschäftigen, was er als große Schmach empfand. Am liebsten hätte er sich gedrückt, aber das kam nicht in Frage. Die Lehrerschaft achtete darauf, dass alle Schüler ihren Verpflichtungen nachkamen. Das, so erklärten sie, sei notwendig, weil es Wiesbaden seit Kriegsausbruch wirtschaftlich ganz, ganz schlecht gehe ... Die Kur, von der die Stadt maßgeblich gelebt hatte, lag danieder, und auch die Gäste, die nicht aus gesundheitlichen, sondern aus gesellschaftlichen Gründen regelmäßig in das mondäne Wiesbaden gereist waren, blieben jetzt aus. Die Badehäuser, die Hotellerie und das gesamte Gastgewerbe verzeichneten enorme Verluste. Das hatte natürlich Folgen für die gesamte Stadt. Viele Menschen waren arbeitslos. Kaum jemand hatte noch genügend Geld. Nicht einmal die Stadt selbst. Die Stadtväter waren ratlos ...

Doch der Kriegsbegeisterung, der Hingabe für das Vaterland, der Bereitschaft, Opfer zu bringen, tat das keinen Abbruch. Egal, wie schlecht die wirtschaftliche und soziale Lage sich darstellte: Die Wiesbadener glaubten fest an einen deutschen Sieg. Das galt auch für die Harmsens. Aber natürlich war ihnen bewusst, dass allein der Glaube an Deutschland nicht ausreichte, um den Sieg tatsächlich herbeizuführen. Es bedurfte schon darüber hinausgehenden Engagements. Für Claas gehörte hierzu beispielsweise, sich – selbstverständlich unentgeltlich! – an dem vom Oberbürgermeister der Stadt Wiesbaden im Jahr 1915 ausgeschriebenen Wettbewerb, die Gestaltung einer „Nagelfigur" betreffend, zu beteiligen. Die „Nagelfigur" sollte dazu beitragen, die Bürgerinnen und Bürger zu großzügigen Spenden zugunsten der Kriegsfürsorge zu animieren.

Wie in allen Städten des Reichs überstiegen die Anforderungen, die in Wiesbaden an die Kriegsfürsorge gestellt wurden, die finanziellen Möglichkeiten der Stadt. Aus diesem Grund forderte Oberbürgermeister Karl Glässing die in der Stadt ansässigen Künstler dazu auf, eine hölzerne „Nagelfigur" zu gestalten. Wollte ein Bürger der Kriegsfürsorge, die Kriegerwitwen und Kriegswaisen unterstützte, zumindest ein bisschen Geld zukommen lassen, konnte er einen Nagel erwerben, den er sodann in die Figur hämmerte oder hämmern ließ. Die Nägel, die dem gebefreudigen Bürger zur Verfügung standen, waren aus unterschiedlichem Material gefertigt. Ein einfacher Eisennagel kostete eine Mark – für Kinder und Militärs ohne Charge gab es eine 50-prozentige Ermäßigung, dieser Personenkreis musste also nur 50 Pfennig für einen Eisennagel bezahlen – ein versilberter Nagel war für fünf Mark zu haben, für einen vergoldeten Nagel musste der potenzielle Spender 50 Mark aufwenden, und echt goldene Nägel konnten ab 300 Mark erworben werden. Die Nägel wurden sodann dicht an dicht in die Figur gehämmert, bis es irgendwann so aussah, als stecke die Figur in einer metallenen Rüstung – eine Rüstung, die selbst vor den schlimmsten Granatsplittern, Kanonenkugeln, Gewehrschüssen oder Bajonettstichen schützte.

Claas' Nagelfigur-Entwurf, mit dem er übrigens in die engere Wahl kam, orientierte sich an der Germania, also jener kraftvollen Frauengestalt, die am Niederwald bei Rüdesheim die „Wacht am Rhein" hielt, und – mithilfe des Schwerts in ihrer Hand – darauf achtete, dass das Vaterland ruhig blieb.

Oberbürgermeister Karl Glässing schätzte Claas' Kunst übrigens sehr. Seit er von dem Architekten Johannes von Schellmann sowie dem Regierungspräsidenten des Regierungsbezirks Wiesbaden auf Harmsens herausragendes Talent sowie dessen bemerkenswerte künstlerische Fähigkeiten aufmerksam gemacht worden war, hatte er Claas – im Namen der Stadt – den einen oder anderen Auftrag zukommen lassen. Bei einem handelte es sich um ein Portrait von Glässings Amtsvorgänger Carl von Ibell und bei dem anderen um ein Portrait von Glässing selbst.

Letzteres wurde nach seiner Fertigstellung und Übergabe an den Auftraggeber, also die Stadt Wiesbaden, bis auf Weiteres eingelagert, denn im Festsaal des Rathauses durften nur Portraits nicht mehr in Amt und Würden befindlicher Bürger- oder Oberbürgermeister ausgestellt werden. Die Wiesbadener Stadtverordneten und Magistratsmitglieder mussten sich demnach noch ein Weilchen gedulden, bis sie Glässings Konterfei im Festsaal bewundern konnten.

Aber wenn es dann so weit war, konnten sie immerhin sicher sein, dass es sich um ein – nach Glässings Meinung – künstlerisch wertvolles und außerdem realitätsnahes Portrait handelte und nicht um ein möglicherweise farbenfrohes, aber inhaltlich völlig undefinierbares Gekrakel irgendwelcher moderner „Künstler". Insofern hatte Glässing also dafür gesorgt, dass es – wenn er denn eines Tages nicht mehr persönlich in Wiesbaden in Erscheinung trat – wenigstens ein Portrait von ihm gab, das dem Betrachter zeigte, wie Glässing weiland ausgesehen hatte. Es war ihm wichtig gewesen, nicht mit froschgrüner Fratze und rot-gelben Augen auf blauem Grund dargestellt zu werden. In diesen modernen (Kunst-)Zeiten wusste man schließlich nie, auf welche – avantgardistische, expressionistische, kubistische oder noch weit schlimmere – (Kunst-)Idee irgendein städtischer Verantwortlicher bei der Vergabe des Portrait-Auftrags kam ...

Im Gegensatz zu dem Glässing-Portrait, das bis auf Weiteres in den Tiefen des Rathaus-Kellers verstaut worden war, durfte Ibells Konterfei natürlich sofort nach seiner Fertigstellung im Festsaal aufgehängt werden. Was dann kurz darauf, unter dem allgemeinen Beifall der Magistratsmitglieder und der Stadtverordneten, die das Portrait übrigens für ausgesprochen gelungen hielten, auch tatsächlich erfolgte.

Für ausgesprochen gelungen hielt Glässing außerdem Claas' Entwurf für die Nagelfigur. Allerdings gab es noch einen Gegenentwurf, der es ebenfalls in die Endausscheidung geschafft hatte. Er stammte von dem Bildhauer Roderich Saalfeld, der sich mit seinen Skulpturen, die in Wiesbaden vor diversen öffentlichen Gebäuden zu sehen waren, auch schon einen Namen gemacht hatte. Saalfelds Nagelfigur orientierte sich an Siegfried, dem Drachentöter, dem großen Helden aus dem Nibelungenlied. Saalfelds Entwurf zeigte einen Recken mit einem beeindruckenden Schwert in den Händen und einem Wikinger-Helm auf dem Kopf.

Nachdem Claas und Saalfeld den eines schönen Tages im Festsaal des Rathauses tagenden Repräsentanten der Stadt Wiesbaden ihre Entwürfe vorgestellt hatten, baten die Herren Honoratioren die Künstler um einen Moment Geduld. Man werde sich beraten, und sobald man zu einem Ergebnis gekommen sei, selbiges unverzüglich verkünden.
„Ganz im Ernst", meldete sich der Stadtverordnete von Seyling zu Wort, „was werden die Leute denken, wenn sie einen Nagel in den Körper einer Frau treiben sollen? Ausgerechnet in den Körper einer Frau! Schließlich wurde das Vorhaben Nagelfigur doch vor allem deshalb ins Leben gerufen, weil uns das Wohlergehen all jener tapferen deutschen Frauen am Herzen liegt, die ihren Liebsten, den Vater ihrer Kinder und ihren Ernährer, auf dem Schlachtfeld der Ehre verloren haben! Glauben Sie wirklich, Herr Oberbürgermeister, dass die Präsentation einer weiblichen Nagelfigur das Mittel der Wahl ist, um unsere Mission zu befördern?"

„Vielleicht könnten wir noch mehr Nägel zu noch besseren Preisen verkaufen, wenn wir statt der Germania die Loreley als Nagelfigur präsentierten? Zumindest bei den Herren der Schöpfung dürfte das gut ankommen ... Welcher Mann käme nicht gerne einer so schönen Frau wie der Loreley einmal so nahe! Quasi direkt bis an die Wäsche!“, warf von Seylings Kollege Reichmann mit anzüglichem Grinsen ein.

„Ah!“, ergriff der Stadtverordnete Philipps das Wort, „verehrter Herr Kollege Reichmann, wenn ich Sie richtig verstanden habe, denken Sie also, dass das Abbild der traditionell eher voluminös daherkommenden Germania sich potenziell negativ auf die Spendenbereitschaft der männlichen Bevölkerung auswirkt? Das wäre in der Tat vollkommen kontraproduktiv. Deshalb würde ich mich Ihrem famosen Vorschlag, statt der Germania-Figur lieber eine Loreley-Figur zu präsentieren, nur zu gerne anschließen! Selbstverständlich ausschließlich im Interesse des Anschubs unseres ehrenwerten Vorhabens!“

[An dieser Stelle vermerkte das Sitzungsprotokoll: Allgemeines Gelächter!]

„Meine Herren!“, rief Oberbürgermeister Glässing ehrlich entrüstet, „ich bitte Sie um die in diesem Fall dringend gebotene Ruhe und Disziplin!“

„Hört, hört“, ließ sich ein weiterer Stadtverordneter vernehmen.

„Wir könnten aber auch die Jungfrau von Orléans als Nagelfigur einsetzen!“, mischte sich der Stadtverordnete Hagebaum in die Diskussion ein. „Als Repräsentantin unseres Erbfeinds Frankreich wollen dieser Gestalt gewiss nicht nur deutsche Männer, sondern auch deutsche Frauen an die Wäsche! In den Körper dieser Feindfrau Nägel zu schlagen, dürfte für alle Teile unserer Bevölkerung einen Hochgenuss darstellen! Was glauben Sie, wie schnell wir sämtliche sechzigtausend Nägel verkauft haben, wenn wir die Franzosen-Johanna als Nagelfigur präsentieren!“

[An dieser Stelle vermerkte das Protokoll: Lang anhaltendes Gelächter]

„Meine Herren!“, ließ sich wieder der Oberbürgermeister vernehmen. „Bitte bewahren Sie Contenance!“

„Hört, hört!“, rief ein Stadtverordneter. „Der Herr Oberbürgermeister verlangt Contenance von uns! Und das in diesen Zeiten!“

[An dieser Stelle vermerkte das Protokoll: Schallendes Gelächter]

„Sie haben ja recht, meine Herren“, lenkte der Oberbürgermeister ein. „Ich muss mich korrigieren. Deshalb sage ich: Bitte bewahren Sie Haltung!“

„Na, geht doch!“, schrie einer der Stadtverordneten.

„Tatsächlich“, intervenierte der Stadtverordnete Berger, „habe ich selten einer so vergnüglich verlaufenden politischen Zusammenkunft beigewohnt. Ich gestehe, ich würde diesen heiteren Schlagabtausch gerne noch geraume Zeit fortgesetzt sehen, möchte aber doch – in Anbetracht der fortgeschrittenen Zeit – vorschlagen, auf eine weitere Diskussion der Materie zu verzichten und stattdessen eine geheime Abstimmung einzuleiten. Die Fragestellung lautet: Wer möchte die Germania als Wiesbadener Nagelfigur? Oder: Wer möchte den Eisernen Siegfried als Wiesbadener Nagelfigur?“

In der sodann geheim durchgeführten Abstimmung votierte die Majorität der politisch Verantwortlichen der Stadt Wiesbaden für den „Eisernen Siegfried“ als lokale Nagelfigur. Wenige Wochen später, am Sonntag, dem 26. September 1915, wurde der Wiesbadener Nagelmann an der Wilhelmstraße aufgestellt, die wegen ihrer Eleganz vor dem Ausbruch des Krieges – danach natürlich nicht mehr! – allgemein gerne als „Rue“ bezeichnet worden war.

Um den wackeren Siegfried und seine Nägel vor Regen, Schnee, Eis, aber auch vor grellem Sonnenschein zu schützen, hatten ihm die Wiesbadener an seinem Standort, zwischen dem Kurhaus und den vornehmen Hotels „Nassauer Hof“ und „Vier Jahreszeiten“, eine Art Wachhäuschen errichten lassen. Dort stand er auf einem Podest und wartete darauf, dass die Wiesbadener ihm ihre Nägel in Kopf und Körper schlugen, aber nur zu den offiziellen „Nagelzeiten“, nämlich montags bis freitags von 10 bis 13 und von 15 bis 19 Uhr und sonntags von 11.30 bis 13 Uhr und von dann wieder – wie wochentags – von 15 bis 19 Uhr. Außerhalb dieser Zeiten befand sich der „Eiserne Siegfried“ in sicherem Gewahrsam. Man wollte vermeiden, dass wild gewordene Halbstarke oder andere dunkle Elemente ihre – wie auch immer gearteten – Aggressionen an Wiesbadens Nagelmann abließen.

Obwohl Claas bei der Abstimmung über die Nagelfigur eine empfindliche Niederlage erlitten hatte, gehörte er doch zu denjenigen Wiesbadenern, die der örtlichen Kriegsfürsorge - und nicht nur der! - regelmäßig recht großzügig bemessene Spenden zukommen ließen. Nicht nur, weil er nicht wie eine beleidigte Leberwurst wirken wollte, sondern aus echter patriotischer Überzeugung.

Auch Claire engagierte sich in diesem Sinne, zum Beispiel bei der von Kronprinzessin Cecilie, der Schwiegertochter Kaiser Wilhelms II., im Herbst 1916 initiierten „Kriegsbilderbogen-Woche“.

„Worum geht es denn da genau?“, erkundigte sich Margaritta, nachdem Claire der Familie berichtet hatte, dass sie sich bereit erklärt habe, im Arbeitsausschuss zur Vorbereitung der Kriegsbilderbogen-Woche in Wiesbaden mitzuwirken.

„Nun, mein Kind“, sagte Claire, „du weißt, welche Not viele Frauen und Kinder in diesen schweren Zeiten leiden müssen. Wie zum Beispiel unsere liebe Lotte, die eben deshalb ihre Stellung als Dienstmädchen bei uns hat aufgeben müssen.“

„Lotte musste ihren Dienst bei uns aufgeben?“, echote Margaritta überrascht. „Ja, aber wieso denn?“

„Nun“, mischte sich jetzt Claas ein. „Lotte hat zwei kleine Kinder, zwölf und vierundzwanzig Monate alt. Ihr Mann steht im Feld, kann also die Familie nicht versorgen. Und die Unterstützung, die sie von Stadt und Staat erhält, reicht hinten und vorne nicht zum Überleben aus. Deshalb ist Lotte gezwungen, zu arbeiten. Während sie in unserem Haushalt nach allen Regeln der Kunst schaltete und waltete, befanden sich ihre Kinder in der Obhut einer Nachbarin, die sie natürlich dafür bezahlen musste. Aber woher nehmen, wenn nicht stehlen? Es wird ja alles immer teurer und immer rarer – egal, ob es um Lebensmittel oder Heizmaterial geht. Und irgendwann ist Lotte das alles über den Kopf gewachsen. Sie hat sogar überlegt, eine Annonce in der Zeitung aufzugeben.“

„Was denn für eine Annonce?“, wollte Margaritta wissen.

„Schöner Knabe und schönes Mädchen abzugeben. Kleine Gebühr erbeten“, antwortete Claas.

Seine Tochter starrte ihn an. „Wie bitte?“

„Tja“, mischte sich Claire ein, „leider gibt es solche Anzeigen tatsächlich. Und nicht erst seit Kriegsausbruch. Früher schon versuchten Frauen, ihren oftmals unerwünschten Nachwuchs loszuwerden. Selbstverständlich waren nicht alle Frauen, die solche Annoncen aufgaben, automatisch Rabenmütter. Aber auch unter denen, die ihre Kinder wirklich liebten, gab es Leute, die es sich einfach nicht leisten konnten, ihren Nachwuchs zu behalten. Entweder reichte das Geld nicht, oder sie hatten einfach keine Zeit für die Kinder, weil sie den ganzen Tag über hart arbeiten mussten, um ihren Lebensunterhalt zu verdienen. Und in ihrer Not sind diese Frauen dann auf die Idee verfallen, eine solche Zeitungsanzeige aufzugeben, in der Hoffnung, Menschen zu finden, die dem Kind oder den Kindern eine bessere Zukunft bieten können.“

„Aber dann,“ setzte Claas den Bericht über das Gespräch mit Lotte fort, das die Harmsens am vergangenen Tag mit ihr geführt hatten, „dann entschied sie sich doch gegen eine solche Annonce. Auch die zweite Option, die sie zeitweise ins Auge gefasst hatte, wurde von ihr – zum Glück! – verworfen.“

„Und das wäre gewesen?“, hakte Margaritta nach.

„Sich in den Rhein zu stürzen. Entweder mit oder ohne die Kinder.“

„Großer Gott!“, Margaritta schlug die Hände über dem Kopf zusammen. „Was für ein furchtbarer Gedanke!“

„Leider kommt es immer wieder vor, dass sich junge Frauen aus diesem Grund das Leben nehmen. Und nicht wenige gehen tatsächlich ins Wasser. Herr Lustmann kann davon ein Liedchen singen. Im Bereich seiner Werft sind – vor allem in letzter Zeit – schon diverse weibliche Leichen gefunden worden ... Viele von ihnen Selbstmörderinnen."

„Aber zu welchem Entschluss ist unsere Lotte denn nun gelangt?"

„Sie hat sich ein Herz gefasst und ihren Schwiegereltern einen Brief geschrieben. Die haben einen kleinen Bauernhof in einem Dorf an der Nahe. Lotte hat die beiden bislang nur einmal getroffen, nämlich anlässlich ihrer Hochzeit. Und da haben sie sich wohl nicht übermäßig gut verstanden. Die Leutchen geben nämlich Lotte die Schuld dafür, dass ihr Sohn nicht bei ihnen auf dem Hof lebt und arbeitet, sondern in die Großstadt gezogen ist. Wie dem auch sei: Lotte hat angefragt, ob sie mit den Kindern zu ihnen aufs Land ziehen kann. Dort ist die Versorgung mit Lebensmitteln deutlich unproblematischer als in der Stadt. Und um Miete und Heizmaterial muss sie sich auch nicht kümmern."

„Es scheint", sagte Margaritta, „als wären die Schwiegereltern einverstanden gewesen."

Claas nickte. „Ja, sind sie. Lotte darf mit den Kindern kommen, muss aber natürlich ihre Arbeitskraft auf dem Hof einbringen. Doch das ist insofern nicht so schlimm, als Lotte nun weiß Gott keine Faulenzerin ist."

„Und was machen wir ohne Lotte?", wollte Arnaud – also Arno – wissen.

„Ihre Stelle übernimmt Hertha. Hertha ist eine Freundin Lottes. Sie fängt gleich morgen an", antwortete Claas.

„Vor lauter Lotte", bemerkte Claire, „sind wir ganz von unserem ursprünglichen Thema abgekommen, nämlich meinem Einsatz für die ‚Kriegskinderspende deutscher Frauen'."

„Jetzt bin ich aber gespannt", sagte Margaritta.

„Vielen Frauen geht es wie Lotte", berichtete Claire. „Sie müssen arbeiten. Natürlich in erster Linie, um ihren Lebensunterhalt zu sichern, aber auch, weil viele Männer an der Front stehen und irgendjemand ihre Arbeit übernehmen muss. Wenn die Frauen bei der Arbeit sind, können sie sich natürlich nicht um ihre Kinder kümmern, die glücklicherweise nicht alle so klein und hilflos sind wie die von Lotte. Nun ja, auch für die etwas älteren Knaben und Mädchen gibt es Unterstützung, damit sich die Mütter, wenn sie arbeiten, keine Sorgen um ihre Kinder daheim machen müssen. Die Unterstützung, die man den Kindern angedeihen lässt, beginnt beim Mittagessen und geht weiter bis zur Nachmittagsbetreuung. Die Kinder sollen ja nicht sich selbst überlassen auf der Straße herumirren. Doch eine solche Unterstützung kostet Geld. Das Essen muss bezahlt werden, die Räumlichkeiten, in denen sich die Kinder aufhalten, und natürlich das Personal, das sich um die lieben Kleinen kümmert. Damit das gelingt, gibt es unter anderem die Kriegskinderspende. Die finanziert sich, wie der Name schon sagt, zum Teil aus Spenden, zum Teil aber auch aus dem Verkauf bestimmter Waren."

„Was denn für Waren?", erkundigte sich Margaritta neugierig.

„Also in diesem Fall, nämlich bei der für September anberaumten Kriegsbilderbogen-Woche", führte Claire aus, „geht es um die Herstellung und den Verkauf von Bilderbogen, und zwar solchen, auf denen militärische Themen zu sehen sind."

„Bilderbogen sind keine Erfindung der Gegenwart", erklärte Claas. „Es gibt sie schon seit Jahrhunderten. Ursprünglich waren vor allem Andachts- oder Heiligenbilder darauf abgebildet. Der gemeine Gläubige erwarb sie als Dekoration für sein Zuhause oder als Erinnerung an ein besonderes Ereignis. Irgendwann erkannte man, dass man diese Bilderbögen nicht nur für die Vermittlung religiöser Motive verwenden konnte, sondern auch für die Verbreitung anderer Botschaften, ganz gleich, ob nun politischer oder ganz alltäglicher Natur. Bilderbogen konnten aus einem Großbild bestehen, aber auch aus mehreren kleinen Bildern, die dem Betrachter eine für ihn entweder lehrreiche oder einfach nur interessante und unterhaltsame Geschichte erzählten. Manche Bilderbogen waren koloriert, andere nicht. Im letzteren Fall blieb es dann dem Käufer überlassen, ob er den Bilderbogen selbst ausmalte oder es bleiben ließ."

„Hm“, warf Margaritta nachdenklich ein, „selbst ausmalen ... das klingt eher nach kindlicher Selbstbeschäftigung ...“

„Sehr richtig, mein Mädchen, sehr richtig“, lobte ihr Vater. „Bilderbogen richteten – und richten – sich auch nicht an die Menschen, die zu Hause über eine veritable Bibliothek verfügen, sondern an das gemeine Volk, also die einfachen Leute. Und das gilt auch für die Bilderbogen, die im September – unter der Schirmherrschaft der Gemahlin des ältesten Sohnes unseres verehrten Kaisers – unter die Leute gebracht werden sollen. Sowohl Kronprinzessin Cecilie als auch jene, die von dem Verkauf der Bilderbogen profitieren, hoffen, eine möglichst große Abnehmerzahl zu erreichen.“

„Mit irgendwelchen Heiligenbildchen dürfte das wohl kaum gelingen“, meinte Margaritta.

„Genau“, bestätigte Claire. „Deshalb werden auch – der Zeit und den Umständen entsprechend – Bilderbogen verkauft, die, wie ich schon sagte, das Kriegsgeschehen thematisieren.“

„Und was kostet so ein Kriegsbild?“, wollte Margaritta wissen.

„Einen Groschen pro Bogen. Wer will, kann natürlich gerne mehr geben. Aber generell muss man den Preis relativ niedrig halten, weil es für die einfachen Leute sonst zu teuer wird“, erwiderte Claire. „Das wäre sehr ungünstig, denn wir müssen an so viel Geld wie möglich kommen.“

Und dann zog sie aus einer Mappe einige Exemplare der September-Kriegsbilderbogen hervor. „Hier haben wir zwei Beispiele für Bildergeschichten ...“ Sie schob einen mit „Gesang der Flieger“ überschriebenen Bilderbogen über den Tisch und einen weiteren, der mit „Wladimir, Kosak und Russe“ betitelt war.

„Wir sind die Flieger, wir sind die Krieger“, las Arnaud – jetzt Arno – vor. „Wir kämpfen im Bereich der Luft, wir flinken Flieger. Wir bleiben Sieger, wenn's auch von unten höllisch pufft. Und hier, auf dem Bildergeschichten-Bogen heißt es: Wladimir, Kosak und Russe, fleht jetzt täglich fern vom Schusse: ‚Himmel, mach den Krieg nicht aus! Dass ich nicht mit meinem Bauche wieder weiter hungern brauche – für den Zaren Nikolaus‘.“

„Und hier“, sagte Claire, „hätte ich drei Beispiele für Bilderbogen mit einem Großbild.“

Margaritta besah sich die dargebotenen Exemplare. Eines davon zeigte einen toten deutschen Soldaten. Er lag, körperlich in jeder Hinsicht unbeschadet, neben seinem Gewehr und seinem Tornister auf dem Boden, und es schien Margaritta, als lächle er, hoch erfreut darüber, dass er sein Leben für das Vaterland hatte opfern dürfen. Margaritta wusste nur zu gut, dass die Wahrheit anders aussah. Die wenigstens Soldaten, die ihr Leben an der Front verloren, lagen – ohne jedwede Schramme am Körper und in eine tadellos saubere Uniform gehüllt – irgendwo auf dem Schlachtfeld.

Sie wusste das deshalb so genau, weil sie – wie viele junge Mädchen und Frauen – ihren persönlichen Beitrag für Volk und Vaterland leistete, indem sie in einem Lazarett arbeitete. Dort hatte sie Rudolf Freiherr von Steinbach, einen jungen Offizier, kennengelernt, der nach Wiesbaden geschickt worden war, um mit Hilfe einer Badekur sowie der regelmäßigen Gabe beruhigender Medikamente sein Dauerzittern loszuwerden, unter dem er litt, seit er – nach einem schweren Granatfeuer – einige Zeit verschüttet gewesen war.

Menschen, die wie von Steinbach unter unerklärlichen Zitteranfällen litten, wurden in jenen Tagen wahlweise als „Kriegszitterer“ oder „Schüttelneurotiker“ bezeichnet. Nicht immer hielten Militärärzte oder Vorgesetzte das Zittern für eine wirkliche Krankheit. Vielmehr glaubten sie, dass die Männer simulierten, um so schnell wie möglich aus dem Militärdienst entlassen zu werden. Aber das traf auf Rudolf von Steinbach eindeutig nicht zu. Er war ein glühender Patriot und darüber hinaus der Sohn Ewald Freiherr von Steinbachs, seines Zeichens Mitglied des Generalstabs seiner Majestät. Jemand wie er simulierte nicht, sondern litt tatsächlich.

Das einzige Körperteil, das nicht dauernd zitterte, war sein Kopf. Der ruhte still auf seinem restlichen Körper, der unentwegt in Bewegung war. Der Oberkörper schwankte vor und zurück, sodass es aussah, als wolle er sich fortwährend vor irgendjemanden verneigen. Die Arme ruderten, als sitze er in einem Boot und versuche, einen reißenden Strom zu überqueren. Und die Beine schlackerten so sehr, dass er kaum in der Lage war, ein paar Schritte ohne Halt und Hilfe zu gehen. Manchmal wirkte es, als übe er sich in einem fremdländischen Tanz, der dem Tänzer seltsame Verrenkungen abverlangte.

Margaritta gehörte zu den Pflegerinnen, die Rudolf sowohl tagsüber als auch abends betreuten, denn die meisten Dinge konnte er nicht ohne Hilfe verrichten. Das begann beim Essen und endete mit der Körperpflege.

„Hat die Badekur deinem Herrn von Steinbach eigentlich geholfen?“, erkundigte sich Claas, als die Familie eines Abends gemeinsam am Esstisch saß und – mit wenig Genuss – eine Kohlsuppe löffelte, die Hertha, das neue Dienstmädchen, das – wie vor ihr Lotte – zugleich als Köchin wirkte, aus den Kohlköpfen zubereitet hatte, die inzwischen auch in den vor einiger Zeit angelegten Beeten im Garten des Hauses Wilhelmstraße 17 wuchsen.

Margaritta schüttelte den Kopf. „Nicht wirklich. Er zittert nach wie vor am ganzen Körper. Da wir leider nichts mehr für ihn tun konnten, hat ihn der Herr Obermedizinalrat nach Hause entlassen. An die Front wird Rudolf von Steinbach definitiv nicht wieder zurückkehren können. Auch für andere Tätigkeiten kann man ihn nicht mehr gebrauchen. Bis auf Weiteres ist er ein Pflegefall. Traurig, aber wahr.“

„Wieso zittert der Mann denn so?“, erkundigte sich Arnaud, der ja inzwischen auf den Namen Arno hörte.

„Weil er im Krieg Schreckliches erlebt hat“, erklärte Margaritta. „Zum einen befand er sich gerade in seinem Unterstand, als dieser von einer feindlichen Granate getroffen und fast vollständig zerstört wurde. Herr von Steinbach hat es nicht mehr geschafft, ins Freie zu gelangen. Von jetzt auf gleich brachen Decken und Wände über ihm zusammen und begruben ihn unter sich. Zum Glück hat eine Holzlatte verhindert, dass er vollständig verschüttet wurde. Er konnte also atmen, sich aber sonst keinen Millimeter bewegen. Zwei oder drei Tage hat er dort ausharren müssen, bis ihn endlich jemand fand und barg. Seither zittert er am ganzen Körper, außer mit dem Kopf. Zum anderen hat er im Laufe seines Einsatzes an der Front generell viele schreckliche Dinge gesehen. Soldaten mit zerschossenen Gesichtern oder von Bajonetten aufgeschlitzten Bäuchen, aus denen Gedärme und andere Innereien herausquollen. Manche haben noch gelebt, als er sie fand, andere waren – wahrscheinlich zu ihrem Glück – bereits tot. Und dann die dauernde Kälte oder umgekehrt die Hitze, die schlechte Verpflegung, die katastrophale medizinische Versorgung, die Furcht vor dem Giftgas, das von den Feinden Deutschlands gerne eingesetzt wird, um unsere Truppen aus sicherer Entfernung kampfunfähig zu machen ... Es muss wirklich schlimm sein, da draußen an der Front."

In der Nacht dachte Arno – über Margarittas Zusammenfassung der fürchterlichen Erlebnisse dieses Herrn von Steinbach an der Front nach und kam sodann zu dem Schluss, dass er vielleicht auf seinen Traum, als Bajonett-schwingender Sturmmann in den Krieg zu ziehen, verzichten sollte ... Stattdessen konnte er sich ja auch bei der Flotte bewerben, wie Herr Lustmann, der Werftbesitzer, ihm neulich bei einer zufälligen Begegnung im Treppenhaus vorgeschlagen hatte.

„Ich würde mich sehr gerne freiwillig melden", hatte Arno ihm erzählt. „Mir schwebt eine Karriere als Krieger mit Bajonett vor."

„So so", hatte Herr Lustmann geantwortet. „Nun, wenn du mein Sohn wärst, lieber Arno, dann würde ich dich fragen, ob du nicht Lust hättest, dich zur Flotte zu melden."

„Tja", erwiderte der Junge, „darüber habe ich noch gar nicht nachgedacht ..."

Daraufhin malte sich Arno eine Heldenkarriere bei der Kaiserlichen Flotte aus. Am liebsten würde er U-Boot-Fahrer werden. Als solcher konnte er sich – vollkommen unbemerkt von den Besatzungen sämtlicher feindlicher Schiffe – an sie heranpirschen, die an Bord befindlichen Torpedos abschießen, die Dinger durchs Wasser sausen lassen und entspannt darauf warten, dass die Torpedos ihr Ziel erreichten und die feindlichen Schiffe auf den Grund des Meeres beförderten ... In aller Ruhe würde er ein gegnerisches Schiff nach dem anderen angreifen und absaufen lassen ... bis schließlich die ganze vermaledeite englische Flotte auf dem Grund des Meeres lag ... Das war nun wirklich ein Anlass für den Kaiser, ihm den höchsten Orden, den das Deutsche Reich zu vergeben hatte, an die Uniform zu heften und ihn anschließend in den Adelsstand zu erheben. Arno Freiherr von Harmsen – das klang doch wirklich eindrucksvoll ...

Doch dann sank Mitte 1916 der erst wenige Monate vorher vom Stapel gelaufene „Leichte Kreuzer Wiesbaden“, für den sein Vater ein wirklich ganz fantastisches Bild von der Stadt Wiesbaden, der Namensgeberin des Schiffs, gemalt hatte. Von den 590 Mann Besatzung war leider nur ein einziger am Leben geblieben. Alle anderen hatten den Heldentod gefunden, darunter auch der berühmte Schriftsteller Gorch Fock, dessen Roman „Seefahrt ist not!“ er gelesen hatte, nachdem er zu dem Entschluss gekommen war, als Seeheld in die Kriegsgeschichte einzugehen. Nun, da die „Wiesbaden“ gesunken und der bewunderte Autor dabei den Tod gefunden hatte, entschied sich Harmsen Junior gegen ein Anheuern bei der Flotte.

Später, um 1917, hörte er von einer neuen deutschen Wunderwaffe, zu der er sich, wenn er endlich 17 war, unbedingt melden wollte – und zwar zu den sogenannten Tanks, also den Panzern. Wer darin über die Schlachtfelder preschte, war definitiv vor feindlichen Angriffen sicher, denn ihn umgab eine dicke, undurchdringliche Metallschicht. In und mit einem Tank war man unbesiegbar ... Um es konkret zu formulieren: Er war unbesiegbar ... und er würde der Mann sein, der eines schönen Tages mit seinem Tank in Paris, der Hauptstadt des – dank seines Mutes und seines Einsatzes – niedergerungenen Frankreichs, einfuhr ... Selbstverständlich wäre ihm der Kaiser für seine Heldentaten auf ewig dankbar und würde ihn zum Grafen ernennen. Arno Graf von Harmsen ... fantastisch ...

Dumm nur, dass der Krieg vorbei war, ehe Arnaud – also Arno – seinen Heldenmut unter Beweis stellen konnte. Und nicht minder dumm war es für ihn, dass es ab diesem Zeitpunkt keinen Kaiser und keine frisch erworbenen Adelstitel mehr gab. Bis ans Ende seiner Tage musste er sich folglich damit begnügen, einfach Arno – oder vielleicht doch wieder Arnaud? – Harmsen zu sein ...

Am nächsten Morgen warteten die Harmsens übrigens vergeblich auf ihr Dienstmädchen Hertha.

„Vielleicht ist die auch aufs Land gezogen?“, höhnte Arno.

„Nicht, dass ich wüsste“, entgegnete Claire. „Das hätte sie uns sicher mitgeteilt.“

„Vielleicht ist sie verärgert, weil du sie gestern angeschrien hast“, warf Margaritta ein.

„Was heißt hier angeschrien?“, hielt Claire dagegen. „Ich hatte sie bereits mehrfach gebeten, beim Abstauben der Tischlampen etwas vorsichtiger zu Werke zu gehen. Beinahe hätte sie – und nicht zum ersten Mal! – die Tulipe-Lampe umgeworfen! So ein tollpatschiges Ding aber auch, diese Hertha!“

„Vielleicht hat sie Angst, dass du heute wieder mit ihr schimpfst, Maman“, wandte Margaritta ein. „Ob nun wegen der Tulipe-Lampe oder wegen einer anderen Sache.“

„So ein Unsinn!“, brauste Claire auf. „Als sie am Abend nach Hause ging, war längst alles wieder in bester Ordnung. Wir haben uns ganz höflich und freundlich voneinander verabschiedet.“

„Und wieso ist sie dann heute früh nicht da?“, fragte Margaritta.

„Ja, das weiß ich doch nicht“, fauchte Claire. „Vielleicht hatte sie einen Unfall. Wie vor einigen Jahren die Freundin von Frau von Schellmanns Dienstmädchen Elsbeth, die ja von einer Treppe auf die Straße gestürzt ist und dort von einer Droschke überfahren wurde.“ Sie zuckte mit den Schultern. „So was kommt vor.“

„Vielleicht ist Hertha aber auch von einem eifersüchtigen Ehemann erschossen worden“, warf Arnaud – also Arno – ein. „Stand neulich in der Zeitung. Eine Frau hatte sich, während ihr Mann an der Front war, einen Liebhaber zugelegt. Als ihr Mann dann auf Urlaub nach Hause kam, stellte er fest, dass seine Frau in anderen Umständen war. Natürlich konnte es unmöglich sein Kind sein, denn er hatte ja die ganze Zeit brav auf dem Feld der Ehre gegen Deutschlands Feinde gekämpft. Und nun, da er nach Hause kommt, steht seine Frau mit dickem Bauch da. So eine elende Betrügerin, denkt er bei sich. So ein schäbiges Luder! Treibt Unzucht, während ich den Kopf für Kaiser und Vaterland hinhalten muss. Dieses nichtswürdige Geschöpf, so beschließt er, muss für seine Schandtat bestraft werden. Daraufhin zieht er seine Pistole aus dem Halfter, hält der untreuen Frau den Lauf direkt vors Gesicht und – peng! – drückt er ab.“ Arnaud, also Arno, blies den Rauch vom Lauf einer imaginären Pistole fort. „Und dann ist sie tot, die liederliche Ehefrau. Liegt zusammengekrümmt am Boden – inmitten ihres Bluts.“

Claas starrte ihn überrascht an. „Was liest du denn bloß für Räuberpistolen?“, fragte er.

„Das sind keine Räuberpistolen“, rechtfertigte sich Arnaud alias Arno. „Das ist die Wahrheit! So stand es in der Zeitung! Und zwar genau so!“

Tatsächlich war Hertha weder aufs Land gefahren, noch hatte sie sich wegen des Streits um das korrekte Abstauben der Stehlampen – insbesondere des legendären Tulpenleuchters – dazu veranlasst gefühlt, ihrer Arbeitsstelle fernzubleiben. Des Weiteren war sie nicht in anderen Umständen, hatte keinen Liebhaber und erst recht keinen Ehemann, weshalb nicht zu befürchten stand, dass sie von diesem aus Wut, Eifersucht oder Verachtung erschossen worden war.

Vielmehr hatte sie schon in der Nacht gespürt, dass etwas mit ihr nicht stimmte. Und als sie dann am nächsten Morgen erwachte, fühlte sie sich so elend wie nie zuvor. Ihr Hals brannte dermaßen heftig, dass sie nicht zu schlucken vermochte. Ihr Kopf schmerzte so sehr, dass sie keinen klaren Gedanken fassen konnte. Jede Faser ihres Körpers tat weh, und zwar so weh, dass ihr selbst das Krümmen des kleinen

Fingers arge – um nicht zu sagen: ärgste – Schmerzen bereitete. An aufstehen, sich waschen, sich anziehen und dann zur Arbeit gehen – daran war überhaupt nicht zu denken!

*

„Ich ahne, was Hertha davon abgehalten hat, ihren Dienst bei den Harmsens anzutreten", unterbrach ich die Erzählung der Witwe Diehl.

„Nun?", fragte sie.

„Ganz klar, die arme Hertha hatte sich mit der ‚Spanischen Grippe' infiziert", entgegnete ich.

„Sie haben recht", bestätigte sie, „es war die ‚Spanische Grippe', die Hertha aufs Krankenlager zwang! Unendlich viele Menschen sind damals diesem fürchterlichen Infekt zum Opfer gefallen."

„Ja", warf ich ein, „und zwar nicht nur in Europa und auch nicht nur in den Ländern, in denen der Krieg tobte, sondern buchstäblich überall auf der Welt! Sogar bei uns auf Sumatra sind die Menschen damals wie die Fliegen an dieser heimtückischen Krankheit gestorben, die bei uns übrigens nicht als ‚Spanische Grippe', sondern interessanterweise als ‚Russische Influenza' bezeichnet wurde.

Wie überall litten die armen Leutchen erst unter Erkältungssymptomen, die dann – beinahe von Minute zu Minute! – schlimmer und schlimmer wurden. Irgendwann bekamen sie keine Luft mehr, wurden kritzeblau im Gesicht – und dann war es auch schon vorbei mit ihnen."

„Ganz genau", bestätigte die Witwe Diehl. „Morgens Atemnot, abends tot. Aber andersherum hat es natürlich auch funktioniert: abends Atemnot, morgens tot. Das war bei uns in Berlin keinen Deut besser als in Wiesbaden oder – wie ich nun dank Ihnen erfahren habe – auf Sumatra."

„Das Einzige, was wirklich erfolgreich dazu beigetragen hat, die Krankheit einzudämmen, war Quarantäne", fuhr ich fort. „Alles andere hat nichts genützt. Weder ein Extrakt aus gekochter Tollkirsche noch irgendwelche Blutegel, die man den Kranken, die ohnehin schon mehr als schwach waren, auf den Körper setzte."

„Blutegel?“, fragte die Witwe Diehl. „Diese Therapieform ist mir neu. Klingt irgendwie nach Mittelalter. Sie sind krank, mein armer Freund? Dann lass’ ich Sie mal zur Ader ... Hernach fließt das Böse, das Sie krank gemacht hat, ruckzuck aus Ihrem Körper ... Und wenn Sie Pech haben, Ihr Leben gleich mit ... Aber dann ist wenigstens das Böse aus Ihnen verschwunden. Somit sind Sie dem Teufel von der Schippe gesprungen und können fortan ein gottgefälliges Leben im Paradies führen. Fantastisch, nicht wahr?“

Ich lächelte. „Ja, so ähnlich war das mit den Blutegeln auch gedacht. Man glaubte, dass diese Würmer die Entzündung aus dem Körper saugen könnten. Hat nur leider nicht so ganz geklappt.“

„In diesem Zusammenhang drängt sich die Frage auf, wie die Blutegel den Kontakt mit dem Grippevirus überstanden haben“, spottete die Witwe Diehl.

„Von einem Massensterben bei den Blutegeln in Zeiten der ‚Spanischen Grippe‘ ist mir leider nichts bekannt“, erwiderte ich.

„Mir bislang auch nicht“, bestätigte die Witwe Diehl – und dann erzählte sie von einem Wiesbadener Arzt, der sich seinerseits Gedanken über Möglichkeiten zur Bekämpfung der ‚Spanischen Grippe‘ gemacht hatte. „Wie mir berichtet wurde, gab es hier in der Stadt einen Mediziner namens Julius Dithmar. Dieser Herr Dr. Dithmar war ein besonders verdienter, seit vielen Jahren im Dienste der Volksgesundheit stehender Arzt, dem man deshalb von höherer Stelle für sein segensreiches Wirken den Titel eines Geheimen Sanitätsrats verliehen hatte. Er machte die Mangelernährung, unter der sowohl die Zivilbevölkerung als auch die Militärangehörigen litten, für die ungezügelte Ausbreitung der Krankheit mitverantwortlich.

Deshalb schlug er vor, Calcium-Salze an die Bevölkerung – und natürlich das Militär – zu verteilen. Diese Salze seien insofern wichtig, als die Menschen allüberall mit einer unzureichenden Ernährungslage zu kämpfen hatten. Weil es an Fisch, Fleisch, Gemüse, Salat, Kartoffeln, Reis, Brot – also einfach an allem – mangelte, konnten die Menschen die für sie notwendige Nährstoffe nicht auf natürlichem

Wege, nämlich über das Essen, zu sich nehmen. Aufgrund der Mangelernährung wurden die Leute immer dünner und dünner. Und je magerer sie wurden, desto schlechter war es um ihre Widerstandskraft gegen Krankheiten aller Art bestellt. Das galt natürlich ganz besonders für die ‚Spanische Grippe'. Deshalb sollten die Behörden nach Meinung des Herrn Doktors dafür sorgen, dass alle Bäckereien im Deutschen Reich mit Calcium-Salzen beliefert wurden, damit die Bäcker sie dem Brotteig beimischen konnten, wodurch diese für die Bevölkerung so wichtigen Stoffe über das tägliche Brot – wenn es denn welches gab – aufgenommen wurden. Das, so behauptete er, führe zu einer allgemeinen Stärkung der Widerstandskraft."

„Und?", erkundigte ich mich. „Wissen Sie, ob man dem guten Herrn Doktor Gehör geschenkt hat?"

„Ach was", die Witwe Diehl winkte ab. „Niemand hat auf ihn gehört. Jedenfalls nicht in Wiesbaden. Da konnte er noch so sehr auf seine Erfahrungen mit der Influenza-Epidemie 1889/90 verweisen. Das hatte allerdings vor allem damit zu tun, dass seine Expertise zu einer Zeit erschien, als es den ersten Bombenangriff auf Wiesbaden gab. Der sorgte natürlich für Aufregung. Wer sollte sich in einer solchen Situation für – mehr oder weniger sinnvolle – ärztliche Ratschläge interessieren?"

„Wahrscheinlich niemand", vermutete ich.

„Ganz recht", bestätigte die Witwe Diehl.

„Über den Bombenangriff müssen Sie mir unbedingt noch mehr erzählen. Aber zunächst möchte ich doch noch wissen, ob und wie das Dienstmädchen der Harmsens die Spanische Grippe überstanden hat."

„Leider ist auch sie der Krankheit zum Opfer gefallen", sagte die Witwe Diehl.

Erster Fliegerangriff im letzten Kriegsjahr (1918)

„Johannes“, sagte Frau Preis zu ihrem Schwiegersohn, dem Architekten von Schellmann, „mir ist eine Bekanntmachung des Magistrats der Stadt Wiesbaden zugeleitet worden. Es geht um das Verhalten bei Fliegeralarm.“

„Lass mal sehen“, sagte von Schellmann. „Aha, Verdunklung. Ja, das leuchtet ein. Man sollte in den Abend- oder Nachtstunden die Fensterläden schließen oder die Gardinen zuziehen, um unnötigen Lichtschein zu vermeiden. Die Stadt soll abends nach Möglichkeit im Dunkeln liegen, damit die feindlichen Flieger Wiesbaden nicht so leicht ausfindig machen können.“

„Ach was“, winkte Frau Preis ab. „Es wird doch niemand Wiesbaden beschießen wollen! Wir gelten doch, das habe ich in der Zeitung gelesen, als offene Stadt, weil wir keine Industrie haben, die kriegswichtige Produkte herstellt, und auch sonst nicht von besonderer militärischer Bedeutung sind. Wiesbaden ist nach wie vor eine Kurstadt, bevölkert von tausenden von Menschen, die medizinischer Behandlung bedürfen. So eine Stadt greift doch niemand an!“

Sie schüttelte empört den Kopf. „Außerdem müssten wir, um für die Flieger bei Nacht unsichtbar zu sein, auch die Straßenbeleuchtung abschalten. Sollen wir dann vielleicht im Dunkeln durch die Straßen tapsen und warten, bis uns irgendwelche Ganoven hinter der nächsten Häuserecke auflauern, um uns auszuplündern, oder gar den Frauen Gewalt anzutun? Nein, nein, Wiesbaden muss erleuchtet bleiben. Schon aus Gründen der Sicherheit seiner Einwohner und Gäste.“

Das Argument seiner Schwiegermutter, dass man nicht einfach sämtliche Straßenlaternen in der Stadt abschalten durfte, ließ von Schellmann gelten. Gegen das nächtliche Vorziehen einer Gardine oder das Schließen von Klappläden, um unnötigen Lichtschein zu vermeiden, sprach nach seinem Dafürhalten hingegen nichts.

„Im Fall eines Fliegerangriffs“, fasste Frau Preis den nächsten Abschnitt des Magistratsschreibens zusammen, „soll man die Fenster öffnen, um dadurch das Zersplittern der Scheiben aufgrund hohen Luftdrucks zu vermeiden. Und wenn man sich im Moment des Angriffs in einem Geschäft aufhält, das über große Schaufenster verfügt, möge man den Laden so schnell wie möglich verlassen."

Von Schellmann nickte. „Das ist sinnvoll. Schaufenster kann man in der Regel nicht öffnen. Wenn die durch zu hohen Luftdruck zersplittern, kann das schlimme Folgen für den Ladenbesitzer und die Kunden haben."

„Bei Fliegeralarm soll man sich unter einen Türsturz stellen, heißt es hier", sagte Frau Preis und deutete mit dem Finger auf den nächsten Punkt, der in dem Schreiben aufgeführt war. „Dort sei es besonders sicher. In anderen Bereichen des Hauses bestehe die Gefahr, durch einbrechende Decken oder zusammenstürzende Mauern verschüttet zu werden."

„Nun ja", antwortete von Schellmann und wiegte bedächtig mit dem Kopf, „ich persönlich würde empfehlen, sich bei Fliegeralarm den Keller zu begeben. Nach meinem Dafürhalten ist es dort wesentlich sicherer als in einer Wohnung."

„Und wieso?", wollte Frau Preis wissen.

„Liebste Schwiegermama", erwiderte der Architekt, „stell dir vor, du lebst im dritten Stock eines Hauses irgendwo in der Innenstadt. Jetzt kommt ein feindlicher Flieger daher und wirft eine Bombe ab, die direkt auf das von dir bewohnte Haus stürzt. Was bricht zuerst ein? Die oberen Geschosse! Da kannst du dich – so viel, wie du willst – unter einen Türsturz stellen. Der bricht unter der Wucht der Detonation genauso zusammen wie die Wände. Und dann bist du – ruckzuck – erschlagen. Natürlich ist das Haus nach einem solchen Angriff vielleicht zur Ruine geworden, die dauerhaft unbewohnbar ist und abgerissen werden muss.

Aber dass die Zerstörung so weit reicht, dass auch die Geschossdecke zum Keller hin komplett zerstört wird, ist eher unwahrscheinlich. In der Regel hält die sehr, sehr viel aus. Deshalb: Bei Fliegeralarm ab in den Keller."

„Vielleicht solltest du das mal dem Magistrat mitteilen“, schlug Frau Preis vor.

Von Schellmann winkte ab. „Ich glaube nicht, dass meine Ansicht bei den Verantwortlichen sonderlich gefragt ist. Man würde vielmehr darauf verweisen, dass man eine Expertenkommission zu Rate gezogen habe, von der die entsprechenden Empfehlungen ausgesprochen worden seien. Wer schenkt da jemandem wie mir Gehör?“

„Aber du bist Architekt!“, rief Frau Preis aus. „Und noch dazu ein sehr bekannter, der auch hier in Wiesbaden sehr viele elegante und beeindruckende Villen und Häuser hat erbauen lassen. Du bist doch nicht irgendwer!“

„Oh doch“, erwiderte von Schellmann. „Ich mag zwar ein durchaus gefragter Architekt sein, aber niemand, der zur Berufung in die Reichsexpertenkammer taugt. Ich gehöre keiner Universität oder Baufachschule an und sitze auch in keinem Gremium, dem die Verantwortlichen in Stadt, Land und Reich Gehör schenken. Ich bin einfach nur ein Architekt unter vielen. Erfolg hin oder her.“

Frau Preis schnaubte verächtlich.

„Tut mir leid, liebste Schwiegermutter, dass ich dir die Erkenntnis, dass deine Tochter einen so unbedeutenden Mann geehelicht hat, nicht ersparen kann“, spottete von Schellmann.

Frau Preis winkte ab. „Kommen wir zum letzten Punkt auf der Liste“, sagte sie. „Im Fall eines Luftalarms sollen sich die Leute, die in dem Moment auf der Straße unterwegs sind, im nächstgelegenen Haus in Sicherheit bringen. Aus diesem Grund wird angeordnet, alle Haus- und Hoftüren ab sofort unverschlossen zu lassen.“

Von Schellmann nahm seiner Schwiegermutter das Papier aus der Hand. „Das steht doch da nicht wirklich?“, fragte er.

„Denkst du, ich wollte dich auf den Arm nehmen?“, erwiderte Frau Preis.

„Tatsächlich!“, rief er aus. „Im Interesse der Sicherheit der Bevölkerung wird angeordnet, Haus- und Hoftüren bis auf Weiteres unverschlossen zu lassen!“ Der Architekt ließ das Blatt sinken und starrte seine Schwiegermutter an. „Das machen wir aber nicht!“, erklärte er. „Es kann doch nicht sein, dass sich – zu jeder Tages- und Nachtzeit – jedermann Zutritt zu unserem Haus verschaffen kann! Das ist ja nachgerade eine Einladung an jeden Langfinger oder Einbrecher! Diese Herrschaften benötigen jetzt – dank der vortrefflichen Anweisung unseres Magistrats – nicht einmal mehr Dietriche und Brechstangen! Bitte, meine Herrschaften, betätigen Sie einfach die Klinke an der Eingangstür, und treten Sie ein! Sie befinden sich im Haus Wilhelmstraße 17. Rechts geht es zu den Bureau-Räumen der Firma von Schellmann und links hinauf zu den Wohnungen! Bitte bedienen Sie sich an den dort vorhandenen Geld- und Wertsachen, aber tun Sie das bitte möglichst geräusch- und geruchlos!“

„Johannes, jetzt reg’ dich doch bitte nicht so auf“, sagte Frau Preis und tätschelte den Arm ihres zutiefst empörten Schwiegersohnes.

„Also, wic auch immer: Diese Anweisung unserer Stadtregierung werden wir nicht umsetzen“, erklärte von Schellmann. „Unsere Haustür bleibt verschlossen – und zwar Tag und Nacht! Nur wer einen Schlüssel besitzt, hat das Recht, in diesem Haus nach Belieben ein- und auszugehen.“

Frau Preis schmunzelte.

„Was amüsiert dich so?“, erkundigte er sich, noch immer ergrimmt. Dann aber glitt auch über sein Gesicht ein Lächeln. „Ich bitte untertänigst um Vergebung“, bat er. „Ich vergaß, dass ich – ehe ich derartiges anordne – zunächst einmal Rücksprache mit der werten Hausbesitzerin nehmen sollte. Das hole ich hiermit nach. Bist du, liebste Schwiegermama, mit meinem Vorschlag, das Haus – entgegen der Anweisung des Magistrats – verschlossen zu halten, einverstanden?“

Sie nickte. „Aber selbstverständlich. Ich unterstütze deine Entscheidung voll und ganz“, versicherte sie amüsiert.

*

Mit dem Entschluss, Türen und Tore abzuschließen, anstatt sie geöffnet zu lassen, um den Bürgern im Fall eventueller Luftangriffe Schutz im nächstgelegenen Haus zu gewähren, standen von Schellmann und seine Schwiegermutter keineswegs allein. Da konnte die Stadtregierung noch so viele Anordnungen herausgeben und in der Presse veröffentlichen lassen – die überwiegende Mehrzahl der Wiesbadener Haustüren und -tore blieb verschlossen. Nun hätte man meinen können, dass die Bürger angesichts der demonstrativen Verweigerungshaltung der Hausbesitzer fürchterlich verärgert, um nicht zu sagen: zornig gewesen wären. Das aber war nicht der Fall. Tatsächlich nahm die Majorität der Wiesbadener das Verhalten der Hausbesitzer eher emotionslos zur Kenntnis. Das lag vor allem daran, dass fast alle Warnungen vor feindlichen Fliegern in Wiesbaden bislang nichts weiter als Probealarme gewesen waren. Die Probealarme dienten dazu, die Menschen sowohl mit den Alarmsignalen vertraut zu machen als auch mit den Maßnahmen, die im Fall einer Attacke aus der Luft ergriffen werden sollten.

Zu den Alarmsignalen gehörte das Abfeuern einer bestimmten Anzahl von Raketensignalen, die im Hof der in der Innenstadt befindlichen Feuerwache gen Himmel geschossen wurden. Solange der Luftangriff währte, wurde im Abstand von jeweils fünf Minuten eine weitere Rakete abgeschossen. Unmittelbar nach dem Auslösen des Alarms sollten die Wiesbadener sich entweder in Sicherheit bringen, zum Beispiel im nächstgelegenen Haus, oder – sofern sie daheim waren – die Fenster öffnen, um das gefährliche Splittern von Fensterglas zu vermeiden. Erst wenn die Raketenschüsse aufhörten und stattdessen fünf Minuten lang die Kirchenglocken läuteten, und die Dampfpfeifen heulten, die sowohl auf dem Dach eines in der Innenstadt befindlichen Badehauses als auch auf dem des Städtischen Krankenhauses angebracht waren, galt die Gefahr als gebannt.

Doch die Wiesbadener ließen sich in ihrem Alltagsleben nicht weiter stören, wenn die Raketensignale einen feindlichen Fliegerangriff ankündigten. Sie waren fest davon überzeugt, dass es sich um einen dieser lästigen Probealarme handelte. Wer sollte denn Wiesbaden, die friedliche, militärisch unbedeutende Kur- und Lazarettstadt angreifen? Daran glaubte so gut wie niemand.

Das führte dazu, dass die Menschen die Luftalarmwarnungen durchwegs ignorierten. Wenn sie in einem Geschäft standen, um ihre Einkäufe zu tätigen, ließen sie sich durch die Raketensignale nicht stören. Sie rannten nicht panisch aus dem Geschäft, sondern blieben, wo sie waren, und setzten ihren Einkauf fort. Auch die Passanten auf den Straßen zeigten sich gelassen. Natürlich warf man einen kritischen Blick gen Himmel, ob dort auch wirklich kein feindlicher Flieger seine Kreise zog. Da aber in der Regel keiner zu sehen war, setzten die Menschen ihren Weg einfach fort. Und wer in der Straßenbahn saß, die natürlich bei Fliegeralarm bis auf Weiteres stehen blieb, der stieg nicht etwa aus, um irgendwo Schutz zu suchen, sondern blieb kurzerhand im Wagen sitzen, bis sich die Bahn irgendwann wieder in Bewegung setzte. Ruhe war oberste Bürgerpflicht!

Im Ruhigbleiben erwiesen sich die Wiesbadener als wahre Meister – bis zum 23. Oktober 1918. Gegen 21.15 Uhr an jenem Mittwochabend kündigten die vom Innenhof der Feuerwehr abgeschossenen Raketen einen Luftangriff an. Elsbeth, das Dienstmädchen der von Schellmanns, hatte ausnahmsweise etwas früher nach Hause gehen dürfen als gewöhnlich.

*

„Wenn du magst, kannst du jetzt nach Hause gehen", sagte Sophie von Schellmann zu Elsbeth. „Wir kommen heute Abend ohne dich zurecht."

„Oh, das ist aber wirklich sehr freundlich von Ihnen", antwortete Elsbeth. „Ganz herzlichen Dank!" Dann knickste sie und begab sich zur Dienstbotengarderobe, wo ihr Mantel hing.

„Kommen Sie, ich helfe Ihnen", rief Johannes von Schellmann, der just in diesem Moment die Dienstbotengarderobe passierte. Zu Elsbeths Überraschung nahm er ihren Mantel, öffnete ihn und half ihr so galant in das – leider im Laufe der Jahre etwas schäbig gewordene – Kleidungsstück hinein, als handele es sich bei ihr nicht etwa um eine gewöhnliche Dienstbotin, sondern um einen besonderen Gast oder gar eine gute Freundin der Familie.

„Sehr großzügig", flüsterte Elsbeth ein bisschen beschämt.

„Immer wieder gerne", erwiderte von Schellmann lächelnd. „Kommen Sie gut nach Hause, Elsbeth. Wir sehen uns dann morgen früh."

„Ja, gewiss", entgegnete Elsbeth. „Und nochmals vielen Dank, Herr von Schellmann."

Sodann machte sie sich auf den Weg nach Hause. Gemeinsam mit ihren Eltern und zwei jüngeren Schwestern lebte sie in der ersten Etage eines Mehrfamilienhauses in der Riehlstraße, die nicht allzu weit von ihrem Arbeitsplatz in der Wilhelmstraße entfernt lag. Sie konnte die Strecke bequem zu Fuß bewältigen. Das war praktisch, denn wenn sie für die tägliche Hin- und Rückfahrt die Straßenbahn hätte nehmen müssen, wäre das – zumindest auf die Dauer – ein ziemlich teures Vergnügen gewesen. Zum Glück konnte sie sich dieses Geld sparen.

Zu Hause angekommen, traf sie die Familie am Esstisch sitzend und Karten spielend an.

„Nanu, Elsie!", rief ihre Mutter. „Du bist ja schon da! Wie kommt das denn?"

„Die von Schellmanns benötigen meine Dienste heute Abend nicht mehr. Deshalb haben sie mir erlaubt, etwas eher nach Hause zu gehen."

„Sehr schön", sagte der Vater, „komm, setz' dich zu uns, Kind, und spiel eine Runde mit."

„Ja, gerne", erwiderte Elsbeth und nahm, da es – wegen des Brennstoffmangels – im Zimmer empfindlich kalt war, am Tisch Platz, ohne vorher den Mantel auszuziehen.

Kaum, dass sie nach den Karten gegriffen hatte, vernahm die Familie plötzlich das Zischen von Raketen.

„Fliegeralarm", stellte der Vater fest, doch niemand am Tisch machte Anstalten, das Kartenspiel zu unterbrechen. Es stand auch niemand auf, um die – übrigens nicht verdunkelten – Fenster zu öffnen, oder wenigstens einen Blick nach draußen zu werfen, um sich zu überzeugen, dass wirklich kein feindlicher Flieger unterwegs war. Alle glaubten, es handele sich mal wieder um einen Probealarm ... bis sie plötzlich lautes Motorenbrummen und dann das Heulen und Zischen abgeworfener Bomben vernahmen. Eine Sekunde später hörten sie, wie eine Bombe ganz in der Nähe ihres Hauses einschlug. Das Krachen war ohrenbetäubend. Gleichzeitig begannen die Wände zu wackeln. Die Bilder und der Spiegel, die dort gehangen hatten, fielen zu Boden. Das Schränkchen, das neben einem der inzwischen zerborstenen Fenster gestanden hatte, kippte um. Holz- und Glassplitter ergossenen sich über den Boden. Auch die Decke zeigte Risse. Das ganze Gebäude ächzte und stöhnte bedrohlich.

„Großer Gott", schrie der Vater, „wir müssen hier raus! Schnell!"

Die fünf rannten zur Wohnungstür und versuchten vergeblich, sie zu öffnen. Klemmte sie vielleicht, weil sich die Wände verschoben und verzogen hatten? Oder waren größere Trümmerteile vor die Tür gestürzt, die jetzt den Ausgang blockierten?

„Hilfe!", schrie der Vater und hämmerte gegen das Holz der Tür. „Hilfe! Wir sind hier eingeschlossen! Helft uns! Bitte!"

Doch niemand half. Vielleicht war auch niemand im Hausflur, der sie hören und ihnen helfen konnte. Womöglich waren auch die Nachbarn in ihren Wohnungen gefangen. Eventuell hatten Wände und Decken in den oberen Etagen der Erschütterung nicht standgehalten, waren eingestürzt und hatten die Menschen unter sich begraben?

„Was sollen wir denn jetzt bloß tun?", jammerte die Mutter.

„Komm", rief der Vater, „ab ins Schlafzimmer! Wir ziehen die Bettlaken von den Matratzen, knoten sie zusammen und seilen uns durch ein Fenster ab in den Hof!"

So geschah es. Elsbeth, als älteste Tochter, sollte zuerst hinabsteigen.

„Elsie", sagte der Vater, „du musst deine Geschwister unten in Empfang nehmen. Wenn sie keine Kraft mehr haben, um sich festzuhalten, musst du sehen, wie du sie am besten auffängst."

„Ja", erwiderte Elsbeth, „ich tue mein Bestes. Ich verspreche es!"

„Gutes Kind“, sagte der Vater. Dann umarmte er die Tochter, was er normalerweise nie tat, gab ihr einen Kuss auf die Stirn, was er normalerweise schon gar nicht tat, und wünschte ihr viel Glück beim Abstieg. „Sei um Himmels Willen vorsichtig!“, gab er ihr noch mit auf den Weg. Dann schlang er sich das Ende des aus mehreren Laken geknüpften „Seils“ um die Hüften, suchte nach einem möglichst sicheren Halt, um durch das Gewicht des jeweils Absteigenden nicht durch das Fenster gezogen zu werden, und signalisierte seiner Frau, dass nun mit dem Abstieg begonnen werden könne.

„Los, Elsie!“, sagte die Mutter und half der Tochter auf das Seil aus Bettlaken. „Und denk dran: Nicht nach unten schauen!“

„Ich denk dran“, versprach Elsbeth.

„Warte“, sagte die Mutter und hielt Elsbeth, die eben aus dem Fenster steigen wollte, kurz zurück. „Ich fürchte, du musst deinen Mantel ausziehen. Sonst bist du zum einen zu schwer, und zum anderen könnte er dich beim Abstieg behindern. Wir werfen ihn dir später einfach hinterher.“

„In Ordnung“, erwiderte Elsbeth, stieg aus dem Fenster, umklammerte das Bettlaken-Seil und begann mit dem Abstieg. Bei jeder Bewegung gab der Stoff nach, und Elsbeth fürchtete, dass er reißen und sie abstürzen würde. Doch das geschah nicht. Unverletzt schaffte sie es bis in den Innenhof des Hauses.

„Jetzt du, Gisi“, sagte die Mutter zu Elsbeths jüngerer Schwester Gisela.

„Ich hab’ solche Angst“, jammerte das Mädchen.

„Dafür ist jetzt keine Zeit!“, zischte der Vater. „Los, rauf aufs Seil!“

Auch Gisela war es, als gebe der Stoff bei jeder Bewegung nach und drohe zu reißen. Doch sie schaffte es ebenfalls unbeschadet bis in den Hof.

Jetzt war es an der kleinen Rieke, hinabzusteigen. Rieke war die kleinste und leichteste der drei Mädchen – und auch die furchtloseste.

„Das war gar nicht schlimm“, verkündete sie, als schließlich auch sie im Hof stand.

„Jetzt du, Tilly“, sagte der Vater zur Mutter.

„Und du?“, fragte die. „Wie willst du denn aus der Wohnung kommen?“

„Mach dir keine Gedanken“, entgegnete der Vater. „Ich schaffe das schon irgendwie.“

Bevor sie sich auf das Seil schwang, küsste die Mutter den Vater auf beide Wangen – was sie schon seit vielen Jahren nicht mehr getan hatte. „Pass auf dich auf!“, bat sie, und dann verließ auch sie – mit Hilfe des Bettlaken-Seils – die Wohnung. Wie zuvor Elsbeth und Gisela hatte die Mutter den Eindruck, dass der Stoff bei jeder Bewegung nachgab und zu reißen drohte. Und tatsächlich. Zwei Meter vor dem Erreichen des Hofs riss der Stoff eines der Bettlaken, woraufhin die Mutter zu Boden stürzte.

„Au!“, schrie sie, nachdem sie aufgeschlagen war.

„Oh Gott, Mutter! Bist du verletzt?“, riefen die Mädchen und eilten zu der am Boden liegenden Frau.

„Ich weiß nicht ...,“ stöhnte die Mutter, ... helft mir auf ... oh je ... ach Gott, ach Gott, ach Gott ...“ Aber zum Glück stellte sich schnell heraus, dass sie keine ernsthaften Blessuren davongetragen hatte.

Jetzt war es am Vater, die Wohnung zu verlassen. Fieberhaft sah er sich in dem Raum um, der einstmals das Elternschlafzimmer gewesen war, und überlegte, an welcher Stelle er das Bettlaken-Seil am besten befestigen konnte, damit es seinem Gewicht beim Abstieg standhielt. Doch sein Grübeln wurde zunächst durch ein Knacken unterbrochen und dann durch einen wahren Donnerschlag endgültig beendet, denn in jenem Moment brach das Haus, das zuvor schon größtenteils eingestürzt gewesen war, vollständig zusammen und begrub auch die letzten Überlebenden des Bombentreffers auf das Wohnhaus in der Riehlstraße unter sich, nämlich Elsbeths Familie. Niemand, der dereinst dort ansässig gewesen war, sollte überleben ...

Aus diesem Grund wartete das Ehepaar von Schellmann am nächsten Morgen vergeblich auf Elsbeth, ihr sonst so zuverlässiges Dienstmädchen.

„Ach, du lieber Gott!“, entfuhr es mir, nachdem die Witwe Diehl ihren Bericht beendet hatte. „Die arme Elsbeth!“

„Das kann man wohl sagen“, meinte die Witwe Diehl. „Selbstverständlich war die Empörung in Wiesbaden groß. Im ‚Tagblatt‘ hieß es: ‚Der grausame Vernichtungswille unserer Feinde hat nun also auch vor unserer offenen Stadt, die doch mit ihren Heilquellen und großen sanitären Einrichtungen dem Wohle der leidenden Menschheit gewidmet ist, nicht Halt gemacht.‘“

„Tja“, sagte ich, „da waren die Wiesbadener wohl etwas naiv.“

Die Witwe Diehl nickte. „In der Tat.“

„Nun“, meinte ich, „und dann hat es bis zur Kapitulation des Reiches ja auch nicht mehr allzu lange gedauert. Es ist schon eine Ironie der Geschichte: Erst verunglückt Elsbeths Freundin Anni am Tag der Mobilmachung tödlich – und dann wird sie selbst und ihre ganze Familie auch noch ein Opfer dieses Krieges, weniger als einen Monat, bevor dieser zu Ende ging.“

„Ganz genau. Nicht einmal vier Wochen nach Elsbeths tragischem Tod musste das ‚Tagblatt‘ die Annahme des ‚Vergewaltigungs-Waffenstillstands‘ von Compiègne verkünden“, sagte die Witwe Diehl.

„Und dann marschierten französische Truppen in Wiesbaden ein“, fuhr ich fort. „Und blieben bis Ende 1925. Ich habe die französische Besatzung damals, als ich in die Stadt gekommen bin, noch erlebt.“

„Na, und nun raten Sie mal, auf welche Idee der gute Herr Harmsen gekommen ist, nachdem in Wiesbaden die Franzosen regierten!“

„Ich ahne es“, antwortete ich. Und mit meiner Ahnung sollte ich richtigliegen.

Nachdem Wiesbaden im Dezember von französischen Truppen besetzt worden war, begab sich Claas Harmsen zum zweiten Mal zum Direktor der Schule, die sein Sohn besuchte. Fortan, so erklärte der Herr Professor dem anderen Herrn Professor, solle der Knabe nicht mehr Arno, sondern wieder Arnaud gerufen werden. Der Junge habe schließlich französische Wurzeln, und es sei – im Interesse der deutsch-französischen Freundschaft – gut, richtig und wichtig, wenn aufgezeigt werden könne, dass es auch in Wiesbaden Menschen gebe, die frankophil und frankophon seien. Das werde sich ganz sicher positiv auf die Beziehungen zwischen der Wiesbadener Bevölkerung und den französischen Besatzern auswirken. Daraufhin ließ sich der Schulleiter Arnauds Akte bringen und entfernte aus dieser die seinerzeit eingefügte Notiz, dass Arnaud auf Wunsch seines Vaters fortan den Namen Arno führen sollte, um auf diese Weise zum Ausdruck zu bringen, dass der Junge ein deutscher Patriot und kein Liebediener des Erbfeindes Frankreich war. O tempora, o mores, dachte der Schuldirektor, nachdem er Arnauds Akte zugeklappt und ins Archiv hatte zurückbringen lassen.

Ich lächelte.

„Und die Tochter? Die, mit dem – in französischen Ohren – sehr hart klingenden Vornamen Margaritta?“

„Die nannte sich fortan Margueritte ... Aber das ist eine andere Geschichte, die ich Ihnen demnächst erzählen werde. Jetzt, wo nichts mehr in ihrer alten Wohnung an die Harmsens erinnert, muss ich übrigens wieder öfter an diese alte Witwe denken, die dort so tragisch ums Leben gekommen ist. Und daran, dass Sie ihren Namen beziehungsweise den ihres schon lange zuvor verstorbenen Ehemannes schon einmal gehört hatten, und zwar von Ihrem guten Bekannten, dem Herrn Dr. Öhrchen. Und dass Sie mir davon erzählen wollten ...“

Ich nickte. „Selbstverständlich erinnere ich mich. Sie meinen den Doktor Hermann Hess.“

„Dann lassen Sie mal hören“, forderte mich die Witwe Diehl auf.

„Die Geschichte beginnt“, sagte ich, „wie alle guten Geschichten anfangen, nämlich mit: Es war einmal ...“

„Jetzt bin ich aber wirklich gespannt!“, rief die Witwe Diehl.

Der Exhibitionist (1905–1911)

Es war einmal ein Kapellmeister in einem Kurorchester ... der hieß Claudio Massoni ... Und dieser Claudio Massoni war nicht etwa der Kapellmeister irgendeines Kurorchesters, sondern der des Kurorchesters der Weltkurstadt Wiesbaden, dessen Leitung er im Mai 1905 übernommen hatte. Mit seiner Frau, einer ebenso begabten wie hervorragend ausgebildeten Violinistin, lebte er zunächst in der Nähe der Walkmühle, die er gerne und regelmäßig besuchte, da er das Bier, das dort gebraut wurde, sehr schätzte. Weil sich dann aber Familienzuwachs ankündigte, musste sich das Ehepaar nach einer größeren Wohnung umsehen. Die gab es zwar auch in der Nähe der Walkmühle, allerdings zu einem für die Massonis unerschwinglichen Mietzins. Folglich blieb ihnen nichts anderes übrig, als sich in einer anderen Gegend nach einer sowohl akzeptablen als auch erschwinglichen Unterkunft umzusehen.

*

„Herr Kapellmeister!"

Massoni, der im Begriff war, den Konzertsaal zu verlassen, in dem soeben die Generalprobe für die bevorstehende Aufführung von Beethovens „Eroica" zu Ende gegangen war, drehte sich zu dem Rufer um.

„Nanu, Signore Wiesinger!", stellte Massoni überrascht fest.

Vor ihm stand Albrecht Wiesinger, einer der Cellisten des Kurorchesters. „Herr Kapellmeister, bitte entschuldigen Sie die Störung", sagte Wiesinger. „Könnte ich Sie kurz sprechen?"

„Aber sicher", erwiderte Massoni. „Kommen Sie, lassen Sie uns ein paar Schritte gehen."

„Nun, Herr Kapellmeister, ich hörte, dass Sie auf der Suche nach einem neuen Heim sind", sagte Wiesinger.

„So ist es", bestätigte Massoni.

„Hm", sagte Wiesinger, „es ist so: meine Eltern besitzen in Sonnenberg, einem nur wenige Kilometer von Wiesbaden entfernt gelegenen Ort, eine – nun, sagen wir mal – kleine Villa. Zwei Kinderzimmer, ein Elternschlafzimmer, ein Salon, ein Damen- und ein Herrenzimmer sowie Bad und Küche. Unter dem Dach befinden sich außerdem zwei Kammern für das Personal. Diese äußerst behagliche Unterkunft ist gegenwärtig verfügbar, da die Vormieter ins Ausland verzogen sind. Übrigens nach Italien." Wiesinger lächelte, und auch Massoni musste schmunzeln.

„Das würde gut passen, nicht wahr? Eine deutsche Familie zieht aus der Villa aus, weil sie nach Italien geht, und eine italienische Familie, die nach Deutschland gekommen ist, zieht daraufhin in die Villa ein", meinte Massoni.

„Ganz recht", erwiderte Wiesinger. „Sonnenberg ist übrigens sowohl mit der Straßenbahn als auch zu Fuß gut zu erreichen. Wenn Sie bequem von Ort zu Ort gelangen wollen, also mit der Tram, steigen Sie einfach in die rote Linie ein. Aber wenn Ihnen ein kleiner Spaziergang lieber ist, dann können Sie durch die wunderschönen, im Sommer angenehm schattigen Parkanlagen von Sonnenberg nach Wiesbaden oder umgekehrt, also von Wiesbaden nach Sonnenberg, flanieren."

„Das hört sich alles wunderbar an", sagte Massoni. „Wahrscheinlich wird es uns in Sonnenberg sehr gut gefallen. Nur eines werde ich ganz sicher vermissen: das köstliche Bier aus der Walkmühl-Brauerei."

„Na, da machen Sie sich mal gar keine Sorgen", entgegnete Wiesinger. „Unmittelbar vor den Toren Sonnenbergs liegt die Kronenbrauerei. Die hat sogar eine eigene Straßenbahnhaltestelle. Sehr komfortabel!"

Wenige Wochen später durfte die Gemeinde Sonnenberg zwei Neubürger begrüßen, nämlich den Kapellmeister des Wiesbadener Kurorchesters, Claudio Massoni, sowie dessen Ehefrau, die Violinistin Angelina Massoni. Die Freude über den Zuzug des Ersteren sollte den Sonnenbergern jedoch alsbald vergehen und Albrecht Wiesinger, dem man zunächst für das erfolgreiche Anwerben des Ersteren gratuliert hatte, deswegen erheblich an Ansehen verlieren.

An einem Tag im Hochsommer des Jahres 1909 wollte die 13-jährige Schülerin Annemarie Corte ihre Schulkameradin Rosel Schmidt besuchen. Um auf dem kürzesten Weg zur Wohnung der Schmidts zu gelangen, überquerte Annemarie die Wiesbadener Straße, an der sie wohnte, lief dann durch den gegenüberliegenden Park und wollte eben den Weg einschlagen, der an der katholischen Kirche vorbei zur Bierstadter Straße führte, in der Rosel wohnte, als plötzlich ein dunkelhaariger Mann mit gezwirbeltem Schnauzbart vor ihr stand. Sie hatte ihn nicht kommen sehen. Wahrscheinlich hatte er hinter einem Baum oder hinter einem Gebüsch auf sie gelauert. Annemarie blieb fast das Herz stehen, so erschrocken war sie.

„Bitte", flehte Annemarie, „tun Sie mir nichts."

Der Mann antwortete nicht, machte aber auch keine Anstalten, sich auf sie zu stürzen. Stattdessen griff er in seinen – wie sie erst jetzt bemerkte – bereits geöffneten Hosenschlitz, zog sein bestes Stück hervor und fing an, es zu reiben.

Annemarie starrte den Mann an. Was sollte das? Was wollte der Kerl? Und dann entschloss sie sich, wegzurennen. Bloß weg von hier! Weg von diesem unheimlichen Mann! Sie rannte und rannte, bis sie endlich vor Rosels Haustür stand. Als die Mutter ihrer Freundin ihr die Tür öffnete, war sie in Tränen aufgelöst.

„Annemarie!", rief Frau Schmidt. „Was ist denn los? Ist etwas passiert?"

Annemarie hätte ihr gerne erzählt, was ihr soeben widerfahren war, aber irgendwie konnte sie es nicht. Es war ... ja, es war ... irgendwie peinlich. Beschämend. Auf jeden Fall war es nichts, über das sie sprechen wollte. Über so was redete man doch nicht. Also beschloss sie, nichts zu sagen. Zu niemandem. Sie sagte nichts zu Frau Schmidt, außer, dass sie hingefallen sei, sich wehgetan und deshalb geweint habe, und sie sagte auch nichts zu ihren Eltern.

Einige Wochen später. In den frühen Abendstunden machten sich die 18 und 20 Jahre alten Cousinen Almut Wagner und Erika Grundmann, Näherinnen in einer Wiesbadener Schneiderei, auf den Heimweg nach Sonnenberg. Plötzlich sprang ein dunkelhaariger, bärtiger Mann hinter einem Gebüsch hervor und trat ihnen in den Weg. Er trug elegante Schuhe und Socken – aber weder eine Hose noch eine Unterhose, dafür jedoch einen blanken Penis zur Schau.

„Ach, du lieber Gott", sagte Almut, „da ist ja schon wieder dieser Kerl!"

„Kennst du den etwa?", krächzte Erika und starrte völlig entsetzt auf den Mann, der inzwischen zu onanieren begonnen hatte.

„Kennen nicht, aber ich bin ihm schon zwei Mal begegnet", entgegnete Almut. „Komm, wir gehen weiter. Der tut nichts, der will nur, dass wir seinen Schwanz sehen und zugucken, wie er es sich selbst besorgt."

„Du hast den schon mehrfach getroffen? Davon hast du ja gar nichts erzählt!", rief Erika.

„Nein, natürlich nicht", antwortete Almut. „Erstens war nie jemand dabei, wenn ich dem Kerl begegnet bin. Da würde doch jeder sagen, ach, die doofe Almut hat sich das bloß ausgedacht, um sich wichtigzumachen. Zweitens hieße es, ach, die Almut hat dem Mann bestimmt schöne Augen gemacht. Deshalb dachte er, die Almut will was von ihm. Tja, und dann stempelt man mich ganz schnell als Flittchen ab. Und drittens würden die Leute bestimmt sagen, Almut, stell dich nicht so an. Es ist doch nichts passiert. Wie auch immer: Den Schwarzen Peter hätte immer ich. Also habe ich meinen Mund gehalten."

„Aber jetzt hast du doch eine Zeugin!", rief Erika.

„Ja, ganz famos, nämlich meine Cousine", unkte Almut. „Die ist doch genauso ein Flittchen wie ihre Base. Das wäre es, was die Leute hinter unserem Rücken über uns sagen würden. Das garantiere ich dir!"

Einige Tage später begab sich das Lehrmädchen Grete Maier an einem Vormittag auf Anweisung ihres Lehrherrn von dem an der Ecke Bergstraße/Wiesbadener Straße befindlichen Geschäft zu dem an der Hofwiese gelegenen Postamt, um Briefmarken zu besorgen. Unterwegs begegnete sie einem Mann, der – im Vorbeigehen! – sein Glied aus dem Hosenschlitz zog, um es ihr zu zeigen.

„Herr Lehmann", sagte Grete kurz darauf zu ihrem Lehrherrn, „stellen Sie sich vor, da war vorhin ein Mann, der ... nun, der sich schlecht benommen hat!"

„Aha", antwortete Herr Lehmann, „und inwiefern?"

„Also ... ähm ... Naja, auf jeden Fall habe ich den schon einmal gesehen", sagte Grete.

„Den Mann, der sich schlecht benommen hat, den kennst du?", fragte Herr Lehmann.

„Ich weiß, dass er hier in der Bergstraße wohnt. Ganz oben, im letzten Haus vor der Kurve."

„Das letzte Haus vor der Kurve? Das ist die Villa Wiesinger", meinte Herr Lehmann. „Dort wohnt der Herr Kapellmeister Massoni mit seiner Familie. Und du meinst, der hätte sich dir gegenüber schlecht benommen? Also, ehrlich, Kind, das kann ich mir nicht vorstellen. Das ist ein ganz nobler Herr mit guten Manieren und den besten Beziehungen zu den feinen Leuten von Wiesbaden."

„Aber", beharrte Grete, „er hat sich trotzdem furchtbar schlecht betragen."

„Grete", sagte Herr Lehmann mit strenger Stimme, „mit den hohen und wichtigen Herrschaften sollten wir es uns nicht verderben. Deshalb – vergiss einfach, dass er sich schlecht benommen hat, wenn es denn so gewesen sein sollte."

Also vergaß Grete, dass der noble Herr Massoni, der beste Beziehungen zu den Reichen und Wichtigen Wiesbadens unterhielt, ihr – am helllichten Tag und auf offener Straße – ein Körperteil gezeigt hatte, das sie keinesfalls zu sehen begehrte.

Zwei Jahre lang trieb der schwarzhaarige, bärtige Mann sein Unwesen rund um Sonnenberg. Doch im Sommer 1911 sollte damit ein für alle

Mal Schluss sein. An einem Tag im Juli jenes Jahres stand er wieder mit offener Hose und heraushängendem Geschlechtsteil vor einem jungen Mädchen. Dass es jemanden gab, der sich derartig schlecht benahm, hatte Flora, so hieß die in diesem Fall betroffene Jugendliche, schon von ihrer Freundin Grete gehört. Grete hatte gemeint, sie wisse, wer der Mann sei, nämlich ein ganz hohes Tier in der feinen Wiesbadener Gesellschaft. Er wohne in der Villa Wiesinger in der Bergstraße in Sonnenberg. Sie habe Herrn Lehmann, ihrem Lehrherrn, von der unappetitlichen Begegnung mit dem Mann erzählt, doch der sei nicht weiter darauf eingegangen. Sie solle die Sache auf sich beruhen lassen, hatte er zu ihr gesagt.

Floras große Schwester sah das allerdings ganz anders. Als Flora – vollkommen verheult – zu Hause eingetroffen war, hatte sie sich in die Arme ihrer großen Schwester gestürzt und berichtet, was ihr widerfahren war.

„Also, der Grete ist das auch passiert?“, erkundigte sich Floras große Schwester Berthe.

„Ja“, schniefte Flora. „Und die Grete meinte, sie habe mal gehört, dass der Mann auch schon von dem einen oder anderen Mädchen aus Sonnenberg so gesehen worden sei.“

„Das ist ja sehr interessant“, sagte Berthe. „Nun, ich finde, dass gegen diesen Mann unbedingt etwas unternommen werden muss!“

Aus diesem Grund informierte Berthe zunächst den gemeinsamen älteren Bruder Kurt, der daraufhin ein Gespräch mit dem Vater führte.

„Was hat dieser Mistkerl gemacht?“, brüllte der Vater. „Sich unserer Flora in schamverletzender Weise gezeigt? Komm, Kurt, wir gehen gleich zu dem Burschen nach Hause. Und dann kriegt er den Frack voll. Aber so richtig!“ Der Vater wollte schon aufspringen und sich auf den Weg in die Bergstraße machen, als der Sohn ihn zurückhielt.

„Grundsätzlich bin ich deiner Meinung, Vater“, sagte er. „Ich würde ihm auch am liebsten die Zähne einschlagen und tausend Mal in die Eier treten, aber weißt du, was der Kerl dann macht? Der rennt zur Polizei und zeigt uns an wegen Körperverletzung. Und dann ist er das arme Opfer und wir die bösen Täter. Dann geht es nur noch um ihn und uns, aber nicht mehr um das, was er unserer Flora und den anderen Mädchen angetan hat."

Der Vater ließ sich zurück auf den Stuhl fallen. „Und was sollen wir stattdessen machen?", fragte er.

„Zur Polizei gehen und den Vorfall melden", erwiderte Kurt.

„Denkst du, die glauben unserer Flora und unternehmen etwas gegen diesen feinen Pinkel?", erkundigte sich der Vater, der sich von dem Gedanken, den Drecksack windelweich zu prügeln, noch immer nicht ganz verabschiedet hatte.

„Wir müssen es zumindest versuchen. Wenn es nicht klappt, können wir uns den Kerl immer noch vorknöpfen", antwortete der Sohn.

„Stimmt", sagte der Vater. „Wenn die Polizei nichts unternimmt, unternehmen eben wir etwas. Aber jetzt ziehen wir erst einmal los und melden den Vorfall."

Wachtmeister Eckel, der an diesem Abend auf der Wache in Sonnenberg Dienst tat, nahm den Vorfall übrigens sehr ernst. Auch er hatte schon gerüchteweise davon gehört, dass es in Sonnenberg einen Mann mit dunklen Haaren und gezwirbeltem Bart gab, der sich gerne vor jungen Mädchen in schamverletzender Weise zeigte.

Aber mangels konkreter Informationen hatte er bis dato nicht einschreiten können. Jetzt konnte er es. Binnen weniger Tage gelang es ihm und seinen beiden Kollegen, die die Polizeitruppe in Sonnenberg bildeten, insgesamt elf junge Mädchen ausfindig zu machen, die von diesem Mann – bei dem es sich um niemand anderen als den Kapellmeister des Wiesbadener Kurorchesters, Maestro Claudio Massoni, handelte – belästigt worden waren.

Anfang Oktober 1911 später musste sich Massoni deswegen vor dem Königlichen Landgericht in Wiesbaden verantworten. Massonis Anwalt zog – erwartungsgemäß – alle Register. Erst versuchte er, die Zeuginnen als mehr oder minder schwachsinnig abzukanzeln. Dann behauptete er, sein Mandant sei körperlich krank. Aufgrund einer urogenitalen Erkrankung leide er unter Inkontinenz und chronischem Harndrang, weshalb er sich – an allen möglichen und unmöglichen Stellen – erleichtern müsse.

Hernach führte er an, dass durch Signore Massonis Adern feuriges, italienisches Blut fließe. Im Süden, so schwadronierte der Anwalt, sehe man das alles viel, viel lockerer. Deshalb habe sich sein Mandant auch gar nicht vorstellen können, dass so ein bisschen Exhibitionismus die deutschen Frauen und Mädchen gleich in Angst und Schrecken versetze. Und zum guten Schluss behauptete er, sein Mandant lebe manchmal in einer Welt der Fantasie, sei also gar nicht richtig bei sich, sondern geistig abwesend und somit unzurechnungsfähig. Schon aus diesem Grund könne er nicht verurteilt werden.

Um die Ausführungen des durchaus kreativ argumentierenden Anwalts zu bestätigen oder zu verwerfen, wurden zwei medizinische Gutachter herangezogen. Einer von ihnen war ein Arzt, der sich vornehmlich mit der „Lehre vom Harn und dessen krankhaften Veränderungen" beschäftigte, und der andere der Nervenarzt Dr. Hermann Hess, eben jener Ehemann der so unglücklich in ihrer Wohnung in der Wilhelmstraße ums Leben gekommenen alten Dame. Beide Gutachter konsultierten zunächst Massonis Hausarzt. Dem war von einer urogenitalen Erkrankung nichts bekannt. Auch von einer geistigen Störung hatte er keine Kenntnis. Seit Massoni bei ihm in Behandlung sei, habe er ihn nie als geistig nicht intakt empfunden, erklärte der Arzt.

Zu dieser Erkenntnis kam dann übrigens auch der Nervenarzt Dr. Hess, nachdem er Massoni gründlich untersucht hatte. Der Mann, so meinte der Mediziner, sei vielleicht etwas neurasthenisch, also nervenschwach, und vielleicht ein wenig hysterisch, aber auf gar keinen Fall unzurechnungsfähig. Er habe genau gewusst, was er tat, und dass er damit gegen das Gesetz sowie gegen Sitte und Anstand verstieß. Claudio Massoni sei, so resümierte Dr. Hess, voll schuldfähig.

„Na", sagte die Witwe Diehl, „das waren ja deutliche Worte seitens des Nervenarztes Dr. Hess. Und wie ist die Sache dann ausgegangen?"

„Wie das Hornberger Schießen", sagte ich. „Claudio Massoni wurde vom Gericht wegen Exhibitionismus zu einer Geldstrafe von 500 Mark verurteilt. Auf die Verhängung einer dreimonatigen Gefängnisstrafe wurde verzichtet, weil der Nervenarzt ihn als nervenschwach und leicht hysterisch bezeichnet hatte. Das wurde vom Gericht allen Ernstes als strafmildernder Umstand gewertet."

„Na, so was!", sagte die Witwe Diehl. „Und was wurde dann aus diesem Herrn Massoni? Durfte er weiterhin als Kapellmeister wirken?"

„Das schon, allerdings nicht in Wiesbaden. Hier wollte man ihn loswerden und wurde ihn schließlich auch los. Er amtierte später als Orchesterleiter in Riga und dann in Helsingfors. Irgendwann, so heißt es, sei er nach Italien zurückgekehrt und dort Ende 1931 verstorben."

„Und was wurde aus seiner Familie?", erkundigte sich die Witwe Diehl.

Ich zuckte die Achseln. „Das ist nicht bekannt. Niemand weiß, ob die Ehe gescheitert ist, oder ob Angelina ihrem Mann treu geblieben und ihm ins Ausland und später zurück nach Italien gefolgt ist. Übrigens hat man in Wiesbaden nie wieder über Claudio Massoni gesprochen. Der größte Schmutzfink unter den Kapellmeistern des Wiesbadener Kurorchesters wurde – und wird – einfach totgeschwiegen. Ganz so, als hätte es ihn nie gegeben."

Die Witwe Diehl lachte. „Nun, manchmal ist das nicht die schlechteste Lösung."

„Da haben Sie allerdings recht", pflichtete ich ihr bei.

Wie es – angeblich – zur französischen Besatzung kam (1918)

„Wissen Sie übrigens, wie es dazu kam, dass Wiesbaden nach dem Ersten Weltkrieg ausgerechnet von französischen Truppen besetzt wurde?", erkundigte ich mich. „Es hätten ja genauso gut Briten oder Amerikaner sein können."

„Nein", erwiderte die Witwe Diehl. „Das weiß ich wirklich nicht."

„Nun", berichtete ich, „als ich noch das Resort auf Sumatra hatte, gehörte zu meinen Gästen unter anderem ein niederländischer Militär-Attaché. Er erzählte mir, er sei mit einem britischen Militär-Attaché befreundet, der Anfang Oktober 1918 an der Zusammenkunft des interalliierten Obersten Kriegsrats in Paris teilgenommen habe. Es sei damals um die Frage gegangen, wie man sich die Fortführung des Krieges auf dem Balkan vorstelle.

Doch dann traf in Washington das Telegramm mit dem deutschen Ersuchen um Waffenstillstand ein und damit war die Überlegung, wie es denn nun auf dem Balkan weitergehen sollte, hinfällig. Ab sofort ging es nur noch um die Frage, welche Bedingungen die Alliierten an einen Waffenstillstand mit dem Deutschen Reich geknüpft sehen wollten."

„Ja, hatte man denn nichts in petto? Keine Pläne, die man einfach nur aus der Schublade ziehen musste?", wollte die Witwe Diehl wissen.

„Nein, nichts. Die Alliierten hatten nicht damit gerechnet, dass die Deutschen so schnell um Waffenstillstand bitten würden. Sie waren vollkommen überrumpelt", berichtete ich. „Daraufhin wies der britische Regierungschef seinen obersten Militärberater an, sich Gedanken über britische Forderungen in Bezug auf den Waffenstillstand zu machen. Er selbst nahm – wie geplant – an einer Whisky-Verkostung teil. Anschließend sank er – ziemlich betrunken – zu Bett.

Der oberste Militärberater beschloss, vor Beginn der Ausarbeitung der Waffenstillstandsbedingungen noch einen kleinen Ausritt zu machen, um einen klaren Kopf zu bekommen. Doch leider stürzte er bei dem Versuch, mit dem Tier über eine Hecke zu springen, vom Pferd, brach sich mehrere Rippen, den Knochen über dem linken Auge, die Nase und noch dazu den rechten Unterschenkel. Folglich verbrachte er den Rest des Abends sowie die anschließenden Tage nicht etwa am Schreibtisch, sondern im Krankenhaus. Ergo konnten die Briten am nächsten Tag nicht mit einer Ausarbeitung dienen."

„Aha", sagte die Witwe Diehl. „Und die Amerikaner?"

„Nun, der amerikanische Präsident dinierte an diesem Abend mit seiner über alles geliebten zweiten Ehefrau. Es wurde spät und er sehr müde. Also legte er sich schlafen. Wieso sollte er sich auch selbst um die Ausarbeitung der Waffenstillstandsbedingungen kümmern? Er hatte ja seinen obersten Militärberater damit beauftragt."

„Und der war fleißig?", erkundigte sich die Witwe Diehl.

„Ja", antwortete ich, „das war er. Aber nicht am Schreibtisch, sondern auf dem Golfplatz. Er beschloss, zunächst eine Runde Golf zu spielen, um ..."

„... den Kopf ein wenig freizubekommen", ergänzte die Witwe Diehl.

„Ganz genau", erwiderte ich.

„Und dann bekam er einen Golfball ins Auge, weshalb er nichts mehr sehen konnte und ins Krankenhaus musste ...," ergänzte die Witwe Diehl.

„So in etwa", sagte ich schmunzelnd. „Zu guter Letzt gab es dann noch die Italiener, die auch im Obersten Kriegsrat vertreten waren. Der italienische Regierungschef besuchte, gemeinsam mit seinem obersten Militärberater, ein Familienmitglied, das vor einigen Jahren ausgewandert und in Paris ein italienisches Restaurant eröffnet hatte. Dort speisten sie Pizza, Pasta und Pesce, und weil Fisch bekanntlich schwimmen muss, flossen Wein und Grappa in rauen Mengen. Wie das ausging, liebe Frau Diehl, können Sie sich gewiss vorstellen."

„Und der Franzose?", wollte die Witwe Diehl wissen. „Was machte der?"

„Der französische Regierungschef verbrachte den Abend in einem Varieté. Was er danach tat, ist nicht bekannt, aber es gibt immerhin Vermutungen", deutete ich an.

Die Witwe Diehl lachte. „So so“, sagte sie, „und was tat sein oberster Militärberater?“

„Der bestellte sich eine Kanne Kamillentee und verschwand in seinem Studierzimmer. Er war folglich der Einzige, der am nächsten Morgen mit einem Bündel Waffenstillstandsbedingungen aufwarten konnte.“

„Sehr löblich“, befand die Witwe Diehl.

„Ja, und da es sonst keine anderen Ausarbeitungen gab, wurden die der Franzosen kurzerhand angenommen“, erklärte ich. „Und dazu gehörte, neben der vollständigen Besetzung des linken Rheinufers, das die Franzosen traditionell als urfranzösisches Terrain ansahen, die Einrichtung von Brückenköpfen auf dem rechten Rheinufer. So kam es, dass man um die Städte Mainz, Koblenz und Köln auf der rechten Rheinseite einen Halbkreis mit einem Radius von 30 Kilometern schlug.

Diese Gebiete waren zu entmilitarisieren. Sie wurden von alliierten Truppen besetzt und kein deutscher Soldat durfte sich mehr dort aufhalten. Am liebsten hätten die Franzosen dort das Kommando allein übernommen, aber da spielten die anderen Alliierten nicht mit. Sie wollten auch ein Stück von dem rechtsrheinischen Kuchen abbekommen. Daraufhin zogen in den Brückenkopf Köln britische Soldaten ein. Der Koblenzer fiel den Amerikanern zu und der Mainzer den Franzosen. Und weil Wiesbaden innerhalb der 30-Kilometer-Zone rund um Mainz liegt, wurde die Stadt von französischen Truppen besetzt.“

„Letzteres will ich gerne glauben, aber mit den Geschichten um die nicht-französischen Regierungschefs und ihre obersten Militärberater tue ich mich ein bisschen schwer“, gestand die Witwe Diehl.

Ich lächelte. „Ich ehrlich gesagt auch. Aber der niederländische Militär-Attaché hat die Geschichte, die angeblich sein britischer Freund erlebt haben will, genau so erzählt. Ich denke, niemand, der an jenem Abend zugegen war, hat ihm zu hundert Prozent geglaubt, aber unterhaltsam war die Schilderung trotzdem. Es gab so manchen

Lacher, vor allem, nachdem behauptet wurde, dass der oberste französische Militärbefehlshaber – in Anbetracht des Alkohol-Abusus' einiger seiner Kollegen sowie deren Vorgesetzter – angeordnet haben soll, dass kein französischer Truppenangehöriger, der in Deutschland stationiert ist, Alkohol zu sich nehmen hätte dürfen. Kamillentee dagegen sei erlaubt gewesen."

Die Witwe Diehl lachte. „Ein Franzose ohne Wein? Das ist schwerlich vorstellbar."

„Sofern es sie denn tatsächlich gab, hat sich diese Anordnung jedenfalls nicht lange gehalten", bestätigte ich. „Tatsächlich gab es für französische Truppenangehörige ein Verbot für harte Alkoholika, also Schnaps oder Weinbrand. Weiche Alkoholika wie Bier, Wein oder Apfelwein durften dagegen konsumiert werden."

Ein Werftbesitzer in Rage – Französische Visite in Kaub (1920)

Karl Lustmann, der in der Wilhelmstraße 17 ansässige Besitzer einer Bootswerft, hatte im Frühjahr 1920 erleben müssen, wie französische Besatzungssoldaten das Verbot, harte Alkoholika zu sich zu nehmen, zu umgehen versuchten. Eines schönen Tages Anfang Mai standen plötzlich mehrere Dutzend Männer vor dem Eingangstor der Lustmann-Werft.

*

„Was wollen Sie?", wollte der Pförtner wissen. Doch statt einer Antwort erhielt er zwei gezielte Faustschläge ins Gesicht.

„Verflucht!", stöhnte der Pförtner und betastete seine blutende und schmerzende Nase. „Ihr Schweine, ihr habt mir die Nase gebrochen!"

Im selben Moment flog die Tür zu dem Wachhäuschen auf, zwei der Kerle stürmten hinein und schlugen und traten so lange auf den Pförtner ein, bis dieser zusammenbrach und bewusstlos liegen blieb.

Dann öffneten sie den Schlüsselkasten, der an der Wand hinter dem Schreibtisch des Pförtners hing, entnahmen ihm sämtliche darin enthaltenen Schlüssel für die an der Anlegestelle dümpelnden Boote, stießen sodann das Tor zum Werksgelände auf und ließen die rund vierzig Männer herein, die davorgestanden und nur darauf gewartet hatten, eingelassen zu werden. Anschließend stürmten sie in geschlossener Formation hinunter zu den am Rhein ankernden Booten. Da Sonntag war, befanden sich weder Arbeiter noch Schiffsführer auf dem Gelände. Als die Männer die Anlegestelle erreicht hatten, überlegten sie kurz, welches der hier liegenden Boote sie nehmen sollten. Nach kurzer Debatte entschieden sie sich für die „Maria Dolores". Aus der Menge der aus dem Schlüsselkasten gerissenen Schlüssel wählten sie den passenden aus, drückten ihn einem der Männer in die Hand und warfen sodann die restlichen, für sie überflüssigen Schlüssel ins Wasser.

„So", sagte der, der die Schlüsselgewalt über die „Maria Dolores" besaß, auf Französisch, „jetzt mal alle Mann an Bord! Und zwar zügig!" Tatsächlich handelte es sich bei den Männern, die die „Maria Dolores" geentert hatten, um in Wiesbaden stationierte, französische Besatzungssoldaten. Nun hätte man glauben können, dass es den Männern nach einer romantischen Rheinreise gelüstete. Doch das war keineswegs der Fall. Nichts interessierte die Männer weniger als alte Burgen, steile Felsen und schmucke Ortschaften. Vielmehr befanden sie sich auf Sauftour ... und die führte sie in das Rheinstädtchen Kaub, das im Goulot d'Étranglement, also in einer sowohl von den Franzosen als auch von den Deutschen wegen ihrer Umrisse auf der Landkarte als „Flaschenhals" bezeichneten Region lag.

*

„Wie bitte?", erkundigte sich die Witwe Diehl. „Davon habe ich ja noch nie etwas gehört!"

„Erinnern Sie sich, was ich Ihnen über den fleißigen französischen Kamillenteetrinker erzählt habe?", hakte ich nach. „Der, der sich nicht mit der Besetzung des linken Rheinufers zufriedengeben wollte, sondern darüber hinaus verlangte, dass auch auf der rechten Rheinseite Besatzungszonen eingerichtet werden sollten?"

„Ja, ich erinnere mich", bestätigte die Witwe Diehl. „Ein Halbkreis mit einem Radius von 30 Kilometern rechtsrheinisch um Mainz, Köln und Koblenz."

„Genau", sagte ich. „Niemand weiß übrigens, wie er ausgerechnet auf die 30 Kilometer kam. Na ja, wie dem auch sei: Die jeweils um den Brückenkopf Mainz und den Brückenkopf Koblenz geschlagenen Halbkreise berührten einander nicht. Das heißt, dass zwischen den beiden ein Gebietsstreifen lag, der weder zur französischen noch zur amerikanischen Besatzungszone gehörte, mithin also Teil des unbesetzten, sprich: freien Deutschlands war. Und da dieser Gebietsstreifen, wie schon erwähnt, dem Hals einer Flasche ähnelte, wurde er fortan als Flaschenhals bezeichnet."

„Ja, hat der Franzose bei seiner Ausarbeitung denn damals nicht bemerkt, dass die Halbkreise einander weder berührten noch überlappten? Man sollte doch meinen, dass der gute Mann Augen im Kopf hatte."

„Davon ist auszugehen. Der Militärattaché jedenfalls meinte, dass er das sehr wohl bemerkt habe, aber fest davon ausgegangen sei, dass das Flaschenhals-Gebiet ganz problemlos entweder der französischen oder der amerikanischen Besatzungszone zugeschlagen werden könne. Wobei er zweifellos die erste Möglichkeit favorisiert hätte. Er fand es wohl überflüssig, den von ihm gewählten Radius von 30 Kilometern zu verändern, nur weil der zwischen Mainz und Koblenz nicht ganz passte. Hätte er begonnen, für dieses Gebiet – und jedes andere – exakte Berechnungen anzustellen, um eine Überlappung zu garantieren, wäre er quasi vom Hölzchen aufs Stöckchen gekommen und hätte sich im Kleinklein verloren.

Abgesehen davon, dass ihm dazu die Zeit fehlte – es eilte ja, wie wir uns erinnern – konnte er sich nun wirklich nicht mit jeder örtlichen Besonderheit beschäftigen. Natürlich war es nicht zu vermeiden, dass eine derart willkürlich gezogene Grenzlinie mitten durch einen Bahnhof, durch ein Haus, durch eine Fabrik, über eine Weide oder ein Feld verlief. Dass das unglücklich war, stand ganz und gar außer Frage. Aber Probleme dieser Art zu lösen, fiel nicht in seinen Zuständigkeitsbereich. Darum mussten sich dann die Verantwortlichen vor Ort kümmern."

„Das leuchtet mir ein", meinte die Witwe Diehl.

„Dumm war nur, dass das Flaschenhals-Gebiet, anders als von unserem französischen Planer angenommen, weder der amerikanischen noch der französischen Besatzungszone zugeschlagen wurde. Der Flaschenhals blieb unbesetzt und entwickelte sich zu einem dauerhaften Streitpunkt zwischen Franzosen und Deutschen."

„Und was hat es nun mit den Franzosen auf sich, die die ‚Maria Dolores' gekapert hatten?", erkundigte sich die Witwe Diehl.

„Ganz einfach", erklärte ich, „Kaub lag im unbesetzten Gebiet ..."

„... und dort war es den Franzosen nicht verboten, Schnaps zu trinken", ergänzte die Witwe Diehl.

„Stimmt", sagte ich.

Nachdem einer der Franzosen die Schlüssel zur ‚Maria Dolores' erhalten hatte, weil er als einziger ein Kapitänspatent besaß, konnte die Fahrt nach Kaub beginnen. Gegen 14.00 Uhr an jenem Tag erreichten die Männer ihr Ziel.

„Alle Mann von Bord!", kommandierte der Bootsführer, nachdem man in Kaub angelegt hatte. Eilig – und von Vorfreude auf das vermeintlich Kommende getrieben – verließen sie das Boot. Einzig der Kapitän blieb an Bord. Wenn er seine Kameraden später wieder sicher nach Hause bringen wollte, durfte er sich auf keinen Fall betrinken. Außerdem erschien es ihm ratsam, wenn wenigstens ein Mann vor Ort blieb und darauf achtete, dass niemand unerlaubt das Boot betrat oder sich daran zu schaffen machte. Und aus diesem Grund blieb ihm nichts anderes übrig, als zuzusehen, wie die Kameraden eine kleine Grünanlage passierten, in der irgendein Denkmal stand, das an irgendeinen wichtigen Mann erinnern sollte, dann durch eine Eisenbahnunterführung liefen, um hernach im Ort zu verschwinden.

Kaub war zwar keine große Stadt, aber dennoch ein Ort, in dem es – welch' Glück! – diverse Gaststätten gab. Das war natürlich sehr praktisch, denn andernfalls hätte es wohl ein arges Gedränge gegeben. So konnten die Männer auswählen, wohin sie gehen wollten. Eine Gruppe entschied sich für das „Kaffee Kasper", die anderen für die Restauration am Turm, die nächsten strebten in Richtung Bahnhof, wo das Gasthaus „Zur Pfalz" angesiedelt war.

„Sag mal, das sind doch Franzosen!", sagte die Ehefrau des Bäckermeisters Kasper zu ihrem Mann. „Was wollen die denn hier?"

„Ich habe keine Ahnung", antwortete der Bäckermeister. „Vielleicht versuchen sie, ihren Einflussbereich ein bisschen auszudehnen. Frei nach dem Motto: Hier ist doch noch besetztes Gebiet ... Denen werd' ich helfen, das kannst du glauben!"

Und dann ging er auf den Tisch zu, an dem sechs Franzosen Platz genommen hatten.

„Was wollen Sie?", fragte er barsch.

„Cognac", antwortete einer der Männer und deutete in die Runde, um deutlich zu machen, dass jeder der Anwesenden einen Cognac haben wollte.

„Hier gibt es keinen Cognac!", antwortete der Bäckermeister.

„Pas de Cognac?", fragte derjenige, der bestellt hatte.

„Hier gibt es keinen Cognac!", wiederholte der Bäckermeister.

„Eau-de-Vie?", fragte der Franzose. „Sssnaaaps??"

„Hier gibt es auch keinen Schnaps. Jedenfalls nicht für Sie!", zischte der Bäckermeister.

„Was ist", fragte einer der deutschen Gäste, „machen die Franzmänner Ärger?"

„Das sollen sie ruhig versuchen. Dann gibt's Saures!", ergänzte ein anderer.

Die Franzosen sahen sich erstaunt an. „Der Kerl sagt", meinte der, der bestellt hatte, auf Französisch, „dass er weder Cognac noch Eau-de-Vie im Angebot hat."

„Und was steht dann da hinten in dem Regal?“, erkundigte sich sein Kamerad und zeigte auf die Schnapsflaschen, die dort aufgereiht standen.

„Die wollen uns hier wohl nichts verkaufen“, stellte der Dritte fest. „Vielleicht denken sie, wir hätten kein Geld oder wollten nicht bezahlen. Monsieur“, sagte er dann zu dem Wirt und zückte sein Portemonnaie, um ihm zu zeigen, dass er auch wirklich genug Geld hatte, um das Bestellte bezahlen zu können.

„Kapiert ihr es denn nicht?“, mischte sich wieder einer der deutschen Gäste ein. „Ihr seid hier nicht erwünscht! Für euch gibt es hier nichts! Nicht einmal einen Schluck abgestandenes Wasser! Hier ist das freie Deutschland! Hier habt ihr nichts zu melden! Also verschwindet in euer verdammtes Besatzungsgebiet!“

„Die wollen uns hier nicht haben“, meinte einer der Franzosen. „Sie verlangen, dass wir abhauen.“

„Raus hier, ihr verfluchten Franzmänner!“, schrie einer der deutschen Gäste, und dann erhoben sich sämtliche Anwesenden und gingen – fäusteschwingend – auf den Tisch der Franzosen zu.

„Scheiß Deutsche!“, brüllte einer der Franzosen, sprang auf, rannte hinter die Theke und fegte mit einer Hand sämtliche Schnapsflaschen von dem Regal. „So, das habt ihr jetzt davon! Wenn wir nichts kriegen, kriegt ihr auch nichts! Und jetzt, Jungs, lasst uns von hier verschwinden!“

Ehe der letzte Franzose das „Kaffee Kasper“ verließ, drehte er sich noch einmal um, spuckte auf den Boden und schrie radebrechend: „Hier nix Deutschland! Deutschland kapuuuuuutt! Vive la France!“

Wie im „Kaffee Kasper“ erging es den Franzosen in sämtlichen Kauber Gaststätten. Niemand wollte ihnen etwas verkaufen. Hier und da war es deshalb zu Handgreiflichkeiten gekommen, aber im Endeffekt gaben die Franzosen, notgedrungen, klein bei. Wütend machten sie sich auf den Weg zurück zum Boot. Dabei kamen sie – wie auf dem Hinweg – an der kleinen Grünanlage vorbei, in deren Mitte das Denkmal stand.

„Männer!“, schrie einer der Franzosen. „Da steht einer auf dem Sockel, den die Deutschen gut finden! Wie wäre es, wenn wir den vom Sockel stoßen? Ab in den Dreck mit dem Kerl!“

„Ach was“, brüllte ein anderer, „viel zu viel Arbeit! Machen wir es mit ihrem Helden, wie sie es mit uns gemacht haben, nur nicht im übertragenen Sinne, sondern ganz praktisch: Wer uns anpisst, den pissen wir zurück an! Also, Männer, Hosenschlitze auf und losgepisst!“

Und so geschah es ...

Anschließend rannten sie – laut johlend – zum Boot, dessen Motor der Kapitän bereits angeworfen hatte. Nachdem sie alle an Bord waren, zückte einer einen Revolver, feuerte einen Schuss in Luft ab, zielte dann auf die schreiende, fäusteschwingende Menschenmenge am Ufer und brüllte: „Putain de bande de cons! Verfluchte Drecksbande!“

Nachdem sie Kaub und die wütenden Kauber hinter sich gelassen hatten, meinte einer der Franzosen: „Männer, wisst ihr eigentlich, an wen das Denkmal, das wir eben angepisst haben, erinnern soll?“

„Nein, keine Ahnung“, lautete die Antwort.

„Schon mal was von Marschall Blücher gehört, der 1813/14 gegen uns gekämpft hat? An den erinnert nämlich das Denkmal, weil der in der Silvesternacht von Kaub aus aufgebrochen ist, um uns zu bekämpfen.“

„Na, dann haben wir ja genau den Richtigen erwischt!“, schrie ein anderer und alle lachten schallend.

In Höhe der – zum besetzten Gebiet zählenden – Ortschaft Niederwalluf verging den Männern dann allerdings jegliches Lachen, denn der Motor des Bootes fing plötzlich an zu stottern. Kurz darauf stellte er seine Arbeit gänzlich ein.

„Oh je“, rief der Kapitän. „Kameraden, wir haben keinen Sprit mehr!“

„Verdammt!“, riefen die Männer. „Und was machen wir jetzt?“

„Ich hoffe, dass ich es schaffe, uns auf Grund laufen zu lassen. Dann können wir an Land waten, und dann sehen wir, wie wir zurück nach Wiesbaden kommen."

„Und wenn du es nicht schaffst, uns auf Grund laufen zu lassen?"

„Das wäre ungünstig", erwiderte der Kapitän. „Sehr ungünstig sogar", fügte er leise hinzu.

Am Ende aber hatten die Franzosen Glück im Unglück, denn es gelang ihrem Kapitän tatsächlich, das Schiff bei Niederwalluf auf Grund laufen zu lassen. Das Boot ächzte und krachte, als es über am Boden liegende Steine holperte, um schließlich im flachen Wasser liegen zu bleiben.

„Also los, Kameraden, alle Mann von Bord!", rief der Kapitän.

„Und nun?", fragte einer der Männer. „Sollen wir das Boot zurück ins Wasser schieben, damit es entweder davontreiben oder absaufen kann?"

Der Kapitän schüttelte den Kopf. „Ach was, wir lassen den Kahn einfach hier liegen. Sehen wir zu, dass wir einigermaßen flott zurück nach Wiesbaden kommen."

Antipathie und Sympathie – Franzosen und Wiesbadener (1918–1925)

Nachdem ihm zu Ohren gekommen war, was sich an diesem Tag auf seiner Werft ereignet hatte, bekam Werftbesitzer Lustmann einen Tobsuchtsanfall.

„Das kann doch wohl nicht wahr sein!“, brüllte er, hochrot im Gesicht. „Diese verfluchten Franzosen! Schlagen meinen Mitarbeiter zusammen, stehlen mein Boot, werfen sämtliche Schlüssel zu den anderen Booten einfach weg, und am Ende lassen sie das geklaute Boot auch noch schwer beschädigt irgendwo zurück! Das ist doch unglaublich! Und das wollen Soldaten sein! Das ist wirklich das Allerletzte!“

„Karl“, beschwor ihn seine Frau, „beruhige dich! Am Ende trifft dich noch der Schlag!“

„Verfluchtes, respekt- und disziplinloses Franzosenpack!“, schrie Lustmann. „Gleich Morgen gehe ich auf die Kommandantur und beschwere mich beim Oberkommandierenden!“

Und genau das tat er. Doch der Herr Oberkommandierende ließ ihm über seinen Adjutanten ausrichten, dass er keine Zeit für Herrn Lustmann habe. Gerne könne er sich aber an seinen Stellvertreter wenden, um ihm sein Anliegen vorzutragen. Mangels Alternativen nahm Lustmann das Angebot an.

Der stellvertretende Oberkommandierende des Stadtkreises Wiesbaden war ein großer, sehr schlanker, ausgesprochen dynamisch wirkender Mann, der den Werftbesitzer in einem Büro empfing, in dem es nur eine Sitzgelegenheit gab – und zwar die, auf welcher selbstredend der stellvertretende Oberkommandierende saß. Auf der anderen Seite des Schreibtisches, an der Lustmann – zwangsläufig – stand, fehlte eine solche. Darüber hinaus machte der Offizier keinerlei Anstalten, Lustmann zu begrüßen. Er erhob sich weder, noch bediente er sich einer Grußformel. Er saß einfach in seinem komfortablen Sessel und betrachtete Lustmann gelangweilt.

„Was wollen Sie?“, erkundigte er sich in einem Tonfall, der deutlich machte, wie sehr ihm Lustmanns Anwesenheit auf die Nerven ging.

„Ich bin hier, weil Ihre Soldaten gestern meine Werft überfallen und eines meiner Boote gestohlen haben.“

„Meine Soldaten?“, fragte der stellvertretende Oberkommandierende. „Meine Soldaten, mon ami, überfallen weder Werften, noch stehlen sie Boote.“

„In diesem Fall ist das aber leider geschehen, und ich fordere Sie auf, die Schuldigen zu identifizieren, zu bestrafen und mir den Schaden, der mir durch diese schändliche Tat entstanden ist, vollständig zu ersetzen.“

„Ich wüsste nicht, dass Sie irgendetwas von mir fordern können oder gar dürfen“, entgegnete der stellvertretende Oberkommandierende kalt.

„Hören Sie“, sagte Lustmann, „gestern ist einer meiner Mitarbeiter, genau genommen der Pförtner, von mehreren französischen Soldaten zusammengeschlagen worden.“

„Woher wissen Sie, mon ami, dass es sich um französische Soldaten gehandelt hat? Sind die Männer vielleicht uniformiert gewesen?“

„Nein“, antwortete Lustmann überrascht, „uniformiert waren sie nicht. Aber sie sprachen Französisch!“

„Ach“, sagte der stellvertretende Oberkommandierende, „die Männer, die Ihren Pförtner überfallen haben, sprachen also Französisch.“

„Ganz genau“, bestätigte Lustmann.

„Ist Ihr Pförtner etwa des Französischen mächtig?“

„Sie meinen, ob er Französisch versteht und spricht?“, fragte Lustmann verwirrt.

„Und?“, hakte der stellvertretende Oberkommandierende nach. „Spricht und versteht er Französisch, Ihr Pförtner?“

„Nein, Französisch sprechen kann der Mann natürlich nicht. Aber wenn ihn jemand auf Französisch anspricht, dann kann er die Sprache zumindest zuordnen. Er weiß, dass es Französisch ist, auch wenn er es nicht versteht und auch nicht spricht“, sagte Lustmann.

„Wenn der Mann des Französischen nicht mächtig ist, könnte es dann nicht sein, dass ein Deutscher, der ein paar Worte Französisch spricht, ihm vorgaukelt, dass er es mit einem Franzosen zu tun hat?“

„Wie bitte?“, fragte Lustmann irritiert.

„Mon ami, Sie stehen hier vor mir und verlangen Satisfaktion für eine Angelegenheit, von der wir gar nicht wissen, ob sie überhaupt von Franzosen begangen wurde. Sie behaupten das zwar, aber allein basierend auf den Aussagen eines des Französischen unkundigen Pförtners. Wissen Sie was? Sie stehlen meine Zeit und gehen mir außerdem auf die Nerven mit Ihren unbewiesenen Anschuldigungen. Wenn Sie handfeste Beweise für Ihre Behauptungen haben, dürfen Sie meinetwegen wiederkommen. Aber jetzt werden Sie mein Bureau sofort und auf der Stelle verlassen.“ Er griff nach einer Handglocke und läutete sie, woraufhin der Adjutant des stellvertretenden Oberkommandierenden eintrat.

„Der Herr möchte gehen“, sagte der stellvertretende Oberkommandierende und wedelte mit der Hand, als gelte es, ein lästiges Insekt zu verscheuchen.

Daraufhin drängte der Adjutant den wütenden Werftbesitzer aus dem Zimmer.

„So eine Unverschämtheit!“, brüllte Lustmann, ehe die Tür des Stellvertreter-Bureaus hinter ihm ins Schloss fiel.

„Hören Sie“, sagte der Adjutant und packte den Werftbesitzer fest am Arm. „Wenn Sie sich nicht benehmen, werde ich dafür sorgen, dass Sie die nächsten Tage in einer höchst unbequemen Arrestzelle zubringen und anschließend die Stadt verlassen müssen. So wie im vergangenen Jahr Ihr werter Oberbürgermeister, dieser Herr Glässing. Und vergessen Sie nie: Wer sich den Anordnungen der Besatzungsbehörde widersetzt, muss mit schmerzhaften Konsequenzen rechnen.

Egal, um wen es sich handelt. Pardon wird nicht gegeben! So, und jetzt verschwinden Sie, ehe ich es mir anders überlege."

Dann versetzte er Lustmann einen so derben Stoß, sodass dieser ins Taumeln geriet und nur knapp einem Sturz – die Treppe hinab bis zum Eingangsportal – entging. Zum Glück gelang es ihm, das Gleichgewicht wiederzufinden und das Gebäude unbeschadet zu verlassen.

„Unfassbar", schimpfte er im Fortgehen vor sich hin. „Unfassbar! Unfassbar! Unfassbar!"

*

Übrigens beschwerten sich auch der Kauber Bürgermeister sowie der für die kommissarische Verwaltung des gesamten Flaschenhals-Gebiets zuständige Landrat der Stadt Limburg über das Betragen der Franzosen. Im Gegensatz zu Lustmann ärgerten diese Herren sich nicht über den Diebstahl des Boots, von dem sie ja ohnehin nichts wussten, sondern über das unkommode Betragen der französischen „Gäste" am Blücher-Denkmal. Da ihnen außerdem nicht bekannt war, dass es sich um „Besucher" aus Wiesbaden gehandelt hatte, richteten sie ihre Beschwerde naturgemäß nicht an den Oberkommandierenden des Stadtkreises Wiesbaden, sondern an die oberste Besatzungsbehörde, nämlich die in Koblenz ansässige „Interalliierte Rheinlandkommission". Doch auch die zeigte sich an der Aufklärung des Vorfalls nicht interessiert.

Man konstatierte, dass sich die französischen Besucher Kaubs weiland nicht eben fein betragen hätten, aber es sei im Endeffekt doch niemand zu schaden gekommen. Man sehe daher keinen Grund, die Angelegenheit weiterzuverfolgen. Sowohl der Kauber Bürgermeister als auch der Limburger Landrat empfanden das Vorgehen der Rheinland-Kommission als unerhört, doch gegen deren Entscheidung vermochten sie ebenso wenig auszurichten wie der Werftbesitzer Lustmann gegen den Beschluss des stellvertretenden Oberkommandierenden des Stadtkreises Wiesbaden ... allerdings mit einem Unterschied: Der Bürgermeister und der Landrat konnten die deutsche Presse über den unappetitlichen Vorfall informieren. Und genau das taten sie auch.

So kam es, dass in verschiedenen Zeitungen und Zeitschriften, die im unbesetzten Teil des Deutschen Reichs erschienen, Artikel über den Missbrauch des Kauber Blücher-Denkmals als Pissoir veröffentlich wurden, unter anderem in dem reichsweit vertriebenen Satire-Blatt „Simplicissimus".

In Wiesbaden dagegen erfuhren die Menschen rein gar nichts von dem Geschehen, denn seit dem Einmarsch der Franzosen herrschte allerstrengste Zensur. So durften zum Beispiel im „Wiesbadener Tagblatt" nur Artikel erscheinen, die von den Franzosen genehmigt worden waren. Missfiel den Zensoren Inhalt oder Wortwahl eines Beitrags, wurde er kurzerhand aus dem Blatt geworfen, und der jeweilige Autor konnte sich glücklich schätzen, wenn er seinen Arbeitsplatz behalten durfte. Folglich mussten die Leser des „Tagblatts" durchwegs auf besatzungskritische Berichterstattung sowie auf patriotische Parolen verzichten.

*

Den ganzen Weg vom Sitz der Kommandantur bis zu seiner Wohnung war Lustmann damit beschäftigt, sich über den arroganten stellvertretenden Oberkommandieren des Stadtkreises Wiesbaden und dessen unverschämten Adjutanten zu ärgern. Als er – mit vor Wut immer noch hochrotem Kopf – die Treppen zur Eingangstür des Hauses Wilhelmstraße 17 erklomm, stand er plötzlich vor dem Sektfabrikanten Bornholm.

„Nanu, Herr Bornholm!", rief Lustmann, „Das ist ja eine Überraschung! Wir haben uns ja ewig nicht mehr gesehen!"

„Stimmt", erwiderte Bornholm, den Hut lüftend. „Ich bin hier, weil ich eine Verabredung mit Herrn von Schellmann habe."

„Dieses Zusammentreffen verspricht wesentlich erfreulicher zu sein, als das, das ich eben hatte", schnaubte Lustmann, während er die Haustür aufschloss.

„Wen haben Sie denn eben getroffen?", erkundigte sich Bornholm neugierig.

„Den stellvertretenden Oberkommandierenden des Stadtkreises Wiesbaden sowie dessen grässlichen Adjutanten“, erwiderte Lustmann.

„Ach du lieber Gott“, sagte Bornholm. „Mit dem habe ich auch gerade zu tun gehabt. Ein ganz schrecklicher Mensch, wirklich ganz schrecklich ...“

„Worum ging es denn bei Ihnen?“, erkundigte sich Lustmann.

Doch bevor Bornholm antworten konnte, öffnete – anstatt des Dienstmädchens, dem diese Aufgabe normalerweise zufiel – Architekt von Schellmann höchstpersönlich die Tür zu seiner Wohnung. „Ich habe Stimmen im Treppenhaus gehört“, meinte er. „Da dachte ich, dass wird gewiss mein Gast sein. Und wie ich sehe, hatte ich recht.“ Er lächelte.

„An der Eingangstür habe ich zufällig Herrn Lustmann getroffen“, sagte der Sektfabrikant. „Wir wollten uns gerade über unsere unangenehmen Erfahrungen mit dem stellvertretenden Oberkommandierenden der hiesigen Besatzungsbehörde austauschen.“

„Oh“, sagte von Schellmann, „das können Sie gerne in meiner Anwesenheit tun. Bitte, meine Herren, treten Sie ein, und seien Sie meine Gäste.“

Nachdem ihnen Ilse, die vor einigen Monaten die Stelle der auf so tragische Weise ums Leben gekommenen Elsbeth übernommen hatte, die Mäntel und Hüte abgenommen hatte, führte von Schellmann die beiden Männer in das Herrenzimmer. Dort versorgte er seine Gäste zunächst mit einer guten Zigarre sowie einem großzügig eingeschenkten Weinbrand und erkundigte sich dann angelegentlich, was die Herren in Bezug auf den stellvertretenden Oberkommandierenden des Stadtkreises so in Rage gebracht hatte. Lustmann konnte es kaum erwarten, seinem Herzen Luft zu machen. Noch immer wütend über das, was er hatte erleben müssen, berichtete er von dem Überfall auf seine Werft, den Diebstahl des Boots sowie dem arroganten Benehmen des stellvertretenden Oberkommandierenden.

„Der Bursche ist wirklich und wahrhaftig ein Schuft“, sagte Bornholm. „Eine geradezu widerwärtige Kreatur.“

Und dann nahm er ein Schreiben aus einer der Taschen seines eleganten Anzugs. Er faltete es auf und warf es mit einer zornigen Bewegung auf den Tisch.

„Darf ich?“, erkundigte sich von Schellmann und machte Anstalten, nach dem Briefbogen zu greifen.

„Bitte sehr“, erwiderte Bornholm.

„Anordnung“, las von Schellmann. „Hiermit ordne ich, in meiner Eigenschaft als stellvertretender Oberkommandierender der französischen Besatzungsbehörde des Stadtkreises Wiesbaden, die Beschlagnahme des Bornholm-Mausoleums auf dem Nordfriedhof zu Wiesbaden an.“

„Soll das ein Scherz sein? Was will der Kerl denn mit der Grabstätte Ihrer Familie anfangen?“, erkundigte sich Lustmann.

„Leider ist das kein Scherz, sondern bitterer Ernst. Und deswegen bin ich ebenso zornig auf diesen Stellvertreter wie Sie, Herr Lustmann“, antwortete Bornholm grimmig.

„Hat er Sie wissen lassen, weshalb er das Mausoleum beschlagnahmen lässt?“

„Weil seine Schwiegermutter gestorben ist!“, grollte Bornholm.

„Weil seine Schwiegermutter gestorben ist?“, echote Lustmann ratlos.

„Der Kerl ist französischer Offizier. Als solcher hat er das Recht, seine Familie an seinen jeweiligen Dienstort mitzubringen. Von diesem Recht hat er Gebrauch gemacht und ist mit Ehefrau, Kindern und Schwiegermutter nach Wiesbaden gekommen. Nun ja, und hier ist die werte Dame dann vor ein paar Tagen plötzlich und unerwartet verstorben.“

„Auf dem Südfriedhof unserer schönen Stadt gibt es, meines Wissens, ein Grabfeld eigens für in Wiesbaden verstorbene Militärangehörige sowie deren Familienmitglieder“, warf von Schellmann ein.

„Sehr richtig“, bestätigte Bornholm. „Aber der Herr Stellvertreter möchte seine Schwiegermutter nicht in feindlicher Erde versenkt sehen. Sie soll in Frankreich beigesetzt werden.“

„Er kann sie doch überführen lassen“, meinte Lustmann. „Das, so habe ich es wenigstens gehört, haben schon mehrere Besatzungsangehörige getan.“

„Das könnte der Herr Stellvertreter tun, möchte es aber nicht, weil es in seinem Heimatort gegenwärtig niemanden gibt, der sich um eine ordentliche Grabstätte und eine feierliche Beisetzung kümmern kann. In einem halben Jahr, wenn seine Dienstzeit hier endet, ist er wieder zu Hause und somit in der Lage, eine standesgemäße Beerdigung auszurichten“, grollte Bornholm.

„Moment mal“, sagte von Schellmann, „wollen Sie etwa sagen, dass dieser Kerl Ihr Mausoleum beschlagnahmt hat, um es als Zwischenlager für die tote Schwiegermutter zu nutzen?“

Bornholm nickte.

„Unfassbar!“, rief Lustmann, „Unfassbar! Unfassbar!“

„Ja, das ist es wirklich“, bestätigte von Schellmann.

„Was wollen Sie denn jetzt tun?“, erkundigte sich Lustmann.

„Ich habe daraufhin beschlossen, beim Oberkommandierenden des Stadtkreises Wiesbaden vorzusprechen“, erklärte Bornholm.

„Und hat der hohe Herr Ihnen gütigst eine Audienz gewährt?“, erkundigte sich Lustmann.

„Hat er“, berichtete Bornholm. „Und im Zuge dieses Gesprächs hat er auch gleich die Rechtmäßigkeit der Anordnung seines Stellvertreters bestätigt.“

„Dann müssen Sie also tatsächlich Ihr Mausoleum für das Stellvertreter-Schwiegermuttchen zur Verfügung stellen?“, fragte von Schellmann entsetzt.

„Grundsätzlich ja“, bestätigte Bornholm.

„Höre ich da vielleicht ein Aber heraus?“, hakte von Schellmann nach.

„Ganz recht“, bestätigte Bornholm. „Ich habe den Oberkommandierenden, der übrigens ein genauso schrecklicher Mensch ist wie sein Stellvertreter, bestochen.“

„Bestochen?“, fragte Lustmann. „Der Mann ist korrupt?“

„Wie man es nimmt“, sagte Bornholm. „Ich habe ihn nicht mit Geld bestochen, sondern mit Sekt. Einer ziemlich großen Menge Sekt sogar – und nicht gerade dem aus dem eher preiswerten Segment.“

„Und was geschieht jetzt mit der toten Schwiegermutter des Herrn Stellvertreters?“, wollte von Schellmann wissen.

„Die wird jetzt in einem anderen, vom Stellvertreter requirierten Mausoleum vorübergehend abgestellt“, antwortete Bornholm.

*

„Apropos tote Schwiegermutter“, sagte die Witwe Diehl zu mir. „Einige Zeit nach dem Treffen zwischen den drei Herren musste sich auch von Schellmann von seiner Schwiegermutter verabschieden. Die Gute war im stolzen Alter von 90 Jahren verschieden, zum Glück auf höchst unspektakuläre Weise. Als das Dienstmädchen sie eines Morgens wecken wollte, stellte sie fest, dass ihre Herrin in der Nacht verstorben war. Ein paar Tage später erfolgte die Beisetzung im Familiengrab der von Schellmanns. Nach dem Ableben der Schwiegermutter, die ja die Eigentümerin des Hauses Wilhelmstraße 17 gewesen war, ging die Immobilie in den Besitz einer Bank über, bis sie einige Jahre später von dem alten Herrn Kühlstein erworben wurde.“

„Und was wurde aus Sophie und Johannes von Schellmann? Wissen Sie das zufällig?“, fragte ich.

„Nun“, antwortete die Witwe Diehl, „da Johannes von Schellmann zum Zeitpunkt des Todes seiner Schwiegermutter auch schon über 70 Jahre alt war, entschloss er sich, in den Ruhestand einzutreten. Sodann verzogen er und Sophie nach Baden-Baden, wo ihr Sohn mit seiner Familie ansässig war.“

„Und was wurde aus den Harmsen-Kindern?“, wollte ich wissen. „Sie hatten doch angedeutet, dass aus der grobschlächtigen Margaritta eines schönen Tages eine elegante Margueritte wurde.“

„Oh ja,“ erwiderte die Witwe Diehl, „doch dafür muss ich erst auf das Verhältnis zwischen den Wiesbadenern und den französischen Besatzungstruppen zu sprechen kommen ...“

Dieses sei, wie mir die Witwe Diehl erläuterte, im Großen und Ganzen schlecht gewesen, was dem einen oder anderen Franzosen und dem einen oder anderen Wiesbadener erhebliches Kopfzerbrechen bereitet habe. Zu Letzteren gehörte auch die Familie Harmsen, die – nach dem Zusammenbruch des Deutschen Reiches und der Abdankung des Kaisers – ganz überraschend ihre französischen Wurzeln wiederentdeckt hatte. Vorbei war die Zeit markiger patriotischer Sprüche und entsprechenden Engagements. Überhaupt konnten sich sämtliche Familienmitglieder im Nachhinein gar nicht mehr erklären, wieso sie in den vergangenen vier Jahren der Meinung gewesen waren, sowohl die Franzosen als auch alles Französische sei schlecht.

Vermutlich hatten sie sich von der aggressiven deutschen Propaganda verführen lassen, denn eigentlich wussten doch gerade sie es besser. Sie alle sprachen fließend Französisch. Sie alle liebten die französische Lebensart und die französische Kultur. Wie hatten sie sich – von irgendwelchen irregeleiteten Kaisergetreuen – einreden lassen können, dass Franzosen und Deutsche Erbfeinde seien? Aber damit war es jetzt vorbei. Und zwar ein für alle Mal. Fortan galt es, sich für die Förderung der deutsch-französischen Freundschaft einzusetzen. Und das taten die Harmsens dann auch.

Claas zum Beispiel begab sich sogleich auf die für Kunst und Kultur zuständige Dienststelle. Dem zuständigen Kommandanten, der seinem Besucher schon deshalb Gehör schenkte, weil er des Französischen mächtig war, berichtete er ausführlich von seinem Künstlerleben in Paris, seiner Eheschließung mit einer vraie Parisienne – wobei er wohlweislich verschwieg, dass Claires tatsächlicher Geburtsort Mannheim war, weshalb sie eigentlich nicht als echte, also vraie, Pariserin bezeichnet werden konnte –, seiner Bekanntschaft mit weltberühmten französischen Künstlern wie Henri Toulouse-Lautrec und von seinem international gewürdigten Wirken als l'Art Nouveau-Künstler.

Der Kommandant zeigte sich beeindruckt. Das ließ Claas hoffen, denn er wusste nur zu gut, dass die Messlatte der Franzosen für die Erteilung der Genehmigung, sich in der besetzten Zone künstlerisch zu betätigen, hoch lag. Nur derjenige, dessen Wirken und Werk die strengen Auflagen, die an eine Zulassung geknüpft waren, erfüllte, durfte im Besatzungsgebiet offiziell als Künstler in Erscheinung treten. Claas gelang es, die Zulassung zu erhalten, die er, wie er versicherte, auf jeden Fall zum Zweck der Verbesserung des gegenwärtig etwas angespannten deutsch-französischen Verhältnisses nutzen wollte. Der Herr Kommandant, beteuerte Claas, dürfe sicher sein, dass seine Kunst unpolitisch sei. Er habe nicht die Absicht, durch sie und über sie Kritik an Frankreich oder der französischen Besatzungspolitik zum Ausdruck zu bringen.

Er wolle den Menschen vielmehr aufzeigen, wie schön Frankreich sei, zum Beispiel durch Landschafts- oder Blumenbilder. Das hielt der französische Kunst- und Kulturverantwortliche für eine wunderbare Idee. Und so kam es, dass Claas Harmsen zu den Künstlern in der französisch besetzten Zone gehörte, die dort – selbstverständlich kontrolliert von emsigen Zensoren – arbeiten und ausstellen durften. Genehme Künstler wie Claas Harmsen wurden natürlich auch im „Wiesbadener Tagblatt“ erwähnt und gewürdigt. Das war zum einen vorteilhaft für Claas, zum anderen aber auch für die Franzosen, denn die seit Beginn der Besatzungszeit relativ umfangreiche Berichterstattung über das Kunst- und Kulturleben in Wiesbaden steigerte nicht nur den Bekanntheitsgrad der in den Artikeln erwähnten Künstler, sondern sorgte auch dafür, dass man Frankreich verstärkt als kunst- und kulturinteressierte Nation wahrnahm.

Nur wenige Tage nach dem Gespräch mit dem für Kunst und Kultur zuständigen Kommandanten durfte Claas an der im „Neuen Museum“ durchgeführten „Weihnachtsausstellung Wiesbadener Künstler“ teilnehmen. Am darauffolgenden Tag erschien im „Tagblatt“ eine wahre Lobeshymne auf Claas, der – wie versprochen – unpolitische Themen in den Mittelpunkt der von ihm präsentierten Werke gestellt hatte. Harmsens Bilder, so schrieb der – selbstverständlich streng zensierte – Kunstkritiker in seinem Bericht über die Weihnachtsausstellung 1918, seien „voll ungeheurer Leuchtkraft“ und seine „Hortensien“, so hieß es weiter, „erfüllen den Saal, der durch die trüben Regentage grau und verschleiert wirkt, mit kochendem, lärmendem Leben“.

Einige Monate später war Claas gleich in zwei Wiesbadener Galerien mit einer Ausstellung vertreten. Über die eine wusste der begeisterte – nach wie vor streng zensierte – Kunstkritiker zu berichten: „Der Künstler lebt sich aus in einem wahren Farbenrausch, in Farbenorgien. Das ist ein Glitzern und Funkeln, ein Glühen und Branden. Ob es sich nun um Bildnisse oder um Blumen handelt, immer tritt die Form hinter der Farbe zurück. An den Blumenstücken kann man sich kaum stattsehen, weiß man tatsächlich nicht, welchem Bild der Vorzug zu geben ist, ob den rosa Hortensien oder dem blutroten Mohn, den Gladiolen oder den Rosen.“ Nie wieder sollte Claas in der Wiesbadener Presse so überschwänglich gelobt werden wie in der Zeit der französischen Besatzung Wiesbadens ...

Auch Arnaud, der sich im Nachhinein glücklich schätzte, dass man ihn nicht mehr zum Kriegsdienst eingezogen hatte – auch wenn das womöglich ein Grund dafür gewesen war, dass Deutschland den Krieg verloren hatte –, versprach, unpolitische Kunstwerke auszustellen. Er hatte sich nämlich entschieden, in die Fußstapfen seines Vaters zu treten und ebenfalls künstlerisch tätig zu werden.

Claas, der das Talent seines Sohnes in der Vergangenheit durchaus erkannt und auch nach Kräften gefördert hatte, zeigte sich ausgesprochen erfreut über Arnauds Entschluss, wenngleich es ihn grämte, dass der Junge aus diesem Grund die Schule abzubrechen gedachte. Er wolle künstlerisch wirken und sich entsprechend ausbilden lassen, verkündete er. Latein und höhere Mathematik brauche ein Künstler nun wirklich nicht, meinte er, und so blieb dem Vater, aller Proteste und Schimpfereien zum Trotz, nichts anderes übrig, als erneut den Herrn Schuldirektor aufzusuchen und ihm zu verkünden, dass der frankophile und frankophone Arnaud nun ganz im Sinne der deutsch-französischen Verständigung aktiv werde und deshalb keine Zeit mehr für den Schulbesuch habe. Daraufhin rief der Schuldirektor nach seiner Sekretärin und ordnete an, die Akte des Schülers Arnaud Harmsen aus dem Bestand zu entfernen.

Jetzt war die Lehranstalt diesen wankelmütigen Knaben und seinen das Fähnchen nach dem Wind drehenden Vater endlich los. Gott sei Dank, dachte der Schulleiter, der solche Leute zutiefst verachtete.

Selbstverständlich war es Claas gewesen, der ein gutes Wort für Arnaud bei dem Kommandierenden der Abteilung Kultur und Kunst der französischen Besatzungsbehörde eingelegt hatte. Es sei doch begrüßenswert, wenn ein junger Mann – frankophil und frankophon und außerdem mit französischen Wurzeln – im Interesse der deutsch-französischen Verständigung aktiv werde. Er gehe fest davon aus, dass sich dies positiv auf die Akzeptanz der französischen Politik gerade bei den jungen Leuten auswirken werde. Daraufhin wurde auch Arnaud in den erlauchten Kreis der von der französischen Besatzungsbehörde zugelassenen Künstler aufgenommen und von dem – weiterhin streng zensierten – Kunstkritiker für seine Gemälde, Zeichnungen und Holzschnitte gelobt: Arnaud Harmsen fange da an, „wo viele nach langem Suchen angelangt sind, wo viele aufhören oder nie hingelangen. Er gehört zu den ganz Modernen, aber er artet nicht in Sinnlosigkeit aus."

Tatsächlich wurde aus Arnaud später ein Vollblutkünstler. Nachdem er das Gymnasium an den Nagel gehängt hatte, schrieb er sich an der Wiesbadener Kunstschule ein. Später ging er nach Paris, um sich dort an einer Kunst-Akademie weiterzubilden. Nach Wiesbaden – generell nach Deutschland – sollte er nie wieder zurückkehren. Aus Arnaud war im Laufe der Zeit ein waschechter Franzose, un Français pur jus, geworden.

Claire und Margaritta wollten sich natürlich auch im Sinne der Verbesserung der deutsch-französischen Verständigung engagieren. Damit sich Deutsche und Franzosen – im wahrsten Sinne des Wortes

– besser verstehen konnten, war es wichtig, die gleiche Sprache zu sprechen. In diesem Fall handelte es sich dabei selbstverständlich um Französisch. Deshalb bewarben sich Mutter und Tochter bei dem von der französischen Besatzungsbehörde ins Leben gerufenen freiwilligen Sprachunterricht für Erwachsene. Dabei sollte es jedoch nicht nur um die Vermittlung von Vokabeln und Grammatik gehen, sondern auch darum, die Deutschen mit der französischen Kultur und Lebensart vertraut zu machen. Margaritta und Claire fanden, dass sie für diese Aufgabe geradezu prädestiniert waren. Der für Kunst und Kultur zuständige Kommandant in Wiesbaden fand das übrigens auch, weshalb er Mutter und Tochter vom Fleck weg engagierte.

*

Als der Kommandant gerade dabei war, seine neuen Mitarbeiterinnen zu verabschieden, klopfte es an der Tür.

„Entrez! Herein!“, rief der Kommandant.

Ein junger, sehr elegant gekleideter und ausgesprochen gut aussehender Mann mit strohblondem Haar und strahlend blauen Augen betrat das Zimmer.

„Bonjour, Monsieur le Commandant“, grüßte er. Und dann: „Oh pardon, ich wusste nicht, dass Sie Besuch haben, Herr Kommandant. Meine Damen“, sagte er dann, „selbstverständlich wünsche ich auch Ihnen einen guten Tag.“

Der Kommandant lächelte. „Darf ich Ihnen Madame und Mademoiselle Harmsen vorstellen? Madame Claire und Mademoiselle Margueritte sind ab sofort in unserer Abteilung Sprachunterricht für Erwachsene tätig.“

„Ah“, entgegnete der Neuankömmling, eilte auf die Damen zu und streckte ihnen die Hand entgegen. „Ich freue mich sehr, Sie kennenzulernen!“

„Und bei diesem Herrn“, sagte er und deutete auf den Ankömmling, „handelt es sich um den für Wiesbaden und Umgebung zuständigen Redakteur der demnächst sowohl auf Französisch als auch auf

Deutsch erscheinenden Zeitschrift ‚Revue Rhénane'/‚Rheinische Blätter', Monsieur Jean-Fréderique Baron de Herzogenberg."

„Enchanté de faire votre connaissance", erwiderte Claire. „Wir freuen uns sehr, Ihre Bekanntschaft machen zu dürfen."

„Herzogenberg", warf Margaritta ein, „das klingt aber ziemlich deutsch."

„Sie haben völlig recht, Mademoiselle", erwiderte der Baron. „Meine Familie stammt ursprünglich aus der Bretagne, ist dann aber – im Zuge der französischen Revolution, also zu einer Zeit, als man in Frankreich keine großen Sympathien für Angehörige des Adels hegte – nach Österreich ausgewandert. Dort wurde dann der bretonische Name Picot de Peccaduc in Herzogenberg übersetzt. Lässt sich, zumindest für deutsche Zungen, leichter aussprechen." Er lächelte.

„Dann sprechen Sie also Deutsch?", wollte Margaritta wissen.

„Aber sicher", erwiderte der Baron.

„Aus diesem Grund", mischte sich der Kommandant ein, „haben wir Monsieur de Herzogenberg mit der Redaktionstätigkeit für die ‚Revue Rhénane' betraut. Er spricht fließend Deutsch und Französisch, so wie Sie, meine Damen. Und was die Stelle hier in Wiesbaden für ihn noch einmal besonders interessant gemacht hat, ist die Tatsache, dass ein naher Verwandter von ihm ... was war er noch, Monsieur, Ihr Onkel?"

Der Baron nickte. „Ganz richtig, mein Onkel. Er litt seit Jahrzehnten unter rheumatischen Beschwerden. Immer wieder reiste er deswegen nach Wiesbaden, um sich hier verschiedenen Bade- und Trinkkuren zu unterziehen. Immer, wenn er in Wiesbaden war, ging es ihm etwas besser, aber leider nicht dauerhaft. Deshalb entschloss er sich eines Tages, seinen Wohnsitz hierhin zu verlegen, statt dauernd zwischen seinem Wohnort und Wiesbaden hin- und herpendeln zu müssen. Im Oktober 1900 ist er dann leider, leider – im Alter von gerade einmal 57 Jahren – in seiner neuen Heimat verstorben. Seitdem ruht er auf dem Nordfriedhof."

„Sehr betrüblich", erwiderte Claire.

„Herr Baron", brach es plötzlich aus Margaritta heraus, „benötigt die ‚Revue Rhénane' eventuell noch eine Mitarbeiterin?"

„An wen dachten Sie dabei, Mademoiselle?", erkundigte sich der Baron amüsiert. „Vielleicht an sich selbst?"

Margaritta nickte eifrig, woraufhin Claire ihr einen argwöhnischen Blick zuwarf.

„Ja, genau. Ich dachte dabei mich. Ich würde wirklich sehr gerne bei der ‚Revue' mitarbeiten!"

„Wenn der Herr Kommandant und die Frau Mama einverstanden sind, können wir uns demnächst konkrete Gedanken darüber machen, wie Ihre Mitarbeit bei uns aussehen kann", sagte der Baron.

„Meinen Segen haben Sie", antwortete der Kommandant, ohne zu zögern.

Claire, der die ganze Aktion erstens zu schnell ging und zweitens höchst suspekt war, hätte Margaritta ihre Zustimmung am liebsten versagt, wagte es aber nicht, weil sie sich dem Votum des Kommandanten und des Barons nicht widersetzen wollte. Deshalb sagte sie – allerdings eher zaghaft: „Also gut. Wenn sie möchte, kann Margaritta gerne Mitarbeiterin bei der ‚Revue Rhénane' werden. Es sei denn, ihr Vater hätte ernsthafte Bedenken dagegen ..."

„... was ich mir allerdings nicht vorstellen kann!", rief Margaritta aus.

„Vermutlich nicht", bestätigte Claire und bemühte sich, einen Seufzer zu unterdrücken. Was, fragte sie sich im Stillen, ritt das Mädchen, diesem – zugegebenermaßen sehr attraktiven –Redakteur ihre Arbeitskraft förmlich aufzudrängen? Gewiss, auch Claas hatte der Besatzungsbehörde – ohne dazu aufgefordert worden zu sein – angeboten, sich und seine Arbeit in ihren Dienst zu stellen, aber Claas war zum einen ein Mann – und zum anderen ein Familienvater, der für den Unterhalt von Frau und Kindern sorgen musste.

Aber Margaritta? Durfte sich ein junges Mädchen wirklich auf diese doch eher schamlose Weise, wie Claire fand, um eine Stelle bemühen? Sie würde mit Claas darüber sprechen müssen ... Auch wenn ihr bewusst war, dass es in dieser Sache kein Zurück gab, wenn die Harmsens keinen Ärger mit der Besatzungsbehörde riskieren wollten.

*

„Ich kann mir schon vorstellen, was das Fräulein Margaritta dazu verleitet hat, sich um eine Stelle bei der ‚Revue Rhénane' zu bewerben", warf ich ein.

„Ja, natürlich", entgegnete die Witwe Diehl. „Das junge Ding hatte sich erst ein bisschen in den feschen Franzosen verguckt und sich dann Hals über Kopf in ihn verliebt. Romantisch, nicht wahr?"

„Sehr sogar", antwortete ich. „Aber war der Baron auch in Margaritta verliebt?"

„Oh ja", sagte die Witwe Diehl. „Die beiden haben später sogar geheiratet."

„Na, sieh mal einer an", meinte ich und pfiff durch die Zähne. „Vermutlich war der Herr Baron nicht nur schön, sondern darüber hinaus auch noch eine gute Partie."

Die Witwe Diehl schüttelte den Kopf. „Leider nein. Baron de Herzogenberg hatte zwar ein hübsches Antlitz und einen schönen Titel, aber bedauerlicherweise keine Mittel. Deshalb war Vater Harmsen auch alles andere als erfreut, nachdem Margaritta ihm gestanden hatte, dass sie und der Baron, dessen Kosename übrigens Frédo lautete, ein Paar geworden waren."

„Interessant", entgegnete ich. „Wie sich die Geschichte doch wiederholt. Als Claire ihrem Vater verkündete, dass sie den Künstler Claas heiraten wollte, zeigte der sich nicht eben begeistert, weil er fürchtete, dass seine Tochter ihre Gefühle an einen mittellosen Pinselschwinger verschwendete. Und als dann die Tochter jenes Pinselschwingers einen leider nicht eben wohlhabenden, aber immerhin adeligen Franzosen heiraten will, zeigt sich der weiland als Pinselschwinger Geschmähte seinerseits nicht eben begeistert von der Wahl der Tochter."

„Nun“, erwiderte die Witwe Diehl, „dabei heißt es doch immer, man könne und solle aus der Geschichte lernen.“

„Anscheinend nicht“, sagte ich achselzuckend.

Tatsächlich war der fesche Baron ausgesprochen gebildet, außerdem charmant sowie liebenswürdig, und darüber hinaus zeigte er sich stets um Margaritta, die er ‚ma petite Margueritte‘ nannte, bemüht. Aus diesem Grund gelang es ihm alsbald, auch das Herz der zunächst etwas skeptischen künftigen Schwiegereltern zu gewinnen. Die hatten sich ohnehin vornehmlich um das wirtschaftliche Wohlergehen des verliebten Paares gesorgt, nicht aber unter der Tatsache gelitten, dass es sich bei dem Schwiegersohn in spe um einen Franzosen handelte. Andere Leute hingegen störte es sogar sehr, dass Margaritta – ganz öffentlich – mit einem dieser verhassten Besatzungsoffiziere herumtändelte.

Wenn die beiden nun Händchen haltend durch die Stadt gingen, erlebten sie nicht selten, dass die Leute hinter ihrem Rücken verächtliche Kommentare von sich gaben oder sogar ausspuckten. Zweimal hatten die Harmsens auch schon Schmähbriefe in ihrem Postkasten gefunden. Beim ersten Mal hatte es der Briefschreiber auf Claas und Arnaud abgesehen, beim zweiten Mal ging es gegen Margaritta. In dem – auf einer Schreibmaschine getippten – Brief wurde sie als Franzosenschlampe und Franzmannflittchen bezeichnet, der man am besten einen Stein ans Bein binden und sie dann in den Rhein stoßen sollte, damit die Froschfresserstrunze dort ersoff wie eine räudige Katze. Glücklicherweise war es bislang bei Beschimpfungen geblieben. Einen tätlichen Angriff hatte noch niemand aus der Harmsen-Familie erleben müssen. Doch das sollte sich ändern.

Fieser Mordanschlag (vor 1925)

Eines schönen Tages wurde in der Wilhelmstraße 17 ein Päckchen für Margaritta abgegeben. Als Absender war eine Marlene Winkler, geborene Rink, angegeben. Claire, die das Päckchen entgegengenommen hatte, überlegte, wer wohl Marlene Winkler, geborene Rink, sein mochte. Dann fiel ihr ein, dass Margaritta eine Schulkameradin dieses Namens gehabt hatte. Sie konnte sich im Augenblick zwar nicht daran erinnern, dass Marlene und Margaritta noch immer in Kontakt miteinander standen, aber sie hielt es durchaus für möglich, dass sie nicht über alles, was Margaritta tat, informiert war.

*

„Margaritta!“, rief Claire. „Da ist ein Päckchen für dich gekommen!“

„Von wem ist es denn?“, fragte Margaritta, die eben erst von der Arbeit in der Redaktion der ‚Revue Rhénane‘ zurückgekehrt war, neugierig.

„Von einer Marlene, die früher mal mit Nachnamen Rink hieß“, erwiderte Claire.

„Marlene?“, rief Margaritta. „Na, von der habe ich ja schon seit einer Ewigkeit nichts mehr gehört. Und die soll mir ein Päckchen geschickt haben?“

„Sieht so aus“, entgegnete Claire.

„Na, dann will ich mal auspacken“, meinte Margaritta.

Das Päckchen enthielt ein Döschen mit einer geheimnisvollen Flüssigkeit und einen Brief:

Liebste Margaritta,

Irmgard – Du erinnerst Dich noch an Irmgard Spittler, die zwei Bänke neben uns gesessen hat? – also, Irmgard und ich haben gehört, dass Du Deine große Liebe gefunden hast. Das freut uns wirklich sehr. Uns ist es vor einiger Zeit ganz ähnlich ergangen. Inzwischen sind wir beide schon einen Schritt weiter. Das heißt: Wir haben geheiratet. Aber bis es endlich,

endlich so weit war, hatten wir immer Angst, dass unsere Liebsten sich – aus welchem Grund auch immer – einer anderen, vielleicht noch schöneren oder noch eleganteren Frau zuwenden könnten. Die Konkurrenz ist schließlich groß.
Deshalb haben wir uns von einer Verwandten Irmgards, die in Amerika lebt, ein Schönheitsmittel schicken lassen. Wenn Du Dir ein Paar Tröpfchen der in dem Döschen enthaltenen Flüssigkeit auf die Wangen tupfst, wird Dich ein geheimnisvoller, an einen Engel gemahnender Schimmer umgeben. Du wirst leuchten und strahlen wie keine andere, und niemand – schon gar nicht Dein Liebster! – wird die Augen von Dir lassen können! Wir haben es ausprobiert und waren erfolgreich. Nun wünschen wir Dir, dass es Dir ebenso ergeht!
Es grüßen Dich herzlich
Irmgard und Marlene.

PS: Die Flüssigkeit besteht aus Wasser, Gummi Arabicum, Zinksulfid und Radium. Radium wirkt lebensverlängernd, gesundheitsfördernd und vitalisierend. In Amerika gibt es sogar mit Radium versetztes Wasser, aber auch radiumhaltige Butter zu kaufen. Und weißt Du, dass die Deutschen inzwischen ebenfalls den Nutzen des Radiums für sich entdeckt haben? In Kreuznach, einem kleinen, an dem Flüsschen Nahe gelegenen Kurort, gibt es Höhlen, deren Wände Radiumstrahlen abgeben. Wer krank ist, wird dort wieder gesund, und wer gar nicht erst krank werden möchte, ist dort ebenfalls gut aufgehoben. Du siehst, liebste Margaritta, in dem Töpfchen vor Dir befindet sich also ein echtes Wundermittel!

„Und", wollte Claire wissen, „was enthält denn nun in dieses geheimnisvolle Päckchen?"

„Eine radiumhaltige Tinktur", antwortete Margaritta staunend. „Diesen Extrakt soll man sich auf die Wangen tupfen, und dann strahlt man nur so vor Schönheit. Behauptet zumindest Marlene."

„Aha", sagte Claire, nahm das Döschen in die Hand, schraubte es auf und erblickte eine hell leuchtende, grünlich-weiße Tinktur. „Strahlen tut diese Tinktur tatsächlich“, meinte sie, „aber irgendwie finde ich die ganze Aktion seltsam.“

„Ich auch“, bestätigte Margaritta. „Woher wissen Marlene und Irmgard von Frédo und mir? Ich habe die beiden seit Jahren nicht mehr gesehen und erst recht nicht mit ihnen gesprochen.“

„Nun ja“, entgegnete Claire, „ihr lebt eure Liebe nun wirklich nicht im Geheimen aus. Ihr geht tanzen, ihr geht ins Kino, ihr geht zusammen zum Essen aus, und wenn ihr durch die Straßen Wiesbadens flaniert, dann haltet ihr euch meistens an den Händen. Dass ihr ein Paar seid, ist schwerlich zu übersehen. Insofern wäre es denkbar, dass jemand, den du von früher kennst, dich und Frédo zufällig gesehen und dann allen, die es hören wollen oder nicht, davon erzählt hat.“

„Das wäre möglich“, bestätigte Margaritta. „Auf diese Weise könnten Marlene und Irmgard tatsächlich von Frédo und mir erfahren haben. Allerdings sind die Reaktionen darauf, dass es sich bei der Liebe meines Lebens um einen französischen Besatzungsoffizier handelt, bekanntlich nicht immer positiv. Von daher überrascht es mich, dass in dem von Marlene und Irmgard stammenden Schreiben kein Wort darüber verloren wird, dass Frédo Franzose ist – weder im positiven noch im negativen Sinne. Stattdessen schicken mir die beiden ein Mittel, durch das ich für meinen Liebsten angeblich noch begehrenswerter werde. Das finde ich doch einigermaßen merkwürdig, und von daher frage ich mich, ob – und wenn ja, was – wirklich hinter dieser Geschenksendung steckt.“

„Unter Umständen wäre es ratsam, dass du die Finger von dieser seltsamen Tinktur lässt“, sagte Claire.

Margaritta nickte zustimmend.

„So, und weißt du was, jetzt lasse ich einfach mal meine Beziehungen spielen. Vor einigen Jahren habe ich auf einer Soirée die Bekanntschaft von Herrn Professor Fresenius gemacht. Du weißt schon, das ist der Herr, der hier in Wiesbaden das über die Grenzen von Stadt und Land hinaus bekannte chemische Laboratorium betreibt. Ein wirklich charmanter Herr. Seit jenem Abend haben wir uns immer mal wieder getroffen, bei Diners, im Theater oder im Konzertsaal, und stets haben wir angeregt miteinander geplaudert."

„Das klingt gut", sagte Margaritta.

„So, und nun werde ich mich mit dem Döschen zu ihm begeben und mich erkundigen, ob es ihm eventuell möglich wäre, herauszufinden, woraus genau diese geheimnisvolle Tinktur, die dich zu einem strahlenden Engel machen soll, besteht", entschied Claire.

Tatsächlich erklärte sich der berühmte Herr Professor bereit, sich der Sache anzunehmen. In einigen Tagen, so ließ er Claire wissen, werde er sagen können, wie sich die Tinktur zusammensetze und ob von ihr eventuell eine Gefahr für Margarittas Gesundheit ausgehe.

Drei Tage später bat er Claire zu sich.

„Nehmen Sie bitte Platz, Verehrteste", sagte er und deutete auf einen bequemen Sessel, der auf der anderen Seite seines Schreibtisches stand. „Darf ich Ihnen zur Stärkung einen Kaffee oder Tee anbieten?"

„Ein Tee wäre angenehm", erwiderte Claire.

Nachdem die Vorzimmerdame den Tee serviert hatte, sagte der Professor: „Sie haben gut daran getan, die Tinktur unberührt zu lassen."

„Was enthält sie denn?", wollte Claire wissen.

„Sie besteht tatsächlich aus den Komponenten, die in dem an Ihre Tochter Margaritta gerichteten Begleitschreiben erwähnt werden, also aus Wasser, Gummi Arabicum, Zinksulfid und Radium. Und Letzteres, also das Radium, ist das zentrale Problem."

„Inwiefern?", wollte Claire wissen.

„Radium ist keineswegs das wundersame Heilmittel, als das es – zumindest zeitweise – angesehen wurde. Tatsächlich verursacht es die in der Regel todbringende Strahlenkrankheit."

Schockiert starrte Claire ihn an. „Die Strahlenkrankheit?", echote sie.

„Ja, wer mit Radium hantiert, muss extrem vorsichtig sein und diverse Schutzmaßnahmen ergreifen, um eine Verstrahlung des Körpers oder einzelner Körperteile zu verhindern. Wer das nicht tut, wird verstrahlt und früher oder später – eher früher als später, wenn ich das so sagen darf – daran sterben, und zwar auf ziemlich schreckliche Weise."

„Großer Gott!", entfuhr es Claire.

Der Professor nickte. „In den Vereinigten Staaten von Amerika existiert ein Ort namens Newark. Dort gab es eine Firma, die Waren produzierte, die Radium enthielten, unter anderem Uhren, deren Ziffern im Dunklen leuchteten, sodass man die Uhrzeit erkennen konnte, ohne Licht zu machen."

„Interessant", sagte Claire.

„Damit die Ziffern leuchten konnten, mussten die Arbeiter und Arbeiterinnen – in der Regel waren es Frauen, die mit dieser Tätigkeit befasst waren – eine Tinktur auf die Zifferblätter auftragen. Und diese Tinktur bestand aus Gummi Arabicum, Wasser, Zinksulfid und Radium. Die Frauen sollten die Zifferblätter mit einem Pinsel bemalen. Weil die Borsten der Pinsel aber manchmal störrisch waren und nicht so wollten, wie sie sollten, befeuchteten die Frauen sie mit ihrem Speichel. Auf diese Weise gelangte ihr Körper mit dem Radium in Kontakt. Das führte dazu, dass die Gesichter, Hände, Haare oder Zähne der Frauen im Dunkeln leuchteten. Was zunächst amüsant – oder einfach überraschend – erschien, erwies sich später als Katastrophe. Erst fielen den Frauen die Zähne aus, dann bröselten ihre Knochen. Als eine mit einem extrem geschwollenen Kinn bei ihrem Arzt auftauchte, berührte der gute Doktor das Kinn, weil er es abtasten wollte. Infolge der – wenn auch nur sehr leichten – Berührung zerbarst der Knochen in tausend Teile. Um es kurz zu machen: Viele der Newarker Fabrikarbeiterinnen sind gestorben, weil sie direkt mit dem radioaktiven und deshalb sehr, sehr gefährlichen Element Radium in Kontakt gekommen sind."

Claire war kreidebleich geworden. „Herr Professor Fresenius", keuchte sie, „das hieße dann ja wohl, dass jemand Margaritta nach dem Leben getrachtet hätte?"

Der Professor nickte zustimmend. „Ich würde sagen, es handelt sich um einen Mordanschlag. Vielleicht wäre es ratsam, wenn Sie zur Polizei gingen."

Doch auch die Polizei konnte nicht herausfinden, wer die Tinktur hergestellt und wer sie an Margaritta geschickt hatte. Marlene Rink, verheiratete Winkler, konnte es jedenfalls nicht gewesen sei. Sie war Ende 1919 im Kindbett gestorben, und Irmgard Spittler, inzwischen verheiratete Angermann, lebte seit einiger Zeit in Berlin und hatte nicht die leiseste Ahnung, mit wem ihre ehemalige Schulkameradin Margaritta Harmsen liiert war. Und geheimnisvolle Radiumtinkturen vermochte die brave Hausfrau und Mutter von zwei Kindern schon gar nicht herzustellen. Der oder die Schuldige musste andernorts zu finden sein ...

Der Tod des Werftbesitzers und der Tote auf dem Grab (1925)

Der Einzige, der wusste, wer dahintersteckte, war Claas Harmsen: Es konnte nur sein Nachbar, der Werftbesitzer Karl Lustmann, gewesen sein. Als Fabrikant hatte er – nach Claas' Ansicht – doch gewiss Kontakte in alle Welt und kannte sich bestimmt auch mit allerlei Chemikalien aus. Seit dem Erlebnis mit dem gestohlenen Boot im Mai 1920 und dem darauffolgenden Ärger mit der französischen Besatzungsbehörde war Lustmann auf Franzosen und alles Französische generell nicht gut zu sprechen, zumal auch noch die elegante Villa seines Schwiegersohns unmittelbar nach dem Einmarsch der Franzosen von der Besatzungsbehörde beschlagnahmt worden war. Daraufhin musste Lustmanns Schwiegersohn mit seiner Familie in das Haus seiner Eltern, das glücklicherweise groß genug war, umziehen.

Anders ausgedrückt: Lustmann verachtete die Franzosen nicht nur, sondern entwickelte einen regelrechten Hass auf sie. Und die Deutschen, die sich – nach seiner Meinung – den von ihm verabscheuten Franzosen anbiederten, wie die Harmsens, allen voran das Fräulein Tochter, waren für ihn das Allerletzte. Mehrfach hatte er sich mehr als abwertend über die Leute geäußert, die für die Franzosen arbeiteten. Diesen Kanaillen, hatte er einmal gesagt, würde er nur zu gerne ins Gesicht spucken, tue es aber nicht, weil ihn seine gute Erziehung und sein Anstand daran hinderten, öffentlich ausfällig zu werden. Und seit er in Erfahrung gebracht hatte, dass Margaritta mit einem französischen Offizier liiert war, hatte er aufgehört, die Harmsens zu grüßen. Wenn er im Treppenhaus jemandem aus der Familie begegnete, tat er so, als sei der Betreffende gar nicht da. Die Harmsens waren Luft für Herrn Lustmann. Schlechte Luft natürlich ... Deshalb hielten es die Harmsens, allen voran Claas, für durchaus möglich, dass dieser Kerl ihnen – ganz besonders aber Margaritta – Schaden zufügen wollte, und zwar nicht öffentlich, sondern im Geheimen. So hatte er es doch gesagt, oder etwa nicht? Wie auch immer: Von guter Nachbarschaft zwischen den Lustmanns und den Harmsens konnte seither keine Rede mehr sein.

Vor diesem Hintergrund war es nicht die schlechteste Entscheidung, dass Frédo seine petite Margueritte schließlich heiratete und kurz darauf mit ihr nach Paris übersiedelte. Herrn Lustmann, den Claas und Claire weiterhin verdächtigten, ihrer Tochter sowohl den Schmähbrief als auch die Radium-Tinktur geschickt zu haben, sah Madame Margueritte Baronne de Herzogenberg nie wieder. Und auch das Ehepaar Harmsen musste ihn nicht mehr lange ertragen, denn am 29. Dezember 1925 hauchte er – plötzlich und unerwartet – sein Leben aus. Seine Frau vermutete, dass er sich über die Tatsache, dass die Franzosen zum Jahresende Wiesbaden verlassen mussten, so sehr gefreut hatte, dass Herz und Kreislauf ob der Aufregung überanstrengt wurden und deshalb ihre Arbeit einstellten.

Somit verpasste er die am 30. Dezember vollzogene Feierlichkeit anlässlich der offiziellen Übernahme der Besatzungshoheit durch die Engländer, die er unbedingt, unbedingt, unbedingt hatte verfolgen wollen, um in dröhnendes Jubelgeschrei auszubrechen, sobald die vermaledeite Trikolore eingeholt und durch den Union Jack ersetzt worden war. Statt auf dem Schlossplatz zu stehen, wo die Zeremonie durchgeführt wurde, lag er nun in seinem Sarg und wartete darauf, in dem auf dem Südfriedhof befindlichen Familiengrab der Lustmanns beigesetzt zu werden. Unglücklicherweise musste er sich mehrere Tage gedulden, bis es endlich so weit war. Das lag daran, dass der Friedhofswärter bei einem seiner üblichen Rundgänge genau auf dem Familiengrab der Lustmanns einen toten Mann entdeckt hatte. Der lag halb auf der monumentalen Grabplatte und halb auf dem Kiesweg, der zum Grab führte. Der entsetzte Friedhofswärter rief sofort die Polizei, die sodann den Leichnam eingehend untersuchte. Der Tote, so stellten die Polizisten fest, wies mehrere Schüsse in Kopf und Oberkörper auf, die vermutlich aus dem Revolver stammten, der neben der Leiche aufgefunden worden war.

Erst nachdem die Polizei ihre Untersuchungen auf dem Friedhof beendet hatte, und nachdem die vollkommen mit Blut besudelte Grabplatte der Lustmann'schen Familiengrabstätte durch Mitarbeiter der Friedhofsverwaltung gründlich gereinigt worden war, konnte Karl Lustmanns Beisetzung erfolgen. Übrigens entschied die Polizei, dass es sich bei dem Toten um einen Selbstmörder handelte. Mord hielten sie für ausgeschlossen, trotz der diversen Einschüsse in Kopf und Oberkörper, von denen man annehmen sollte, dass es schwierig wäre, sich so viele schwere Verletzungen selbst beizubringen. Wie auch immer: Die Akte mit der Überschrift „Der unbekannte Tote auf dem Südfriedhof" wurde geschlossen und ins Archiv verbannt, wo sie in Ruhe vor sich hin stauben konnte.

Kurz nach der Beisetzung ihres Mannes entschied sich Karl Lustmanns Witwe, die Wohnung in der Wilhelmstraße 17, die für sie allein viel zu groß war, aufzugeben und zu ihrer Tochter zu ziehen, die mit ihrem Mann und ihren Kindern nun, da die Franzosen abgezogen waren, wieder in die Villa in der Viktoriastraße zurückkehren konnte. Die Wohnung in der Wilhelmstraße, in der bis dahin die Lustmanns gelebt hatten, übernahm ein höflicher, aber zurückhaltender Dentist, der die meiste Zeit des Tages in seiner Praxis verbrachte und grundsätzlich kein allzu großes Interesse an irgendwie gearteten Kontakten zu seinen Nachbarn in der Wilhelmstraße 17 zeigte.

Magnetarium (1925/26–1933)

„Ich vermute", sagte ich zu der Witwe Diehl, „dass für den Künstler Claas Harmsen nach dem Abzug der Franzosen nichts mehr so war wie bisher."

„Man kann wohl sagen, dass er sich ab dem Jahreswechsel 1925/26 künstlerisch und wirtschaftlich im freien Fall befand", meinte die Witwe Diehl. „Hin und wieder beteiligte er sich noch an Ausstellungen, unter anderem an der legendären Weihnachtsausstellung Wiesbadener Künstler im ‚Neuen Museum' oder in einer ihm wohlgesonnenen Wiesbadener Galerie. Darüber hinaus bekam er zuweilen städtische Aufträge. Nichts Großes, aber Kleinvieh macht ja bekanntlich auch Mist. So durfte er zum Beispiel den Direktor der Städtischen Kurverwaltung portraitieren, außerdem als Juror bei einem Wettbewerb für Lichtbilder mitwirken oder das Werbeplakat für einen Kongress gestalten, der in Wiesbaden abgehalten werden sollte.

Mit von der Partie war er auch bei einer Spintisier-Veranstaltung, die da hieß: ‚Wiesbaden 1950 – Das Weltverjüngungsbad'. Die beteiligten Künstler hatten die Aufgabe, Gebäude, Geräte oder sonst irgendetwas zu erfinden, das in der Zukunft, also im Wiesbaden der 1950er-Jahre, die Gäste in die Stadt locken wird, weil sie hier nicht nur eine der handelsüblichen Kuren machen können, sondern eine, durch die sie jünger, agiler und schöner werden."

„Nette Vorstellung", lachte ich. „Und, was hat sich der Herr Harmsen ausgedacht?"

„Ein Magnetarium", erwiderte die Witwe Diehl. „Ein auf dem Neroberg zu errichtendes Magnetarium."

„Na", sagte ich ironisch, „schöner, jünger und begehrenswerter durch Magnetstrahlen statt Radium. Hauptsache Strahlen."

„Tja", sagte die Witwe Diehl, „scheint fast so. Nun, wie auch immer: gegen Ende der Zwanzigerjahre, ich meine, gehört zu haben, um 1929 sei es gewesen, verschwand der Künstler Claas Harmsen dann vollkommen in der Versenkung."

„Bitter für ihn und seine Familie“, meinte ich.

Die Witwe Diehl nickte zustimmend.

„Ich mache jetzt mal einen Zeitsprung“, sagte ich. „Da gibt es nämlich eine Sache, die mich wirklich wundert: Wieso sind Claire und Claas nach 1933 nicht nach Frankreich emigriert? Dort lebten doch ihre Kinder. Sie hätten also eine Zuflucht gehabt und sich diesen ganzen Nazi-Terror erspart.“

„Nun ja“, meinte die Witwe Diehl, „auch in Frankreich ging es den Juden, und erst recht den ausländischen Juden, an den Kragen. Das darf man nicht vergessen.“

„Sind Margueritte und Arnaud, die ja – zumindest nach nationalsozialistischer Diktion – Halbjuden waren, in Frankreich verfolgt worden?“, erkundigte ich mich.

„Nein, sind sie nicht“, antwortete die Witwe Diehl. „Aber da Frau Harmsen eine sogenannte Volljüdin war und noch dazu eine nichtfranzösische, hätte es durchaus sein können, dass sie auch in Frankreich verfolgt worden wäre. Doch selbst wenn nicht: Die Harmsens waren, als die Nationalsozialisten die Macht übernahmen, schon nicht mehr jung. Sie hatten keine Lust und keine Kraft mehr, ihr Leben vollständig umzukrempeln. Und sie wussten, dass beide Kinder finanziell nicht auf Rosen gebettet waren. Arnaud hatte es zwar geschafft, sich einen Namen in der Kunstszene zu machen, aber Reichtümer scheffelte er deshalb nicht. Und Madame la Baronne und ihr verehrter Herr Gemahl kamen zwar ganz gut über die Runden, lebten aber dennoch nicht in Saus und Braus. Die Harmsens fürchteten demnach, dass sie ihren Kindern, wenn sie denn zu ihnen zögen, schwer auf der Tasche liegen würden. Und das wollten sie nicht.“

Ich nickte. „Das leuchtet mir durchaus ein. Trotzdem – die Sache hätte für Claire anders ausgehen können, wenn Claas einige Jahre früher verstorben wäre.“

„Allerdings“, stimmte mir die Witwe Diehl zu.

„In der Zeit der französischen Besatzung“, sagte ich nachdenklich, „war es den Nationalsozialisten übrigens nicht erlaubt, sich in Wiesbaden politisch zu betätigen. Bis die Franzosen abzogen, gab es hier keine NSDAP-Ortsgruppe."

„Glauben Sie, der Nazi-Kelch wäre an Wiesbaden vorbeigegangen, wenn die Franzosen nur länger geblieben wären?"

Ich zuckte die Schultern. „Vielleicht, vielleicht nicht."

„Ich bitte Sie", sagte die Witwe Diehl in strengem Ton. „Selbst wenn die Franzosen bis zum Abzug sämtlicher Besatzungstruppen aus dem Reich, also bis Ende Juni 1930, geblieben wären – spätestens Anfang Juli hätte sich in Wiesbaden eine NSDAP-Ortsgruppe gegründet. Die Kerle haben doch im Verborgenen geklüngelt und nur darauf gewartet, endlich offiziell auftreten zu können. Seien Sie nicht naiv. Den französischen Besatzern wäre es nicht gelungen, Wiesbaden nazifrei zu halten. Im Gegenteil. Die Majorität der Wiesbadener hat die Franzosen gehasst. Und ein längeres Verweilen der französischen Truppen hätte bestenfalls dafür gesorgt, dass die Hinwendung der Wiesbadener zur NSDAP noch schneller erfolgt wäre, als das ohnehin geschehen ist."

„Wahrscheinlich haben Sie recht", antwortete ich niedergeschlagen.

Rotfront gegen Sturm-Abteilung – die Wiesbadener NSDAP in der Frühzeit (1926)

Tatsächlich hatte sich die NSDAP-Ortsgruppe Wiesbaden am 30. März 1926 gegründet, also nur wenige Monate nach dem Abzug der französischen Besatzungstruppen. Möglich wurde das, weil die Briten politisch etwas liberaler eingestellt waren als die Franzosen. Wahrscheinlich dachten die Briten, eine Demokratie – selbst in einer von einer Siegermacht besetzten Stadt – müsse politische Extreme ertragen und sich der Herausforderung stellen, mit ihnen fertig zu werden. Leider hatte das nicht funktioniert, weder in Wiesbaden noch andernorts. Bekanntlich war es das Extreme, das schließlich über die Demokratie gesiegt hatte. Wäre ich zynisch, würde ich sagen: dumm gelaufen. Für England, für Deutschland und die ganze Welt.

Den Aufstieg der Nationalsozialisten hatte ich natürlich verfolgt. Ich stellte fest, dass sich ihre Wahlergebnisse bei jeder Wahl, die in Wiesbaden abgehalten wurde, verbesserten, ganz gleich, ob es sich um Kommunal- oder Reichstagswahlen handelte. Ich nahm zur Kenntnis, dass sich ihr Schlägertrupp, die SA, Prügeleien und manchmal regelrechte Schlachten mit politisch Andersdenkenden lieferte. Und ich wusste, dass die Nazis die Juden hassten. Und nicht nur die! Aber ich glaubte nicht, dass sie eines Tages die Macht in der Stadt und erst recht nicht im ganzen Reich übernehmen würden. Ich dachte, die verschwinden eines Tages wieder in der Versenkung. So, wie sie aufgetaucht sind, so würden sie auch wieder untergehen. Irgendwie, irgendwo, irgendwann. Mit anderen Worten: Ich war naiv, unaufmerksam und in gewisser Weise ignorant.

In Sacrow hatten mein Freund Fritz und ich ausgiebig über unsere Erlebnisse mit der NSDAP in ihrer Anfangszeit in Wiesbaden gesprochen. In diesem Zusammenhang erzählte ich Fritz von einem meiner Hausmeister aus der Sonnenberger Straße.

„Der Bursche,“ so berichtete ich, „war bei der SA. Kaum, dass man sie offiziell zugelassen hatte, trat er diesem gräßlichen Verein bei. Mehr als einmal hat er vor seinen Kollegen mit seinen Erlebnissen angegeben. Meist wurde ich unfreiwillig Zeuge dieser Erzählungen“, sagte ich.

„Na, da bin ich aber gespannt“, erwiderte er.

Die SA-Männer, angeführt von Erwin Husserl, im Zivilberuf Hausmeister bei Herrn Octave Petit, befanden sich auf dem Heimweg von einem Propagandamarsch durch einige Taunusdörfer. Begleitet von einem Spielmannszug hatten sie – völkische und vaterländische Lieder schmetternd sowie Flugzettel verteilend – Kilometer um Kilometer hinter sich gebracht. Nun taten ihnen die Füße weh, und ihre Kehlen fühlten sich rau und trocken an. Deshalb waren sie froh und dankbar, sich jetzt auf die Ladefläche des Lastwagens, mit dem sie am Morgen in den Taunus gebracht worden waren, schwingen zu können.

Der Laster, der in einem Waldweg auf ihre Rückkehr gewartet hatte, gehörte dem Inhaber einer Transportfirma, der zu den Sympathisanten der nationalsozialistischen Bewegung zählte und ihr daher nur zu gerne eines seiner Fahrzeuge überließ, wenn er es nur irgendwie einrichten konnte. Hoffentlich, so dachten die – wegen der braunen Hemden, die sie trugen, sogenannten – Braunhemden, brachte der Fahrer sie schnell zu der Gaststätte, die sie sich als Ort ihrer Schlussrast auserkoren hatten. Eine Viertelstunde später war es so weit. Der Lkw stoppte vor dem in einem kleinen Wäldchen gelegenen Gasthaus, die Männer sprangen von der Ladefläche und stürmten – mit lautem Hallo – in die Gaststube, während sich der Lastwagen entfernte, denn für den Weg zwischen dem Wirtshaus und dem jeweiligen Zuhause der Braunhemden fühlte sich der grundsätzlich großzügige Transportunternehmer dann doch nicht mehr zuständig.

*

„Ach, da seid ihr ja“, sagte der Wirt, der hinter dem Tresen stand und mit Gläserpolieren beschäftigt war. „Alles gut gelaufen?“

Husserl nickte. „Bestens. Und jetzt: Bier und Wacholderschnaps für alle!“

Die Männer johlten, als der Wirt ihnen die gut gefüllten Bier- und Schnapsgläser auf die Tische stellte. „Zum Wohle, meine Herren,“ sagte er.

„Heil Hitler!“, rief Husserl, erhob sein Glas, prostete in die Runde, die ihm mit lauten Heil-Rufen antwortete, und kippte erst das Bier und dann den Schnaps in einem Zug in sich hinein. „Bringt Nachschub, Herr Wirt!“, verlangte Husserl, und der Angesprochene tat natürlich – nur zu gern – wie ihm geheißen. In den nächsten zwei Stunden flossen Bier und Schnaps in Strömen. Dann rief der Wirt: „Sperrstunde, meine Herren! Für jeden noch ein Schnäpschen aufs Haus, und dann muss ich Sie hinauskomplimentieren, so leid es mir tut.“

„Is' schon recht“, lallte Husserl. „Ju ... Juungs, wir gehen!“

Sodann erhoben sich die Braunhemden von ihren Plätzen – oder versuchten es zumindest, denn nicht jedem gelang es, unverzüglich auf die Beine zu kommen – und torkelten aus der Gaststätte. Leider übersah der eine oder andere die drei Stufen, die zwischen der Wirtshaustür und der Straße lagen, sodass es zu mehreren Stürzen kam, die aber weitgehend glimpflich verliefen. Hier eine Beule, dort eine Schnittwunde – Schlimmeres war nicht zu verzeichnen.

Doch das sollte sich ändern, kaum, dass sie den dunklen Weg durch das Wäldchen, in dem das Gasthaus lag, betreten hatten. Plötzlich stürzten sich mehrere Dutzend Männer, die sich die ganze Zeit über im Wald versteckt gehalten und auf das Erscheinen der Braunhemden gewartet hatten, auf Husserls Männer, hieben mit Knüppeln auf sie ein, jagten ihnen mit Schlagringen ausgestattete Fäuste ins Gesicht, versetzten ihnen Tritte in jedes erreichbare Körperteil, und einer stach einem der Hitler-Anhänger sogar mit einem Finger direkt ins Auge, was dazu führte, dass dieser fortan auf eben jenem Auge blind war. Trotz der Dunkelheit erkannten Husserls Männer, mit wem sie es zu tun hatten, nämlich mit der verfluchten Rotfront, also dem gottverdammten Kommunistenpack!

Die Schweinehunde wollten sich anscheinend für die Massenschlägerei, die sich die Braunhemden mit den Roten eine Woche zuvor in der Wiesbadener Innenstadt geliefert hatten, und bei der – ach, wie traurig! – einer dieser roten Hunde ums Leben gekommen war, rächen! Husserl versuchte noch, sein Messer zu zücken, doch ehe er das gute Stück aus dem Lederetui zu ziehen vermochte, versetzte ihm einer der roten Schufte einen so heftigen Schlag auf den Kopf, dass Husserl das Bewusstsein verlor und zu Boden stürzte. Erst Stunden später kam er wieder zu sich. Wie er feststellen musste, lagen seine Kameraden allesamt blutend und stöhnend entweder auf dem Weg, der zum Gasthaus führte, oder irgendwo im Wäldchen.

Keinem war es bisher gelungen, sich aufzurappeln und Hilfe zu holen. Husserl blieb folglich nichts anderes übrig, als sich – unter Aufbietung aller noch verfügbaren Kräfte – zurück zum Gasthaus zu schleppen, den Wirt, der dort nicht nur arbeitete, sondern auch wohnte, herauszuklingeln und um Unterstützung zu bitten. Doch das war einfacher gesagt als getan, denn wann immer Husserl versuchte, auf die Beine zu kommen, wurde ihm so schlecht, dass er sich, zumindest für einen Moment, der Länge nach auf den Boden legen und ausruhen musste. Nachdem er sich außerdem mehrfach übergeben hatte – entweder als Folge des schweren Schlags auf den Kopf oder infolge des tüchtigen Alkoholgenusses oder vielleicht beides –, entschied er sich, den Versuch, die Wirtschaft auf zwei Beinen zu erreichen, aufzugeben und stattdessen auf allen vieren dorthin zu kriechen. Er brauchte, so glaubte er zumindest, Stunden, bis er endlich auf der Türschwelle des Wirtshauses lag.

„Hilfe", rief er so laut er konnte, „Hilfe, bitte helfen Sie mir." Doch der Wirt hörte ihn nicht. Wahrscheinlich war seine Stimme viel zu schwach, um den gewiss längst im Tiefschlaf liegenden Wirt zu wecken. Also hangelte er sich mühevoll und unter Ächzen und Stöhnen am Türpfosten empor, bis er endlich aufrecht stand und in der Lage war, die Türglocke zu läuten. Inständig hoffte er, dass er nicht allzu lange würde schellen müssen, bis der Wirt erwachte, und mindestens genauso inständig hoffte er, dass es ihm gelang, dem Wirt nicht vor die Füße zu kotzen.

Irgendwann stand der Wirt, in einen Bademantel gehüllt und mit ausgelatschten Pantoffeln an den Füßen, in der Tür.

„Husserl!“, rief er – ebenso erstaunt wie entsetzt – aus. „Was machen Sie denn hier? Und wie sehen Sie aus? Ist Ihnen etwas zugestoßen?“

„Ja“, sagte Husserl mit schwacher Stimme, ehe er erneut zusammenbrach.

„Also, einfach nur hingefallen sind Sie jedenfalls nicht, Husserl“, konstatierte der Wirt. „Da steckt etwas anderes dahinter. Ich glaube, ich rufe mal lieber die Polizei“, entschied er dann, eilte zum Fernsprecher und alarmierte, ohne auf Husserl zu hören, der flüsterte: „Nein, bitte nicht ... keine Polizei.“

„Herr Wachtmeister“ sagte der Wirt, nachdem der diensthabende Polizist den Hörer abgenommen hatte, „vor meiner Schwelle liegt ein schwerverletzter Gast. Was mit den anderen Männern geschehen ist, die – wie der, der hier um Hilfe gebeten hat – der Gruppe angehörten, die bis zur Sperrstunde bei mir gezecht haben, entzieht sich meiner Kenntnis, und jener, der hier vor mir liegt, kann im Moment keine Auskunft geben, was ihm oder den anderen widerfahren ist.“

„Mindestens ein Verletzter?“, wiederholte der Wachtmeister. „Dann benachrichtigen wir einen Arzt und machen uns anschließend gleich auf den Weg zu Ihnen.“

„In Ordnung“, erwiderte der Wirt und legte den Hörer auf die Gabel.

Als das Polizeifahrzeug in den Waldweg einbog, der zum Wirtshaus führte, streifte das Scheinwerferlicht mehrere am Boden liegende Körper.

„Herrje“, sagte der Beifahrer, „was ist das denn?“

„Wohl die Männer, von denen der Wirt nicht wusste, was aus ihnen geworden ist“, entgegnete der Fahrer, stoppte den Wagen, und die beiden stiegen aus und sahen sich um.

„Die liegen hier ja kreuz und quer“, stellte der eine Polizist fest.

„Leben die denn überhaupt noch?“, erkundigte sich der andere und beugte sich zu einer der reglos daliegenden Gestalten hinab, um ihr den Puls zu fühlen. „Also, der hier lebt noch. Lass uns nachschauen, was mit anderen ist.“

„Sämtliche Männer, übrigens alles Braunhemden, sind am Leben“, meinte der erste schließlich. „Bei einigen habe ich allerdings das Gefühl, dass sie es nicht mehr lange sein werden, wenn sie nicht bald ins Krankenhaus kommen. Ihre Atmung ist ziemlich flach, und Blut scheinen sie auch reichlich verloren zu haben. Diejenigen, die die Burschen überfallen haben, sind offensichtlich nicht zimperlich gewesen. Die haben wohl billigend in Kauf genommen, dass der eine oder andere die Attacke nicht überlebt.“

„Sieh mal“, sagte der zweite Polizist, „da kommt ein Automobil.“ Er zeigte auf die Scheinwerfer, die das Einzige waren, was er in dem Moment von dem sich nähernden Fahrzeug erkennen konnte.

„Vielleicht ist das der Arzt, den wir angefordert haben“, meinte er erste Polizist.

„Und um wen handelt es sich dabei konkret?“, fragte der zweite. „Weißt du das zufällig?“

„Um den, der hier im Ort seine Praxis hat“, erwiderte der erste. „Nowack heißt er, soweit ich weiß.“

„Ach, du lieber Gott“, stellte der zweite fest. „Das ist doch der Bekloppte!“

„Es war kein anderer greifbar“, sagte der erste. „Also: Den oder keinen. Dann lieber den Bekloppten als gar keinen, oder?“

„Das ist auch wieder wahr“, bestätigte der zweite Polizist. Und dann signalisierte er dem Arzt, hinter dem Polizeiauto zu halten.

„Nanu“, sagte der Mann mit seltsam schleppender Stimme, während er die Polizisten durch das geöffnete Seitenfenster anstarrte. „Ich dachte, ich sollte zum Gasthaus fahren, weil dort ein schwerverletzter Mann liegt.“

„Ja, das auch, aber hier liegen noch weitere Überfallopfer. Die müssen Sie sich unbedingt anschauen.“

Das tat der Arzt dann auch. Allerdings fiel ihm jede Bewegung sichtlich schwer. Zunächst dauerte es eine halbe Ewigkeit, bis er endlich aus seinem Wagen geklettert war, und dann ging er – mehr als unsicher – von einem Opfer zum nächsten, um es kurz zu untersuchen. Der Polizist konnte sich des Eindrucks nicht erwehren, dass mit dem Arzt irgendwas nicht stimmte. Vielleicht war er krank oder hatte irgendein Beruhigungsmittel geschluckt und wirkte deshalb so tranig.

„Die Männer müssen allesamt – und zwar so schnell wie möglich – ins Krankenhaus“, stellte der Arzt schließlich fest. „Sehen Sie zu, dass Sie einen Lastwagen auftreiben. Es gibt nämlich gar nicht so viele Krankenwagen, wie hier Männer herumliegen.“

Der Polizist nickte. „Kommen Sie, lassen Sie Ihr Auto hier stehen. Wir beide fahren mit dem Polizeiwagen zum Wirtshaus. Dort kann ich telefonieren, und Sie haben die Gelegenheit, sich den Mann anzuschauen, den der Wirt auf seiner Türschwelle gefunden hat. Mein Kollege kümmert sich in der Zwischenzeit um die Verletzten und behält außerdem Ihr Auto im Auge.“

„In Ordnung“, sagte der Arzt und hievte sich sodann – ziemlich mühsam – auf den Beifahrersitz des Polizeiautos.

„Geht es Ihnen gut?“, fragte der Polizist, der den Arzt zur Wirtschaft fahren wollte.

„Natürlich. Sonst wäre ich doch nicht hier, oder?“

Der Polizist zuckte die Achseln. „Na, dann ist es ja gut.“

„Ja ja“, erwiderte der Arzt. „Und nun lassen Sie uns zum Wirtshaus fahren und ein Bierchen trinken. Ich habe schon eine ganz trockene Kehle.“

„Gute Idee, die Sache mit dem Bier“, sagte der Polizist, während er den Motor startete. „Ich fürchte nur, dass daraus – zumindest heute – nichts mehr wird.“

„Ach“, sagte der Arzt erkennbar vergnügt, „wenn es heute mit dem Bierchen nichts mehr wird, dann steigen wir einfach auf Wein um.“

Der Polizist, der sich nicht sicher war, ob der Mediziner zu scherzen beliebte, verkniff sich eine Antwort und fuhr los. Als sie in der

Wirtschaft angekommen waren, wusste der Polizist, dass der Arzt vorhin keineswegs gescherzt hatte, denn kaum im Gastraum angekommen, stiefelte der Arzt, ohne Husserl auch nur eines Blickes zu würdigen, zur Theke und bestellte allen Ernstes ein Glas Weißwein.

„Gerne, Herr Doktor", erwiderte der Wirt einigermaßen überrascht. „Aber wollen Sie nicht erst einen Blick auf den Patienten werfen?" Er deutete auf die Sitzbank, auf der Husserl lag.

„Ist jemand krank?", erkundigte sich der Mediziner erstaunt. „Das trifft sich ja richtig gut. Ich bin nämlich Arzt."

Der Wirt und der Polizist starrten den Mediziner an.

„Wo ist denn der Patient?", erkundigte er sich und sah sich, mit Augen, deren Pupillen groß wie Teetassen waren, im Raum um. „Ach, da liegt ja jemand. Na, dann wollen wir mal sehen." Sodann ging er auf Husserl zu, um ihn zu untersuchen. „Der Mann", stellte er schließlich fest, „muss ins Krankenhaus. Es könnte sein, dass er einen Schädelbruch hat."

Einige Zeit später traf der angeforderte Lastwagen ein, lud die Verletzten, inklusive Husserl, auf, und transportierte sie ins Krankenhaus. Dort schafften es die Ärzte, das Leben sämtlicher Braunhemden zu retten. Einige aber würden unter den erlittenen Verletzungen noch eine ganze Weile, wenn nicht sogar ein Leben lang zu leiden haben. Der Polizei gelang es, die allesamt der Rotfront angehörenden Angreifer zu ermitteln und festzunehmen. Sie mussten sich später vor Gericht verantworten und wurden teilweise zu mehrmonatigen Haftstrafen verurteilt. Nach der Machtübernahme durch die Nationalsozialisten, also unmittelbar nach dem 30. Januar 1933, wanderten alle, aber auch wirklich alle Rotfront-Männer, die an dem Überfall beteiligt gewesen waren, für lange Zeit ins Konzentrationslager.

*

„Das hatte ich fast vermutet", sagte Fritz an jenem Abend in Sacrow zu mir, an dem ich ihm von meinen Erlebnissen und Erfahrungen aus der Frühzeit der NSDAP berichtete. „Der verwirrte Arzt, von dem du eben erzählt hast, den kenne ich übrigens."

„Wirklich?", fragte ich.

Fritz nickte. „Ein befreundeter Kollege hatte mit dem Fall zu tun und mir später davon berichtet."

„Was war denn los mit dem Mann?", fragte ich.

„Er litt unter Morbus Veneris im fortgeschrittenen Stadium", sagte Fritz.

„Morbus Veneris?", echote ich. „Was ist das denn?"

„Morbus Veneris, Krankheit der Venus oder Lustseuche – so hat man in früheren Zeiten den Schanker genannt", erklärte Fritz. „Heute würde man sagen, der gute Doktor Nowack hatte Syphilis."

„Ach", sagte ich ein wenig spöttisch, „von einem Arzt hätte ich allerdings erwartet, dass er weiß, wie man sich vor solchen Erkrankungen schützen kann."

„Tja, aber auch Ärzte sind nur Menschen. Wie du weißt, haben die meisten Menschen ihre Libido im Griff, einige hingegen nicht. Doktor Nowack gehörte anscheinend zu Letzteren. Wie ich hörte, ist er als junger Mann von einem Bett ins nächste gehüpft. Ob dick oder dünn, alt oder jung, hübsch oder hässlich, reich oder arm – Doktor Nowack begattete alles, was er kriegen konnte. Na ja, und von den Damen war wohl mindestens eine mit Syphilis infiziert, und die hat er sich dann eingefangen. Ein Medikament dagegen gab es – und gibt es – leider immer noch nicht. Und so hat der gute Herr Doktor sämtliche Stufen der Krankheit durchlaufen, bis zum finalen Stadium, dem sogenannten quartären Schanker. Dann war es mit ihm vorbei." Fritz zuckte die Achseln.

„Du meinst, er ist gestorben?", hakte ich nach.

„Ja ja, aber nach langem, langem Leiden. Als er damals die Braunhemden behandelte, konnte er sich zwar schon schlecht bewegen, außerdem sprach er undeutlich, hatte starre und massiv erweiterte Pupillen sowie kognitive – also geistige – Ausfälle. Aber es ging noch einigermaßen. Eine Weile konnte er tatsächlich noch praktizieren.

Aber dann nahmen die Probleme merklich zu. Sein Zustand verschlechterte sich fortlaufend. Schließlich wurde er zum Pflegefall. Am Ende konnte er nichts mehr sehen, nicht mehr gehen, Blase und Darm nicht mehr kontrollieren, nicht mehr sprechen, später dann nicht mehr schlucken und am Schluss auch nicht mehr atmen. Er starb im Jahr 1936, ein gutes Vierteljahrhundert, nachdem die Krankheit bei ihm diagnostiziert wurde."

„Hatte er Familie?", wollte ich wissen.

„Ja, eine Frau und einen Sohn, der übrigens auch Mediziner geworden ist. Ich weiß aber leider nicht, was aus ihm geworden ist. Gleiches gilt für seine Ehefrau. Nachdem der gute Doktor verstorben war, hat mein Kollege nichts mehr von ihr gehört. Gut möglich, dass die Frau noch lebt. Vielleicht ist sie aber auch längst gestorben. Wer weiß", erwiderte Fritz. „Aber sag mal", wollte er dann wissen, „was ist denn aus diesem Husserl geworden?"

„Nachdem er sich von seinen Verletzungen erholt hatte, kehrte er an seinen Arbeitsplatz im Sanatorium zurück. Der SA blieb er selbstverständlich weiterhin treu", sagte ich.

„Warum hast du diesen Nazi denn nicht rausgeworfen?", erkundigte er sich.

„Weil er eigentlich ein ganz fähiger Hausmeister war. Der hatte Ahnung von seinem Metier. Ich hatte im Prinzip keine Lust, mich nach einem anderen umzusehen, und außerdem ein bisschen Angst, dass er mir auf die Nase haut, wenn ich ihn plötzlich – ohne für ihn triftigen Grund – entlasse", gab ich kleinlaut zu.

Weißhemden auf der Wilhelmstraße (1930)

„Setz dich, Scharführer Husserl", sagte der Ortsgruppenleiter.

„Was liegt an, Herr Ortsgruppenleiter?", wollte Husserl wissen. „Was kann ich für dich tun?"

„Hast du schon gehört", erkundigte sich der Ortsgruppenleiter, „was den Scheiß-Tommys und ihren schwarz-rot-senfgelben Freunden eingefallen ist?"

„Ehrlich gesagt, nein", antwortete Husserl. „Was ist ihnen denn eingefallen, diesen Schuften?"

„Unsere SA darf nicht mehr uniformiert durch die Straßen ziehen", erwiderte der Ortsgruppenleiter. „Das sei militaristisch, und Militärisches habe in der bekanntlich entmilitarisierten Besatzungszone nichts zu suchen."

„Aha", sagte Husserl.

„Aber das lassen wir uns nicht gefallen", donnerte der Ortsgruppenleiter. „Denen werden wir es zeigen."

„Und wie?", wollte Husserl wissen.

„Das werde ich dir erklären, Scharführer", sagte der Ortsgruppenleiter.

Am darauffolgenden Sonntag bot sich den Wiesbadenern, ihren Kur- und Badegästen, die zwar nicht mehr in so großer Zahl in die Stadt strömten wie vor dem Ausbruch des Weltkrieges, aber trotzdem das Stadtbild prägten, sowie den Truppen der britischen Besatzungsarmee ein höchst ungewohnter Anblick. Die Wilhelmstraße, die legendäre und beliebte Wiesbadener Flaniermeile mit ihren eleganten und teuren Geschäften sowie schicken Wohnhäusern und Hotels, war schon am Vormittag voller Menschen. Diese spazierten unentwegt auf und ab, grüßten einander durch ausgestreckte rechte Arme und laute „Heil"-, „Mit Hitler Heil"- oder „Heil Hitler"-Rufe. Bis auf wenige Ausnahmen waren sie mit weißen Hemden, dunklen Hosen und schwarzen oder grauen Hüten bekleidet. Bei den Männern handelte es sich um niemand anderen als die Mitglieder sämtlicher Wiesbadener SA-Stürme, die sich – auf Weisung des Ortsgruppenleiters, der zugleich der Herausgeber der Wiesbadener NS-Zeitung „Nassauer Beobachter“ war, und unter Mitwirkung des in der gesamten Wiesbadener SA äußerst beliebten und ausgesprochen engagierten Scharführers Husserl – als „Normalbürger“ verkleidet hatten und nun dafür sorgten, dass kaum ein anderer „Normalbürger“ und erst rechte keine von den Nazis als „Untermenschen“ deklarierte Personen die Wilhelmstraße betrat.

Claas Harmsen und seine Frau beobachteten das Spektakel von ihrem Balkon aus.

„Einen Sonntagsspaziergang sollten wir uns heute lieber verkneifen“, meinte Claas. Claire nickte. „Ein Spaziergang in Gesellschaft des gemeinen Pöbels ist so gar nicht das, was ich mir für einen Sonntagnachmittag wünsche“, sagte sie voller Verachtung für die die Wilhelmstraße bevölkernden Gestalten.

Während Claire und Claas das Geschehen auf der Straße zwar als abstoßend, aber nicht als bedrohlich empfanden, jagte der SA-Aufmarsch anderen Anwohnern der Wilhelmstraße dagegen große Angst ein. Zu ihnen gehörte der Schmuckhändler Grünstein, der ein kleines, aber ausgesprochen feines Juweliergeschäft auf der vis-à-vis der Nummer 17 liegenden Seite der Wilhelmstraße besaß. Die Grünsteins waren – wie Claire – nach nationalsozialistischem Verständnis „Volljuden“.

Das Ehepaar, das in dem Haus, in dem sich ihr Geschäft befand, auch wohnte, fürchtete, dass ihr Ladenlokal, auf dessen Schaufensterscheibe in großen Lettern Grünstein prangte, aufgrund des Namens, der von mehreren jüdischen Familien geführt wurde, sehr schnell als „Judenladen“ ausgemacht und deshalb zur Zielscheibe nationalsozialistischer Angriffe werden würde. Und genau so kam es. In dem Moment, in dem eine „Heil Hitler“ brüllende und irgendein völkisches

Lied grölende Gruppe Weißhemden am Grünstein'schen Geschäft vorbeimarschierte, krachte ein Stein gegen das Schaufenster. Es schepperte zwar schrecklich, doch das Glas zerbarst nicht.

„Gut, dass wir uns damals für das teure Schaufensterscheibenglas entschieden haben", sagte Sally Grünstein zu seiner Frau. „Hätten wir das billigere genommen, wäre die Scheibe wahrscheinlich kaputt."

„Ja, und nicht nur das", erwiderte Helene Grünstein, Sallys Ehefrau. „Die Burschen hätten außerdem lange Finger gemacht und uns ausgeplündert. Doch teures Glas hin oder her – wir müssen auf jeden Fall die Polizei alarmieren. Die muss diesem braunen Spuk ein Ende bereiten, ehe es noch ein Unglück gibt."

Und dann griff sie zum Telefon und wählte die Nummer der Polizei. Derweil sie den Polizisten schilderte, was ihr und ihrem Mann soeben widerfahren war, prasselten weitere Steine gegen die Schaufensterscheibe, die – ob nun teuer oder nicht – schließlich doch noch in tausend Teile zersprang.

Aber nicht nur die Grünsteins beobachteten das Braunhemden-Defilee mit zunehmender Sorge. Auch den Gästen des vornehmen Hotels „Vier Jahreszeiten" war der SA-Sonntagsspaziergang, wie das Ereignis von den Nationalsozialisten bezeichnet wurde, mehr als unheimlich. Einige beobachteten von den Fenstern ihrer Suiten aus das Rufen und Grüßen sowie das unaufhörliche Auf- und Abschreiten der Männer, andere standen in der Halle und schauten dem merkwürdigen Treiben mit einiger Unruhe zu. Keiner der Gäste hatte wirklich Lust, das Hotel zu verlassen, um entweder in der Stadt einen Schaufensterbummel zu machen oder einen Spaziergang durch die nahe gelegenen Grünanlagen zu unternehmen.

„Was sind denn das für Leute?", erkundigte sich ein aus Dänemark angereister Gast bei dem Hoteldirektor.

„Ich kann es Ihnen beim besten Willen nicht sagen", erwiderte der. „Das gab es hier noch nie. Aber keine Sorge, ich habe bereits die Polizei informieren lassen. Bis die dem Spuk ein Ende bereitet hat, sind

Sie selbstverständlich eingeladen, auf Kosten des Hauses ein Getränk Ihrer Wahl zu sich zu nehmen."

„Das ist sehr aufmerksam, vielen Dank", sagte der Däne und ließ sich – sehr zum Ärger des Hoteldirektors – in den folgenden Stunden mehrere Flaschen Sekt aus der Wiesbadener Sect-Manufactur Bornholm servieren.

Einigen Verdruss erregte der SA-Sonntagsspaziergang auch bei den Betreibern der Cafés und Gaststätten, die sich entlang der Wilhelmstraße befanden.

„Wenn diese Idioten da draußen noch lange auf und ab laufen und Heil Hitler brüllen, kann ich den Laden schließen", murrte der Café-Besitzer, der mit in die Hüften gestemmten Händen das Treiben auf der Straße beobachtete. „Ausgerechnet heute, am Sonntag, an einem der umsatzstärksten Tage! So ein Mist aber auch!"

Der Oberkellner, der neben ihm stand, nickte. „Das spricht sich ruckzuck herum, dass hier, auf der Wilhelmstraße, massenhaft SA-Männer herumwandern. Da bleiben die Leute lieber zu Hause. Man weiß ja nie, was diese Burschen da draußen im Schilde führen. Wer hat schon Lust, sich an einem Sonntagnachmittag möglicherweise anpöbeln oder gar verdreschen zu lassen." Verdrossen blickte er auf die Stühle und Tische, die leer und verlassen auf der Terrasse standen.

Und dann tauchten plötzlich zwei Polizei-Lastwagen auf.

„Jetzt bereiten sie dem Spuk ein Ende", sagte der Café-Besitzer. „Wird auch Zeit."

Auch der Hotelier frohlockte. Ebenso wie die Grünsteins, die darüber hinaus hofften, dass es der Polizei möglich sein werde, herauszufinden, wer ihre Schaufensterscheibe eingeworfen hatte. Doch die Erwartungen eines jeden wurden enttäuscht. Die Polizei konnte nichts tun, außer ein paar SA-Männer festzunehmen, die – aus welchem Grund auch immer – anstelle eines weißen Hemds und einer dunklen Hose das traditionelle SA-Braunhemd samt brauner Hose trugen. Weil diese Männer damit gegen das sowohl von den Deutschen als auch von den Briten verhängte Uniformverbot verstoßen hatten, konnten sie festgenommen werden. Gegen alle anderen hatte die Polizei nichts in der Hand, denn es war nicht verboten, mit weißen Hemden, dunklen Hosen und grauen oder schwarzen Hüten durch die Stadt zu laufen. Und wer von den Burschen den Grünsteins die Steine ins Fenster geworfen hatte, konnte ebenfalls nicht ermittelt werden. Wen von den SA-Männern die Polizei in dieser Sache auch befragte, der Betreffende zuckte einfach mit den Schultern und behauptete, nichts gehört und nichts gesehen zu haben.

Am nächsten Tag spottete der „Nassauer Beobachter“ über das Vorgehen der Polizei an jenem Sonntag:
Ein SA-Mann wurde verhaftet und abgeführt, weil er, der sonst kein anderes Hemd besaß, ein Braunhemd trug. Einem anderen wurde gedroht, dass er – wenn er noch länger im Braunhemd herumlaufe – wegen Verstoßes gegen das Uniformverbot verhaftet und eingesperrt würde. Als der arme Kerl daraufhin, zitternd vor Angst, das Hemd sofort und unverzüglich, also direkt auf der Straße, ausziehen wollte, wurde er gerade deswegen verhaftet. Ein anderer wurde von den Schupisten angebrüllt, weil er eine braune Hose trug. Als er diese schuldbewusst auszog, um sie der Polizei zu übergeben, wurde er erst recht angebrüllt, weshalb er – angsterfüllt und mit schlotternden Knien – davonlief. Wenn die SA demnächst nicht nur über die Wilhelmstraße flaniert, sondern das ganze Stadtgebiet in seine Sonntagsspaziergänge einbezieht, dann sollten die Stadtoberen, angesichts der Tatsache, dass den Kurgästen Wiesbadens dadurch doch so viel Aufregendes und Erheiterndes geboten wird, eine Erhöhung der Kurtaxe in Erwägung ziehen.“

Hilflose Demokraten (1930)

„Dreist“, sagte Fritz zu mir. „Wirklich dreist.“

„Das kannst du wohl sagen“, erwiderte ich. „Aber es gibt noch eine Geschichte, die ich dir gerne erzählen würde. Natürlich gibt es noch viele, viele mehr – der geschwätzige Husserl war wirklich ein geradezu unerschöpflicher Quell, – aber diese ist doch ausgesprochen bemerkenswert.“

„Jetzt bin ich aber mal gespannt“, sagte er.

„Nun“, entgegnete ich, „nachdem Wiesbadens Oberbürgermeister Friedrich Travers im Juli 1929 verstorben war, brauchte die Stadt ein neues Stadtoberhaupt. Die in der Stadtverordnetenversammlung vertretenen Parteien hatten sich mehrheitlich auf einen Mann namens Georg Krücke geeinigt, seines Zeichens Rechtsanwalt und Mitglied der gemäßigten ‚Deutschen Volkspartei‘. Am 11. Februar 1930 sollte er gewählt werden. Selbstverständlich hielten ihn die Nationalsozialisten für vollkommen unfähig, die Geschicke der Stadt Wiesbaden zu lenken. Sie hatten einen der ihren als Kandidaten ausgeguckt, aber den lehnten die anderen Parteien ab. Also mussten sich die Nazis etwas einfallen lassen, um es Krücke, dessen Wahl zum Oberbürgermeister sie natürlich nicht verhindern konnten, zumindest so schwer wie möglich zu machen.“

„Octave!“, rief Fritz aus, „ich erinnere mich! Wie, und an diesem niederträchtigen Unterfangen war dein Hausmeister ebenfalls beteiligt?“

„Aber sicher“, erwiderte ich. „Husserl und einige seiner Männer hielten sich während der Wahl auf der Tribüne auf. Von dort aus konnten – außer ihm und seinen Kameraden – auch andere politisch interessierte Bürger und natürlich Pressevertreter das Geschehen im Sitzungs-Saal verfolgen.“

„War es nicht so, dass im ersten Wahlgang mehr Stimmzettel abgegeben worden waren als es Mitglieder der Stadtverordnetenversammlung gab?“, fragte Fritz.

„Genau“, antwortete ich. „Es hätten maximal 53 Zettel sein dürfen, aber 55 wurden abgegeben.“

„Und damit war die Wahl ungültig und musste wiederholt werden“, stellte er fest.

„Richtig“, bestätigte ich. „Und jetzt kommen Husserl und seine Männer ins Spiel. Während im Saal noch über die Sache mit den Stimmzetteln diskutiert wurde, ließen die Kerle Niespulver ins Plenum regnen. Alles schniefte und schnäuzte und nieste und hustete, woraufhin der Stadtverordnetenvorsteher das Öffnen der Fenster anordnete, in der Hoffnung, dass das Pulver hinausgeweht würde.“

„Sonst geschah nichts?“, erkundigte Fritz sich erstaunt.

„Nein. Natürlich drohte der Stadtverordnetenvorsteher den Leuten auf der Tribüne, sie aus dem Haus werfen zu lassen, aber in die Tat umgesetzt hat er seine Drohung nicht.“

„Das war vielleicht ein Fehler“, meinte Fritz. „Die Demokratie hat sich also in diesem Fall keineswegs energisch gegen ihre Feinde zur Wehr gesetzt, sondern den Angriff auf ihre Repräsentanten einfach hingenommen. Nun ist bei der Aktion, die – wenn ich es mal so sagen darf – etwas Kindisches an sich hatte, niemand zu Schaden gekommen, aber dennoch hat es sich nicht gehört, sich gegenüber gewählten Vertretern der Wiesbadener Bevölkerung in dieser Form zu betragen. Der Stadtverordnetenvorsteher hätte, so meine ich, energisch gegen die Störer einschreiten sollen, um von Anfang an deutlich zu machen, dass es – auch und gerade in einer Demokratie – Regeln gibt, die eingehalten werden müssen, und dass derjenige, der dagegen verstößt, mit Konsequenzen zu rechnen hat.“

„Ich denke auch, dass die Reaktion des Stadtverordnetenvorstehers zu lax war. Die Nationalsozialisten jedenfalls schlussfolgerten aus dem großzügigen Umgehen mit ihrem Fehlverhalten, dass sie machen könnten, was sie wollten. Die Demokraten würden sich ihnen nicht entgegenstellen“, sagte ich.

„Und was hat dieser fürchterliche Herr Husserl sich dann einfallen lassen?“, erkundigte sich Fritz.

„Allein auf dem Mist Husserls dürften die an diesem Tag durchgeführten Störaktionen nicht gewachsen sein. Ich vermute, er hatte das mit den nationalsozialistischen Stadtverordneten abgesprochen oder zumindest mit dem Herrn Ortsgruppenleiter, der ja der Oberbürgermeister-Kandidat der NSDAP gewesen war", meinte ich.

„Das könnte wohl sein", stimmte Fritz zu.

„Husserl und seine Getreuen haben, nachdem sie ihr Niespulver – im wahrsten Sinne des Wortes! – verpulvert hatten, Stinkbomben ins Plenum geworfen", fuhr ich fort.

„Ja ja", sagte er nachdenklich. „Ich erinnere mich dunkel, dass damals irgendetwas Unappetitliches ins Plenum geflogen ist. Aber ich wusste nicht mehr, dass es sich um Stinkbomben gehandelt hatte. Mein Gott, schon wieder so ein kindisches Vorgehen. Scheinbar hatten die Wiesbadener Nazis einen Hang zum Infantilen."

„Oh nein", sagte ich, „das sicher nicht. Aber sie hatten wohl die Befürchtung, dass sie die Tribüne nicht würden betreten dürfen, ohne vorher von einem Saaldiener gefilzt worden zu sein. Hätten sie scharfe Waffen oder irgendwelche potenziell gefährlichen Gegenstände mit sich geführt, wäre ihnen selbstverständlich der Zutritt verwehrt worden."

„Ja", meinte Fritz, „mit der Vermutung liegst du zweifellos richtig. Niespulver und Stinkbomben ließen sich wahrscheinlich ziemlich problemlos in Kleidern und Taschen verstecken. Aber, nun sag: Wie hat der Herr Stadtverordnetenvorsteher auf diese neuerliche Provokation reagiert?"

„Er war sehr verärgert und drohte, die Tribüne räumen zu lassen ...", erzählte ich.

„Aber?", fragte er. „Ich höre dich schon ein Aber sagen ..."

„... aber er hat es nicht gemacht. Der Stadtverordnetenvorsteher ließ die Tribüne nicht räumen, weil ein paar Leute von dort herunterriefen, dass die Schurken, die erst das Niespulver und dann die Stinkbomben geworfen hätten, inzwischen abgerückt seien. Deshalb glaubte der Stadtverordnetenvorsteher anscheinend, davon ausgehen zu können, dass es keine weiteren Störungen geben werde. Ob Husserl und seine Männer sich zu diesem Zeitpunkt wirklich abgesetzt hatten, weiß ich allerdings nicht. Kann sein, kann auch nicht sein." Ich zuckte mit den Achseln.

„Es scheint aber doch so, als hätte der Stadtverordnetenvorsteher den Beteuerungen der Tribünenbesucher geglaubt", stellte Fritz skeptisch fest.

„Kann sein, kann auch nicht sein", sagte ich erneut. „Zumindest hat er sich nicht dazu durchringen können, seine Räumungsankündigung wahr zu machen."

„Das war vielleicht nicht sehr klug", meinte Fritz.

„Tja", sagte ich, „da sind wir doch schon wieder bei unserem Thema von eben. Die Demokratie hat sich nicht ausreichend gegen Angriffe auf sie zur Wehr gesetzt."

Er nickte. „Und wie ging es dann weiter?"

„Die Leute auf der Tribüne haben tatsächlich Ruhe gegeben. Die Wahl konnte ordnungsgemäß durchgeführt werden. Wie erwartet, wurde Krücke zum Oberbürgermeister gewählt, und er blieb es bis kurz nach der Machtergreifung. Ab dem Zeitpunkt hatte er dann allerdings herzlich wenig zu lachen", sagte ich.

„Das war zu erwarten", antwortete Fritz.

Der Tod des englischen Lance-Corporals Thomas Henri Hutt (1929)

Zu dem Zeitpunkt, da die Nationalsozialisten die Stadtverordnetenversammlung mit Niespulver und Stinkbomben traktierten, hatten die britischen Besatzungstruppen Wiesbaden bereits verlassen. Der Abzug erfolgte – sang- und klanglos, also ohne großes Spektakel – zwischen Mitte September und Ende November 1929.

Nur ein Mann, nämlich der Lance-Corporal der Militärpolizei, also der Corporal-Stellvertreter, Thomas Henri Hutt aus London, blieb ein paar Wochen länger in der Stadt. Der arme Tropf hatte sich, wie ich im „Wiesbadener Tagblatt" nachlesen konnte, irgendwie und irgendwo so schwer am Kopf verletzt, dass er in ein Wiesbadener Krankenhaus eingeliefert werden und dort über den letzten Abmarschtermin hinaus verbleiben musste, da er absolut nicht transportfähig war. Wie er sich die Schädelverletzung zugezogen hatte, erfuhr ich als „Tagblatt"-Leser leider nicht, aber ich vermutete, dass er sich die Malaise bei einer der diversen Munitionssprengungen zugezogen hatte, die im letzten Quartal des Jahres 1929 auf dem Exerzierplatz in der Dotzheimer Straße durchgeführt worden waren.

Seither siechte der Ärmste in den Städtischen Kliniken vor sich hin, bis ihn – wenige Tage vor Weihnachten – der Tod ereilte. Im „Tagblatt" hieß es dazu: *Der letzte englische Soldat der Besatzung [ist] nach sechswöchigem Krankenlager und zweimaliger Operation [am 19. Dezember, vier Tage nach seinem 25. Geburtstag,] gestorben.* Daraufhin erfolgte am 23. Dezember seine Beisetzung auf dem eigens für die Angehörigen der britischen Besatzungstruppen eingerichteten Grabfeld auf dem Wiesbadener Südfriedhof. „In Loving Memory", hatte seine Mutter, die bis zum letzten Atemzug ihres Sohnes bei ihm gewesen war, in den Grabstein meißeln lassen. *With patience he suffered. His troubles were sore. But now it is ended. He suffers no more. He sleeps. We will leave him in silence to rest. The parting is painful. But God knoweth best. Gone. Never be forgotten.*

„In liebevoller Erinnerung“, übersetzte ich für Fritz, dessen Englischkenntnisse, wie er freimütig bekannte, eher rudimentär waren, der dafür aber Latein und Alt-Griechisch beherrschte. „Er – also der arme Thomas – litt mit Geduld. Seine Leiden waren schwerwiegend. Aber nun hat es ein Ende. Er leidet nicht mehr. Er schläft. Wir lassen ihn in Frieden ruhen. Der Abschied ist schmerzhaft. Aber Gott wusste es besser. Gegangen. Aber niemals vergessen.“

„Anrührend“, sagte Fritz. „Ich kann mich übrigens dunkel daran erinnern, von dem Fall damals in der Zeitung gelesen zu haben. Ich glaube, die Mutter war extra aus London angereist, um bei dem armen Kerl zu wachen.“

An dieser Stelle kam – was ich allerdings erst im Jahr 1945 von der Witwe Diehl erfahren sollte – der etwas langweilige und kontaktscheue Dentist ins Spiel, der einige Zeit zuvor in die Wilhelmstraße 17 eingezogen war. Ein paar Tage vor dem Tod ihres Sohnes bekam Mrs. Hutt nämlich plötzlich Zahnschmerzen. Zunächst bekämpfte sie selbige mit handelsüblichen Schmerzmitteln, denn für einen Zahnarztbesuch hatte sie nun wirklich keine Zeit. Außerdem glaubte sie, es handele sich nur um ein banales Löchlein im Zahn, möglicherweise kombiniert mit einer leichten Zahnfleischentzündung. Dieses Problem konnte und musste warten, bis sie wieder daheim in London war. Im Laufe der Zeit wurden Mrs. Hutts Schmerzen jedoch immer schlimmer. Ihre rechte Wange war inzwischen so angeschwollen, dass man glaubten konnte, sie hätte einen Ball im Mund. Auch die Augenpartie war in Mitleidenschaft gezogen. Das rechte Auge war nicht mehr als ein schmaler Schlitz, durch den sie kaum noch etwas sehen konnte. Und wenn irgendwas den Bereich rund um ihren Unterkieferknochen streifte, einschließlich des Kragens ihrer Bluse, verursachte das infernalische Schmerzen.

*

„Mrs. Hutt“, sagte eines Abends einer von Toms Ärzten zu ihr, dem, im Rahmen einer Visite bei seinem Patienten, das verquollene Gesicht der Mutter aufgefallen war, „ich fürchte, Sie müssen dringend zu einem Dentisten. Wenn Sie noch länger mit dem Arztbesuch warten, geht es Ihnen womöglich schlechter als Ihrem Sohn.“

„Das muss ich in Kauf nehmen“, presste Mrs. Hutt hervor. „Ich kann meinen Jungen jetzt nicht allein lassen.“

„Mrs. Hutt“, insistierte der Arzt, „Ihrem Sohn ist wohl kaum geholfen, wenn Sie vor ihm sterben, zum Beispiel an einer Blutvergiftung. Dann wäre er nämlich wirklich allein. Mutterseelenallein, wenn ich es einmal so zynisch ausdrücken darf. Wollen Sie das ernsthaft riskieren?“

Mrs. Hutt warf dem Arzt – so gut es mit dem noch funktionsfähigen linken Auge ging – einen vernichtenden Blick zu. „Was reden Sie da für einen Unsinn!“, erwiderte sie verärgert.

„Kommen Sie, Mrs. Hutt“, sagte der Arzt, „ich meine es nur gut mit Ihnen und Ihrem Sohn.“

„Dann retten Sie ihn!“, flehte Mrs.Hutt.

„Ich tue mein Möglichstes, und meine Kollegen auch, darauf dürfen Sie vertrauen. Aber trotz allen Unglücks und aller berechtigten Sorge um Ihren Tom: Sie dürfen sich selbst nicht in Gefahr bringen!“, meinte der Arzt, in dessen Stimme echte Sorge mitschwang.

„Was soll ich denn machen?“, fragte Mrs. Hutt, die inzwischen den Tränen nahe war. „Unsere Truppen sind doch längst abgezogen und damit auch unsere Ärzte. Ich habe doch niemanden, an den ich mich wenden kann, selbst wenn ich wollte.“

„Mrs. Hutt“, sagte der Arzt. „Ich bin mit einem hier in Wiesbaden praktizierenden Dentisten mehr als gut befreundet. Ich werde ihn anrufen und ihn bitten, dass Sie ihn noch heute Abend konsultieren können. Da Sie ein dringender Fall sind, wird er Sie gewiss nicht abweisen.“

Mrs. Hutt griff nach der Hand ihres Sohnes, die schlaff auf der Bettdecke lag. „Tom, was meinst du: hältst du es ein paar Stunden ohne mich aus? Versprichst du, dass du noch da bist, wenn ich zurückkomme?“

Der Arzt legte Mrs. Hutt eine Hand auf die Schulter. „Haben Sie gesehen“, sagte er mit fester Stimme, „er hat geblinzelt. Einmal Blinzeln bedeutet: ja. Ja, er kommt ein paar Stunden ohne Sie aus. Und ... da! Sehen Sie! Er hat noch einmal geblinzelt! Das heißt, er wartet auf Sie. Er wird noch da sein, wenn Sie die Zahnbehandlung hinter sich gebracht haben!"

„Sind Sie sicher?", fragte Mrs. Hutt, die jetzt bitterlich weinte.

„Aber ja!", rief der Arzt, „haben Sie es denn nicht gesehen? Nein, wahrscheinlich nicht, denn wenn man Tränen in den Augen hat, kann man nicht gut sehen. Das macht aber nichts, denn zum Glück war ich ja bei Ihnen."

Er drückte kurz Mrs. Hutts Schulter und ging dann aus dem Zimmer, um seinen Freund, den in der Wilhelmstraße 17 ansässigen Dentisten, anzurufen. Natürlich war der vereiterte Kiefer, der Mrs. Hutt zu schaffen machte, nicht nach einem Besuch bei dem Dentisten, der übrigens Dr. Joseph Eckhardt hieß, ausgeheilt. Es dauerte mehrere Tage und bedurfte weiterer Besuche bei Herrn Dr. Eckhardt, bis es Mrs. Hutt zumindest wieder einigermaßen gut ging. Am 19. Dezember saß Mrs. Hutt wieder am Bett ihres Sohnes, hielt seine Hand und erzählte ihm, dass sie sich inzwischen deutlich besser fühle.

„Es war wirklich eine Tortur, die ich durchgemacht habe", sagte sie zu dem reglos im Bett liegenden Tom. In dem Moment klopfte es an der Tür, und der Arzt, der Mrs. Hutt neulich mit dem Dentisten bekannt gemacht hatte, betrat das Zimmer.

„Oh, Mrs. Hutt!", rief er aus. „Wie schön, Sie wiederzusehen! Wie geht es Ihnen inzwischen?"

„Viel besser, Herr Doktor, sehr viel besser. Noch nicht gut, aber ich bin auf dem Weg dorthin und Ihnen unendlich dankbar, dass Sie mich neulich zu Dr. Eckhardt geschickt haben."

„Schön, dass Tom die Ihnen vor dem ersten Besuch bei Dr. Eckhardt gegebenen Versprechen so getreulich eingehalten hat", freute sich der Doktor.

„Ja", erwiderte Mrs. Hutt, „darüber bin ich auch sehr froh." Mit einem liebevollen Blick betrachtete sie ihren Sohn. „Er ist wirklich ein guter Junge. Das war er schon immer. Stets freundlich und zuverlässig."

In dem Moment begann Tom, laut zu röcheln.

„Großer Gott!“, rief Mrs. Hutt. „Tom, Tom, was ist mit dir? Herr Doktor, was hat der Junge? Um Himmels willen, tun Sie doch etwas! Helfen Sie ihm!“

Tom röchelte noch einmal. Es klang eigentlich nicht wie ein Ringen um Atem, sondern eher wie ein Schnarcher. Ein tiefer Schnarcher, auf den eine längere Pause folgte. Dann gab Tom wieder einen Schnarchlaut von sich. Wieder folgte eine Pause, dann ein an ein Japsen erinnerndes, flaches Lufteinsaugen – und schließlich Stille.

„Mrs. Hutt“, sagte der Arzt und legte der Frau die Hand auf die Schulter, „Ihr Tom hat es geschafft. Er muss jetzt keine Schmerzen mehr erdulden. Er ist durch das große Tor geschritten ...“

„Wollen Sie ... wollen Sie mir sagen, Tom ist tot?“, schluchzte Mr. Hutt.

„Ja“, erwiderte der Arzt. „Es ging ihm schon die ganzen letzten Tage nicht gut. Stündlich wurde er schwächer. Aber er hat durchgehalten, bis er endlich erfuhr, dass es Ihnen gesundheitlich besser geht. Das bedeutet, er hat sein Versprechen gehalten. Er war, wie Sie vorhin gesagt haben, bis zum Schluss ein ausgesprochen zuverlässiger Mensch. Sie können stolz auf ihn sein.“ Und dann nahm er die bitterlich weinende Mrs. Hutt fest in den Arm.

An Toms Beisetzung vier Tage später nahmen, außer Mrs. Hutt, auch Dr. Eckhardt und dessen guter Bekannter, der Krankenhausarzt, teil. Die beiden Männer versprachen der trauernden Mutter hoch und heilig, in regelmäßigen Abständen bei Tom vorbeizuschauen, um sich zu vergewissern, dass er auch wirklich in Frieden ruhte. Ob der Krankenhausarzt sein Versprechen gehalten hatte, wusste die Witwe Diehl nicht. Der Dentist hingegen hatte Tom in relativ regelmäßigen Abständen besucht, was nicht zuletzt der Tatsache geschuldet war, dass auch seine Eltern auf dem Südfriedhof ruhten, weshalb er sich dort ohnehin des Öfteren aufhielt.

Befreiungsfeiern (1930)

Anstelle der britischen Besatzungstruppen beherbergte Wiesbaden fortan die „Interalliierte Rheinlandkommission", deren Dienstsitz Ende 1929 von Koblenz in die ehrwürdige Kurstadt verlegt worden war. Bei den rund fünfzig Beschäftigten der Rheinlandkommission handelte es sich um Franzosen, Briten und Belgier, die in einem requirierten Hotel an der Ecke Sonnenberger- und Wilhelmstraße residierten, also nicht weit von dem Haus in der Sonnenberger Straße entfernt, in dem ich damals wohnte.

Beschützt wurden die Mitarbeiter der Rheinlandkommission von einem etwa 500 Mann starken, aus französischen Truppenangehörigen bestehenden Ehrenbataillon. Ein knappes Dreivierteljahr verweilte die „Interalliierte Rheinlandkommission" in Wiesbaden. Dann wurde sie – im Zuge des definitiven Endes der Besatzungszeit in Deutschland – abgezogen. Ich hatte dem Spektakel damals beigewohnt und voller Interesse verfolgt, wie das Ehrenbataillon – mit singendem, klingendem Spiel – an jenem letzten Tag quer durch die Stadt zum Dienstsitz der Rheinlandkommission marschiert war. Dort nahm es Aufstellung.

Sodann erfolgte das Einholen der auf dem Dach des Hotels gehissten französischen, britischen und belgischen Nationalflagge. Die belgische war als erste an der Reihe: Während sie sank, spielte die Kapelle des Ehrenbataillons die „Brabançonne", also die belgische Nationalhymne. Sodann folgte, begleitet von „God Save the King", der britischen Nationalhymne, das Einholen der britischen Flagge und – last, but not least – erklang die „Marseillaise", also die französische Nationalhymne, während die französische Flagge eingeholt wurde. Hernach begab man sich, musikalisch untermalt von dem Marsch „Le Régiment de Sambre et Meuse", zum Bahnhof, wo ein abfahrbereiter Zug auf die Truppenangehörigen wartete.

Auf ihrem Weg zum Bahnhof marschierten die Männer unter anderem durch die Wilhelmstraße. Sämtliche Anwohner, also unter anderen auch Claire und Claas aus der Wilhelmstraße 17, außerdem die Gäste der dort angesiedelten Hotels sowie die Besucher der entlang der Wilhelmstraße gelegenen Cafés und Restaurants, beobachteten den Abmarsch der letzten Besatzungstruppen.

*

„Vive la France!", schrie plötzlich einer der Zuschauer. Daraufhin brachte ein gezielter Faustschlag den Schreihals unverzüglich zum Schweigen.

„Noch ein Ton, du vermaledeiter Franzosenfreund, und ich stopfe dir ein für alle Mal dein verkommenes Maul!", brüllte der Mann, der neben dem Zwischenrufer gestanden hatte.

Obwohl dem Mann das Blut aus Mund und Nase tropfte, machte niemand der Umstehenden Anstalten, ihm wenigstens ein Taschentuch zu reichen.

„Geschieht ihm recht, dem Schneckenfresserfreund", ätzte jemand.

„Hau bloß ab", zischte ein anderer, „sonst war das hier erst der Anfang."

Aber diese letzte Warnung hörte der Schreihals schon nicht mehr, denn er hatte sich entschieden, dass es für ihn gesünder wäre, so schnell wie möglich das Weite zu suchen.

„Das war bestimmt so ein Separatistenschwein", schimpfte ein weiterer Zuschauer. „Die hätten uns doch alle am liebsten an die Franzosen verschachert. Von wegen rechts des Rheins ist auch noch Frankreich ..." Angewidert spuckte er aus.

„Jetzt ist der Spuk ja Gott sei Dank vorbei", meinte ein anderer Mann. „Freuen wir uns, dass die Besatzer endlich weg sind, und lassen Sie uns darauf ordentlich einen trinken."

„Das ist eine sehr gute Idee", stimmten die Umstehenden ihm zu, und wenig später – kaum, dass das Ehrenbataillon außer Sichtweite geraten war – stürmten die Männer, und mit ihnen hunderte anderer, die Wiesbadener Gaststätten, um den Abzug der Besatzer gebührend zu begießen. Dieser und die folgenden Tage, so jubelten Wiesbadens Wirte später, gehörten zu den umsatzstärksten seit Jahren ...

*

„Ja, ich erinnere mich“, sagte ich weiland in Sacrow zu Fritz, „Wiesbaden befand sich in jenem Sommer wirklich und wahrhaftig in einer Art Taumel. Von einer Feier zur nächsten. Am 10. Juli veranstaltete die Stadt ein großes Fest, und ein paar Tage später tauchte dann auch noch Hindenburg auf. Die Wiesbadener hatten vor lauter Feiern kaum mehr Zeit, ihre Räusche auszuschlafen ...“

„ ... ja, und die Bornholm-Sectmanufactur musste ihre Mitarbeiter zu Überstunden verdonnern, weil sie sonst gar nicht so viel Sekt hätte liefern können, wie damals benötigt wurde“, lachte Fritz.

„Der Hindenburg wollte eigentlich gar nicht nach Wiesbaden kommen“, warf ich ein. „Da wäre den Wiesbadener Wirten und dem werten Herrn Bornholm dann aber einiges an Umsatz entgangen!“

„Wahrscheinlich hat der Herr Reichspräsident deshalb schnell eingelenkt und ist doch noch nach Wiesbaden gekommen“, meinte Fritz.

„Das wird wohl der Grund gewesen sein“, sagte ich schmunzelnd.

„Etwas anderes kann ich mir kaum vorstellen“, spottete Fritz. „Aber mal im Ernst: Es muss doch enervierend für ihn gewesen sein, in jeder Stadt einen ähnlichen Ablauf der Feierlichkeiten zu erleben. Die Häuser sind mit dreiteiligen Fahnen in den deutschen, preußischen und den jeweiligen Landesfarben – im Fall Wiesbadens den nassauischen – geschmückt. Überall hängen Girlanden, tausende Menschen säumen die Straßen, und hunderte stehen an den Fenstern, um einen Blick auf den im Auto vorbeifahrenden Reichspräsidenten zu erhaschen, von dem erwartet wird, dass er die Staffage, die für ihn nichts als ein Déjà-vu ist, angemessen würdigt und bereit ist, dem aufmarschierten Volk huldvoll zuzuwinken. Ich stelle mir das entsetzlich langweilig vor.“

„Ich auch“, stimmte ich Fritz zu.

„In Wiesbaden war es nicht anders“, meinte Fritz. „Hindenburg besteigt in Mainz ein Schiff, das ihn auf die andere Rheinseite – nämlich nach Wiesbaden – bringt. Dort verlässt er die Fähre und steigt in das an Land auf ihn wartende Fahrzeug um. Wie immer handelt es sich um ein Cabriolet, damit der Herr Reichspräsident Volk und Fahnen besser sehen und das Volk – und die Fahnen – ihn besser sehen können."

„Wahrscheinlich hatte er zu dem Zeitpunkt längst selbst eine Fahne", warf ich ein, „nach einem so langen Tag voller Feierstunden, zu denen gewiss nicht nur Mineralwasser und Fruchtsaft gereicht wurde."

„Nicht ganz ausgeschlossen. Heißt es nicht, dass er ab und zu während der Fahrt ein Nickerchen eingelegt hat?", fragte Fritz.

Ich lachte. „Wissen tue ich es nicht, aber vermuten könnte man es, zumal er ja auch kein junger Mann mehr war. Ältere Leute nicken bekanntlich immer mal wieder ein, und zwar zu allen möglichen und unmöglichen Gelegenheiten."

„Wie überall", fuhr Fritz fort, „haben sie Hindenburg natürlich auch in Wiesbaden an einem repräsentativen Ort, nämlich dem Kurhaus, empfangen. Dort durfte er den das Vaterland preisenden Reden der lokalen und regionalen Repräsentanten lauschen und anschließend selbst ein paar vor Patriotismus triefende Worte von sich geben. Wahrscheinlich war der Zettel, auf dem er seine Rede notiert und den er an jedem Ort, den er besuchte, aus der Tasche ziehen musste, schon ganz abgegriffen und völlig zerknittert."

„Entweder kannte er den Text ohnehin in- und auswendig und konnte ihn – auch ohne einen Blick auf die Niederschrift werfen zu müssen – herbeten, oder er hat ab und zu, weil er die Schrift schon gar nicht mehr lesen konnte, einfach nur ‚Hurra, Deutschland!' gerufen – oder so was Ähnliches", meinte ich.

„Ja, und nach den denkwürdigen Honoratioren-Reden wurde ihm dann von einer möglichst jungen Dame, in der Regel der Tochter eines städtischen Repräsentanten, ein Präsent überreicht. Mal handelte es sich um einen Blumenstrauß, dann wieder um etwas, was typisch für die gerade besuchte Stadt war", fuhr Fritz fort.

„Oh", sagte ich, „ob er sich wohl über einen leckeren Handkäs' mit Musik und einen Bembel Äppelwoi gefreut hätte?"

„Bestimmt“, erwiderte Fritz. „Aber ich glaube, in Wiesbaden haben sie ihm wohl eher ein Schöppchen Wein aus dem Weinberg am Neroberg kredenzt. Und geschenkt haben sie ihm vermutlich Kochbrunnenseife oder so was Ähnliches. Als Repräsentantin der holden Wiesbadener Weiblichkeit fungierte übrigens das Töchterlein des Herrn Oberbürgermeisters.“

„Charmant“, sagte ich.

„Ja, und anschließend verschleppte man Hindenburg auf den Festplatz Unter den Eichen“, erzählte Fritz.

„Was stand denn dort an?“, erkundigte ich mich.

„Hier sollte ein extra zu diesem Anlass verfasstes, mehrstündiges Theaterstück aufgeführt werden“, sagte Fritz.

„Optimal für ein Schlummerchen“, meinte ich.

„Tatsächlich hat Hindenburg in Wiesbaden, wie vermutlich auch in allen anderen Städten, auf die Teilnahme an der Darbietung verzichtet. Das hätte viel zu viel Zeit in Anspruch genommen“, erzählte Fritz. „Von der Tochter des Autors – oder wer auch immer es gewesen sein mag – nahm er mit dankerfüllter Miene das Textbuch entgegen, reichte es an seinen Adjutanten weiter, der es unverzüglich in den Tiefen seiner mitgebrachten Taschen verschwinden ließ, während Hindenburg versicherte, das wunderbare Werk demnächst, wenn der Reisestress vorbei sei, in aller Ruhe zu studieren ...“

„... was er natürlich nie tat“, ergänzte ich. „Wie alle Geschenke wurde es stattdessen im Präsent-Depot der Präsidialkanzlei eingelagert und irgendwann vergessen.“

„Davon gehe ich ganz fest aus“, sagte Fritz amüsiert.

„Aber dann, kurz vor Ende von Hindenburgs großer Deutschland-Tour, ging doch noch irgendwas schief“, meinte ich. „Aber im Moment fällt mir nicht mehr ein, was es war.“

„Oh“, sagte Fritz, „in Koblenz sollte ein Feuerwerk stattfinden, aber leider hielt eine Behelfsbrücke dem Zuschaueransturm nicht statt. Sie brach zusammen und riss mehrere Dutzend Menschen mit in den Tod. Danach war dem Reichspräsidenten nicht mehr nach Feiern zumute. Er brach die Reise ab. Jedenfalls vorerst. Irgendwann später hat er dann die letzten beiden Orte, die – laut Protokoll – noch besucht werden sollten, nämlich Trier und Aachen, ebenfalls bereist."

„Nett von ihm", schmunzelte ich, und Fritz schmunzelte mit.

„Tja", sagte Fritz, „damals durfte man noch ungestraft schmunzeln und sich ein bisschen über die deutsche Politik und ihre Repräsentanten lustig machen. Aber bekanntlich nicht mehr lange. Kaum drei Jahre später hat der Herr Reichspräsident dann mit der Ernennung Hitlers zum Reichskanzler dem Schmunzeln und dem Sich-lustig-Machen über die deutsche Politik oder über deutsche Politiker ein rasches Ende bereitet."

„In der Tat", stimmte ich ihm zu. „Spott und Ironie wurden als defätistische Äußerungen eingestuft und mehr als streng bestraft."

Ernst Rost – Der Oma-Mörder (1933)

Fritz nickte. „Über die Zeit unmittelbar nach der Ernennung Hitlers zum Reichskanzler müssen wir uns nachher unbedingt noch unterhalten. Im Zusammenhang mit diesem Datum, also Anfang 1933, habe ich mich gerade eben an einen jungen Wiesbadener erinnert, mit dessen Fall ich damals befasst gewesen bin.

Der Bursche hatte Anfang Februar 1933, also wenige Tage nach der Ernennung Hitlers zum Reichskanzler, seine Großmutter umgebracht. Ich habe ihn untersucht und bin zu dem Schluss gekommen, dass es er keinesfalls irrsinnig war. Auch die Kollegen von der Heil- und Pflegeanstalt Eichberg, denen ich den Patienten zwecks Beobachtung und Begutachtung überstellt habe, befanden, dass der junge Mann nicht geistesgestört war, sondern genau wusste, was er tat – auch wenn er behauptete, er könne sich an nichts erinnern. Na ja, wie dem auch sei: Der Fall des jungen Burschen hat damals großes Aufsehen erregt."

„Ernst Rost?", überlegte ich. „Hm. Ja. Doch. Ich erinnere mich, wenn auch dunkel. Ein Kriminalfall unmittelbar nach der Machtübernahme, nicht wahr?"

Fritz nickte. „Hat fast mehr Interesse bei den Lesern des ‚Wiesbadener Tagblatts' erregt als die Berichte über die neue nationalsozialistische Regierung."

*

„Ernst!", rief einer der Saufkumpane, mit denen sich der junge Mann an jenem langweiligen Samstagnachmittag – wie an jedem anderen langweiligen Samstagnachmittag auch – in der Kneipe um die Ecke getroffen hatte. „Wir gehen heute Abend zu dem Maskenball, den sie im ‚Hirsch' veranstalten. Wie sieht es aus: Gehst du mit?"

Ernst schüttelte den Kopf. „Nee, geht nicht", sagte er. „Ich hab' kein Kostüm."

„Dann geh' zu deiner Oma, und borg' dir von der eine Schlafhaube!", antwortete der Kumpel.

„Ich hätte daheim noch einen alten Sack“, schrie ein anderer. „Der stinkt zwar ein bisschen, liebes Ernsti, aber in den kannst du dir zwei Löcher für die Augen hineinschneiden und ihn dir dann über den Kopf ziehen. Dann gehst du als Ernst, der Henker von Wiesbaden ... Erstens hast du dann eine total originelle Verkleidung und zweitens den Vorteil, dass niemand deine Visage sieht!“

„Die will doch eh niemand sehen“, krähte der nächste. „Erst recht keine Frau!“ Daraufhin brach die Truppe rund um Ernst – Ernst natürlich ausgenommen – in brüllendes Gelächter aus, das den gesamten Gastraum erfüllte.

Tatsächlich machte sich Ernst keine großen Sorgen wegen des nicht vorhandenen Kostüms, sondern wegen des nicht vorhandenen Geldes. Ohne Geld konnte er nicht an dem Maskenball teilnehmen. Erstens musste man Eintritt bezahlen und zweitens Geld für Bier und Schnaps in der Tasche haben. Seine Taschen aber waren leer. Gähnend leer sogar. Die Zeche heute Nachmittag hatte ihn den letzten, noch in seiner Geldbörse befindlichen Groschen gekostet. Aber das konnte er seinen Kumpels natürlich unmöglich eingestehen. Schließlich war er ohnehin oft genug Ziel ihres Spotts. Sie nahmen ihn einfach nicht für voll. Vielleicht, weil er so klein und dünn war und außerdem eine Hasenscharte seine Oberlippe und seine Nase schlimm entstellte.

„Also, Ernsti, was ist jetzt?“, fragte der Saufkumpan. „Gehst du nun mit auf den Maskenball, oder willst du lieber bei Mama sitzen und Strümpfe stricken?“

„Oder mit Oma Händchen halten?“, höhnte an anderer.

„Nein, nein“, sagte Ernst hastig. „Ist schon gut. Ich komme mit.“

„Na, prima“, sagte der Saufkumpan. „Dann treffen wir uns heute Abend um neun beim ‚Hirsch‘.“

Ernst nickte eifrig.

„Die erste Runde Schnabie geht übrigens auf dich, mein Freund!“, rief ihm Saufkumpan Nummer zwei zu.

„Ja ja, geht klar“, antwortete Ernst. Aber in Wahrheit ging natürlich gar nichts klar, erst recht keine Runde Schnabie – also ein

Schnaps und ein Bier – die er den Kumpels ausgeben sollte. Wo, zum Teufel, sollte er auf die Schnelle so viel Geld auftreiben?

„Ich geh' dann mal", rief er in die Runde, ehe er – mit ziemlich hängendem Kopf – die Gaststätte verließ.

Daheim angekommen, fand er seine Mutter auf dem Sofa liegend vor. Sie war stockbetrunken. Eine leere und eine halb leere Flasche Korn, die neben dem Sofa lagen, informierten ihn darüber, womit sich seine Mutter mal wieder die Kante gegeben hatte. Im Grunde war es ganz praktisch, dass die Alte pennte. So konnte er wenigstens ungestört ihr Portemonnaie untersuchen. Aber bis auf vier oder fünf Groschen befand sich darin nichts, und auch die Blechdose auf dem Küchenschrank, in dem sie gemeinhin ihr Haushaltsgeld aufzubewahren pflegte, war gähnend leer. Eigentlich blieb ihm jetzt nichts mehr anderes übrig, als es bei seiner Oma zu probieren, die eine Etage über ihnen, im ersten Stock des Hauses wohnte.

Leider stand jedoch zu befürchten, dass es vergebliche Liebesmüh' sein würde, bei seiner Oma um Geld zu betteln. Die fand nämlich, dass es völlig ausreichend war, wenn sie ihre versoffene Tochter und deren faulen und außerdem fratzengesichtigen Sohn mietfrei in ihrem Haus logieren ließ. Sie hatte keineswegs die Absicht, auch noch für den Lebensunterhalt der beiden aufzukommen. Trotzdem durfte er nichts unversucht lassen, um an Geld zu gelangen. Deshalb begab er sich gegen halb sieben Uhr abends todesmutig zur Wohnung seiner Oma.

„Nanu!", rief die alte Frau aus, nachdem sie die Wohnungstür geöffnet und ihren Enkel ins Visier genommen hatte.

„Guten Abend, Oma", sagte Ernst.

„Was willst du?", erkundigte sich die Großmutter sichtlich gereizt.

„Kann ich reinkommen?", fragte Ernst.

„Du führst doch was im Schilde", giftete die Großmutter. „Du und deine verkommene Mutter, ihr taucht doch immer nur dann bei mir auf, wenn ihr irgendwas wollt! Na ja, egal, jetzt komm erst mal rein. Muss ja nicht das ganze Haus mitkriegen, mit was für Familienmitgliedern ich geschlagen bin."

Du verdammte alte Schachtel, dachte Ernst, als er an der Oma vorbei in den kleinen Flur trat, der zu der Wohnküche führte, in der sich die Großmutter tagsüber in der Regel aufhielt.

„Setz' dich an den Tisch", befahl die alte Frau. Dann griff sie nach der angebrochenen Weinflasche, die dort stand, schnappte sich das danebenstehende Wasserglas und goss es randvoll. „Deinen Anblick", sagte sie, während sie gierig trank und anschließend ausgiebig rülpste, „kann man wirklich nur im Suff ertragen. Kein Wunder, dass deine Mutter ständig blau ist. Also, was is' nun? Was willste?"

„Oma", sagte Ernst, „ich bin ein bisschen knapp bei Kasse ..."

„Knapp bei Kasse?", höhnte die alte Frau. „Du bist doch dauerpleite! Wie wäre es, wenn du endlich mal arbeiten gehen würdest? So von morgens bis abends, an fünf bis sechs Tagen die Woche? Dann wärest du auch nicht ewig klamm!"

„Oma", sagte Ernst, „es ist nicht einfach, eine vernünftige Arbeit zu finden."

„Ja, klar, zumal du dir für alles und jedes zu schade bist. Das kann ich nicht, und jenes kann ich nicht ... jammer, jammer, jammer ... du bist einfach nur zu faul!", keifte die Oma, ergriff ihr Glas, leerte es, um es dann erneut zu füllen.

„Oma, stell dir vor, ich habe ein kleines Fräulein kennengelernt, das mir sehr zugeneigt zu sein scheint. Deshalb würde ich sie heute Abend gerne ausführen, und zwar zu einem Maskenball, der in einer der hiesigen Gaststätten stattfindet", log Ernst, in der Hoffnung, das harte Herz seiner Großmutter auf diese Weise doch noch zu erweichen.

Lachend leerte sie das zweite Glas Wein. „Du hast ein Fräuleinchen kennengelernt?", höhnte die alte Frau. „Ist die blind?"

„Nein, ist sie nicht", behauptete Ernst. „Sie mag mich, und sie wünscht sich nichts sehnlicher, als zu diesem Maskenball zu gehen. Und zwar mit mir."

Prustend schenkte sich die Großmutter ein weiteres Glas Wein ein. „Deinen Anblick kann man im Grunde nur ertragen, wenn du eine Maske trägst", kicherte sie. „Als was willst du dich denn verkleiden?

Ich schlage vor, du gehst als amerikanischer Kuhjunge. Die haben grundsätzlich, also nicht nur zu Fasching, Tücher vor den Gesichtern. Vielleicht solltest du dir das auch angewöhnen, du Missgeburt!"

Ernst spürte, wie er rot anlief. Zum einen vor Wut, zum anderen vor Scham.

„Oma", versuchte er es erneut, doch die alte Frau schnitt ihm das Wort ab. „Jetzt hör mir mal gut zu, du erbärmliche Kreatur. Glaubst du wirklich, dass ich so dumm bin und dir die Geschichte von dem Fräuleinchen, das du angeblich kennengelernt hast, abnehme? Das ist wieder nur eine von deinen zahllosen Lügengeschichten, die du erzählst, um mir das Geld aus der Tasche zu ziehen. Aber das kannst du vergessen, du Lump! Und jetzt sieh zu, dass du verschwindest!"

Es hatte keinen Sinn, länger zu bleiben, das wusste Ernst. Also trollte er sich. Aber er würde wiederkommen ... wenn die Oma schlief! Und schlafen würde sie schon bald, denn Wein machte sie immer müde, und wenn sie – wie heute – genügend von dem Zeug in sich hineingekippt hatte, würde sie ziemlich schnell in ihrem Ohrensessel, der direkt neben dem warmen Ofen stand, eingeschlafen sein. Und dann ... dann käme er wieder und würde sich holen, was ihm nach all den Beschimpfungen, die sie ihm heute – und in der Vergangenheit – an den Kopf geschleudert hatte, zustand.

Gegen zwanzig nach acht stand Ernst erneut in der Wohnung seiner Oma. Die Tür war nicht abgeschlossen, weshalb er sich problemlos Zutritt zu ihren Räumlichkeiten zu verschaffen vermochte. Schon im Flur konnte er das laute Schnarchen der Großmutter vernehmen. Wie er erwartet hatte, war sie vor einiger Zeit in ihrem Ohrensessel eingeschlafen. Ernst wusste, dass die alte Frau sowohl ihr Geld als auch ihren Schmuck in ihrem Schlafzimmerschrank aufbewahrte. Das Schlafzimmer grenzte direkt an die Wohnküche. Um in die Schlafstube zu gelangen, musste Ernst durch die Küche gehen. Und hier galt es, vorsichtig zu sein, damit er die Großmutter nicht aufweckte. Folglich schlich er, so leise er konnte, an der in ihrem Ohrensessel schlummernden Alten vorbei, in die Schlafkammer. Hier war es stockdunkel. Vorsichtig tastete er nach dem Schrank. Da stand er. Und da, da war der Schlüssel. Den musste er nur umdrehen, dann wäre der Schrank offen, und er seinem Ziel, Omas Geld und ihren Schmuck zu stehlen, ganz nahe. Aber im Dunkeln war das ein doch ziemlich schwieriges Unterfangen. Er würde Licht brauchen, um das zu finden, was er suchte. Doch das Licht konnte er nur anschalten, wenn er zuvor die Tür zur Küche geschlossen hatte. Also schlich er zurück zur Tür, um diese zu schließen. Leider hatte er nicht bedacht, dass die Scharniere quietschten, und zwar so laut, dass Tote damit aufgeweckt werden konnten. Aber nicht nur Tote, dachte Ernst in dem Moment, in dem das Licht anging und seine Großmutter plötzlich in der Tür stand.

„Was tust du hier, du Missgeburt!“, kreischte sie.

„Halt’s Maul, du alte Kuh!“, schrie Ernst und sah sich nach einem Gegenstand um, mit dem er die Oma zum Schweigen bringen konnte. Das erste Ding, das ihm in die Hände fiel, war eine hölzerne Fußbank. Da die Oma nicht besonders groß war – ein Problem, das in der Familie lag – benutzte sie das Ding immer, um an die obersten Fächer ihrer Schränke zu gelangen. Deshalb stand das Bänkchen mal in der Küche und mal im Schlafzimmer. Aber jetzt stand es weder da noch dort, sondern sauste durch die Luft, und wenn es landete, dann auf dem Schädel der Großmutter, die alsbald blutüberströmt zusammenbrach.

Ernst hatte inzwischen jegliche Kontrolle über sich verloren, zum einen, weil er enormen Hass auf die alte Frau verspürte, und zum anderen, weil er sich selbst zutiefst verachtete. Mein Gott, er war tatsächlich zu dämlich, um seine Oma zu beklauen! Wie doof musste man eigentlich sein, um immer und überall zu scheitern? Und dieses Gemisch aus Wut und Frustration führte dazu, dass Ernst, obwohl die Großmutter längst blutüberströmt zusammengebrochen war und keinen Mucks mehr von sich gab, nicht aufhörte, den Leib der alten Frau zu malträtieren. Die Fußbank konnte er hierzu nicht mehr nutzen, denn sie war in ihre Einzelteile zerfallen. Aber mit der Lampe, die neben dem Bett stand, konnte er noch gut auf den Körper einschlagen. Als er schließlich davon überzeugt war, dass die Alte nicht mehr lebte, schnappte er sich die im Schrank versteckten Schmuckstücke sowie das Bargeld und machte sich aus dem Staub. Für einen schönen Abend im ‚Hirsch' und ein paar Runden Schnabie würde das Erbeutete zweifellos reichen.

Während sich Ernst mit seinen Kumpanen auf dem Maskenball amüsierte, kam die Oma, die der Enkel für tot gehalten hatte, wieder zu sich. Es dauerte eine Weile, bis es ihr gelang, sich aufzurichten. Ihr war schrecklich elend, und wegen des Bluts, das ihr über das Gesicht lief, konnte sie nur schlecht sehen. Aber sie wusste, wenn sie es nicht schaffen würde, sich entweder zur Tür oder zum Fenster zu schleppen und um Hilfe zu rufen, würde sie hier, in ihrem Schlafzimmer, langsam verrecken.

Nach mehreren Versuchen, auf die Beine zu kommen, gab sie auf. Es hatte keinen Sinn. Folglich würde sie es nicht bis zur Wohnungstür schaffen. Aber zum Schlafzimmerfenster konnte sie es vielleicht packen. Und tatsächlich gelang es ihr, auf allen vieren in Richtung Fenster zu kriechen, sich an der Fensterbank hochzuziehen, das Fenster zu öffnen und um Hilfe zu rufen. Glücklicherweise hörte eine Frau, die im Nachbarhaus wohnte, ihre Rufe. Die Frau stand zufällig am Fenster, weil sie vor dem Zubettgehen noch schnell das Schlafzimmer hatte lüften wollen.

„Arthur", sagte sie zu ihrem Mann. „Nebenan ruft jemand um Hilfe. Es könnte die alte Frau Rost aus dem ersten Stock sein."

„Soll ich mal nachsehen, ob bei ihr irgendwas nicht stimmt?", fragte Arthur.

„Das wäre vielleicht ganz gut", meinte seine Frau.

Daraufhin warf sich Arthur eine Jacke über und eilte zum Nachbarhaus. Normalerweise war die Eingangstür um diese Zeit abgeschlossen. Wenn man ins Haus wollte, aber keinen Schlüssel hatte, musste man irgendwo klingeln. Und der, bei dem man geklingelt hatte, musste dann zur Haustür hinuntergehen, sie aufschließen, den Gast hineinlassen und dann wieder zuschließen.

Seit zwei Tagen war das im Haus Ludwigstraße 16, das der alten Frau Rost gehörte, wie übrigens auch in mehreren anderen, in der gleichen Straße gelegenen Häusern, nicht mehr nötig. An jenem Tag hatte nämlich in Wiesbaden der sogenannte Hitler-Huldigungsmarsch stattgefunden, den die siegestrunkenen Wiesbadener Nationalsozialisten aus Anlass der Ernennung Hitlers zum Reichskanzler veranstaltet hatten. Stundenlang waren die braunen Burschen in vollem Ornat und begleitet von diversen SA-Spielmannszügen durch die Stadt marschiert. Auch durch die Ludwigstraße waren sie gezogen. Diese Straße zu passieren, war ihnen ein besonderes Anliegen gewesen. Dass sie hier nicht mit Fähnchen, Applaus, Heil-Hitler- und Hurra-Rufen oder gar dem Horst-Wessel-Lied empfangen werden würden, wussten sie selbstverständlich, denn die Ludwigstraße gehörte zu einer der bevorzugten Wohngegenden der Kommunisten. Und die zu provozieren, war den Nazis eine Herzensangelegenheit. Natürlich kam es, wie kommen musste: Kaum, dass die braunen Truppen die Ludwigstraße betreten hatten, wurden sie von deren Anwohnern angegriffen.

Auf der Straße kam es zu einer Massenschlägerei. Aus den Fenstern der umliegenden Häuser flogen Bierflaschen, Blumentöpfe, Knallkörper und, wie man sich erzählte, sogar Handgranaten. Selbstverständlich hatten die Nazis mit so etwas gerechnet und sich entsprechend ausstaffiert. Als die ersten Gegenstände aus den Fenstern flogen, rannten die Nationalsozialisten auf das jeweilige Haus zu, um es zu stürmen und die Bewohner – aus Strafe für die Angriffe auf die Teilnehmer des Huldigungsmarsches – entweder gründlich zu verdreschen oder, wenn sie besonders aggressiv und aufmüpfig waren, kurzerhand aus dem Fenster zu werfen.

Dass die Kommunisten alles tun würden, um den Nazis das Erstürmen der Häuser zu erschweren, war natürlich klar. Deshalb rechnete auch niemand damit, die Haustüren geöffnet vorzufinden. Selbstverständlich waren sie abgeschlossen und vielleicht sogar zusätzlich mit irgendwelchen Barrikaden gesichert. Aber das würde Hitlers Mannen nicht aufhalten! Ganz sicher nicht! Deshalb hatten sie ihrerseits haufenweise Handgranaten eingesteckt, die sie nun gegen die Haustüren oder Toreinfahrten warfen, wodurch diese – und nicht nur diese, sondern vielfach auch Mauerteile, – weggesprengt wurden. Aus den Mansardenwohnungen, die sich in der Ludwigstraße 16 befanden, waren an jenem Abend ebenfalls massenweise Knallkörper und andere Gegenstände auf die Vorbeimarschierenden geworfen worden. Daraufhin hatten wütende Nationalsozialisten die Haustür mit einer Handgranate aufgesprengt, waren die Treppe zur Mansarde empor gestürmt und hatten die dort anwesenden Kommunisten windelweich geprügelt.

Weil es seit jener Nazi-Aktion keine Haustür in der Nummer 16 mehr gab, musste der hilfsbereite Nachbar, als er schließlich vor dem Eingang stand, selbstverständlich nirgendwo klingeln, um ins Haus zu gelangen, sondern konnte direkt zur Rost'schen Wohnung hinaufsteigen. Doch auf sein Klingeln und Klopfen dort reagierte niemand. Und auch in der Wohnung der Tochter, die - wie er wusste, im Erdgeschoss lebte - rührte sich nichts und niemand. Deshalb begab sich Arthur eiligst zu dem drei Häuser weiter gelegenen Wirtshaus, um von dort aus - die Gaststätte verfügte nämlich, wie er als Stammgast wusste, über einen Fernsprechanschluss – Hilfe herbeizurufen. Wenig später trafen sowohl ein Polizei- als auch ein Krankenauto ein. Nachdem die Polizisten die Tür zur Wohnung aufgebrochen hatten, fanden sie die alte Frau im Schlafzimmer in ihrem Blut liegend.

„Du lieber Gott!“, entfuhr es einem der Polizisten beim Anblick der schrecklich zugerichteten Frau.

„Frau Rost?“, Einer der Männer, der zur Besatzung des Krankenautos gehörte, beugte sich über die Schwerverletzte. „Wir sind jetzt da und helfen Ihnen.“

„Es ... es ... www ...waaa ...war ... d ...der ... E ...Ernst“, stammelte sie mit kaum mehr hörbarer Stimme.

Obwohl man die alte Frau Rost umgehend ins Krankenhaus einlieferte, wo sie sofort notoperierte wurde, erlag sie wenig später ihren schweren Verletzungen.

„Und dieser Ernst, dieser mörderische Enkel?“, erkundigte ich mich.

„Den haben sie ein paar Stunden später in einer Kneipe verhaftet. Nach dem Maskenball sind er und seine Saufkumpane noch weiter um die Häuser gezogen, und Ernst hat sie alle – auf Kosten seiner Oma – freigehalten.“

„Na, großartig“, sagte ich. „Und dann?“

„Dann haben sie ihn vor Gericht gestellt und eingelocht. Und wenn er nicht gestorben ist, dann sitzt er immer noch im Gefängnis“, sagte Fritz.

„Kauft nicht bei Juden!“ (1933)

„Apropos Ludwigstraße: An der Sprengung der Türen und Tore dort war dein Herr Husserl doch bestimmt auch beteiligt, oder?“, erkundigte Fritz sich.

„Ja, natürlich“, erwiderte ich. „Selbstverständlich hat er sich vor seinen Kollegen mit der Aktion gebrüstet. Abgesehen davon waren die Nazis gar nicht so sicher, dass sie den Hitler-Huldigungsmarsch an jenem Dienstag nach der Ernennung ihres geliebten Führers zum Reichskanzler in Wiesbaden überhaupt würden durchführen können.“

„Wieso denn nicht?“, fragte Fritz verblüfft.

„Weil es schrecklich glatt war“, entgegnete ich „Kannst du dich noch erinnern? In jenem Winter war es so kalt, dass sich auf dem Rhein die Eisschollen türmten. In den Häfen von Schierstein und Biebrich konnten die Leute sogar Schlittschuhlaufen.“

„Mein Gott“, sagte Fritz und schlug sich mit der flachen Hand gegen die Stirn, „jetzt, wo du es sagst, fällt es mir wieder ein. Es gab damals sogar mehrere Verkehrsunfälle, die dem Glatteis geschuldet waren. In der Zeitung wurde ausgiebig darüber berichtet.“

„Richtig. In einer der steilen Nebenstraßen der Sonnenberger Straße ist an diesem Tag ein Milchmann verunglückt. Sein von einem Pferd gezogener Lieferwagen geriet auf der eisglatten Straße ins Rutschen, krachte gegen den Bordstein und kippte um, woraufhin die Milch aus ihren Behältern quer über die Straße schoss. Die Milchstraße lag damals also nicht irgendwo im Weltall, sondern in der Nähe der Sonnenberger Straße ... Nun ja, jetzt aber mal Spaß beiseite: Das arme Pferd, das durch das Umkippen des Wagens ebenfalls zu Fall gekommen war, verletzte sich bei dem Sturz dummerweise so schwer, dass es von einem Veterinär an Ort und Stelle erschossen werden musste", erzählte ich. „Wegen dieser Wetterlage waren die Nationalsozialisten also ernsthaft in Sorge, ob ihr Nachtmarsch überhaupt durchgeführt werden konnte. Man wollte ja mit einer spektakulären Aktion glänzen. Reihenweise ausrutschende und sich womöglich sämtliche Knochen brechende Braunhemden hätten da ein eher kontraproduktives Bild abgegeben."

„Na, dann wären sie eben ein oder zwei Tage später losmarschiert, um ihrem Führer zu huldigen", meinte Fritz.

„Ja, sicher", stimmte ich ihm zu. „Ausfallen lassen hätten sie die Aktion nie und nimmer. Aber dann kam ihnen an jenem Dienstag tatsächlich der Wettergott zu Hilfe. Im Laufe des Nachmittags wurde es nämlich plötzlich deutlich wärmer, und so konnten Husserl und Konsorten ohne Angst vor glatten Straßen losmarschieren. Aber das war beileibe nicht das letzte Geschehen, an dem Husserl Anteil hatte. Knapp zwei Monate später fand dann ja die große Boykott-Aktion statt, erinnerst du dich?"

Fritz nickte. „Kauft nicht bei Juden, lautete die Devise."

„Genau. Und in diese Aktion war Husserl selbstverständlich auch involviert", ergänzte ich.

*

Tagelang hatten Husserl und seine Männer sämtliche Adressbücher sowie diverse amtliche und halbamtliche Listen und Verzeichnisse studiert und ausgewertet, um sich einen Überblick über die in der Stadt existierenden jüdischen Geschäfte, Arztpraxen und Rechtsanwaltskanzleien zu verschaffen.

„Wenn du und deine Jungs damit fertig seid, Husserl“, sagte der frühere Ortsgruppenleiter, der inzwischen zum Kreisleiter befördert worden war, „dann schreibt ihr Zettelchen oder malt Schilder, die wir an den jüdischen Geschäften, Praxen und Kanzleien anbringen können.“

„Hä?“, fragte Husserl. „Was soll das denn? Ich dachte, wir wollten es diesen Judenfratzen und denen, die immer noch nicht kapiert haben, dass man den deutschen Einzelhandel und die deutsche Ärzteschaft und die deutschen Rechtsanwälte unterstützen soll, mal so richtig zeigen, indem wir uns vor den Läden postieren! Wir wollten den Scheißjuden und ihren Scheißkunden doch Angst einjagen! Wenn wir denen aber bloß alberne handgeschriebene Zettelchen oder Schildchen an die Türklinke hängen, hält das doch keinen davon ab, das Geschäft zu betreten. Außerdem reißen die Saujuden die Dinger ruckzuck ab, und dann weiß offiziell keiner, dass das ein Judenladen ist.“

„Husserl“, sagte der Kreisleiter, stemmte die Fäuste auf den Tisch, beugte sich vor und warf ihm einen vernichtenden Blick zu, „sag mal, bist du so dämlich, oder tust du nur so?“

„Wieso?“, erkundigte sich Husserl beleidigt.

„Wie viele jüdische Geschäfte, Arztpraxen und Rechtsanwaltskanzleien gibt es denn in Wiesbaden?“, fragte der Kreisleiter böse.

„Weiß ich nicht. Ich hab’ sie nicht gezählt, aber es sind verdammt viele“, antwortete er.

„Und, Husserl, haben wir denn auch so verdammt viele Furcht einflößende Männer, um sie vor den verdammt vielen jüdischen Geschäften aufmarschieren zu lassen?“, wollte der Kreisleiter wissen.

Husserl überlegte. „Wenn du so fragst“, antwortete er ausweichend, „dann haben wir die wahrscheinlich nicht.“

„Was bist du doch für ein schlaues Bürschchen“, höhnte der Kreisleiter. „Selbst wenn wir wollten, könnten wir aus Mangel an Männern nicht vor jedem Judenladen Posten aufziehen lassen. Deshalb müssen wir uns auf besonders gut sichtbare, häufig frequentierte oder von bekannten Juden geführte Läden, Praxen und Kanzleien konzentrieren. Kannst du mir folgen, Husserl?“

„Also, wir müssen eine Auswahl treffen, oder? Wir müssen uns überlegen, wo wir die Männer, die wir zur Verfügung haben, am besten einsetzen? Meinst du das, Kreisleiter?“, antwortete Husserl.

„Genau das meine ich. Und was denkst du, sollen wir mit den verdammt vielen anderen Judenläden machen, vor denen wir nicht Posten beziehen können?“, fragte der Kreisleiter. „Fändest du es etwa in Ordnung, wenn die einfach weitermachen könnten wie jeden Tag? Getreu der Devise: Vor unserem Geschäft oder unserer Praxis oder unserer Kanzlei stehen ja keine SA-Männer, also werden wir offiziell nicht als Judenläden angeprangert und können deshalb so unbehelligt arbeiten wie sonst auch?“

„Äh, nee, eigentlich nicht“, antwortete Husserl.

„Siehst du, Husserl, mein Freund“, sagte der Kreisleiter jetzt in gönnerhaftem Ton, „deshalb schreibst oder malst du mit deinen Jungs jetzt verdammt viele Zettelchen und Schildchen, damit wir die an die verdammt vielen Judenläden kleben können, vor denen keine SA-Posten stehen werden. Dann kann nämlich kein Kunde oder Patient oder Mandant sagen: Ach, wir wussten ja gar nicht, dass es sich bei dem Inhaber dieses Geschäfts, dieser Praxis oder dieser Kanzlei um einen Juden handelt. Wenn ihr uns darüber informiert hättet, liebe Nationalsozialisten, wären wir natürlich niemals, niemals dort einkaufen gegangen! Mit der Ausrede, lieber Husserl, kann uns keiner kommen, wenn wir fleißig Zettelchen und Schildchen gemalt und an sämtlichen Judenläden in der Innenstadt angebracht haben.“

Husserl sah den Kreisleiter mit einem Blick an, der verriet, dass ihm soeben ein Licht aufgegangen war. „Kreisleiter“, sagte er, „ich glaube, ich habe verstanden, was du meinst.“

„Husserl“, sagte der Kreisleiter mit vor Ironie triefender Stimme, „ich bin unglaublich stolz auf dich!“

„Danke“, strahlte Husserl, der auch nicht ansatzweise kapiert hatte, dass er soeben verspottet worden war.

„Gerne“, entgegnete der Kreisleiter. „Und jetzt machst du dich mit deinen Jungs frisch ans Werk, ist das klar?“

„Aber selbstverständlich“, antwortete Husserl, sprang auf, reckte den rechten Arm in die Höhe und schrie „Heil Hitler“, als der Kreisleiter die Stube verließ.

In den folgenden Tagen malten und schrieben Husserl und seine Männer dann in jeder freien Minute Schilder und Zettel, auf denen geschrieben stand: „Achtung Boykott! Hier ist ein jüdisches Unternehmen! Betreten verboten!“, „Meidet Warenhäuser und jüdische Ramschbazare!“, „Keinen Pfennig den Juden!“, „Unterstützt den deutschen Einzelhandel!“ oder „Vorsicht Jude! Berücksichtigt deutsche Ärzte!“. Und eben diese Zettel und Schilder klebten die Männer dann in der Nacht auf Samstag, den 1. April 1933, an alle jüdischen Geschäfte, Praxen und Kanzleien, vor denen am nächsten Tag kein SA-Doppelposten stehen konnte, um Inhabern und Kunden Angst einzuflößen.

Weil sich das Juweliergeschäft des Ehepaars Grünstein an prominenter Stelle, nämlich an der noblen Wilhelmstraße, befand, hatten sich die Nationalsozialisten nicht damit begnügt, die Kunden der Grünsteins mithilfe eines simplen Aufklebers davon in Kenntnis zu setzen, dass es sich bei dem Schmuckladen um ein jüdisches Geschäft handelte. Stattdessen tauchten in aller Herrgottsfrühe SA-Männer mit Leitern, Farbeimern und dicken Pinseln auf. Unter lautem Gejohle machten sie sich daran, das Schaufenster der Grünsteins mit einem überdimensionalen Judenstern und der Aufschrift „Kauft nicht bei Juden!“ zu beschmieren. Während die Braunhemden, die an diesem Tag mit dem Anbringen der Schmierereien beauftragt waren, weitermarschierten, bezogen zwei SA-Männer vor dem Geschäft Posten.

„Was machen wir denn jetzt?“, fragte Helene Grünstein ihren Mann.

Sally zuckte ratlos mit den Achseln. „Wenn ich das wüsste“, entgegnete er.

„Sollen wir den Laden trotzdem aufsperren?“, überlegte Helene.

„Wenn wir es nicht tun“, erwiderte Sally, „ziehen wir vor den Nazis den Schwanz ein. Andererseits: Wer wird es wagen, unseren Laden aufzusuchen, wenn zwei pöbelnde und vielleicht sogar vor Handgreiflichkeiten nicht zurückschreckende SA-Männer vor dem Geschäft auf und ab patrouillieren?“

„Aber wenn wir heute den Laden tatsächlich geschlossen lassen“, warf Helene ein, „riskieren wir es da nicht, uns bei den Kunden unbeliebt zu machen, denen wir für heute die Abholung einer Uhr oder eines Schmuckstücks zugesagt haben? Ich denke da zum Beispiel an den Herrn, in dessen Auftrag du den mit Brillanten verzierten Verlobungsring angefertigt hast. Oder die Dame mit dem Collier, das du repariert hast. Beiden haben wir versprochen, dass sie die Ware heute abholen können.“

Wieder zuckte Sally mit den Schultern. „Ich weiß wirklich nicht, was wir tun sollen.“

„Was machen denn die anderen jüdischen Kaufleute?“, fragte Helene. „Vielleicht sollte ich mal bei dem einen oder anderen anrufen und hören, wie die mit dieser Boykottmaßnahme umgehen?“

„Und was hilft uns das?“, wollte Sally wissen.

„Na ja“, sagte Helene, „dann wissen wir wenigstens, wie sich die Mehrheit entschieden hat. Und dann können wir uns überlegen, ob wir dem Mehrheitsbeschluss folgen oder eine einsame Entscheidung vorziehen.“

„Helene“, erklärte Sally nach einer Weile, „wir werden das Geschäft heute nicht öffnen. Ich kann mir beim besten Willen nicht vorstellen, das heute überhaupt irgendwelche Kunden kommen. Und außerdem erinnere ich mich daran, wie uns dieses Nazi-Gelumpe da draußen vor drei Jahren die Scheiben eingeworfen hat. Das will ich nicht noch einmal erleben.“

„Wie du meinst, Sally“, sagte Helene.

Daraufhin ging Sally ins Büro, fischte aus einer Schreibtischschublade das dort gelagerte, bis dahin aber eher sporadisch genutzte

Schild mit der Aufschrift „Heute geschlossen“ hervor und brachte es an der Tür an. „So“, sagte er dann, „und jetzt gehen wir nach oben in die Wohnung und bleiben dort, bis der Spuk ein Ende hat.“

Auch Claas und Claire Harmsen beobachteten vom Fenster aus das Geschehen auf der Straße.

„Claire“, sagte Claas, nahm die Hand seiner Frau und drückte sie, „ich verspreche dir, dass ich alles in meiner Macht Stehende tun werde, um dich vor den Nazis zu beschützen.“

„Du bist so ein guter Mensch, Claas“, erwiderte Claire, und dann nahm sie ihren Mann fest in die Arme.

*

„Ich muss gestehen“, sagte Fritz, „dass ich an diesem Samstag kein jüdisches Geschäft betreten habe. Ich war, das muss ich ehrlich zugeben, einfach zu feige.“

„Ich auch“, erwiderte ich, „aber es gab tatsächlich Leute, die sich von den SA-Posten nicht haben abhalten lassen.“

„Das stimmt“, antwortete Fritz, „die wurden dann aber in der Regel auch heftig beschimpft, bedroht und manchmal sogar geschubst, getreten oder bespuckt.“

„Ja, und die Polizei hat weggeschaut“, sagte ich.

Fritz nickte. „Und weißt du, was eigentlich das Allerschlimmste war?“

„Nun?“, wollte ich wissen.

„Wenn ich später, also in den folgenden Monaten und Jahren, ein Geschäft, eine Kanzlei oder eine Arztpraxis betreten habe, die von einem jüdischen Inhaber betrieben wurde, habe ich mich vorher umgeschaut, um mich zu vergewissern, dass nicht irgendwo einer dieser Nationalsozialisten herumlungert, der sieht, wie ich in einen jüdischen Laden gehe. Ich hatte immer Angst, dass ich eines Tages deswegen Ärger mit den Nazis bekommen werde“, sagte Fritz. „Mit anderen Worten: Ein Held war ich nicht.“

„Ich auch nicht", gestand ich. „Aber erinnerst du dich noch, an jenem Samstag, dem 1. April, standen die Braunhemden nicht nur vor Läden wie denen der Grünsteins, sondern auch vor großen Kaufhäusern, zum Beispiel dem ‚Karzentra' oder dem ‚Woolworth'."

„Ja ja, ich erinnere mich", erwiderte Fritz. „Die Devise lautete ja: ‚Meidet Warenhäuser und jüdische Ramschbazare'."

*

„Herein!", rief der Geschäftsführer des Kaufhauses ‚Karzentra', als es am Morgen des 1. April an seiner Bürotür klopfte. „Ah, Fräulein Wertmann", begrüßte er sodann die eintretende Dame, bei der es sich um seine Sekretärin handelte. „Was liegt an?"

„Herr Direktor", sagte Fräulein Wertmann, „vor dem Haupteingang unseres Hauses stehen zwei SA-Männer und hindern unsere Kunden daran, das Geschäft zu betreten."

„Wie bitte?", donnerte der Direktor. „Was machen die Idioten denn bei uns? Die wollten doch jüdische Warenhäuser mit ihrer Boykottaktion treffen!"

„Das habe ich denen auch gesagt, aber sie haben mir anscheinend nicht geglaubt. Jedenfalls patrouillieren sie vor dem Haupt- und dem Nebeneingang auf und ab und brüllen ‚Kauft nicht bei Juden! Meidet Warenhäuser und jüdische Ramschbazare'."

„Das kann doch wohl nicht wahr sein!", schrie der Geschäftsführer. „Moment, das regele ich!" Dann griff er nach seinem Mantel, schwang ihn sich über die Schultern, und dann eilte er, gefolgt von Fräulein Wertmann, auf die Straße, um die beiden Braunhemden, die seine Kunden verscheuchten, zur Rede zu stellen. Doch vergebens.

„Verschwinde, du Judenlümmel!", rief der eine ihm zu.

„Genau! Hau ab, sonst kriegst du eins aufs Maul", brüllte der andere.

„Na wartet, ihr Vollidioten", tobte der Geschäftsführer, „das wird ein Nachspiel für euch haben!"

Wutentbrannt stürmte er zurück in sein Büro, riss den Telefonhörer von der Gabel und ließ sich mit der NSDAP-Reichsleitung in

München verbinden. „Hören Sie“, schrie er in den Hörer, „unser Warenhaus ist kein Judenladen! ‚Karzentra‘ ist Teil der Karstadt-Gruppe, und die ist nicht jüdisch! Sehen Sie gefälligst zu, dass Ihre dämlichen SA-Männer endlich von unseren Hauseingängen abgezogen werden! Wie blöd muss man denn sein, eine Boykottmaßnahme anzusetzen und dann nicht zu wissen, welches Geschäft jüdisch ist und welches nicht!“

Ähnlich unfreundlich hatte sich der Direktor des Kaufhauses „Woolworth“ geäußert, vor dessen Türen ebenfalls Nationalsozialisten postiert gewesen waren. Daraufhin meldete sich die NSDAP-Reichsleitung bei dem Wiesbadener Kreisleiter, faltete ihn nach allen Regeln der Kunst zusammen und ordnete an, sofort Plakate mit der Aufschrift: „Dieses Warenhaus wird nicht boykottiert! Es handelt sich um ein arisches Geschäft!“ anfertigen und in sämtlichen Schaufenstern und Eingangstüren der beiden Warenhäuser anbringen zu lassen.

Als Husserl am Abend, also nach Beendigung der Boykottaktion, in der Kreisleitung auftauchte, traf ihn die Wut des Kreisleiters mit voller Wucht. Er tobte und brüllte, und am Ende versetzte er Husserl einen so heftigen Schlag ins Gesicht, das dessen Nasenbein brach.

„Das geschieht dir nur recht, du Volldepp!“, schrie der Kreisleiter.

*

Daraufhin erkundigte Fritz sich bei mir, ob ich zufällig wisse, was denn später aus diesem Herrn Husserl geworden sei.

„Aber sicher weiß ich das“, erwiderte ich. „Am Montag nach der Boykottaktion tauchte er mit einem dicken Verband um die Nase bei mir auf. Er sei gestürzt, behauptete er, aber irgendwann kam dann doch heraus, dass Husserl vom Kreisleiter wegen der fehlerhaften Einstufung der Warenhäuser ‚Karzentra‘ und ‚Woolworth‘ ordentlich vermöbelt worden war.“

„Und was geschah dann mit ihm?“, wollte Fritz wissen.

„Er hat Karriere gemacht“, antwortete ich. „Ist die Treppe hinaufgefallen, ohne sich das Nasenbein zu brechen.“

„Wie angenehm für ihn“, stellte Fritz fest.

„Husserl“, berichtete ich und lächelte dabei freudlos, „hat wenig später die Leitung der städtischen Müllabfuhr übernommen. Der bisherige Chef gehörte der SPD an, weshalb die neue nationalsozialistische Stadtregierung dafür sorgte, dass er seines Amtes enthoben wurde. Wie gesagt, der Posten ging dann an Husserl, der sich dadurch beruflich erheblich verbessern konnte. Der kleine Fehltritt bei der Boykottaktion hat ihm in Bezug auf seine Karriere demnach nicht geschadet. Im Gegenteil. Für sein aufopferndes Engagement für die NSDAP vor dem 30. Januar 1933 ist er nach dem 30. Januar reichlich belohnt worden.“

„Weißt du zufällig auch, was aus dem Juwelier-Ehepaar Grünstein geworden ist?“, fragte Fritz.

„Ja ja“, antwortete ich. „Die haben ihr Hab und Gut in Wiesbaden bald nach der Boykottaktion verkauft und sind ausgewandert.“

„Und wohin?“, erkundigte sich Frtz.

„Nach Amerika“, erwiderte ich. „Irgendjemand hat mir erzählt, dass ein Bruder des Herrn Grünstein vor einigen Jahren nach New York gegangen sei. Dort hat sich das Juwelier-Ehepaar dann auch niedergelassen.“

„Demnach haben die beiden die richtige Entscheidung zur richtigen Zeit getroffen“, stellte Fritz fest. „Hätten sie ein paar Jahre länger gewartet, in der Hoffnung, dass der NS-Staat keinen allzu langen Bestand haben würde, wären sie jetzt wahrscheinlich tot.“

„Das steht zu befürchten“, pflichtete ich ihm bei.

Das Schicksal der Modistin (1948)

Im Vergleich zu den Staatsformen vieler anderer Länder – und gemessen am eigenen tausendjährigen Anspruch – hatte das Dritte Reich keinen allzu langen Bestand gehabt. Aber die zwölf Jahre seiner Existenz waren für Millionen Menschen tödlich gewesen, und Millionen andere Menschen hatte es ins Unglück gestürzt. Ich selbst gehörte zu den Glücklichen, die das nationalsozialistische Herrschaftssystem, wenn auch mit Ach und Krach, überlebt hatten.

Zu den glücklichen Überlebenden aus der Wilhelmstraße 17 gehörten außerdem die Witwe Diehl, die Witwe Harmsen sowie der Kaufmann Rothermund. Letzterer, so schrieb mir die Witwe Diehl nach Roermond, hatte seine Wohnung, die zuvor von dem Jugendstil-Künstler Claas Harmsen und danach von dem Opernsänger Karl-Wilhelm – KaWe – Blaschek genutzt worden war, im Jahr 1948 aufgegeben. Seither lebte er in einem ländlich geprägten Vorort Wiesbadens, wo er kurz zuvor ein stattliches, aus einem Vorder- und einem Hinterhaus sowie einem noch unbebauten Grundstück bestehendes Anwesen erworben hatte. Im Hinterhaus wollte er wohnen, während in das Vorderhaus sein Reinigungsmittel-Geschäft einziehen sollte.

Seine ehemalige Wohnung belegte sodann eine elegante Dame, die mehrere Jahre in Berlin gelebt hatte. Doch jetzt lag die Reichshauptstadt in Trümmern, und es sah nicht so aus, als würde aus ihr in absehbarer Zeit wieder ein lebens- und liebenswerter Ort werden. Deshalb entschloss sich die Dame, Berlin zu verlassen und an einen Ort zu gehen, der nicht dem Erdboden gleichgemacht worden war. Aus diesem Grund kam sie nach Wiesbaden. Nach vorübergehendem Aufenthalt in Biebrich mietete sie sich schließlich 1948 in der Wilhelmstraße 17 ein.

*

„So", sagte der Immobilienmakler, der der Dame die nach wie vor vollmöblierte, ehemalige Harmsen-Wohnung gezeigt hatte, „das könnte in Zukunft Ihr Reich sein."

„Großer Gott!“, stieß die elegante Dame entsetzt aus. „Was ist denn das für ein Plunder, der hier überall herumsteht?“ Mit einer Mischung aus Abscheu und Neugier begutachtete sie Claas Harmsens selbst entworfene Möbel, die Wandverkleidungen und die in den Vitrinen aufgereihten Gläser, Tassen und Teller. „Das ist ja der Chic des vergangenen Jahrhunderts!“, stellte sie fest. „Unglaublich, was den Menschen damals gefallen hat!“

Der Makler nickte. „Dass das ganze Zeug hier noch herumsteht, hat mit einem in finanzielle Schwierigkeiten geratenen Künstler zu tun. Als er die Miete nicht mehr bezahlen konnte, musste er ausziehen – nicht ohne dem Hauseigentümer das Versprechen abzuringen die Wohnung nur möbliert weiterzuvermieten. Wenn er wieder zu Geld gekommen wäre, wollte er sie nämlich mitsamt dem Mobiliar wieder nutzen, wozu es natürlich nie gekommen ist.“

„Also, Herr Schwarz“, sagte die elegante Dame in strengem Ton zu dem Makler, „ich würde die Wohnung sehr gerne mieten, aber nicht, wenn dieses geschmacklose Gerümpel darin stehen bleibt. Das Zeug kann ich weiß Gott nicht brauchen!“

„Oh“, sagte der Makler beschwichtigend, „da habe ich mich wahrscheinlich etwas unklar ausgedrückt. Die Vereinbarung zwischen dem früheren Hausbesitzer und dem damaligen Mieter besteht nicht mehr. Der Mieter ist längst verstorben, und das Haus hat vor einiger Zeit den Besitzer gewechselt. Dass die Möbel überhaupt noch da sind, ist dem Umstand geschuldet, dass der erst kürzlich aus der Wohnung ausgezogene, langjährige Mieter die Sachen bis zum Schluss genutzt hat. Wenn Sie, gnädige Frau, die Wohnung zu beziehen wünschen, aber das gegenwärtig darin noch befindliche Mobiliar nicht haben möchten, werden wir die Wohnung selbstverständlich räumen lassen.“

„Dann würde ich die Wohnung sehr gerne mieten“, erklärte die elegante Dame, die von Beruf Modistin war. „Hier“, sagte sie, „werde ich mein Studio einrichten. Dort“, sie zeigte auf einen anderen Raum, „werde ich an meinen Entwürfen arbeiten. Und da“, sie deutete auf die von Claas dereinst als Schwarzen und Goldenen Salon apostrophierten Räumlichkeiten, „werden meine Mannequins die von mir kreierte Haute Couture präsentieren.“ Sie lächelte zufrieden.

Der Makler lächelte zurück. „Nun, da wir uns handelseinig sind, können wir in mein Büro gehen und – bei einer guten Tasse Kaffee – die Formalitäten erledigen.“

„Sehr gerne“, stimmte die elegante Dame zu.

Drei Tage später machten sich die Mitarbeiter einer Transportfirma daran, die ehemalige Harmsen-Wohnung zu entrümpeln. Zum Glück musste Claire nicht mehr miterleben, wie die Männer die von Claas kunst- und liebevoll gestalteten Möbel kurz und klein schlugen, die Überreste auf die Ladeflächen der vor dem Haus geparkten Lastwagen warfen, um sie ein paar Stunden später auf der Mülldeponie zu entsorgen. Kurz bevor sie mit der Entrümpelung begannen, tauchte die elegante Dame auf – begleitet von dem Makler, der sich davon überzeugen wollte, dass die von ihm bestellte Firma auch tatsächlich zum vereinbarten Zeitpunkt in Aktion trat – um ein paar Fotos von den Räumlichkeiten im Urzustand aufzunehmen. Die Bilder wollte sie bei der feierlichen Eröffnung ihres neuen Ateliers ihren Gästen im Rahmen einer kleinen Vorher-nachher-Schau präsentieren.

„Meine Herren“, sagte der Makler zu den Männern, die mit der Entrümpelung beauftragt und gerade dabei waren, sich Zugang zum Haus zu verschaffen. „Wenn Sie sich freundlicherweise noch einen Moment gedulden wollen. Meine Begleiterin möchte noch rasch das eine oder andere Foto von der Wohnung aufnehmen.“ Dann drückte er den Männern jeweils eine Packung Zigaretten in die Hand.

„Vielen Dank“, sagte der Mann, der offensichtlich der Vorarbeiter war. „Wir warten natürlich gerne, aber allzu lange sollte der Fototermin nicht dauern. Die Deponie hat nämlich nicht ewig geöffnet, und wir müssen unbedingt noch heute mit dem Ausräumen der Wohnung fertig werden, weil uns morgen schon wieder der nächste Auftrag erwartet.“

„Keine Sorge, Herr ...“, winkte der Makler ab.

„... Husserl“, erwiderte der Vorarbeiter.

„Also, keine Sorge, Herr Husserl, wir sind in ein paar Minuten wieder da." Und dann drückte er dem Mann als kleines Dankeschön für seine Geduld ein Trinkgeld in die Hand.

„Nochmals vielen Dank", sagte Husserl, bei dem es sich übrigens tatsächlich um den Husserl handelte, der sich weiland so eifrig für die SA und die NSDAP engagiert hatte und dafür nach dem 30. Januar 1933 mit dem Posten des Leiters der städtischen Müllabfuhr belohnt worden war. Doch kaum, dass die Amerikaner in Wiesbaden Einzug gehalten hatten, war Husserl, dieser fanatische Nazi und glühender Bewunderer Adolf Hitlers, unverzüglich aus dem Amt entfernt und durch einen politisch unbelasteten Mann ersetzt worden. Daraufhin wandte er sich an den Transportunternehmer, mit dem die Nationalsozialisten schon vor 1933 stets gut zusammengearbeitet hatten, ob in seinem Betrieb nicht zufällig eine Stelle für ihn, Husserl, frei sei.

Der Transportunternehmer, der – obwohl Nazi-Sympathisant – kein Parteibuch besessen hatte, weshalb man ihn, anders als jene, die – aus Überzeugung oder Pragmatismus – der NSDAP beigetreten waren, auch nicht mit Berufsverbot belegt hatte, stellte Husserl unverzüglich ein. Wusste er doch, dass der Mann – wenn auch nicht der Hellsten einer – zuverlässig und fleißig war. Und außerdem hatte er ihm in seiner Zeit als Leiter der Müllabfuhr den einen oder anderen lukrativen Auftrag zugeschanzt, wofür er ihm stets dankbar gewesen war. So wusch also eine Hand die andere.

„Nun, Herr Husserl", riss ihn die Stimme des Maklers aus seinen Gedanken, „wir sind fertig. Sie können mit der Entrümpelung beginnen."

„Alles klar. Also dann, an die Arbeit, Männer!", rief Husserl, und damit nahm die Räumaktion ihren Lauf.

Obwohl die Witwe Diehl nicht mehr übermäßig gut hörte, gelang es ihr trotzdem nicht, den Lärm zu überhören, der seit dem Einzug der Modistin im Haus Wilhelmstraße 17 herrschte. Schon morgens, in aller Herrgottsfrühe, ging es los, wenn die Näherinnen, die die Modistin zwecks Anfertigung der von ihr entworfenen Kreationen beschäftigte, zur Arbeit kamen. Das Geklapper ihrer Absätze auf der Treppe, das Geschnatter und Gekicher der Frauen sowie das rücksichtslose Auf- und Zuschlagen der Wohnungstür riss sie frühmorgens aus dem Schlaf. Beim Mittagessen störten sie dann die Mannequins, die um diese Zeit eintrafen, um die hoch eleganten Kleidungsstücke anzuprobieren, die die Näherinnen der jeweiligen Vorführdame auf den Leib geschneidert hatten.

Am Nachmittagsschläfchen hinderten sie dann wieder einmal die Näherinnen, die – Türen schlagend, mit Absätzen klappernd, kichernd und schwatzend – die Treppen zur Haustür hinabstiegen. Die Nachtruhe verleideten ihr die diverse Besucher anlockenden Modenschauen, die des Abends in dem Atelier der Modistin stattfanden. Türenschlagen, lautes Geplauder und dann auch noch die dröhnende Musik, die die Auftritte der Vorführdamen begleitete. Furchtbar! Aus diesem Grund konnte die Witwe Diehl die Modistin absolut nicht ausstehen. Diese Frau gehörte zu den wenigen Menschen, denen die Witwe Diehl von ganzem Herzen die Pest und die Cholera gleichzeitig an den Hals wünschte. Aber die Modistin bekam weder die Pest noch die Cholera, dafür aber – im schon etwas fortgeschrittenen Alter – ein Kind.

Der Vater war ein ebenfalls nicht mehr ganz junger Inhaber eines exklusiven Wiesbadener Modegeschäfts, der in einer stattlichen Villa in Biebrich lebte, wo die Modistin, die in ihren ersten Wiesbadener Jahren dort gewohnt hatte, ihm zum ersten Mal begegnet war. Nachdem sie ihrem Verehrer verkündet hatte, dass sie in anderen Umständen sei, bot er ihr unverzüglich an, sie zu heiraten und schlug ihr vor, ihr Atelier von der Wilhelmstraße 17 in seine – fortan die gemeinsame – Biebricher Villa zu verlegen. Als die Witwe Diehl erfuhr, dass die Modistin den Vorschlag ihres Galans angenommen hatte, jubelte sie und gönnte sich – zur Feier des Tages – ein Fläschchen Bornholm-Sekt, das sie ganz alleine leerte, woraufhin sie in einen tiefen, traumlosen Schlaf fiel, den nicht einmal die nächtliche Musikberieselung aus der Wohnung nebenan zu stören vermochte.

Der Mordfall Björn (1964)

In einem ihrer letzten Briefe schrieb mir die Witwe Diehl 1964, dass in die Wohnung der Modistin später eine Familie mit einem kleinen Jungen eingezogen sei. Des Weiteren wusste sie zu berichten, dass die Mansarde inzwischen umgebaut worden war. Die Räume, in der früher die an der Strahlenpilzkrankheit verstorbene Frau Plaaschke gewohnt hatte, waren zum Teil mit denen, die dereinst die Harmsens, später Claire allein, genutzt hatten, zusammengelegt worden. Dort wohnte seit Mitte der 1950er-Jahre ein älteres Ehepaar, das häufig – und in der Regel für die Dauer mehrerer Wochen – Besuch von seinem Enkel bekam. Dabei handelte es sich um einen jungen Mann namens Paul Hartmann.

„Dieser Herr Hartmann ist ein recht wohlerzogener junger Mann", heißt es im Brief der Witwe Diehl, „jedenfalls weiß er, was sich gehört. Er grüßt immer und hat meiner Zugehfrau und Pflegerin, die – wie Sie ja wissen – seit geraumer Zeit bei mir wohnt und sich um mich kümmert, weil ich einfach nicht mehr so kann wie früher, auch schon mehrfach die schweren Einkaufstüten abgenommen und nach oben geschleppt. Sehr nett von ihm. Hätte er ja nicht machen müssen. Mit anderen Worten: Es gibt grundsätzlich nichts an ihm zu kritisieren, außer, dass er vielleicht ein wenig eitel zu sein scheint. Er läuft immer herum, wie aus dem Ei gepellt. Und seine Haare trägt er, wie einer dieser amerikanischen Sänger, Elvis Presley, oder wie der Schreihals heißt. Trotzdem, lieber Herr Petit, hat der junge Mann etwas an sich, das mich misstrauisch macht. Ich kann Ihnen nicht sagen, was es ist, aber ich habe einfach ein komisches Gefühl. Ich traue ihm nicht wirklich über den Weg. Na ja, vielleicht ist das auch die Spinnerei einer alten Frau, denn alt – um nicht zu sagen uralt! – bin ich ja nun wirklich."

Bei diesen Worten musste ich lächeln. Die Witwe Diehl hatte recht. Sie war uralt, aber ich auch! Im Leben, so vermutete ich, würden die Witwe Diehl und ich uns nicht mehr wiedersehen, aber vielleicht gab es ja tatsächlich ein Leben nach dem Tod. In diesem Fall würde es definitiv zu einem Wiedersehen zwischen uns beiden kommen. In Sachen Paul Hartmann lag sie allerdings – ob nun alt oder uralt – mit ihrem komischen Gefühl keineswegs ganz falsch, wie sich später zeigen sollte.

*

Am frühen Nachmittag des 13. Februar 1964, einem Donnerstag, machte sich Paul Hartmann, der – nach einem heftigen Streit mit seiner Mutter und seinem Stiefvater – mal wieder bei seinen Großeltern untergekrochen war, auf den Weg vom Haus Wilhelmstraße 17 zum Haus Wilhelmstraße 58. Dort, in der Nummer 58, hatte – bis zu seinem plötzlichen Tod Mitte der Fünfzigerjahre – Pauls Vater eine Arztpraxis betrieben. Die Praxisräume waren nach dem Ableben des Mediziners von einem Kollegen übernommen worden, die dazugehörigen Kellerräume dagegen hatten die Witwe des Verstorbenen und ihr Sohn behalten und weitergenutzt. Der Weg vom Haus Wilhelmstraße 17 zur eigentlichen Straße führte Paul durch den kleinen Garten, der das Haus Nummer 17 vom Wilhelmstraßen-Trottoir trennte. Im Garten, zwischen Grünfläche und Gartenweg, kniete Björn, der fünfjährige Sohn des Ehepaars aus der Wohnung im zweiten Stock, und spielte mit einer Holzeisenbahn. Er war so vertieft in sein Spiel, dass er Paul gar nicht kommen gehört hatte.

„So spät noch draußen?", erkundigte sich Paul.

Sichtlich erschrocken blickte Björn auf. Aber dann erkannte er den Mann, der ihn angesprochen hatte. Das war der, der ab und zu in der Mansarde wohnte.

„Entschuldige", sagte Paul, nachdem er Björns Blick bemerkt hatte. „Ich wollte dich nicht erschrecken. Aber sag' mal, willst du nicht lieber hineingehen? Es wird doch gleich dunkel. Und kalt ist es auch."

„Ja, gleich", antwortete der Björn. Und dann wollte er wissen: „Gehen Sie in die Stadt?"

Paul schüttelte den Kopf. „Nein", antwortete er, ich gehe nur ein paar Schritte die Straße hinunter. Ich will mir etwas holen, was sich im Keller meines verstorbenen Vaters befindet."

„Was denn?", fragte Björn neugierig.

„Entwicklerflüssigkeit für Fotos", erwiderte Paul.

„Was ist Entwi ...Entwi ...flüssig ...," fragte Björn, der keine Ahnung hatte, wovon der Nachbar sprach.

„Entwicklerflüssigkeit", wiederholte Paul. „Du kennst doch Fotoapparate, oder?"

Björn nickte stolz. Natürlich wusste er, was ein Fotoapparat war. Er war doch kein Baby mehr!

„Also", erklärte Paul, „in den Fotoapparaten befinden sich Filme. Die muss man, wenn der Film verknipst ist, entwickeln. Dazu begibt man sich in einen ganz dunklen Raum, und dort taucht man den Film dann in eine Flüssigkeit. Das ist die Entwicklerflüssigkeit."

„Aha", sagte Björn. „Haben Sie denn einen Fotoapparat?"

„Aber ja", bestätigte Paul. „Und mit diesem Fotoapparat habe ich neulich ganz viele Bilder geschossen. Und die möchte ich jetzt entwickeln. Und dafür brauche ich jetzt die Entwicklerflüssigkeit."

„Aber die haben Sie nicht bei sich zu Hause, sondern die steht im Keller von Ihrem Papa", fasste Björn stolz zusammen.

„Ganz genau", bestätigte Paul. Und dann fragte er: „Sag' mal, willst du vielleicht mitgehen? Und wenn wir dann gleich den Entwickler geholt haben, könnte ich dir, wenn du willst, zeigen, wie man mit Hilfe dieser geheimnisvollen Flüssigkeit einen Film entwickelt. Wie sieht's aus? Bist du dabei?"

„Au ja!", sagte Björn und strahlte über das ganze Gesicht.

Mit einem Fremden wäre Björn niemals mitgegangen. Das hatten ihm seine Eltern nämlich ganz, ganz streng verboten. „Du darfst nicht mit Fremden mitgehen und erst recht nicht zu einem Fremden ins Auto steigen." Das hatten ihm Mutter und Vater regelrecht eingebläut. Aber der Mann, der Paul Hartmann hieß, war ja schließlich kein Fremder, sondern ein Nachbar, also jemand, den er kannte. Und ein Auto hatte er auch nicht. Björn machte also nichts falsch, wenn er mit ihm mitging. Seine Eltern würden deshalb bestimmt nicht mit ihm schimpfen ...

Eine Viertelstunde später betraten Paul und Björn das Haus Wilhelmstraße 58.

„So, jetzt gehen wir diese Treppe hier runter in den Keller", erklärte Paul dem Jungen. „Da ist es allerdings ziemlich finster und ganz schön unheimlich. Außerdem gibt es dort ... Gespenster! Die spuken dort – buuuhuuuuuuu! – schon seit vielen Jahrhunderten herum!" Paul beugte sich zu Björn hinab und sah ihm tief in die Augen. „Jetzt sei ehrlich: Willst du trotzdem mit mir in den Keller gehen? Oder hast du zu viel Angst?"

Im Dunkeln hatte der Junge tatsächlich manchmal Angst. Er hatte deswegen auch schon mal geweint, weshalb dann seine Mutter gekommen war und ihn getröstet hatte. Um ihm das Einschlafen zu erleichtern, hatte sie die Nachttischlampe angeknipst und die ganze Nacht, bis zum Aufstehen am Morgen, brennen lassen. Aber das konnte er doch unmöglich vor dem Nachbarn zugeben. Der würde ihn am Ende für ein heulendes Mama-Kind halten. Und das wäre ihm peinlich. Sehr peinlich sogar. Und deshalb antwortete er mit einer Stimme, von der er hoffte, dass sie möglichst tapfer klang: „Aber ich habe doch gar keine Angst vor Gespenstern! Die gibt es doch sowieso nur im Märchen und nicht in Wahrheit!"

„Ach so", sagte Paul und lachte. „Gut, dass ich das jetzt auch weiß."

Sodann stiegen sie die Treppe hinab, bis sie schließlich das in schummriges Licht getauchte Kellergeschoss erreicht hatten.

„So", sagte Paul, „da sind wir. Das ist der alte Keller meines Vaters." Er zog einen großen, sehr altmodischen Schlüssel aus der Tasche, steckte ihn ins Schloss, drehte ihn dreimal um – und dann schwang die Tür auf, aber mit einem so ohrenbetäubenden Quietschen, das Björn sich die Ohren zuhalten musste.

„Huuu", sagte er, „das war jetzt aber ganz schön laut!"

„Stimmt", bestätigte Paul. „Ich glaub, ich muss das Ding mal gelegentlich ölen. So, jetzt gehen wir rein und machen Licht." Dann tastete Paul die Wand nach dem Lichtschalter ab. „Ah, da ist er ja", stellte er fest. Dann drehte er den Schalter, und das Licht ging an. „So", sagte er, „Licht hätten wir. Jetzt gucken wir mal, wo der Entwickler steht."

„Oh je", entfuhr es Björn, und dann sagte er, sich die Nase zuhaltend: „Also, hier riecht es aber komisch ... hm, und ganz schön unordentlich ist es hier auch ..."

Und damit hatte er vollkommen recht. Neben einigen Regalen, in denen verschiedene Flaschen und Gefäße standen, gab es in dem Keller einen alten, längst nicht mehr funktionsfähigen Eisschrank und darüber hinaus jede Menge kaputter Möbel, haufenweise vergammelte Kisten, massenhaft zerrissene Kleidungsstücke sowie unendliche Mengen rostiger Metallteile.

„Bei meinem Papa im Keller ist es aber viel, viel ordentlicher", meinte Björn, während er sich in dem Keller umsah.

„Ach ja?", entgegnete Paul scharf.

„Hm", bestätigte der Junge.

„Weißt du", erklärte Paul in strengem Tonfall, „der Keller hat früher meinem Vater gehört."

„War das denn ein sehr unordentlicher Mann?", erkundigte sich der Junge arglos.

„Aber nein", grollte Paul. „Er war sogar sehr ordentlich und außerdem ein ganz berühmter Arzt."

„Hm", sagte der Junge wieder.

„Glaubst du mir etwa nicht?", zischte der Nachbar.

Das klang alles irgendwie nicht sehr nett, fand Björn. Scheinbar hatte er den Nachbarn mit irgendwas verärgert. Aber er hatte keine Ahnung, womit.

„Hast du verstanden", hakte Paul nach, „dass mein Vater ein sehr ordentlicher Mensch und außerdem ein ganz berühmter Arzt war?"

Jetzt wurde es Björn unheimlich. „Ich will nach Hause!“, jammerte er.

„Nach Hause? In dein Zuhause mit dem ordentlichen Keller?“, fragte Paul.

Der Junge nickte.

„Schön. Aber du hast mir immer noch nicht gesagt, dass du verstanden hast, dass mein Vater ein sehr ordentlicher Mann und ein ganz berühmter Arzt war!“, schrie Paul den Jungen an.

Der begann jetzt zu weinen.

„Hör auf mit dem Geflenne und antworte mir!“, verlangte Paul, woraufhin Björn nur noch lauter heulte.

„Herrgott, jetzt halt den Mund! Was bist du bloß für eine Heulsuse! Plärrst hier herum wie ein Mädchen!“

Weil der Junge aber weder aufhörte, laut zu heulen, noch dem Nachbarn bestätigte, dass dessen Vater ein sehr ordentlicher Mann und ganz berühmter Arzt gewesen sei, wurde der so wütend, dass er sich das alte Stromkabel schnappte, das neben dem funktionsunfähigen Kühlschrank hing, es dem Jungen um den Hals schlang und ihn damit so lange würgte, bis dem Buben die Zunge aus dem Mund hing, und die Augen aus ihren Höhlen traten. Irgendwann hörte Björn auf zu zappeln und zu röcheln. Als Paul nach mehreren Minuten des Strangulierens endlich das Stromkabel lockerte, war der Körper des Jungen längst schlaff und sank in dem Moment zu Boden, da Paul das Kabel fallen ließ.

„Also, Freundchen“, sagte Paul, während er sich den Schweiß von der Stirn wischte, „wirst du verstockter, kleiner Mistkerl mir jetzt endlich bestätigen, dass mein Vater ein ordentlicher Mann und guter Arzt war?“

Björn sagte ... nichts.

„Hey, du Scheißer, mach’s Maul auf!“, brüllte Paul und trat den Jungen mit voller Wut und voller Wucht in den Bauch.

Björn sagte ... nichts und reagierte auch nicht.

„Hey“, schrie Paul wieder, „was glotzt du mich so blöd an?!“

Björn sagte ... nichts.

„Na warte“, tobte Paul, „dich mach‘ ich fertig!“

Dann kniete er sich hin, packte Björn bei den Schultern und hob den Körper ein paar Zentimeter an, um – das war seine Absicht – den Jungen zu zwingen, ihm direkt in die Augen zu schauen. Aber Björns Kopf hing einfach nur schlaff nach unten.

„Hey!“, sagte Paul noch einmal. Und dann dämmerte ihm endlich, dass Björn deshalb weder eine Antwort gab noch ihm in die Augen schaute, weil ... er ... tot ... war!

„Verdammt!“, rief Paul und ließ den Körper fallen. „Wieso bist du denn jetzt tot, du dämlicher Idiot?“

Und dann sprang er auf, schrie „Scheiße, Scheiße, Scheiße!“ und trat wutschnaubend mit dem Fuß mehrmals gegen den alten Eisschrank. Dann sank er auf die Knie, schlug die Hände vors Gesicht und begann, zu schluchzen. Allerdings weinte er nicht um Björn, dessen junges Leben er eben auf so grausame Weise ausgelöscht hatte, sondern um sich selbst, weil er nun in ganz erheblichen Schwierigkeiten steckte. Was zum Teufel sollte er mit dem toten Jungen jetzt bloß anfangen? Einfach hier liegen lassen konnte er ihn ja wohl kaum. Aber ungesehen aus dem Haus kriegte er die Leiche auch nicht. Hm, was also tun?

Okay, sagte er zu sich selbst, wenn du den Leichnam nicht aus dem Haus schaffen kannst, dann musst du ihn eben hier unten verstecken, und zwar so, dass ihn niemand, der einfach nur zufällig den Keller betritt, entdeckt. Dann fiel sein Blick auf einen der auf dem Boden verstreut liegenden Plastiksäcke. Mensch! Er schlug sich mit der flachen Hand gegen die Stirn. Das wäre doch mal ein Anfang! Dann schnappte er sich einen der Säcke und zog ihn über den Leichnam. Mit einer Kordel, die ursprünglich einmal als Gardinenhalterung gedient hatte, band er den Sack zu.

Gut und schön, dachte er, aber irgendwie reicht das nicht. Der Sack allein schien ihm einfach zu dünn zu sein. Wieso, wusste er nicht, aber trotzdem war es ihm irgendwie lieber, dem Leichnam eine weitere Hülle zu verpassen. Hm, überlegte er, wie wäre es mit dem Stoffrest dahinten? Aber dann entschied er sich spontan gegen den Stoffrest und stattdessen für einen der alten Teppiche, die aufgerollt an der Wand lehnten. Er beschloss, den blauen zu nehmen. Der erschien ihm nicht ganz so schwer zu sein, wie die drei anderen. Dann packte er das Ding, schleppte es in die Mitte des Kellers, wo er den Teppich schließlich ausrollte. Hernach zerrte er den Sack herbei, in dem sich Björns Leiche befand, hievte ihn auf den Teppich, rollte selbigen wieder zusammen, verschnürte das Ganze mit einem etwas ausgefransten Strick, den er in einer Ecke entdeckt hatte, und dann warf er das Bündel in einen der insgesamt zwei Lichtschächte, die es in dem Keller gab.

Den zum Grab umfunktionierten Lichtschacht kippte er schließlich mit Schutt und Geröll zu, das sich zuhauf in dem – tatsächlich unordentlichen – Keller befand. Anschließend verließ er das Haus Wilhelmstraße 58 und kehrte – als sei nichts gewesen – zur Wohnung seiner Großeltern in der Wilhelmstraße 17 zurück.

Dort herrschte inzwischen helle Aufregung. Björns Eltern waren in großer Sorge um ihren Sohn, den sie nirgends finden konnten. Er schien wie vom Erdboden verschluckt.

Als er auch im Laufe der folgenden Stunden nicht wieder auftauchte und sich niemand bei ihnen meldete, der ihn gesehen hatte, beschloss die Familie, zur Polizei zu gehen.

Diese nahm den Fall selbstverständlich sehr ernst. So ernst, dass sie sich sogar mit dem Hessischen Rundfunk in Verbindung setzte und um die Ausstrahlung einer Suchmeldung in Hörfunk und Fernsehen bat. Radiohörer und Fernsehzuschauer wurden dringend gebeten, Augen und Ohren offenzuhalten, und wenn sie Hinweise über den Verbleib des Jungen geben konnten, sollten sie sich sofort bei der Polizei melden. Parallel dazu durchkämmte die Polizei sowohl das Stadtgebiet als auch den Stadtwald. Sogar der nahe gelegene Kurparkweiher wurde ausgepumpt. Doch alles war vergebens. Björn blieb verschwunden.

*

Und nun stellen Sie sich mal vor, Herr Petit, hieß es dem Schreiben der Witwe Diehl an mich, am Sonntag, dem 15. Februar 1964 erhielt die Familie des verschwundenen Jungen ein an sie adressiertes Schreiben. Das war insofern überraschend, als niemand – außer Freunden, Bekannten oder Nachbarn – die Privatadresse der Familie kannte. Im Telefonbuch konnte man sie zwar finden, aber nur unter ihrer Firmenadresse, und die lautete auf Nerostraße 15.

Das heißt also, resümierte die Witwe Diehl, dass derjenige, der der Familie diesen Brief geschickt hat, jemand sein muss, der weiß, wo die Privatwohnung der Familie ist. Und wissen Sie, was sich in dem Brief befand? Na ja, woher sollten Sie. Ich wüsste es auch nicht, wenn nicht meine Pflegerin Augen und Ohren aufgesperrt hätte. Ich habe keine Ahnung, wer das Vögelchen war, der ihr das Geheimnis verraten hat, aber irgendjemand hat gesungen.

Also, in dem Brief, genau genommen in dem Umschlag, befand sich nämlich gar kein Schreiben, sondern einfach nur ein Schließfachschlüssel. Und der trug die Nummer 392. Wo sich das Schließfach befand, konnte man anhand des Schlüssels nicht erkennen, aber immerhin war klar, dass es nicht in Wiesbaden sein konnte, weil es hier am Bahnhof bei Weitem keine 392 Schließfächer gibt. Folglich musste es in einer größeren Stadt zu finden sein – und tatsächlich wurde man schnell fündig, als man den Schlüssel an dem mit 392 bezeichneten Schließfach im Frankfurter Hauptbahnhof ausprobierte und feststellte, dass er passte.

Im Schließfach befand sich – neben einem von Björns Schuhen – ein Erpresserbrief. Darin wurde die Familie aufgefordert, 15.000 DM zu bezahlen. Wenn sie das nicht tue, müsse Björn sterben.

Am selben Abend klingelte bei Björns Eltern das Telefon. Der Vater nahm ab.

„Hallo?“, sagte er. „Wer ist da?“

„Ist der Brief angekommen? Haben Sie das Geld bereit?“, erkundigte sich ein Mann mit eindeutig verstellter Stimme.

„Aber ja“, antwortete Björns Vater, „selbstverständlich. Bitte sagen Sie uns, wohin wir das Geld bringen sollen. Und bitte, bitte tun Sie dem Jungen nichts! Ich verspreche Ihnen, dass Sie Ihr Geld bekommen!“

Aber statt einer Antwort hörte der Vater nur tut-tut-tut ... Der Erpresser hatte aufgelegt. Ratlos blickte der Vater erst seine Frau und dann die Polizisten an, die sich bei ihm in der Wohnung aufhielten und versucht hatten, den Anruf zurückzuverfolgen. Leider vergeblich. Den leidgeprüften Eltern blieb also nichts anderes übrig, als abzuwarten und zu hoffen, dass es Björn wenigstens einigermaßen gut ging.

*

Für die beiden, schrieb die Witwe Diehl, muss es schrecklich gewesen sein. Meine Pflegerin wusste zu berichten, dass die Eltern tief verzweifelt waren und stundenlang weinten.

Übrigens erhielt die Familie am nächsten Tag erneut einen Anruf des Erpressers.

*

„Hören Sie“, sagte der, wiederum mit verstellter Stimme, „auf der Kellertreppe liegt ein Brief für Sie. Darin sind weitere Anweisungen enthalten. Wenn Sie die befolgen, kriegen Sie Ihren Jungen wieder.“ Klick. Aufgelegt.

*

Und Sie werden es nicht glauben, Herr Petit, aber es lag tatsächlich ein Brief auf der Kellertreppe! Björns Vater hat ihn gefunden, geöffnet und alle darin enthaltenen Anweisungen genauestens befolgt. Doch vergebens! Der Junge blieb verschwunden ... Uns stellt sich nun die Frage, wie ist es dem Erpresser gelungen, das Schreiben auf der Kellertreppe des Hauses Wilhelmstraße 17 abzulegen? Das Haus stand nämlich unter strenger Polizeibewachung! Ungesehen konnte – eigentlich – niemand hinein- oder hinausgelangen. War es da nicht naheliegend, dass jemand, der mit der Familie unter einem Dach lebte, in die Sache verwickelt war? Die Familie begann, das zu glauben, die Polizei nicht.

*

„Wie soll denn", so Björns Vater zu einem mit der Ermittlung betrauten Beamten, „der Brief ins Haus gekommen sein, ohne dass Ihre Leute gesehen hätten, wie jemand Unbefugtes das Gebäude betritt? Das ist doch vollkommen unmöglich! Ich bin mir ganz sicher, dass ein Nachbar in die Sache involviert ist. Ob als Täter oder Gehilfe, kann ich nicht sagen, aber der Verdacht liegt – aus meiner Sicht – mehr als nahe."

„Denken Sie da an eine bestimmte Person?", erkundigte sich der Beamte.

Björns Vater bejahte diese Frage. „Da wäre zum Beispiel dieser Bursche aus der Mansarde. Er heißt Paul Hartmann und ist der Enkel des Ehepaars, das in der Dachwohnung lebt."

„Aha", entgegnete der Beamte. „Und was macht diesen Paul Hartmann Ihrer Meinung nach verdächtig?"

„Früher", erzählte der Vater, „hat er uns immer gegrüßt, wenn wir uns im Treppenhaus begegnet sind. Jetzt tut er so, als wären wir gar nicht da, wenn wir uns treffen. Er schaut einfach weg oder macht sich aus dem Staub, wenn meine Frau und ich auch nur am Horizont auftauchen."

„Also, ich bitte Sie", winkte der Beamte ab. „Sie beschuldigen jemanden, in die Entführung Ihres Kindes verwickelt zu sein, nur weil er Sie im Treppenhaus nicht mehr grüßt? Mein Gott, Sie waren doch selbst einmal jung. Junge Leute sind manchmal etwas seltsam. Ein bisschen wankelmütig zuweilen. Na ja, und dann mag es auch eine

Rolle spielen, dass Sie im Moment so großen Kummer haben. Vielleicht weiß der junge Mann einfach nicht, wie er Ihnen begegnen soll."

„Aber irgendwie scheint alles zu passen! Er hat nicht viel Geld, gibt aber offensichtlich eine Menge für modische Kleidung und kostspieligen Putz aus. Mit anderen Worten: Geld kann er gut gebrauchen. Außerdem war der Erpresser, der sich telefonisch bei uns gemeldet hat, ein Mann, und er hat seine Stimme verstellt, damit man ihn nicht erkennt. Auch das passt! Warum sollte jemand, den ich nicht kenne, seine Stimme verstellen? Das tut doch nur jemand, der fürchtet, dass ich ihn erkennen könnte! Im Übrigen gehört Paul Hartmann zu den wenigen Personen, die wissen, dass wir hier in der Wilhelmstraße wohnen und nicht etwa in der Nerostraße, wie es im Telefonbuch steht. Damit zählt er schon einmal zu den Verdächtigen, die uns den ersten Brief geschickt haben könnten. Und weil er – dank seiner Großeltern – unbeschränkten Zugang zum Haus Wilhelmstraße 17 hat, hätte er den zweiten Brief an uns ohne Weiteres auf die Kellertreppe legen können. Er brauchte sich nur zu vergewissern, dass ihn niemand dabei beobachtete", erklärte Björns Vater.

„Hören Sie", sagte der Beamte, „wir sind ja nun auch nicht auf den Kopf gefallen. Uns ist ebenfalls der Verdacht gekommen, dass einer der Hausbewohner hinter der Entführung stecken könnte. Deshalb haben wir angeordnet, dass alle Bewohner – wirklich alle! Sogar solche wie die nun wirklich hinfällige Witwe Diehl! – polizeilich überprüft werden. Aber gegen niemanden liegt etwas vor. Keiner hat eine Vorstrafe, keiner erscheint irgendwie verdächtig. Auch nicht der Paul Hartmann. Außerdem haben alle Hausbewohner eine Schriftprobe abgeben müssen. Die Handschriften hat ein Graphologe dann mit der auf den Erpresserbriefen verglichen. Aber keine Handschrift eines Hausbewohners stimmte mit der des Erpressers überein. Paul Hartmann jedenfalls hat Ihnen die Briefe nicht geschrieben."

„Aber vielleicht ein Komplize!", rief Björns Vater.

„Mein Herr", sagte der Beamte in beschwichtigendem Tonfall, „wir tun wirklich alles in unserer Macht Stehende, um Ihren Sohn zu finden – und zwar lebendig. Deshalb bitte ich Sie inständig: Erschweren Sie nicht unsere Ermittlungen, indem Sie uns zwingen, Phantomen und Hirngespinsten nachzujagen."

*

Leider, so schrieb die Witwe Diehl, hatte die Polizei eines übersehen: Paul Hartmann war nicht fest in der Wilhelmstraße 17 gemeldet. Er hielt sich nur zeitweise bei den Verwandten in der Mansarde auf ... Deshalb war er, anders als alle, die fest in der Wilhelmstraße 17 wohnten und dort auch offiziell gemeldet waren, weder polizeilich überprüft noch in das graphologische Gutachten miteinbezogen worden. Folglich hatte der Beamte, der der Gesprächspartner von Björns Vater gewesen war, einen Fehler gemacht, indem er einfach davon ausgegangen war, dass seine Kollegen auch Paul Hartmann in jeder Hinsicht überprüft hätten. Und seinen Kollegen war der Fehler unterlaufen, dass sie nur diejenigen überprüfen ließen, die fest in der Wilhelmstraße 17 gemeldet waren, nicht aber deren – mehr oder weniger ständige – Gäste.

Die Leiche des Jungen wurde übrigens erst mehrere Jahre später entdeckt, Paul Hartmann als Täter überführt und zu einer lebenslangen Haftstrafe verurteilt. Siebzehn Jahre später galt seine Strafe als verbüßt, woraufhin er wieder auf freien Fuß kam. Anschließend lebte er – unter geändertem Namen – irgendwo im In- oder Ausland.

Epilog des Ich-Erzählers

Die Witwe Diehl hat die Aufklärung des Mordfalles Björn leider nicht mehr miterleben dürfen. Sie war kurz zuvor verstorben. Abends hatte sie sich schlafen gelegt, und morgens war sie einfach nicht mehr aufgewacht. Ein Tod, wie man ihn sich wünscht. Ihre letzte Ruhestätte befindet sich übrigens auf dem Südfriedhof, nur ein Grabfeld neben dem, in dem der letzte britische Besatzungssoldat Wiesbadens, Thomas Henri Hutt, bestattet worden ist. Ich selbst konnte die Aufklärung des Mordfalls Björn über die Medien verfolgen. Das Geschehen hatte nämlich international für Aufregung gesorgt. Alle Welt – und mit ihr meine Heimatstadt Roermond – bangte damals, während seiner vermeintlichen Entführung, um Björn ... Zu dem Zeitpunkt, da alle Aufmerksamkeit auf den Buben gerichtet war, weilte auch mein Freund Fritz schon eine ganze Weile nicht mehr unter den Lebenden. Er war Anfang der 1950er-Jahre verstorben und ruht seither auf dem Friedhof in seiner Wahlheimat Sonnenberg.

Hier endet meine Geschichtensammlung, die nie entstanden wäre, wenn ich nach meiner Rückkehr nach Wiesbaden im Jahr 1945 nicht plötzlich und überraschend ohne Bleibe dagestanden hätte. Unterschlupf fand ich damals bekanntlich in der geräumigen Wohnung der Witwe Diehl in der Wilhelmstraße 17. Ich kannte das Haus vom Sehen, war zigmal daran vorbeispaziert, hatte mir aber nie Gedanken darüber gemacht, wer dort lebte, gelebt hatte oder dereinst dort leben würde. Doch dann kam ich mit der Witwe Diehl, meiner – wenn auch unfreiwilligen – Vermieterin, ins Gespräch, die allerhand über die ehemaligen und gegenwärtigen Hausbewohner sowie deren Leben und Erlebnisse zu berichten wusste. Aufgrund der Diehl'schen Erzählungen wurden die Menschen, die dereinst in diesem Haus gelebt hatten, für mich plötzlich quicklebendig. Ich konnte mir vorstellen, wie sie gedacht, gefühlt, geliebt und gelitten hatten! Aber mehr noch! Für mich waren sie nicht einfach nur Einzelpersonen, sondern darüber hinaus Teil eines Ganzen. Das Ganze bestand aus der Familie, der Hausgemeinschaft, der Stadt Wiesbaden und der deutschen Nation. Das bedeutet:

Sie waren Mitglieder einer bestimmten Familie, die prägend auf sie gewirkt hatte, und auf die sie ihrerseits prägend wirkten. Außerdem gehörten sie der Hausgemeinschaft des Hauses Wilhelmstraße 17 an. Als solche konnten sie, ob nun beliebt oder unbeliebt, das Klima im Haus mitbestimmen. Darüber hinaus waren sie Bürger der Stadt Wiesbaden. Als solche beeinflussten sie – jeder auf seine Weise – die Geschicke der Stadt sowie das städtische Leben.

Und nicht zuletzt waren sie Deutsche und in ihrer Funktion als Wähler, ab 1919 dann auch Wählerinnen, am politischen Geschehen und der politischen Entwicklung beteiligt. Aber natürlich nicht nur sie, sondern auch all jene, mit denen sie – in welcher Weise auch immer – in Verbindung standen. Das konnten Bekannte, Freunde, Verwandte, Kollegen, Mitarbeiter oder Bedienstete sein. Wenn ich also von jenen Menschen berichte, die zwischen Anfang der 1880er-Jahre und den frühen 1960er-Jahren dort gelebt haben, geht es nicht nur um die Schilderung besonders prägnanter Ereignisse in deren Leben, sondern bezieht auch das ihrer Bekannten, Freunde, Verwandten, Kollegen oder Mitarbeiter aus nah und fern mit ein. Gleiches gilt für das politische, wirtschaftliche oder soziale Geschehen der Zeit, in der sich das Berichtete abgespielt hat.

Ich gebe zu, dass ich es mir nicht hätte träumen lassen, dass aus Geschichten über Glück und Unglück, Mord und Totschlag, Liebe und Leidenschaft, Wut und Hass, Neid und Missgunst, Dummheit und Klugheit, Hilfsbereitschaft und Freundschaft mehr entstehen kann als eine simple Aneinanderung von Erzählungen.

Octave Louis Petit

Nachwort der Autorin

Ich beschäftige mich – sowohl beruflich als auch privat – viel und gern mit der Geschichte Wiesbadens vom ausgehenden 19. bis zur Mitte des 20. Jahrhunderts. Im Zentrum meiner – in der Regel wissenschaftlichen – Arbeiten stehen in erster Linie Menschen und erst in zweiter Linie Institutionen, Firmen oder Behörden. Mit anderen Worten: Ich arbeite gerne biografisch. Anhand des Lebenswegs einer Person kann ich nicht nur etwas über den Menschen selbst in Erfahrung bringen, sondern auch über die Zeit, in der er gelebt hat, sowie über diejenigen, die mit ihm familiär, freundschaftlich, beruflich oder nachbarschaftlich verbunden waren.

Im Zuge meiner Studien stieß ich immer wieder auf Menschen, die zu verschiedenen Zeiten in einem Haus mit Villencharakter in der Wiesbadener Wilhelmstraße gelebt hatten. Manche waren aus politischen, andere aus gesellschaftlichen und wieder andere aus künstlerischen Gründen interessant, aber manche auch wegen des schlimmen Schicksals, das sie ereilte.

Bei dem Erbauer des Hauses handelte es sich um den bekannten Wiesbadener Architekten Alfred Schellenberg. Zum Zeitpunkt seiner Errichtung im Jahr 1881 hatte es noch die Hausnummer 15, die 1914 zur 17 wurde.

Zu den aus politischen und künstlerischen Gründen interessanten Bewohnern dieses Hauses gehört ein im ausgehenden 19. sowie frühen 20. Jahrhundert national wie international bekannter und erfolgreicher Jugendstilkünstler. Dabei handelte es sich um Hans Christiansen. Seine Gattin Clara, genannt Claire, liebte er offensichtlich nicht nur aus tiefstem Herzen, sondern sie war darüber hinaus auch seine Muse. Clara war eine geborene Guggenheim und stammte aus einer jüdischen Familie. Hans, hier im Buch Claas genannt, hatte sie bei einem Aufenthalt in Paris kennengelernt. Sechs Wochen nach dem ersten Zusammentreffen heirateten die beiden. Um 1911/12 verzog die Familie

– aus der Ehe sind in der Realität drei, in meiner Geschichte zwei Kinder hervorgegangen – von Darmstadt, wo sie ein Haus in der Künstlerkolonie „Mathildenhöhe“ bewohnt hatte, nach Wiesbaden. Hier bezog sie eine großzügig geschnittene Wohnung in jener eleganten, mehrstöckigen Villa in der Wilhelmstraße (damals noch) 15, einer der feinsten Adressen der Stadt. Die gesamte Wohnungseinrichtung, vom Mobiliar bis zu den Tapeten sowie den Gläsern und dem Geschirr, gestaltete Hans Christiansen höchstpersönlich.

Nach der „Machtübernahme“ durch die Nationalsozialisten am 30. Januar 1933 geriet der Künstler mit den neuen Machthabern aneinander, weil er sich weigerte, sich von seiner jüdischen Ehefrau scheiden zu lassen. Daraufhin durfte er nicht mehr künstlerisch tätig sein. Doch das änderte nichts an seiner Liebe und Loyalität zu seiner Ehefrau, mit der er bis zu seinem Tod Anfang 1945 verheiratet blieb. Weil Hans Christiansen nicht mehr arbeiten durfte, musste das Ehepaar die elegante, selbst gestaltete Wohnung im Jahr 1938 aufgeben, da es sich die Miete nicht mehr leisten konnte.

Der Hausbesitzer erklärte sich daraufhin bereit, den beiden – die Kinder waren zu dem Zeitpunkt längst aus dem Haus – eine kleine, bescheidene Wohnung in der Mansarde zu überlassen. Außerdem versprach er, die ehemalige Wohnung des Künstlerehepaars ausschließlich möbliert zu vermieten. Das bedeutete, dass der Nachmieter die Räume nicht nach seinem persönlichen Geschmack gestalten durfte, sondern alles so zu lassen hatte, wie es war.

Tatsächlich fand sich ein Mieter, der bereit war, auf diese Bedingungen einzugehen. Dabei handelte es sich um einen am Wiesbadener Theater, dem heutigen „Staatstheater“, das damals „Deutsches Theater“ genannt wurde, engagierten Opernsänger namens Waldemar Bienek. Der Mann war aber nicht „nur“ ausgebildeter Opernsänger, sondern außerdem promovierter Nervenarzt. Wenige Jahre, nachdem er aus der Wohnung in der Wilhelmstraße – aus unbekannten Gründen – ausgezogen war, wurde der inzwischen mit einer Kollegin verheiratete Sänger tot im Wiesbadener Stadtwald, konkret im Bahnholz, aufgefunden. Die Pulsadern beider Arme waren geöffnet und Dr. med. Waldemar Bienek verblutet. Aus welchem Grund er sich umgebracht hatte, ist nicht bekannt. Dass er übermäßig trank, regelmäßig ins Bordell ging, unter einer Pervitinsucht litt, der Mörder einer Bordellbesitzerin war und dann im Rausch versehentlich seine Ehefrau umbrachte, ist frei erfunden.

In die Wohnung, die der Sänger einige Zeit bewohnt hatte, zog nach seinem Wegzug ein auf den Vertrieb von „Bur, Baders Universal-Reinigungsmittel“ spezialisierter Kaufmann namens Guido Rüthling. Er lebte bis Ende der 1940er-Jahre in der ehemaligen Künstlerwohnung in der Wilhelmstraße.

Außer dem Kaufmann und dem Künstlerehepaar lebte der inzwischen in den Ruhestand getretene, aus den Niederlanden stammende Bankier Octave Magnée, zuweilen auch Magnee geschrieben, in dem Haus. Er wurde Ende 1944 festgenommen und vom Volksgerichtshof zu einer mehrjährigen Haftstrafe verurteilt, weil er verbotenerweise ausländische Rundfunksender abgehört hatte. Außerdem wurde ihm vorgeworfen, einem Wiesbadener Verschwörerkreis angehört zu haben, dessen Mitglieder angeblich ein weiteres Attentat auf Hitler planten.

Magnée hatte – vor seinem Umzug in die Wilhelmstraße – in der Sonnenberger Straße ein Haus besessen und darin wahrscheinlich auch längere Zeit gelebt. Wann und aus welchem Grund er dann in die Wohnung in der Wilhelmstraße umzog, ist nicht bekannt. Der Bankier diente als Vorbild für den Ich-Erzähler in diesem Buch, der mit seiner unfreiwilligen Vermieterin, einer aus Ostpreußen stammenden Witwe, und seinem Freund, einem Nervenarzt, den er im Gefängnis in Potsdam kennengelernt hat, die Geschichte und Geschichten rund um die Bewohner des Hauses in der Wilhelmstraße sowie der Stadt Wiesbaden aufrollt.

Des Weiteren lebte in der Wilhelmstraße 17 eine Witwe namens Lydia Thiel, die mir als Vorbild für die Witwe Diehl diente. Sie war jedoch nicht die unfreiwillige Vermieterin von Octave Magnée.

Für Dr. Fritz Öhrchen stand der Nervenarzt Dr. med. Friedrich Mörchen Pate, der tatsächlich in Sonnenberg lebte. Wie Octave Magnée saß auch er – noch dazu ebenfalls wegen eines „Rundfunkverbechens" – im Gefängnis in Potsdam ein. Ob sich die beiden Männer dort aber wirklich begegnet sind, ist nicht bekannt. Die Freundschaft zwischen den beiden ist also eine reine Erfindung von mir.

Die von mir erzählte Geschichte rund um diese Personen und ihre Erlebnisse orientieren sich demnach zwar an wahren Ereignissen und realen Personen, aber alles, was darüber hinaus geht, also ihre Beziehungen untereinander, ihre angeblichen Bekanntschaften, ihr vorgebliches Wissen über dieses und jenes Ereignis, sowie ihre Gedanken und Überzeugungen, sind frei erfunden.

Nicht fiktiv ist der Umstand, dass sich die Hausgemeinschaft jener Villa in der Wilhelmstraße am Tag nach dem schweren Bombenangriff auf Wiesbaden, der in der Nacht vom 2. auf den 3. Februar 1945 stattfand, den nationalsozialistischen Anweisungen widersetzte und dadurch kollektiv in höchste Gefahr geriet. Konkret ging es darum, dass die Hausbewohner Clara Christiansen, die Ehefrau des Anfang 1945 verstorbenen Jugendstilkünstlers Hans Christiansen, im Keller des Hauses versteckten.

Dadurch entging sie der letzten, am 18. Februar 1945 in Wiesbaden durchgeführten Deportation – und höchstwahrscheinlich ihrer Ermordung. Abtransportiert wurden damals sämtliche Personen, die bis dahin durch die Ehe mit einem „arischen" Partner oder einem „arischen" Elternteil geschützt gewesen waren. Selbst wenn Hans Christiansen, der Jugendstilkünstler, noch am Leben gewesen wäre, hätte er seine Ehefrau mit an Sicherheit grenzender Wahrscheinlichkeit nicht vor dem Abtransport bewahren können. Nun, da er verstorben war, gab es ohnehin keinen Schutz mehr für seine Witwe.

Folglich wäre sie gewiss im Februar 1945 deportiert worden. Dank der Initiative der Hausgemeinschaft konnten die nationalsozialistischen Verfolger der damals bereits relativ betagten und gesundheitlich angeschlagenen Dame nicht mehr habhaft werden.

Ebenfalls nicht fiktiv, sondern an der Realität orientiert, ist die Schilderung der politischen und gesellschaftlichen Entwicklung in der Zeit während des Ersten Weltkriegs sowie der durch die französische und die britische Besatzung geprägten Zeit von 1918 bis Mitte 1930. Fakt ist, dass das Verhältnis der Wiesbadener zur französischen Besatzungsmacht nicht das Beste war. Auch mit den Briten gab es Konflikte. An der Realität orientiert ist ebenfalls die Schilderung der Frühzeit der NSDAP. Allerdings sind die Personen, die in diesem Zusammenhang in Erscheinung treten, fiktiv.

Aber auf der Tribüne des Wiesbadener Rathauses haben die Nationalsozialisten 1930 wirklich randaliert, die Demonstration der zu „Weißhemden" mutierten „Braunhemden" gab es ebenfalls in der Realität, und die „Panne" bei der Aktion der Nationalsozialisten gegen jüdische Kaufleute, Rechtsanwälte oder Ärzte, im Jahr 1933 hat tatsächlich stattgefunden. Frei erfunden ist dagegen die Person des Erwin Husserl. Männer wie ihn und die anderen SA-Männer und Nazi-Fanatiker gab es indes auch in Wiebaden in nicht geringer Zahl. Die überlieferten Biografien der mit ihren Echtnamen einbezogenen Felix Piékarski, Jakob Sprenger und Otto Schwebel stehen dafür exemplarisch.

Wahr ist außerdem, dass in dem eleganten Haus in der Wilhelmstraße in der Zeit der französischen Besetzung Wiesbadens ein Werftbesitzer namens Ruthof lebte, dessen Werft sich in Kastel befand. Doch alles Erzählte, das darüber hinausgeht, ist erfunden. Das gilt nicht zuletzt für die Behauptung, dass die Franzosen eines seiner Boote gestohlen und damit in den „Freistaat Flaschenhals", konkret nach Kaub, gefahren seien.

Den „Freistaat Flaschenhals" hat es tatsächlich gegeben. Und wirklich sind eines Tages Franzosen, aus Wiesbaden kommend, dort angelandet und haben gemeinschaftlich gegen das dortige „Blücher-Denkmal“ uriniert, und zwar – neuesten Forschungen zufolge – tatsächlich deshalb, weil ihnen in Kaub kein (hochprozentiger) Alkohol verkauft worden war. Da der in der Wilhelmstraße ansässige Werftbesitzer definitiv nichts damit zu tun hatte, ist auch der anschließend geschilderte Konflikt zwischen ihm und der französischen Besatzungsbehörde frei erfunden, nichtsdestotrotz aber an wahren Begebenheiten orientiert.

Das gilt auch für die Geschichten rund um den Wiesbadener Sektfabrikanten Friedrich Wilhelm Söhnlein, dessen Bruder, der in Wirklichkeit Wilhelm Heinrich hieß, mit seiner Familie im Haus Wilhelmstraße 17 lebte. Der Sektfabrikant selbst, dessen Betrieb sich in Schierstein befand, lebte mit seiner Ehefrau, Emma Söhnlein-Pabst, einer Amerikanerin, in einer – ihr zu Ehren – dem „Weißen Haus“ in Washington nachempfundenen Villa ganz in der Nähe der Wilhelmstraße. Die Tochter des Sektfabrikanten-Bruders wiederum, Elisabeth Alexandrine Söhnlein, starb tatsächlich während des Ersten Weltkriegs an einer nicht bekannten Krankheit, und ihr Bruder, Kurt Söhnlein, wurde ein berühmter Bühnenbildner.

Die Firma des Sektfabrikanten-Bruders lief de facto mehr schlecht als recht und ging noch vor Kriegsende Konkurs. Der zweite Bruder des Sektfabrikanten, Julius Söhnlein, war tatsächlich Ingenieur, gilt als Erfinder des Zweitaktmotors, besaß nachweislich mehrere Patente, war ein ebenso begeisterter wie begnadeter technischer Tüftler, aber kein guter oder gar interessierter Geschäftsmann. Alle darüber hinausgehenden Schilderungen sind jedoch frei erfunden.

Das gilt sowohl für den dramatischen Tod des Sektfabrikanten-Vaters als auch für die anschließende Zusammenkunft der Söhne in der Familien-Gruft. Übrigens kam es seitens der französischen Besatzungsmacht tatsächlich einmal zur Beschlagnahme einer im Besitz eines Wiesbadener Bürgers befindlichen Gruft, weil ein Offizier dort seine verstorbene Schwiegermutter vorübergehend unterbringen wollte. Doch ob es wirklich dazu kam, ist nicht erwiesen.

Ebenfalls erfunden ist der Mordanschlag auf die Tochter der Jugendstilkünstlers. Diese Tochter ist, wie übrigens auch der Sohn Arnaud oder Arno, eine erfundene Figur. Hans und Clara Christiansen hatten tatsächlich einen Sohn namens Olaf, der – wie sein Vater – Künstler wurde, und außerdem zwei Töchter, nämlich Herta und Freya, aber keine der realen Personen diente jenen in meiner Geschichte als Vorbild. Nur die Methode, mit der Margaritta angeblich umgebracht werden sollte, geht auf eine wahre Begebenheit zurück. Allerdings wollten die Besitzer verschiedener Fabriken, die mit einer Mischung aus Gummi arabicum, Wasser, Radium und Zinksulfid arbeiteten, um Uhrziffern und -zeiger im Dunkeln leuchten zu lassen, ihre Beschäftigten nicht umbringen. Diese starben gleich reihenweise an der Vergiftung, die sie sich durch die ungeschützte Berührung mit dem darin enthaltenen Radium zugezogen hatten.

Wahr ist auch, dass eine aus Berlin nach Wiesbaden verzogene Modistin, nämlich Elise Topell, in dem Haus in der Wilhelmstraße gelebt hat. Sie übernahm die von dem Jugendstilkünstler eingerichtete Wohnung, deren Einrichtung sie anschließend jedoch herausreißen ließ. Zuvor machte sie allerdings noch ein Foto von einem der beiden Salons, die in der Wohnung existierten. Dabei handelt es sich um das einzige Foto, das überhaupt von der von Hans Christiansen gestalteten Inneneinrichtung existiert. Erfunden ist, dass die Modistin einen Biebricher Geschäftsmann ehelichte und von ihm ein Kind bekam.

Nicht erfunden ist der Mord an dem kleinen Jungen, der mit seinen Eltern und Geschwistern in der Wilhelmstraße 17 gelebt hat. Der Fall, es handelte sich dabei um den Mord an Timo Rinnelt, machte Mitte der 1960er-Jahre bundesweit Schlagzeilen und führte dazu, dass die Ausstrahlung des Films „Rehe“ aus der Sendereihe „Stahlnetz“ verschoben wurde. Man hielt es für unpassend, ausgerechnet in dem Moment einen Film über eine Kindesentführung im Fernsehen zu zeigen, da es aktuell einen entsprechenden Fall gab. Der Mörder, der – wie in der Geschichte dargestellt – tatsächlich offiziell nicht in dem Haus gemeldet war, weshalb er durch die Maschen der polizeilichen Aufklärungsmaßnahmen rutschte, hielt sich nur zeitweise bei seiner in der Mansarde des Hauses lebenden Großmutter auf. Der junge Mann, zum Tatzeitpunkt Anfang zwanzig, hat das spätere Opfer wirklich in den Keller des Hauses gelockt, in dem sein inzwischen verstorbener Vater, der von Beruf Arzt gewesen war, einen Keller gehabt hatte, der nach seinem Tod von den Hinterbliebenen weitergenutzt wurde. Aus welchem Grund der junge Mann den Buben auf so grausame Weise umbrachte, wurde nie bekannt. Der Täter hat sich darüber zu keiner Zeit ausgelassen. Insofern ist es nichts weiter als eine Erfindung, dass er sich über das in meiner Geschichte Björn genannte Mordopfer ärgerte, weil der kleine Junge sich weigerte, seinen Vater, den verstorbenen Arzt, über den grünen Klee zu loben. Das kann so gewesen sein, muss es aber nicht.

Ebenfalls nicht erfunden ist schließlich die Geschichte des exhibitionistisch veranlagten Dirigenten des Wiesbadener Kurorchesters. Er lebte wirklich mit seiner Familie in einem Haus im Wiesbadener Vorort Sonnenberg und hat sich diversen jungen Frauen in schamverletzender Weise gezeigt. Es hat lange gedauert, bis sich endlich jemand gewagt hat, gegen den Mann, der Ugo Afferni hieß, vorzugehen.

Bei dem vorliegenden Buch handelt es sich folglich um eine Mischung aus Wahrheit und Fiktion. Ich hoffe, dass es Leser findet, die sowohl Interesse an Geschichte haben als auch ein Faible für erfundene Ereignisse und Personen, die die oft nüchternen Fakten und Tatsachen mit Leben und Emotionen füllen.

Stephanie Zibell

Wiesbaden-Sonnenberg
im Oktober 2023

Weitere Tipps ...

Für alle, die noch träumen können

René Klammer: ***Wir kannten uns***
Roman. Hardcover mit Schutzumschlag
192 S. ISBN 978-3-943580-08-2

Frederick verkauft Gießkannen und schreibt einen Wanderführer; seine Freundin möchte heiraten. Alles scheint geregelt, bis ein Foto ihn aus der Bahn wirft: Ist das nicht Katharina, die damals mit den *Grünen Pinguinen* auf die Barrikaden ging? Seit 15 Jahren haben sie sich nicht gesehen. Wird er sie wiederfinden? ◀

Authentisch, wissenswert & spannend

Jochen Frickel:
Die Kraft des Stromes
Historischer Heimatkrimi.
Fünfte, überarbeitete Auflage 2023
304 S. ISBN 978-3-943580-16-7 (auch als E-Book)

Sommer 1898. Ein Raddampfer aus Holland bleibt nahe Mainz mit Maschinenschaden liegen: direkt vor den Ginsheimer Rheinschiffsmühlen. Bis zur Reparatur muss die Mannschaft in dem beschaulichen Altrheinort ausharren, wo sie alles andere als willkommen ist. Kaum sind die Fremden da, überschlagen sich die Ereignisse. ◀

Die etwas anderen Bücher aus dem ...

Über die Autorin

Stephanie Zibell, geboren 1966, Studium der Politikwissenschaft,Germanistik und Publizistik. 1992 Magister Artium, 1999 Promotion, 2003 Habilitation. Bis 2020 Privatdozentin für Politikwissenschaft, Schwerpunkt Zeitgeschichte, an der Johannes Gutenberg-Universität Mainz. Seither freie Historikerin und Autorin. Zahlreiche Veröffentlichungen zu zeit- und regionalgeschichtlichen Themen. Stephanie Zibell lebt in Wiesbaden.